FLORE

DE LA

CÔTE-D'OR

AVEC DÉTERMINATIONS PAR LES PARTIES SOUTERRAINES

PAR

CH. ROYER

Membre de l'Académie de Dijon, des Sociétés botaniques
de France et de Belgique, etc.

TOME PREMIER

PARIS
LIBRAIRIE F. SAVY
77, BOULEVARD SAINT-GERMAIN, 77

1881

FLORE

DE LA CÔTE-D'OR

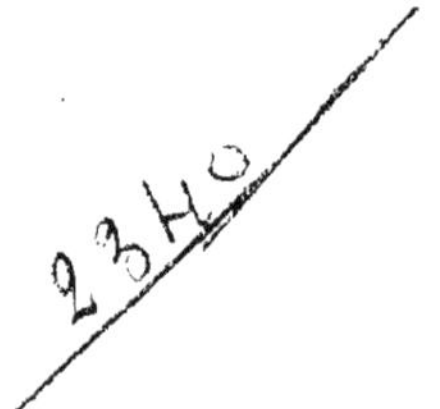

IMPRIMERIE GÉNÉRALE DE CHATILLON-SUR-SEINE — JEANNE ROBERT

FLORE

DE LA

CÔTE-D'OR

AVEC DÉTERMINATIONS PAR LES PARTIES SOUTERRAINES

PAR

CH. ROYER

Membre de l'Académie de Dijon, des Sociétés botaniques
de France et de Belgique, etc.

TOME PREMIER

PARIS
LIBRAIRIE F. SAVY
77, BOULEVARD SAINT-GERMAIN, 77

—

1881

INTRODUCTION

Cette Flore me sert de cadre pour un essai de détermination des plantes par les parties souterraines. « Une classification établie sur l'une des deux grandes fonctions des végétaux, a dit de Candolle [1], sera aussi naturelle que si elle avait été établie sur l'autre. » Ces deux grandes fonctions sont la nutrition et la reproduction ; mais jusqu'alors, malgré l'autorité de ce célèbre botaniste, la détermination des espèces n'a été basée que sur les organes de reproduction, c'est-à-dire sur les organes floraux. Aux clefs dichotomiques fournies par les parties aériennes j'ai donc tenté d'ajouter de nouvelles clefs, en les empruntant exclusivement aux parties souterraines ou organes de nutrition, qui souvent sont encore des organes de locomotion et de multiplication et cumulent ainsi les plus capitales fonctions.

Un autre avantage de cette application des parties souterraines à la détermination des plantes sera de rendre les her-

1. *Théor. élément. de la Bot.*, 3e édit., p. 65.

borisations possibles même en ces longs mois d'hiver, où le botaniste se trouve réduit aux seuls travaux de cabinet. A l'aide encore des organes souterrains, on pourra souvent juger de la faible valeur de tant d'espèces, si prodigalement créées de nos jours d'après les plus légères différences.

L'évolution des bourgeons et des fleurs, les phases de la fructification, les plus beaux phénomènes aériens, en un mot, sont encore dépassés, s'il est possible, par les merveilles, trop peu étudiées jusqu'alors, de la vie souterraine des plantes : racines courant dans toutes les directions à la recherche des sucs nutritifs; rhizomes qui déplacent leur centre de végétation pour les transporter en un sol neuf; ces bulbes et ces tubercules qui emmagasinent des aliments pour la saison prochaine; ces drageons qui, comme autant de colonies, rayonnent autour de la plante mère; ces souches enfin, fidèles gardiennes de la loi de niveau, mais qui savent cependant descendre ou monter suivant les exigences des milieux! Quelle activité, quel ordre, et j'allais dire quel instinct et quelle intelligence, et comment ne pas s'écrier avec Linné : « *Deum transeuntem à tergo vidi et obstupui!* »

Je me suis abstenu de diagnoses, car plusieurs Flores en offrent d'excellentes, sauf pour l'inflorescence et surtout pour le système souterrain. Ce sera donc sur ces deux points importants que porteront la plupart des observations consignées tantôt dans le corps de l'ouvrage, tantôt dans les articles qui sont rangés sous forme de *Vocabulaire* à la suite de cette *Introduction*. Ce *Vocabulaire* donne en outre l'explication des quelques innovations de langage que l'exactitude, la clarté et la concision m'ont paru impérieusement réclamer.

Les plantes, qui se sont naturalisées dans une station au point d'y persister et de s'y reproduire depuis de longues années, ont leur nom précédé du signe †. Le signe !, après un nom de localité, indique que j'y ai récolté la plante, soit que la station ait été découverte par moi-même, soit qu'elle m'ait été signalée par un autre botaniste, auquel cas le nom de ce dernier figure entre parenthèse. Le même signe !, accompagnant un nom de botaniste, veut dire que j'en ai reçu des échantillons authentiques. Si les noms de localités ne sont séparés que par une virgule, c'est qu'un même botaniste a le mérite des indications ; à partir d'un point et virgule, ce mérite passe à une autre personne.

Plus de quarante ans se sont écoulés depuis la publication de la *Flore de la Côte-d'Or* par Lorey et Duret, et, suivant une loi fatale que tous les ouvrages d'histoire naturelle subissent en vieillissant, cette Flore n'est pas sans offrir aujourd'hui bien des lacunes et des erreurs. Le mérite de Lorey a été de signaler un grand nombre d'espèces, nouvelles pour le département, et, sous ce rapport, son ouvrage a très largement ajouté à la *Flore* que Durande avait publiée en 1782 et qui s'étendait à toute la province de Bourgogne. En réalité, Lorey a été seul l'auteur de la *Flore de la Côte-d'Or* ; la collaboration de Duret s'est presque bornée à la rédaction de la préface. Postérieurement, Duret a fait paraître sur la Botanique Bourguignonne différents opuscules manuscrits, qu'il a déposés dans les bibliothèques publiques des principales villes du département.

La *Flore du centre de la France* de M. Boreau et la *Flore de France* de MM. Grenier et Godron ouvrent la liste des plantes qui avaient échappé à Lorey. La découverte de la plupart des espèces, indiquées par ces auteurs, est due à M. Lombard, qui a exploré avec succès la localité classique de Saulieu, et qui souvent a bien voulu m'aider de sa longue expérience. C'est encore avec une légitime gratitude que je mentionne les renseignements que m'ont communiqués MM. Berthiot et Leclerc sur Labergement et Seurre, M. Morelet sur Velars, MM. Bonnet, Laguesse, Maillard, Méline, Viallanes et Wéber sur Dijon, M. Gillot sur Nolay et Santenay, M. Magdelaine sur Tarsul, et MM. Charleux et Lucand sur les environs de Saulieu et sur ceux de Rouvray.

Enfin, pendant quinze années de recherches assidues, j'ai été assez heureux pour ajouter moi-même un grand nombre de nouveautés à la flore de la Côte-d'Or. Mais comment se dissimuler tout ce qui reste encore à faire, quand on voit le petit finage de St-Remy, qu'au premier abord rien pourtant ne signale à l'attention du botaniste, posséder des espèces telles que *Draba muralis*, *Pyrola rotundifolia*, *Chlora perfoliata*, *Gentiana ciliata*, *Allium rotundum*, *Arum Italicum*, *Vallisneria spiralis*, *Helodea Canadensis* et *Ophioglossum vulgatum!*

Un sujet très controversé et qui s'impose à toute Flore, la délimitation de l'espèce, occupera les dernières lignes de cette *Introduction*.

L'école Jordanienne proclame l'immutabilité absolue des espèces et les fragmente sur les plus légères différences. Cette école sera fatalement amenée à augmenter encore le nombre déjà immense de ses espèces, puisque l'on ne peut pas rencontrer deux plantes identiquement semblables ; et la Botanique est en danger d'être accablée sous une telle profusion de types nouveaux. Où trouver la méthode pour coordonner tant d'espèces d'après de si minimes caractères, et la mémoire pour retenir une si vaste nomenclature ? L'étude de certains genres est déjà devenue inabordable ; les auteurs Jordaniens eux-mêmes ne sont plus d'accord entre eux, et souvent encore ne savent plus reconnaître leurs trop nombreux enfants. Les plus beaux types s'évanouissent dans ce démembrement opiniâtre : tout est espèce, excepté l'espèce elle-même.

Devant cette affirmation d'une fixité absolue de l'espèce, se dresse une affirmation radicalement opposée dans la doctrine de Lamarck et de M. Darwin, dans l'évolution incessante des êtres. Ce que l'espèce est aujourd'hui, elle ne l'était pas autrefois, elle ne le sera pas dans les âges futurs ; en un mot, elle est dans un *devenir* perpétuel. Mais en affirmant, l'un que tout est espèce, l'autre qu'il n'y a pas de types fixés, ces deux systèmes, bien qu'opposés, conduisent au même résultat, à la négation de l'espèce.

Si l'on objecte que les semis et la culture n'ébranlent pas la fixité de l'espèce en ses caractères fondamentaux, et que rien, dans la période géologique actuelle, ne confirme l'hypothèse du transformisme, les Darwinistes répondent que l'influence des milieux demande un nombre d'années considérable et se manifeste par des transitions insensibles, et que s'il a fallu dix mille ans pour constituer une forme, il est bien inutile de semer et de cultiver une plante pendant dix, pendant cent ans même, car l'on ne pourra arriver qu'à un millième ou à un centième de modification, c'est-à-dire à un résultat parfaitement inappréciable. Il faut avouer qu'une doctrine, qui récuse ainsi l'observation et l'expérience et se met en dehors de toute vérification, devra pour le moins exciter toujours les plus justes défiances.

L'école Linnéenne, à laquelle se rattachent la grande majorité des savants de nos jours, repousse également et le transformisme incessant de M. Darwin et la fixité absolue de M. Jordan. Gardienne des traditions de son illustre chef, cette école concède à l'espèce une certaine flexibilité en ses traits accessoires, en un mot une variabilité limitée, et elle comprend dans un même type tous les individus, qui, malgré leurs différences, peuvent se relier par des intermédiaires. Ces intermédiaires ou variétés, qui forment comme les membres de l'espèce, restent en général inaltérables par la culture et souvent sont aptes à se reproduire de semis ; car la flexibilité de l'espèce dépend beaucoup moins des circonstances extérieures que d'une cause intime qui nous échappe. C'est de cette aptitude des variétés à se reproduire de semis que M. Jordan se prévaut ponr l'établissement de tant d'espèces nouvelles ; mais il ferme les yeux sur la faible valeur de leurs caractères et sur les nombreux intermédiaires qui leur servent de trait d'union.

L'espèce est donc un groupe d'individus, non pas identiques, mais qui se ressemblent plus entre eux qu'ils ne ressemblent à d'autres individus. C'est un être collectif, chez qui les détails peuvent changer, mais dont les caractères fondamentaux demeurent stables ; et toutes les variétés, qui composent une espèce, ont entre elles des traits de parenté intime, qui se font reconnaître jusque sous les livrées les plus diverses.

VOCABULAIRE

Article. Voir SOUCHE.

Axe hypocotylé. C'est, dans les germinations, la partie du système ascendant qui surmonte immédiatement le système descendant ou *pivot*, et au sommet de laquelle sont insérés les pétioles cotylédonaires. J'appelle *collet* le plan de jonction de l'*axe hypocotylé* et du pivot. Pour M. Clos, au contraire, le collet est l'axe hypocotylé lui-même; pour Gærtner et Richard, il correspond au point d'attache des cotylédons. — L'axe hypocotylé se distingue du pivot par un volume un peu moins grêle, par une teinte plus claire, par une rapidité moindre à se flétrir après l'arrachage, et enfin par sa glabrescence; il est velu cependant chez quelques plantes, comme *Geranium Robertianum, G. lucidum, G. pusillum, G. dissectum, G. columbinum, G. rotundifolium, Solanum nigrum, Linaria Cymbalaria*, etc. Parfois le point de jonction de l'axe hypocotylé et du pivot, c. à. d. le collet, n'est pas sans présenter quelques particularités : ainsi le *Cardon* et plusieurs autres *Carduacées* ont leur collet muni d'un petit rebord circulaire; et chez toutes les *Cucurbitacées*, que j'ai pu étudier, la base de l'axe forme un coude avec le pivot et se prolonge en une courte languette latérale. — La chute de l'écorce primaire fait bientôt évanouir toute différence entre l'axe hypocotylé et le pivot, qui se confondent en un seul organe, la racine, et dès lors le siège de la souche s'établit au niveau d'insertion des pétioles cotylédonaires, c. à. d. au sommet de l'axe hypocotylé. Dans certaines racines (*Betterave, Radis, Rave, Carotte*), la partie formée par l'axe hypocotylé continue de s'accroître dans le sens ascendant ; c'est ce qui explique pourquoi la base de ces racines finit par déborder notablement le sol. — Le pivot a coutume de persister pendant toute la durée des espèces annuelles ou bisannuelles; chez quelques-unes de ces plantes cependant, il s'atrophie rapidement (*Impatiens Noli-tangere, I. Balsamina, Bidens cernua*, plusieurs *Renonculacées*, etc.), et la radication de la base des tiges vient en aide à l'axe hypocotylé qui, le plus souvent, a pu survivre au pivot. — L'axe hypocotylé est court chez les *Campanula;* il est nul dans les germinations dont les cotylédons restent hypogés (*Marronnier d'Inde, Vicia sativa, V. lutea, V. sepium, Lathyrus hirsutus, L. sylvestris, L. Aphaca*, etc.). — C'est dans l'axe hypcotylé seul que se manifeste le renflement de la plupart des racines charnues-globuleuses (*Betterave, Radis, Rave, Carotte courte*), dont le prolongement filiforme représente le pivot de germination. Mais, quand le pivot participe au renflement, la racine devient cylindracée-fusiforme (*Panais, Carotte longue, Navet, Campanula Rapunculus*, etc.). — Les germinations de *Monocotylédonées* ne possèdent pas, à proprement parler, de cotylédon ; et l'on ne peut guère donner ce nom à la première gaîne de la plantule, gaîne membraneuse et totalement dépourvue de limbe cotylédonaire. D'ailleurs, même en faisant de cette gaîne un cotylédon, on chercherait en vain dans ces germinations ce qui pourrait être tenu pour un axe hypocotylé.

Collet. Voir Axe hypocotylé.

Cotylédon. Voir Axe hypocotylé.

Cyme. Il y a dans la cyme deux grandes divisions : la cyme parfaite, qui se caractérise par le sympodisme du rachis de l'inflorescence (*Erythræa pulchella, Melandrium dioicum, M. sylvestre*, la plupart des *Alsinées*, etc.), et la cyme imparfaite, dans laquelle un axe principal, non sympodique, est ramifié en étages cymifères (*Erythræa Centaurium, Dianthus superbus, Cucubalus bacciferus, Labiées*, etc.). La cyme des *Labiées* diffère de celle des *Caryophyllées* en ce que la grappe cymifère est progressive en son ensemble, car elle s'épanouit de bas en haut, et non de haut en bas; la régression cymique n'existant chez les *Labiées* que pour les détails de chaque rameau. Il en est de même de la grappe des *Scrofularia* et des inflorescences de tant d'autres plantes, où les deux types opposés, progression et régression, se trouvent associés. La régression ne s'accompagne pas toujours de cyme : ainsi, quand un chaton de *Saule* s'ouvre de haut en bas, il y a bien régression, mais on ne peut dire qu'il y ait cyme, puisque les fleurs sont solitaires sur un rachis axile et que toutes sont de même ordre; or, la cyme demande au moins un groupe de deux fleurs, qui soient chacune d'ordre et d'âge différents. — Parfois la partition donne lieu à une décevante apparence de cyme; ainsi du corymbe du *Cornus sanguinea*, où les rameaux et les pédicelles sont de partition et disposés comme le seraient de véritables cymes bipares. Mais, évidemment, il n'y a pas de cyme dans une inflorescence de partition, puisque tous les axes y sont de même ordre.

Déplacement (*Loi de*). La plupart des plantes, après avoir épuisé la terre, seraient frappées de mort, si elles ne savaient pas se déplacer, ou si elles n'avaient pas quelque autre moyen de parer à l'épuisement du sol. Le déplacement est obtenu soit par émission de drageons ou de stolons, soit par progression des rhizomes. Parmi les plantes impuissantes à se déplacer, celles qui sont munies d'une racine produisent des radicelles horizontales aux points qui en avaient été jusqu'alors dépourvus, ou qui les avaient perdues depuis longtemps; et ces radicelles s'étendent dans des couches encore vierges, ou qui, du moins, ont eu le temps de remédier à leur épuisement. Les plantes à rhizome cespiteux compensent leur immobilité presque complète par le très grand nombre de leurs pseudorrhizes, dont les détritus, ajoutés à ceux des feuilles radicales, ne sont pas sans procurer au sol un certain amendement. En outre, la décomposition des pièces charnues des bulbes et celle des tubercules expliquent pourquoi l'on voit persister à la même place tant de *Monocotylédonées*, dont les pseudorrhizes sont annuelles et par conséquent toujours limitées aux mêmes couches de terrain. D'ailleurs, les inondations en couvrant les prairies de limon, les taupes en ramenant au dehors le sol des couches inférieures, enfin les vers en venant à la surface rendre, sous forme de déjections animalisées, les particules terreuses les plus ténues que les pluies et les arrosages entraînent sans cesse dans le sous-sol, suppléent par le déplacement du terrain au déplacement de la plante elle-même.

Drageon. Le *drageon* est un rejet hypogé, comme le *stolon* un rejet épigé. Les drageons sont d'autant plus allongés et abondants, que le sol est plus meuble et plus léger. La présence d'une racine à la souche exclut drageons et stolons, excepté cependant pour les germinations des plantes drageonnantes ou stolonifères (*Pulicaria dysenterica, Calystegia sepium, Oxalis stricta, Ajuga reptans,* etc.), qui possèdent en effet, la première année, une racine concuremment avec des rejets. — Le stolon (*Mentha rotundifolia*) diffère d'une tige radicante (*Ranunculus hederaceus*), en ce qu'il ne fleurit pas la première année, et qu'il a des feuilles beaucoup moins grandes et souvent d'une autre forme. Les drageons et les stolons sont à la fois des organes de locomotion et de multiplication.

Durée. La distinction entre les plantes annuelles et bisannuelles est dans bien des cas extrêmement incertaine; car la même espèce peut germer toute l'année, puis fleurir, soit dans l'année même, soit l'année suivante, selon que la germination aura eu lieu au printemps ou à l'automne. Cette aptitude est surtout propre à la plupart des plantes qui vivent dans les jardins ou les cultures (*Stellaria media, Fumaria officinalis, Capsella Bursa-pastoris, Veronica agrestis, Senecio vulgaris, Lapsana communis, Poa annua,* etc.).

La plante annuelle a une végétation continue et d'une seule période; elle germe au printemps, et après avoir fructifié périt avant l'hiver. Je fais bisannuelles un grand nombre de plantes généralement tenues pour annuelles (*Draba verna, D. muralis, Cerastium glutinosum, Saxifraga tridactylites, Geranium dissectum,* etc.). Comme ces espèces germent en automne et fleurissent au printemps suivant, la durée totale de leur végétation, est, il est vrai, limitée à 7-10 mois; mais il faut considérer que cette végétation appartient à deux années et se trouve partagée en deux périodes par les froids de l'hiver, bien qu'Aug. de Saint-Hilaire[1] ait dit que les *Draba verna, Saxifraga tridactylites,* etc. germent, se développent, fructifient et meurent dans l'espace de quelques semaines.

Fleur (*Nature de la*). Voir MÉTAMORPHOSE.

Germination. J'applique ce terme non seulement à l'acte par lequel une graine se développe en plantule, mais encore aux très jeunes sujets issus de semis. La même famille peut avoir des graines

1. *Morph. végét.*, p. 46.

d'une germination très prompte (*Nasturtium officinale*), ou au contraire très lente et demandant la stratification (*Draba verna*). La germination des *Ombellifères* et des *Cypéracées* est remarquable par sa lenteur, celle des *Chicoracées* et des *Graminées* par sa rapidité. Les *Salix* se contentent même pour germer de 12-15 heures. — Certaines graines sont d'une germination très capricieuse, et qui se succède du printemps à l'automne pendant des années entières pour le même semis (*Euphorbia Lathyris*) : soit que les graines, se trouvant enterrées à des profondeurs différentes, demandent pour germer des sommes différentes de chaleur et d'humidité ; soit que la germination d'un certain nombre d'entre elles soit retardée par une maturation et une conformation moins parfaites. Les graines de *Sinapis arvensis* peuvent rester plusieurs années au sein du sol, ou à la surface, dans l'attente des conditions favorables à leur germination. Aussi, après un labour, voit-on souvent cette espèce pulluler dans les champs où elle ne croissait pas les années immédiatement précédentes.

Hibernacles. Quelques plantes aquatiques ont des bourgeons de multiplication, très variés de forme et de structure, qui naissent des tiges et des rameaux, deviennent libres en automne, tombent au fond de l'eau où ils passent tout l'hiver, puis, au printemps, entrent en évolution à l'aide des matériaux qu'ils puisent dans leurs enveloppes. Le nom de *bourgeons hivernaux* et encore celui de *bulbilles* ont été proposés ; mais ils doivent être écartés pour cause d'obscurité ou d'inexactitude. J'adopte le terme *hibernacle* que Linné avait appliqué aux écailles protectrices des bourgeons des arbres pendant l'hiver, et qui était complètement tombé en désuétude. Les hibernacles se classent en deux grandes divisions : hibernacles à enveloppes nombreuses et foliacées, et hibernacles à enveloppes peu nombreuses mais fortement épaissies. L'*Hydrocharis Morsus-ranæ*, le *Myriophyllum spicatum*, l'*Utricularia vulgaris* peuvent servir de types dans la première catégorie ; le *Ceratophyllum demersum*, le *Potamogeton crispus* dans la seconde. Les détails propres à tous ces hibernacles se trouvent aux pages où il sera parlé de ces diverses espèces.

Hybride. La meilleure méthode pour la désignation des hybrides est de leur donner un nom simple précédé du signe ×, et suivi entre parenthèse des noms des parents reliés par le même signe ×.

Ainsi on écrira : × *Stachys ambigua* (*S. palustris* × *sylvatica*). On voit de suite par là qu'il s'agit d'un hybride et de plus de telle forme hybride des *S. palustris* et *sylvatica*, qui, grâce à ce nom simple, ne peut être confondue avec les divers autres produits hybrides qui pourraient encore naître de ces deux plantes.

La nomenclature de Schiede laisse dans le plus grand vague, surtout quand les hybrides abondent entre deux espèces : ainsi *Mentha arvensi-aquatica* ou *M. aquatico-arvensis* ne présente absolument rien de précis, attendu qu'un très grand nombre de formes peuvent réclamer à la fois ces dénominations. On doit encore objecter contre cette nomenclature l'extrême difficulté, sinon l'impossibilité, de distinguer quel est celui des parents qui a fécondé l'autre.

Inflexion pédicellaire. Beaucoup de grappes sont unilatérales, parce que les pédicelles se déjettent tous du même côté du rachis, et cette inflexion a lieu précisément dans le sens de la déclivité du sol. Ainsi, dans les coteaux au nord, les pédicelles s'infléchissent vers le nord, et dans les coteaux qui regardent le midi, ils s'inclinent au contraire vers le midi (*Digitalis purpurea*, *D. lutea*, *Melampyrum pratense*, *Odontites rubra*, *O. lutea*, *Melittis Melissophyllum*, *Glechoma hederacea*, *Convallaria maialis*, *Epipactis palustris*, *E. latifolia*, etc.). Les mèmes lois s'imposent aussi au rachis de l'inflorescence des *Helleborus fœtidus*, *Euphorbia sylvatica*, etc. Si cependant il existe dans le voisinage immédiat et à la hauteur de la grappe quelque objet, comme tronc d'arbre, buisson ou feuilles d'autres plantes, les fleurs tendent à s'en éloigner ; et dans ce cas l'inflexion peut se faire soit latéralement à la pente du terrain, soit même dans un sens opposé. La cause de ces inflexions est assez obscure et doit sans doute être attribuée à un étiolement des pédicelles ou des rachis dans leur face la plus rapprochée soit du sol, soit d'un objet voisin. Cette face, s'allongeant alors plus que la face correspondante, courbe les axes dans la direction signalée. Il faut ajouter que la grande majorité des plantes restent rebelles à ces particularités d'inflexion, comme en témoignent les *Papilionacées*, les *Crucifères*, les *Liliacées*, les *Ophrydées*, etc.

Inflorescence. Si l'on s'en tenait à la seule notion de forme, on serait souvent conduit à comprendre dans une même catégorie les inflorescences les plus diverses au fond. L'inflorescence consiste donc surtout dans l'ordre d'épanouissement d'un groupe de fleurs. Ce groupe est le type de l'inflorescence de chaque plante. Ainsi le type de l'inflorescence des *Crucifères* est une grapppe rogressive qui termine la tige; les rameaux portent des grappes secondaires, qui sont également progressives, mais qui se développent au-dessous de la grappe centrale. Il ne faut pas, avec M. Guillard [1], voir dans ces grappes latérales une régression de l'inflorescence, mais bien la répétition d'un type progressif; l'ensemble de ces grappes forme ordinairement une panicule, mais la grappe n'en reste pas moins le type de l'inflorescence de la famille. Pourquoi cet ingénieux botaniste, qui a eu tant de raison d'insister sur le point de départ de l'inflorescence, a-t-il perdu de vue le point d'arrêt, et, se laissant entraîner bien au delà, a-t-il compris dans le type tant de rameaux qui n'en sont qu'une répétition et non pas une partie constitutive? M. Guillard a introduit ainsi la régression dans toutes les inflorescences, même le plus nettement progressives, comme celles des *Crucifères* et du *Circæa Lutetiana* dont il fait une *botry-cyme*. D'ailleurs, quand les rameaux florifères de ces plantes n'évoluent pas, ce qui est assez fréquent chez les individus peu vigoureux et ce qui rend solitaire la grappe centrale, qu'ont donc de cymique et de régressif toutes ces inflorescences?

Métamorphose. Que d'objections contre la poétique et séduisante théorie de la *métamorphose*, contre cette étroite parenté de la fleur et de la feuille ! Cinq pièces aux verticilles floraux avec des feuilles opposées en nombre pair; plantes à feuilles presque semblables, mais à fleurs très différentes (*Urtica urens* et *Lamium album*); fleurs gardant les mêmes dimensions, malgré une grande diversité de grandeur dans les feuilles (*Lepidium latifolium* et *L. graminifolium*); identité de forme des pièces florales chez des plantes à feuilles entières et à feuilles pinnatiséquées [2]. Où est la trace du pétiole dans les sépales; et pourquoi des pétales onguiculés, des corolles tubuleuses, des filets staminaux allongés avec des feuilles sessiles? Pourquoi encore

1. *Bull. de la Sot. bot de Fr.*, 1857, IV, p. 375.

2. L'affaiblissement progressif du végétal à l'extrémité des tiges a été invoqué pour expliquer la transformation des feuilles pinnatiséquées en bractées, puis en pièces florales entières; mais on peut répondre que cet affaiblissement n'existe pas, dans la fleur au moins, puisqu'ordinairement le calice est plus grand que les bractées, et la corolle plus que le calice.

des calices multipartits avec des feuilles entières et connées (*Chlora perfoliata*)? Où retrouver la marche progressive de la spire foliaire dans l'évolution rétrograde ou centrifuge de tant d'étamines (*Caryophyllées*, *Géraniées*, *Hypéricinées*, *Tiliacées*, *Dioscorées*, etc.), et son ordre immuable dans les mille caprices de la préfloraison ? Car on voit, jusque dans les fleurs d'un même individu (*Helleborus fœtidus*, *Cheiranthus Cheiri*, etc.), varier l'orientation et l'arrangement des pièces florales; puis le cycle peut tourner indifféremment à droite ou à gauche pour les corolles d'une même espèce, et celui du calice est souvent en sens inverse de celui de la corolle.

Loin de servir d'appui à la métamorphose, les tératologies florales la condamnent formellement. Conclure de quelque fortuite virescence à la nature primordialement foliacée de la fleur, c'est fonder la règle sur le désordre et l'exception. D'ailleurs M. Trécul[1] a prouvé que la structure anatomique de la fleur, chez diverses *Renonculacées*, *Amygdalées*, *Hippocastanées*, *Violariées*, *Tiliacées*, *Liliacées*, etc., s'éloigne notablement de celle de la feuille, même quand le carpelle devient foliacé, comme chez le *Cerisier à fleurs doubles*.

Toutes les pièces florales ne sont que des expansions ou partitions du réceptacle : ce sont des organes *sui generis*, qu'il ne faut pas faire dériver de la feuille par des métamorphoses hypothétiques. Le pétale est pétale, comme la feuille est feuille. Au niveau du réceptacle surgit un nouvel ordre d'organes, les organes floraux; et les irruptions accidentelles et tératologiques du système appendiculaire dans le système floral ne peuvent point autoriser à dépouiller la fleur d'une nature propre et d'une évolution toute spéciale.

Dans les corolles d'une seule pièce, on ne doit pas voir plusieurs parties soudées en une seule, mais bien une pièce unique qui procède du réceptacle par un soulèvement circulaire. Il n'y a donc jamais eu de soudure et la corolle est bien monopétale, non gamopétale. Enfin, le prétendu tube calicinal des *Rosacées*, *Campanulacées*, *Cucurbitacées*, n'a rien de commun avec le calice; il est généralement attribué aujourd'hui, non pas à la soudure de pièces calicinales soit entre elles, soit avec l'axe, mais à une dilatation réceptaculaire destinée à loger les graines; d'où il suit que ces plantes ont des sépales

1. *Comptes rendus*, séances des 11 août et 1er sept. 1873; 16 et 30 nov., 7 et 21 déc. 1874; 1er mai 1875.

et non des lobes calicinaux. On voit en effet que, chez le *Campanula Trachelium*, le tube est marqué à sa base de trois grosses nervures qui se subdivisent bientôt chacune en trois petites, aboutissant les unes au sommet des sépales, les autres à leur sinus. Or, si ce tube était formé par des feuilles calicinales soudées en leur partie inférieure, les nervures principales devraient être au nombre de cinq, non de trois, et en outre se prolonger toutes jusqu'au sommet des parties libres qui constituent les cinq sépales. Enfin, comment un tube d'origine appendiculaire pourrait-il produire des pétales et des étamines, et de plus les rameaux qui y sont normalement insérés chez le *Specularia hybrida* ?

L'article *Partition* de ce vocabulaire montrera qu'assez souvent la partition, avant de présider sur le réceptacle à la naissance des pièces florales, se manifeste tout d'abord aux points de la tige où se produit l'inflorescence.

Monocarpien. L'*Agave Americana* est cité comme *monocarpien* dans quelques *Traités de botanique*; cette espèce est pourtant parfaitement vivace, c. à. d. polycarpienne. A l'exemple de l'immense majorité des végétaux vivaces, elle possède une souche florifère qui est définie et qui périt après floraison, mais non sans se survivre par ses drageons ou bourgeons de remplacement. La seule différence entre un *A. Americana* et les autres plantes vivaces, c'est qu'au lieu de fleurir dès les premières années, il n'émet ordinairement sa hampe florifère qu'au bout de 20-50 ans. Le *Sempervivum tectorum*, qui reproduit en petit la végétation de l'*A. Americana*, est-il donc une plante monocarpienne? D'autres assertions contestables se sont encore produites sur la végétation des plantes monocarpiennes : ainsi M. Grenier [1] veut que le *Libanotis montana* soit en même temps vivace et monocarpien; et d'après M. Dutailly [2] les bulbes déterminés ou définis sont monocarpiens. Or, il serait contradictoire que le *L. montana*, espèce plurannuelle, fût à la fois monocarpien et vivace; d'autre part, après extinction de leur bourgeon floral, les bulbes (*Allium oleraceum*, *A. vineale*, *Ornithogalum umbellatum*, *Narcissus poeticus*, etc.) ne meurent pas tout entiers, comme le ferait un végétal monocarpien, mais ils se survivent par fissiparité, à l'aide de

1. *Rev. de la Flore des Monts Jura*, p. 89.
2. In Baillon, *Dict. de Bot.*, 1878, p. 518.

leurs caieux ou bourgeons de remplacement. Les très rares d'entre les plantes vivaces, qui possèdent une souche indéfinie et gardent ainsi leur individualité première, méritent sans doute la qualification de vivaces ou polycarpiennes mieux que les espèces dont la souche est définie et partant obligée de se renouveler à l'aide de bourgeons de remplacement; mais il ne saurait y avoir là de justes motifs pour assimiler à des plantes monocarpiennes un *Allium oleraceum* ou un *Agave Americana*.

Niveau (*Loi de*). Les souches adultes végètent à une certaine profondeur, fixe pour une même espèce de plantes, c'est ce qui constitue la *loi de niveau*. Mais si la station souffre de perturbations atmosphériques ou d'une modification dans la nature et l'assiette du sol, la plante se hâtera de faire descendre ou monter sa souche, afin de retrouver un niveau favorable. Faut-il descendre? le tubercule du *Colchicum autumnale* allonge la languette basilaire qui porte le bourgeon de remplacement, et le *Tulipa Gesneriana* pédicellera son bulbe. Comme les jeunes plantes bulbeuses, nées de graines, se trouvent près de la surface du sol, elles emploient leurs premières années à descendre jusqu'au niveau qui sera normal pour les sujets adultes, et dans ce but elles prolongent inférieurement leur bulbe, qui prend une forme oblongue-cylindracée (*Muscari comosum*, *Ornithogalum Pyrenaicum*, etc.). Tous ces faits sont remarquables, parce qu'ils offrent la descente verticale de l'élément caulimaire, c. à. d. du système ascendant. S'il s'agit au contraire de monter, le *Ranunculus bulbosus* exhausse sur un pédicelle son bourgeon de remplacement, tandis que le tubercule des *Ophrydées* n'aura qu'à devenir sessile. Pour se maintenir à un niveau normal et ne pas sortir du sol, les rhizomes obliques-horizontaux émettent leurs bourgeons de remplacement à des points rétrogressifs (*Hypericum montanum*, *Origanum vulgare*, etc.); ce qui ramène en arrière les centres de végétation par un artifice que reproduit la taille en crochet des jardiniers.

Partition. La *partition*[1] joue un rôle important dans l'inflorescence des *Crucifères*, *Borraginées*, *Solanées* et de certaines *Crassula-*

1 M. Clos a déjà appelé l'attention sur cette question (*Bull. de la Soc. bot. de Fr.*, 1855, II, p. 499-503; 1856, III, p. 608-612; 1861, VIII, p. 11-18, 36-41).

cées, *Rosacées*, *Saxifragées*, etc. Tantôt les branches de l'inflorescence, tantôt les pédicelles, tantôt ces deux sortes d'axes à la fois procèdent, non pas d'une ramification axillaire, mais d'une disjonction ou partition de l'axe principal. A l'aide de la partition, les inflorescences de ces plantes s'expliquent très facilement, sans qu'il soit besoin de faire intervenir des avortements de bractées, des dénivellements, soudures, usurpations et autres phénomènes ingénieux, mais encore plus problématiques. — La partition se reconnaît généralement à l'absence de bourrelets et de rides circulaires à la base des pédicelles et des branches de l'inflorescence. L'écorce de l'axe se continue nettement en celle de sa partition; puis, une coupe longitudinale prouve que le canal médullaire de l'axe se bifurque pour se prolonger dans la partition, tandis qu'au contraire la moelle d'un rameau axillaire est le plus souvent séparée de la moelle de la tige par le cylindre ligneux de cette tige elle-même, ou bien il n'existe entre les deux moelles qu'une très étroite communication. Enfin l'absence de bractées, l'inordination des pédicelles et leur groupement unilatéral fournissent encore des signes non équivoques de partition. Parfois même la partition doit être admise dans certaines inflorescences munies de bractées ; et ces bractées peuvent être situées à l'insertion des branches ou des pédicelles, sans être pour cela bractées mères, car la partition n'a nul souci des bractées qui se rencontrent sur les axes qu'elle régit. Si les pièces involucrales d'une ombelle étaient regardées comme bractées mères, il faudrait, avec M. Clos[1], attribuer assez souvent aux rayons de la même ombelle deux origines différentes: l'axillarité pour ceux des rayons extérieurs qui ont, à leur insertion, des bractées involucrales, et la partition pour tous les autres rayons qui en sont dépourvus. La même remarque s'applique à certaines *Crucifères* dont la grappe est feuillée inférieurement, ou qui possèdent des variétés *bracteata* et *ebracteata* (*Farsetia clypeolata*). — La partition est égale ou inégale : elle est égale pour les branches qui forment le corymbe du *Sedum reflexum*, et qui ont en effet à peu près la même longueur; elle est inégale pour la production des pédicelles de ces branches, car ici l'axe est scindé en deux parties très inégales, le pédicelle et le surplus de la branche, qui va continuer de se dédoubler en d'autres pédicelles.

1. *Bull. de la Soc. bot. de Fr.*, 1861, VIII, p. 14-15.

Pérennant. Devient *pérennante* la plante bisannuelle qui, par exception, survit à une première floraison et en a une seconde et parfois même une troisième.

Pivot. Voir AXE HYPOCOTYLÉ.

Plurannuel. Quelques plantes vivent 3-10 ans avant de fleurir et de périr (*Libanotis montana*, *Angelica sylvestris*, *Trinia vulgaris*, *Cynoglossum officinale*, *Echium vulgare*, *Lappa communis*, *Cirsium palustre*, *C. eriophorum*, *Carlina vulgaris*, *Inula Conyza*, etc.). J'ai proposé [1] le terme *plurannuel* et le signe ⊗ pour marquer la durée de ces plantes, qui sont notées dans les Flores tantôt comme vivaces, tantôt comme bisannuelles. Or elles ne sont ni bisannuelles, puisque leur existence dépasse deux ans, ni vivaces, puisqu'elles ne fleurissent qu'une seule fois et qu'elles meurent après cette unique floraison, sans laisser de bourgeons de remplacement. Le terme *plurannuel* n'est donc pas sans objet, et il ne fait pas double emploi avec *monocarpien*. Sans doute, les plantes plurannuelles sont monocarpiennes, ainsi que les annuelles et les bisannuelles; mais comme une distinction de durée a été jugée nécessaire entre ces dernières, il semble tout aussi utile d'en établir une pour les plantes plurannuelles, car le terme *monocarpien* ne préjuge en rien le nombre d'années qu'a vécu la plante.

Pseudorrhize. Une *pseudorrhize* est une racine adventive, c. à. d. une racine qui n'est pas formée par le pivot et l'axe hypocotylé des germinations. J'établis cette distinction entre la véritable racine et la pseudorrhize, à cause de l'extrême commodité qui en résulte pour la détermination de nombreuses espèces; mais, en réalité, le pivot peut être considéré comme une première racine adventive des plantes, car il est une émanation du système ascendant (axe hypocotylé), et l'anatomie confirme ce rapprochement intime entre la racine et les pseudorrhizes. — Le siège d'insertion des pseudorrhizes sur les drageons, les stolons et les tiges rampantes est assez varié. Les mérithalles fistuleux ont toujours leur radication limitée aux nœuds (*Thalictrum flavum*, *Stachys palustris*, la très grande majorité des *Graminées*, etc.). Parmi les mérithalles pleins, un certain nombre ne sont radicants qu'aux nœuds, comme on le remarque pour les *Ranunculus repens*, *Trifolium repens*, *Potentilla*

1. *Bull. de la soc. bot. de Fr.*, 1869, XVI, p. 37-38, 233-234.

reptans, Fragaria vesca, Ægopodium Podagraria, Lysimachia Nummularia, L. nemorum, Veronica Beccabunga, V. Anagallis, V. scutellata, V. serpyllifolia, Sambucus Ebulus, Mentha aquatica, M. sylvestris, M. rotundifolia, Hippuris vulgaris, Convallaria maialis, Potamogeton, Carex præcox, C. bryzoides, C. glauca, etc. ; une *Graminée* à mérithalles pleins, le *Calamagrostis Epigeios*, n'est même radicante qu'aux seuls de ses nœuds qui forment un centre vital ou rosette. Mais la grande majorité des plantes à mérithalles pleins sont à la fois radicantes et aux nœuds et aux points les plus divers des mérithalles (*Circæa Lutetiana, C. intermedia, Epilobium hirsutum, Hedera Helix, Veronica montana, V. Chamædrys, V. officinalis, Menyanthes trifoliata, Paris quadrifolia, Carex disticha, C. riparia*, les *Composées-Radiées*, etc.). — Les pseudorrhizes supérieures des *Ranunculus aquatilis, R. circinatus*, etc., verdissent au sein de l'eau, ainsi qu'on voit également verdir les racines ou les pseudorrhizes des *Sedum Telephium, Bryonia dioica, Fagus sylvatica*, etc., quand elles sont exposées à la lumière. — Le chevelu des pseudorrhizes d'un très grand nombre de plantes aquatiques, ainsi que parfois leurs pseudorrhizes elles-mêmes, est dressé-ascendant, afin de se rapprocher des couches d'eau supérieures qui sont plus aérées (*Nasturtium officinale, Trapa natans, Carex stricta, C. ampullacea, C. acuta, Calamagrostis lanceolata*, etc.). On peut rencontrer encore des pseudorrhizes ascendantes chez les plantes des sols humides ou argileux, comme *Platanthera bifolia, Orchis latifolia* et *Osmunda regalis*. Enfin cette direction est très fréquente pour les individus cultivés en pot, dont les pseudorrhizes ont, suivant les cas, soit à fuir un excès d'humidité ou un sol épuisé, soit à contourner les parois du vase qui s'opposent à leur élongation. — Dans les massifs touffus, les rameaux de certains arbres (*Acer platanoides, Cerasus Padus, Populus alba*, etc.) développent fréquemment à leur pourtour des pseudorrhizes qui finissent par se flétrir, après avoir atteint seulement 2-6 millim. de longueur. — La prompte atrophie de la zone génératrice empêche bientôt tout développement diamétral dans les pseudorrhizes des *Monocotylédonées;* mais elles continuent de s'accroître en longueur. Ces pseudorrhizes offrent très souvent des cas de fasciation-partition.

Racine. La racine est l'organe constitué par le pivot et l'axe hypocotylé, devenus indistincts lors de la chute de l'écorce primaire.

La base de la racine est son point d'attache à la souche; car il est logique de partir de la souche ou centre vital pour décrire d'un côté la racine, de l'autre la tige, c. à. d. les deux pôles opposés du végétal. Les ramifications de la jeune racine apparaissent surtout dans la partie du pivot qui est voisine du collet. — Toutes les *Monocotylédonées* sont dépourvues de racine et n'ont que des pseudorrhizes. Les *Dicotylédonées*, qui passent au rhizome, débutent par une racine; mais celle-ci s'atrophie plus ou moins rapidement. Ainsi le délai est d'un an pour les *Ranunculus*; il est pour les *Pulmonaria* de 3-4 années, pendant lesquelles la racine est déjà dépassée en dimensions par les pseudorrhizes adjuvantes. Le *Salix cinerea*, ainsi que sans doute d'autres *Salix*, est remarquable par l'absence complète de radicule ou pivot de germination : en effet, l'axe hypocotylé est, lors de sa naissance, tronqué à son extrémité inférieure; ce n'est qu'après plusieurs jours qu'on voit poindre de la surface de cette troncature un corps filiforme qui s'accroît rapidement et se met à jouer le rôle de pivot. — La racine et les pseudorrhizes de quelques espèces ont la propriété d'émettre normalement des bourgeons adventifs (*Nasturtium sylvestre*, *Rubus Idæus*, *Inula Britannica*, *Linaria striata*, *L. vulgaris*, *Ajuga Genevensis*, *Ulmus campestris*, *Euphorbia Cyparissias*, etc.); en outre, chez beaucoup de végétaux, elles peuvent bourgeonner adventivement aux points blessés ou mis à découvert. Mais il faut bien distinguer entre ce bourgeonnement accidentel et provoqué, et le bourgeonnement spontané tel qu'il se produit chez un *Ajuga Genevensis* ou un *Inula Britannica*.

Radicule. Voir RACINE.

Régression. Voir CYME et INFLORESCENCE.

Repos (*Loi de*). Pour un grand nombre de plantes et particulièrement pour les plantes bulbeuses, le repos principal a lieu pendant les sécheresses de l'été. La végétation reprend avec les premières pluies de l'automne. Celles des plantes, qui pendant l'hiver n'offrent aucune végétation extérieure, n'ont pas cependant leurs souches complètement inertes; car, si l'on arrache en février des souches plantées en octobre précédent, on constate un notable accroissement dans le nombre et la longueur des radicelles. — Le repos de certaines plantes aquatiques, comme le *Ranunculus aquatilis*, n'est pas subordonné aux sécheresses, bien qu'il ait lieu pendant l'été, et il s'observe même chez les *Ranunculus* submergés; car la loi de repos répond encore moins aux influences des milieux qu'à l'un des besoins les plus impérieux des végétaux. — A la fin de la floraison de la plupart des plantes vivaces (*Ranunculus acer, Anenome nemorosa, Convallaria maialis, Polygonatum vulgare*, etc.), les bourgeons souterrains de remplacement, destinés à fleurir l'an suivant, ont déjà acquis presque tout leur développement. Le printemps marque donc, chez les bourgeons de ces plantes, la fin d'une évolution et le début d'une autre, et celle-ci se terminera à la floraison de la saison prochaine. Une phase de repos coupe aussi en deux périodes l'évolution des bourgeons des plantes bisannuelles.

Sommeil des Fleurs. C'est un terme impropre consacré par un long usage. Lorsqu'une plante ferme ses fleurs par excès de transpiration et perte de turgescence, elle ne demande pas à se reposer, mais à exercer énergiquement ses fonctions d'absorption. C'est ainsi qu'un homme qui a soif demande à boire et non pas à dormir. Quand le froid est la cause du sommeil, l'épanouissement est ramené par une élévation de température. Le mot de *sommeil* s'appliquerait plus exactement à la longue phase de repos, pendant les chaleurs de l'été ou les froids de l'hiver. Au surplus, les articles relatifs aux *Melandrium dioicum, Erythræa pulchella, Ornithogalum umbellatum*, ainsi qu'aux *Composées* et aux *Campanulacées*, contiennent quelques détails sur ma théorie du sommeil des fleurs, que j'ai exposée plus amplement dans un *Essai sur le Sommeil des plantes* [1].

Souche. Il y a des cas où l'emploi simultané des mots *souche* et *rhizome* devient nécessaire pour la clarté et l'exactitude des descriptions du système souterrain. Si l'on veut faire bien connaître le rhizome d'un *Sparganium ramosum* ou d'un *Scirpus maritimus*, il est impossible de passer sous silence les renflements ligneux dont sont parsemés ces rhizomes, et qui sont autant de vieilles souches ou cèntres vitaux éteints. Koch [2] a donné cet exemple en associant les termes *rhizoma* et *capita* dans la description de certains *Geranium*. — Le rhizome cespiteux ne paraît formé que d'une seule souche, mais, en réalité, il en possède plusieurs réunies en touffe, à l'instar de ces animaux inférieurs qui vivent à l'état d'agglomération. — *L'article* est l'ensemble des mérithalles

1. *Ann. des Sc. nat.*, 5e sér., IX, 1869, p. 345-379.
2. *Synopsis*, 3e édit., p. 119.

stériles interposés aux centres vitaux ou souches (*capita*). Les stolons du *Fragaria vesca* prouvent la nécessité d'une distinction entre les mérithalles et les articles : en effet, tous les articles de ces stolons sont définis, mais l'un des mérithalles, desquels se compose chaque article, est au contraire indéfini.

Stolon. Voir DRAGEON.

Volubilité. Les auteurs sont loin de s'entendre sur la direction de l'enroulement des plantes volubiles. Ainsi le *Calystegia sepium* s'enroule de droite à gauche selon Mirbel et Adr. de Jussieu, et de gauche à droite selon Aug. de Saint-Hilaire, MM Duchartre et Sachs. L'*Humulus Lupulus* tourne de gauche à droite d'après Mirbel et Adr. de Jussieu, et de droite à gauche d'après Aug. de Saint-Hilaire, MM. Duchartre et Sachs. Il n'y a même pas accord sur la valeur des termes employés, car *dextrorsum* signifie ou de droite à gauche (Mirbel), ou de gauche à droite (Aug. de Saint-Hilaire, Adr. de Jussieu). Bien plus, il est arrivé à Linné de donner à *sinistrorsum* chacun des deux sens opposés [1]. Toutes ces contradictions dérivent d'un défaut d'entente sur le point de départ de la spire : suivant, en effet, que ce point sera pris à droite ou à gauche, on sera également fondé à dire de la même plante qu'elle s'enroule de droite à gauche ou de gauche à droite.

En présence de ce petit chaos, le mieux est de renoncer, pour cause d'ambiguïté, aux expressions *de droite à gauche* et *de gauche à droite*, et de dire simplement que la plante tourne à droite ou à gauche. Puis, pour obtenir un point de départ fixe, il faut se placer en face de la spire et diviser le support en deux parties longitudinales, à l'aide d'une ligne idéale passant par son milieu ; la moitié qui est à droite de l'observateur sera le côté droit, l'autre le côté gauche, et la plante tournera à droite ou à gauche, suivant qu'à partir de la ligne médiane longitudinale elle montera en s'avançant d'abord soit sur le côté droit, soit sur le côté gauche : ainsi, l'*Humulus Lupulus* tourne à gauche, et les *Calystegia sepium* et *Convolvulus arvensis* à droite. — M. Alph. de Candolle [2] recommande, après Linné et autres auteurs, de se placer idéalement au centre de la spire

1. Voir Alph. de Candolle, *Phytographie*, 1880, p. 201-202.

2. *Bull. de la Soc. bot. de Fr.*, 1876, XXIII, p. 192-193 et *Phytographie*, 1880, p.202-208

pour en déterminer le sens ; mais comme il n'indique pas de point de départ, on sera exposé à tomber dans les contradictions signalées plus haut. D'ailleurs, il faut remarquer qu'avec le même point de départ le sens de l'enroulement sera opposé à celui que donne la première méthode, où l'observateur est placé en face et non au centre de la spire.

L'enroulement des tiges et des vrilles peut se produire même dans le vide et en dehors du contact de tout support (*Humulus Lupulus, Bryonia dioica*). Il s'opère de bas en haut ; mais quand la vrille a des rebroussements, ceux-ci s'exécutent de haut en bas de l'organe (*Bryonia dioica*). Il faut, au contraire, le contact pour déterminer la courbure des pétioles et pétiolules des *Clematis Vitalba* et *Fumaria officinalis* var. *media* autour des supports auxquels ils s'accrochent. — Tandis que le sens de la spire est indifféremment à droite ou à gauche pour les vrilles d'un même individu (*Bryonia dioica*), et de plus pour les mains d'une même vrille (*Vicia sativa*), il demeure invariable pour les tiges volubiles d'une même espèce de plantes. Par exception, les tiges du *Solanum Dulcamara* se contournent indifféremment en tous sens, à tel point que les deux enroulements contraires peuvent se succéder sur la même tige ; mais on doit ajouter que cette plante n'est pas à proprement parler volubile, et que le rare et léger mouvement révolutif qu'elle possède a besoin d'être provoqué par le contact d'un support. — Chez les plantes à préfloraison contournée, le sens de l'enroulement de la corolle peut différer de celui des tiges : ainsi, les *Convolvulus arvensis* et *Calystegia sepium* enroulent leurs tiges à droite, mais pendant la préfloraison la corolle, au contraire, est contournée à gauche.

FLORE DE LA COTE-D'OR.

EMBRANCHEMENT I.

PLANTES PHANÉROGAMES OU COTYLÉDONÉES.

DIVISION I. DICOTYLÉDONÉES.

SUBDIVISION I. POLYPÉTALES.

CLASSE I. POLYPÉTALES HYPOGYNES.

I. RENONCULACÉES (Juss.).

1. CLEMATIS *L.*

1. C. Vitalba. L.; Lorey, 3,— ♄. — Juin-juill.— C. — Bois, haies.

Feuilles à folioles ou toutes dentées, ou toutes entières (haies des vignes de Santenay !), ou les unes entières, les autres crénelées-dentées. — Certains des pétioles et pétiolules sont tortiles pendant leur jeunesse. L'enroulement n'a qu'un tour ou deux; il n'est pas spontané comme chez les vrilles (*Vicia, Bryonia*, etc.), mais il a besoin d'être provoqué par le contact d'un support; aussi a-t-il lieu aux points les plus divers du rachis. Il s'opère indifféremment à droite et à gauche, et quand un pétiolule s'enroule dans un sens, on voit souvent le pétiolule opposé s'enrouler en un sens contraire. — Fleurs odorantes. — Styles dressés-connivents à l'anthèse, puis distants-étalés; plus tard enfin arqués-réfractés, largement distants et longuement accrescents-barbus.

2. THALICTRUM *L.*

1 Point de drageons . . . . *T. majus.*
Des drageons 2
2 Rhizome à mérithalles pleins; pseudorrhizes[1] naissant des nœuds et en outre de la moitié antérieure des mérithalles, un peu épaissies en leur partie moyenne. . . . . *T. minus.*
Rhizome à mérithalles fistuleux; pseudorrhizes naissant toutes des nœuds, tétragones, la plupart épaissies subclaviformes. *T. flavum.*

1 Tige compressible, largement fistuleuse; panicule étroite compacte; étamines dressées . . . . *T. flavum.*
Tige incompressible, pleine ou faiblement fistuleuse; panicule ample, lâche ou divariquée; étamines pendantes. 2
2 Tige robuste, faiblement fistuleuse; pétioles plans aux deux faces . . . . *T. majus.*
Tige peu robuste, pleine; pétioles convexes à la face inférieure . . . . *T. minus.*

1. **T. majus** Jacq. — ♃. — Juin-juill. — R. — Coteaux incultes, rochers. — Nuits!, Beaune!, Puligny!.

Des échantillons de Gevrey! ont leurs folioles divariquées et chevauchantes entre elles. — En novembre, les nœuds caulinaires inférieurs des *T. majus* et *minus* se désarticulent très facilement et leur sommet offre alors un cône obtus qui s'emboîtait dans une cavité occupant la base du mérithalle détaché. Le *T. flavum* échappe complétement à cette désarticulation.

2. **T. minus** L.; Lorey, 5. — ♃. — Juin-juill. — A. C. — Friches, bois, buissons. — Flavignerot, Messigny (*Lorey*); St-Remy!, Verdonnet!, Blaisy-Bas!, Dijon!, Gevrey!, Précy!, etc.

Une variété est remarquable par ses dimensions grêles, même chez les individus cultivés. — R. — Pelouses arides. — Faverolles!, Essarois!, calvaire de Santenay!.

Froissés, les fruits à demi-mûrs des *T. minus* et *majus* ont ordi-

[1] Voir le *Vocabulaire* pour les mots innovés.

nairement une odeur fétide de corne brûlée. L'odeur de ceux du *T. flavum* est d'une fétidité différente.

Lorey indique à Lugny dans les prés et autour de l'étang Froidvent le *T. angustifolium* L. Ce que j'ai reçu de la Côte-d'Or sous ce nom n'était que du *T. flavum* à feuilles étroitement découpées.

3. T. flavum L.; Lorey, 5. — ♃. — Juin-juill. — A. R. — Prairies marécageuses. — Jouvence (*Lorey*); Villedieu!, Laignes!, Gevrolles!, Val-des-Choues!, Is-s-Tille!, Vielverge!, Talmay!, Brognon!, Broin! Merceuil!, etc.

Les regains de *T. flavum* ont souvent les segments foliaires très amples avec une inflorescence appauvrie (*T. Morisonii* Mut.).

3. ANEMONE *L.*

1 Une racine et chez les vieux individus de robustes pseudorrhizes qui finissent par remplacer la racine . . . . *A. Pulsatilla.*
Un rhizome avec pseudorrhizes grêles-filiformes. 2
2 Rhizome subligneux, cespiteux; pseudorrhizes nombreuses, raides, entrelacées . . . . *A. Hepatica.*
Rhizome charnu, horizontal, longuement rameux; pseudorrhizes rares, flexibles, espacées. 3
3 Rhizome à bourgeons souterrains et jeunes articles blancs. *A. nemorosa.*
Rhizome à bourgeons souterrains et jeunes articles jaunes. *A. ranunculoides.*

1 Feuilles trilobées . . . . *A. Hepatica.*
Feuilles pinnati ou palmatiséquées. 2
2 Feuilles pinnatiséquées . . . . *A. Pulsatilla.*
Feuilles palmatiséquées. 3
Sépales glabres, blancs ou blanc-rosé . . . . . *A. nemorosa.*
Sépales pubescents-velus, jaunes . . . . . *A. ranunculoides.*

1. A. Pulsatilla [1] L.; Lorey, 6. — ♃. — Avril-juin.

[1] Dans l'énumération des espèces d'un même genre, je commencerai par celles qui sont le plus élevées sur l'échelle végétale, c'est-à-dire par celles qui jouissent d'une plus grande localisation de fonctions. Ainsi, quand parmi des plantes congénères les unes gardent leur racine, et que les

— C. — Pelouses calcaires sèches. — Rare dans les localités siliceuses, comme à Villargoix et Thoisy-la-Berchère (*Lombard*).

Axe hypocotylé muni de bourgeons adventifs expectants. — Lors de la floraison, les tiges florifères n'ont à leur base que des feuilles flétries; les feuilles vivantes appartiennent aux rosettes appelées à fleurir l'année suivante. Le développement de ces rosettes rejette par côté les tiges, qui sont latérales en apparence; mais en réalité elles sont bien terminales et la souche est définie. Il en est de même d'autres plantes, comme *Pulmonaria angustifolia et Primula officinalis*.

2. A. Hepatica L. — *Hepatica triloba* Chaix; Lorey, 8. — ♃. — Mars-mai. — R. — Coteaux boisés. — Messigny! (*Lorey*); Mauvilly!, Grancey-le-Château!, Diénay!, Avot!, Val-Suzon!

A leur seconde année, les feuilles deviennent rougeâtres à la face inférieure.

3. A. nemorosa L.; Lorey, 7. — ♃. — Mars-avril. — C C C. — Taillis.

Les jeunes pétioles et les jeunes hampes, en sortant de terre, sont recourbés afin de ne pas causer de lésion au limbe ni aux organes floraux. L'effort, pour percer le sol, porte en effet sur le sommet de la courbure de la hampe ou du pétiole; le bouton floral et le limbe de la feuille peuvent, grâce à leur position renversée, se maintenir fermés dans le sol, à travers lequel ils glissent sans subir le moindre dommage.

A l'ombre épaisse des vieux taillis, les souches d'*A. nemorosa* sont comme frappées de léthargie, et, loin de fleurir, émettent tout au plus quelques maigres feuilles. Mais, le bois coupé, on voit la plante sortir de sa longue inertie, et produire, dès la seconde année, feuilles et fleurs en très-grande quantité. Les *Ranunculus nemorosus, Viola sylvestris, Potentilla Fragaria, Campanula Trachelium*,

autres ont un rhizome, celles-ci viendront en dernier ordre, car les rhizomes ou tiges radicantes remplissent des fonctions d'adaptation, non de destination, et constituent les plantes en état d'infériorité.

Solidago Virga-aurea, Carex sylvatica, etc. offrent la même particularité. A l'exemple des souches, les graines de beaucoup de plantes sont ordinairement inactives dans les vieux taillis, mais germeront en abondance aussitôt après l'exploitation du bois (*Clematis Vitalba, Polygala vulgaris, Atropa Belladona, Stachys Alpina, Galium tricorne, Erigeron Canadensis, Lapsana communis, Euphorbia stricta,* etc.).

4. A. ranunculoides L.; Lorey, 5. — ♃. — Mars-avril. — R. — Bois, prés secs. — Prairies du vallon du Suzon !, combe de Gevrey !.

4. ADONIS *L.*

1 Point de dent au bord supérieur des carpelles. *A. autumnalis.* [1].
Une dent au bord supérieur des carpelles. 2
2 Sépales ordinairement glabres; dent éloignée du bec des carpelles; bec concolore . . . . *A. æstivalis.*
Sépales velus; dent très rapprochée du bec, qui est ordinairement noirâtre-sphacélé . . . . *A. flammea.*

1. A. autumnalis L.; Lorey, 8. — ⊙. — Mai-août. — R. — Moissons. — Dijon (*Lorey*); Flavigny (*Lombard*); Lucenay !, Ruffey !.

2. A. æstivalis L.; Lorey, 8. — ⊙. — Mai-août. — A. R. — Moissons. — Dijon (*Lorey*); Gouville (*Lombard*); Laignes !, Aignay !, Les Laumes !, Ruffey !.

Carpelles parfois tuberculeux à la base. — Fleurs jaunes à Flavigny (*Lombard*); Dijon (*Duret*); Les Laumes !, Jeux !.

3. A. flammea Jacq.; Lorey, 9. — ⊙. — Mai-août. — A. C. — Moissons, cultures. — Dijon (*Lorey*); St-Remy !, Asnières-en-Montagne !, Laignes !, Lucenay !, Les Laumes !, Ruffey !, Bourberain !, La Canche !, etc.

[1] En certains cas, et surtout chez les espèces annuelles et bisannuelles, l'anatomie devra suppléer à l'insuffisance de la morphologie pour l'établissement des clefs souterraines. Chez ces plantes, en effet, le système souterrain n'a pas ordinairement le temps de modifier la forme qui est d'abord propre aux végétaux d'un même embranchement.

5. MYOSURUS *L.*

1. **M. minimus** L.; Lorey, 11. — ⊙. — Avril-mai. — R R. — Cultures, décombres. — Cîteaux, Seurre (*Lorey*); Dijon (*Weber*); Genay!, Rouvray!.

6. RANUNCULUS *L.*

1 Plantes ♃ 2
Plantes ⊙ ou ⊙ 13
2 Des tiges plus ou moins couchées, radicantes aux nœuds . . 3
Point de tiges couchées-radicantes 6
3 Nœuds radicants en la partie inférieure des tiges. 4
Nœuds radicants sur toute la longueur des tiges 5
4 Rhizome court, tronqué, assez épais; pseudorrhizes filiformes-cylindracées. . . . . *R. Flammula.*
Rhizome assez allongé, grêle, formé par les bases des tiges; pseudorrhizes filiformes. *R. aquatilis, R. divaricatus, R. fluitans.*
5 Tiges toutes couchées-radicantes . . . . *R. hederaceus.*
Tiges florifères dressées, non radicantes . . . . . *R. repens.*
6 Des drageons . . . . *R. Lingua.*
Point de drageons. 7
7 Rhizome bulbiforme . . . . *R. bulbosus.*
Point de rhizome bulbiforme. 8
8 Rhizome horizontal, robuste, plus ou moins allongé-progressif. . . . . *R. acer.*
Rhizome vertical-oblique, peu robuste, court. 9
9 Souche nue ou munie seulement de 2-3 filaments pétiolaires grêles et caducs . . . . *R. Flammula.*
Souche munie de filaments pétiolaires plus ou moins nombreux, persistants. 10
10 Filaments en feutrage dense; pseudorrhizes épaissies vers leur extrémité. . . . . *R. gramineus.*
Point de filaments en feutrage dense; pseudorrhizes non épaissies vers leur extrémité 11
11 Pseudorrhizes robustes, cylindracées. . . . . *R. aconitifolius.*
Pseudorrhizes peu robustes, plus ou moins fortement filiformes 12

12 Souche à filaments pétiolaires abondants, bruns. *R. nemorosus.*
Souche à filaments pétiolaires rares, grisâtres. *R. auricomus.*
13 Pseudorrhizes filiformes-capillaires, à système fibro-vasculaire presque nul, flasques par la dessiccation. 14
Pseudorrhizes fortement filiformes, à système fibro-vasculaire assez développé, plus ou moins raides par la dessiccation. 15
14 Tige radicante à ses nœuds les plus inférieurs. . . . . *R. ophioglossifolius.*
Tige non radicante. . . . . *R. sceleratus.*
15 Plante ordinairement ⊙ ; axe hypocotylé et pivot atrophiés; souche pluricaule, épaissie . . . . *R. Philonotis.*
Plante ordinairement ⊙ ; pivot atrophié; axe hypocotylé persistant-accrescent; souche unicaule, non épaissie. *R. arvensis.*

1 Fleurs blanches; pédoncules plus ou moins courbés en arc à la maturité; carpelles ridés transversalement 2
Fleurs jaunes, rarement blanches; pédoncules droits à la maturité; carpelles non ridés transversalement 5
2 Feuilles toutes réniformes-lobées . . . . . . *R. hederaceus.*
Feuilles toutes ou la plupart divisées en lanières ténues. . . 3
3 Tiges robustes; feuilles à lanières filiformes, allongées, parallèles; fleurs grandes . . . . *R. fluitans.*
Tiges assez robustes ou grêles; feuilles à lanières sétacées ou capillaires, plus ou moins divergentes; fleurs de grandeur variable 4
4 Feuilles toutes sessiles et conformes, à lanières raides disposées en cercle sur un même plan même à l'émersion. . . . . *R. divaricatus.*
Feuilles parfois dimorphes, les inférieures pétiolées; lanières soit en pinceau, soit étalées en tous les sens à l'émersion. . . . . *R. aquatilis.*
5 Fleurs blanches . . . . *R. aconitifolius.*
Fleurs jaunes. 6
6 Feuilles entières ou presque entières 7
Feuilles plus ou moins divisées 10
7 Feuilles caulinaires inférieures ovales-suborbiculaires, à base tronquée-subcordiforme; fleurs petites; carpelles finement tuberculeux. . . . . *R. ophioglossifolius.*

Feuilles caulinaires toutes atténuées à la base; fleurs grandes ou médiocres; carpelles lisses ou réticulés 8

8 Plante des pelouses sèches; calice glabre; carpelles réticulés. . . . . *R. gramineus.*

Plantes des lieux humides ou inondés; calice velu; carpelles lisses. 9

9 Plante très robuste; feuilles caulinaires toutes longuement lancéolées-acuminées; pédoncules non sillonnés . *R. Lingua.*

Plante peu robuste; feuilles caulinaires inférieures ovales-oblongues; pédoncules sillonnés . . . . *R. Flammula.*

10 Calice réfracté à la floraison 11

Calice non réfracté à la floraison. 13

11 Réceptacle conique-oblong, fistuleux; carpelles en tête cylindracée-oblongue . . . . *R. sceleratus.*

Réceptacle linéaire-oblong, plein; carpelles en tête subglobuleuse. 12

12 Carpelles tuberculeux . . . . *R. Philonotis.*

Carpelles lisses . . . . *R. bulbosus.*

13 Carpelles chargés de pointes épineuses, ou au moins de tubercules. . . . . *R. arvensis.*

Carpelles sans pointes épineuses ni tubercules 14

14 Feuilles radicales pinnatiséquées; calice étalé . . *R. repens.*

Feuilles radicales palmatipartites ou réniformes-suborbiculaires; calice dressé ou peu étalé 15

15 Pédoncules sillonnés. . . . . *R. nemorosus.*

Pédoncules non sillonnés. 16

16 Feuilles radicales pentagonales en leur pourtour; carpelles glabres. . . . . *R. acer.*

Feuilles radicales réniformes-orbiculaires en leur pourtour; carpelles pubescents . . . . *R. auricomus.*

1. R. aquatilis L. — ♃. — Avril-août. — Etangs, fossés, cours d'eau.

Var. α. *heterophyllus* Lorey, 13 (*R. heterophyllus.* Willd.). — Feuilles ordinairement dimorphes, quelques-unes des supérieures à limbe nageant, lobé-subréniforme, toutes les autres à segments capillaires plus ténus que chez les autres variétés, en pinceau à l'émersion; fleurs grandes. — A. R. — Seurre!, Laroche-en-Brenil!, Rouvray!.

Var. β. *trichophyllus* (*R. trichophyllus* Chaix. — *R. aquatilis* L. β. *capillaceus* Lorey, 13). — Feuilles ordinairement toutes laciniées, tantôt ne formant pas, tantôt au contraire formant (*R. paucistamineus* Tausch) pinceau à l'émersion. — C. — Une sous-variété très grêle en toutes ses parties est le *R. Drouetii* Fr. Schultz (*R. aquatilis* L. δ. *stagnalis* Lorey, 13). — A. R. — Buffon!, fontaine salée de Pouillenay!, Liernais!. — Dans le bassin du clos du Val-des-Choues, j'ai récolté des *R. trichophyllus* à tiges velues-hérissées.

2. R. divaricatus Schrank. — *R. aquatilis* L. *c. cæspitosus* Lorey, 13. — ♃. — Mai-août. — A. R. — Mares, rivières. — St-Remy!, Pothières, Aignay!, Tarsul!, Is-sur-Tille!, Auxonne!, Ecutigny! etc.

3. R. fluitans Lmk. — *R. aquatilis* L. ε. *peucedanifolius* Lorey, 13. — ♃. — Mai-août. — C. — Rivières.

Chez cette espèce, comme chez les deux précédentes, les fleurs s'épanouissent souvent sous l'eau. Une bulle d'air se forme au sein de la corolle, et constitue une petite atmosphère, qui permet à la fécondation de s'accomplir. — Croissant à sec, les *R. fluitans, divaricatus* et *aquatilis* s'étalent en gazons denses, avec tiges peu développées et feuilles à lanières courtes, élargies et épaissies. Les fleurs sont alors très petites ou incomplètes et même souvent font entièrement défaut.

Bien que de Candolle [1] soit d'un avis contraire, les variétés du *R. aquatilis,* parmi lesquelles il comprend les *R. divaricatus* et *fluitans,* ne sont point dues à l'influence des milieux. En effet, sous le courant le plus violent, le *R. trichophyllus* n'allongera jamais ses feuilles ni ses tiges, autant que le fait le *R. fluitans;* enfin, dans les eaux rapides de l'Ignon, dont il tapisse le lit à Tarsul et Is-sur-Tille, le *R. divaricatus* garde intactes ses dimensions, ainsi que la disposition remarquable des lanières de ses feuilles, et offre un frappant contraste avec les *R. fluitans* et *paucistamineus,* qui croissent

[1] *Fl. Fr.*, V, p. 895.

côte à côte avec lui. Au surplus, mais alors pour des motifs autres que ceux invoqués par de Candolle, on pourrait être fondé à regarder les *R. divaricatus* et *fluitans* comme de simples variétés du *R. aquatilis,* car le *R. divaricatus* se distingue difficilement de certains *R. aquatilis* var. *trichophyllus* à feuilles supérieures sessiles, avec segments presque divergents en cercle sur un même plan; puis, le *R. fluitans,* auquel on donne pour caractères principaux des feuilles conformes et un réceptacle glabre, se rencontre souvent avec les feuilles dimorphes et le réceptacle parsemé de poils du *R. aquatilis* var. *heterophyllus.*

Nulles chez le *R. divaricatus,* très rares chez le *R. trichophyllus,* les feuilles lobées-élargies s'observent surtout chez les *R. heterophyllus* et *fluitans.* La forme de ces feuilles est très variable; tantôt elles sont simples, réniformes-orbiculaires avec des lobes plus ou moins profonds; tantôt, mais plus rarement, elles offrent 3-5 segments sessiles sur un pétiole commun, ou au contraire munis chacun d'un pétiolule de 1-3^{c} de long, qui est inséré au niveau de la gaîne pétiolaire. Les feuilles lobées ne naissent que dans la partie supérieure des tiges, et seulement vers la fin de la floraison; souvent, sur la même tige, il leur succède des feuilles laciniées. Les individus terrestres ne produisent pas de feuilles décidément lobées, et, si parfois ils en possèdent, c'est qu'elles étaient nées avant l'assèchement complet de la station.

La végétation des *R. aquatilis, fluitans* et *divaricatus* parcourt plusieurs phases bien distinctes. A la fin de l'été, ces plantes émettent de petits gazons soit au fond de l'eau, soit sur la vase asséchée; en automne et en hiver, les jeunes tiges s'allongent; puis, au printemps, leur sommet atteint la surface de l'eau, et la floraison commence. Plus tard, les tiges se détachent en leur partie inférieure, et deviennent libres; mais elles n'en continuent pas moins de végéter et de fleurir quelque temps, grâce aux pseudorrhizes qui naissent des nœuds et qui flottent et vivent au sein même de l'eau. Ces tiges finissent ordinairement par s'échouer sur les gués ou sur les rives, et s'y enracinant deviennent de puissants agents de multiplication, comme on le voit encore pour les *R. Lingua, Menyanthes trifoliata, Veronica Anagallis, Polygonum amphibium, Potamogeton lucens* et beaucoup d'autres plantes aquatiques.

4. R. hederaceus L.; Lorey, 12. — ♃. — Mai-août. — R. — Sources et fossés des terrains siliceux. — Semur, Arnay-le-Duc (*Lorey*); Vielverge (feuilles marbrées de brun)!, Saulieu!, Laroche-en-Brenil! Rouvray!.

5. R. repens L.; Lorey, 19. — ♃. — Avril-oct. — C C. — Cultures, vignes, friches.

Au milieu de plantes touffues, le *R. repens* n'est plus couché-radicant, mais il dresse obliquement ses tiges, dont les nœuds ne produisent alors que des pseudorrhizes aériennes-rudimentaires. Il n'y a ici ni variété (var. *elatior*), ni espèce (*R. polyanthemos* Thuill.), mais une simple forme accidentelle, due aux conditions de la station.

La rosette centrale mère se termine par une tige courte florifère, dressée. Certaines des aisselles des feuilles radicales émettent des rameaux étalés-stoloniformes, qui, à leurs premiers nœuds, fournissent 1-2 inflorescences, plus jeunes que l'inflorescence centrale. Puis, ces rameaux continuent de s'allonger et ne seront plus que foliifères, sauf à leur extrémité, où ils redeviennent assez souvent florifères. Ils sont sympodiques à chaque inflorescence, mais indéfinis dans tous leurs mérithalles stériles.

6. R. Lingua L.; Lorey, 15. — ♃. — Juin-juill. — R. — Etangs, ruisseaux. — Saulon, Limpré (*Lorey*); Saulieu (*Lombard*); Magny-s-Tille (*Maillard*); Satenay (*Leclerc*); Laignes!, Vertaut!, Fontaine-Française!.

Les feuilles caulinaires sont longuement lancéolées-acuminées, avec base atténuée. Les feuilles radicales, qui forment rosette à l'extrémité des drageons, sont au contraire ovales, obtuses, à base tronquée-subcordée, outre qu'elles sont le plus souvent flottantes-pellucides. Quand ces rosettes montent à fleurs l'an suivant, leurs feuilles se détruisent et sont remplacées par les feuilles caulinaires.

7. R. Flammula L.; Lorey, 15. — ♃. — Mai-sept. — A. C. — Bords des étangs, prairies marécageuses.

Présente de grandes variations dans la forme et la grandeur des feuilles et dans la direction des tiges, qui sont parfois couchées et radicantes aux nœuds sur une partie de leur longueur; peut encore croître en pleine eau, et avoir des feuilles nageantes, qui deviennent longuement pétiolées. — A la fin de l'automne, les bourgeons caulinaires s'enracinent, quand la rupture des mérithalles et la chute des tiges les mettent en contact avec le sol.

8. R. aconitifolius L. — ♃. — Mai-juill. — R. — Bords des eaux. — Laroche-en-Brenil, Saint-Didier (*Boreau*); Rouvray!.

La variété *platanifolius* (*R. platanifolius* L. — *R. aconitifolius* Lorey, 14) diffère par sa taille plus élancée, par ses pétioles radicaux cylindracés, obscurément canaliculés à la face supérieure (non plans-convexes, ni fortement canaliculés), et par ses feuilles à segments acuminés et moins larges; elle a parfois les pédicelles pubescents du *R. aconitifolius*. — R. — Bois, lieux ombragés. — Vallées de la Côte, Saulieu! (*Lorey*); Aubaine, Savigny-s-Beaune, (*Duret*); Changey (*Bonnet*); Lamargelle, bois des environs de Velars (*Morelet !*); Menessaire!.

9. R. gramineus L.; Lorey, 14. — ♃. — Mai-juin. — R. — Pelouses des bois de la Côte. — Marsannay-la-Côte (*Lorey*); Gevrey!.

10. R. nemorosus DC.; Lorey, 17. — ♃. — Mai-sept. — CC. — Buissons, bois.

Le *R. nemorosus*. a pour la forme des feuilles et pour la vestiture des variations parallèles à celles des *R. acer* et *bulbosus ;* sa souche est mieux garnie de filaments pétiolaires que celle du *R. auricomus,* car elle possède des pétioles plus nombreux et à faisceaux vasculaires moins rares et moins grêles.

11. R. auricomus L.; Lorey, 16. — ♃. — Avril-juin. CC. — Bois, haies.

L'avortement total ou partiel des pétales, aussi bien dans les fleurs précoces que dans les tardives, est une tératologie fréquente chez le *R. auricomus*. On observe encore souvent, chez les *Ranunculus,* la multiplication des pétales (*R. bulbosus, nemorosus, aquatilis, Philonotis,* etc.) et la fasciation du pédoncule et du réceptacle;

ce dernier peut alors offrir jusqu'à 25 pétales, avec 2 ou 3 têtes de carpelles *(R. bulbosus, nemorosus, gramineus)*.

12. R. bulbosus L.; Lorey, 19. — ♃. — Mai-juill. — C C. — Prés, bois.

La souche est un faux bulbe constitué par plusieurs mérithalles charnus et très courts; l'intervention [1] des bases hypertrophiées des pétioles ne me semble pas fondée. — Poils caulinaires étalés, apprimés, ou nuls. — Les sujets des pelouses argileuses ont habituellement la tige réduite à 6-10c de hauteur. C'est dans les sols légers et meubles que se produit la plus belle végétation du *R. bulbosus*. Il n'est pas rare alors de rencontrer des tubercules munis à leur surface, non plus d'un seul, mais de plusieurs bourgeons, futurs tubercules de remplacement. Il arrive parfois que le tubercule mère, ne se détruisant pas la seconde année, le *R. bulbosus* possède un rhizome à deux articles; et quand ces deux articles sont non pas subglobuleux, mais subcylindracés, l'analogie devient grande alors avec le *R. acer*.

13. R. acer L.; Lorey, 15. — ♃. — Mai-août. — C C. — Prés, bords des chemins, buissons.

Nombreuses variations pour la direction du bec des carpelles, les découpures des feuilles, et la vestiture des pétioles et des tiges dont les poils sont tantôt apprimés (*R. vulgatus* Jord.), tantôt étalés (*R. Friesanus* Jord.). — Dans les prairies du Val-de-Saône, on rencontre des individus glabrescents et dont le rhizome est assez court.

Le rhizome est enveloppé de gaînes pétiolaires, et sa vestiture est donc en rapport avec celle des pétioles aériens. Il est dichotome-sympodique à chaque floraison, et il reproduit en petit la végétation de l'*Iris pseudo-Acorus*, sauf une persistance bien moindre des articles.

14. R. Philonotis Ehrh.; Lorey, 20. — ⊙ ou ☉. — Mai-août. — A. C. — Vignes, cultures humides, — Cîteaux, Auxonne (*Lorey*); St-Remy!, Rougemont!, Gevrey!, Samerey!, etc.

1 Grenier, *Bull. de la Soc. bot. de Fr.*, 1855, II, p. 369-372.

15. R. arvensis L.; Lorey, 20. — ⊙ ou ⊙. — Mai-août. — C. — Moissons.

Variété *inermis*, à carpelles plus ou moins lisses et non épineux, — R. — Baulme-la-Roche, Mâlain (*Duret*); Vic-s-Thil!. — Les semis de cette variété donnent toujours un certain nombre de sujets qui tendent à retourner au type.

16. R. sceleratus L.; Lorey, 16. — ⊙. — Mai-août. — R. — Lieux marécageux. — Larrey-lez-Poinçon!, Bourberain!, Auxonne!, Cîteaux!.

17. R. ophioglossifolius Vill. — ⊙. — Mai-juin, — R R R. — Dans un fossé asséché des prés de Vielverge!.

Observé près de Châlon-s-Saône dans des fossés tourbeux *(Gillot)*.

7. FICARIA *Dill.*

1. F. ranunculoides Mœnch; Lorey, 21. — ♃. — Mars-mai. — C C C. — Prés et bois humides, vignes.

Les graines de la *Ficaire*, comme celles du *Tamus communis*, du *Monotropa Hypopitys*, des *Orchidées*, etc., renferment un embryon acotylédoné.

Les pseudorrhizes sont dimorphes, les unes filiformes, rameuses, naissant dès octobre, et périssant après floraison; les autres renflées-claviformes, simples, ne paraissant qu'en février-mars, et se résorbant au printemps suivant au profit du bourgeon de remplacement. L'assimilation qui a été faite [1] de ces pseudorrhizes charnues avec le tubercule des *Ophrydées* n'est pas exempte d'objections. L'hypertrophie est, à la vérité, cambiale de part et d'autre; mais les faisceaux vasculaires restent contigus entre eux chez la *Ficaire*, tandis qu'ils se séparent, au sein du cylindre central, en un grand nombre de groupes chez les *Ophrydées*. Puis, la pseudorrhize charnue (tubercule) des *Ophrydées* a sa base surmontée d'un bourgeon de remplacement; c'est un corps mixte, partie pseudorrhize, plus faible partie bourgeon, qui constitue à lui seul toute une plante. Une pseudorrhize de *Ficaire*, au contraire, est exclusivement limitée au

[1] Germain de Saint-Pierre, *Bull. de la Soc. bot. de Fr.*, 1856, III, p. 12. — Van Tieghem, *Ann. des Sc. nat.*, 5e sér., 1866, V, p. 88-110.

système descendant et ne forme qu'une minime et très accessoire partie d'une plante. Si parfois, après avoir été séparée de sa souche, elle donne naissance à un nouvel individu, c'est qu'elle avait retenu un petit fragment de souche, pourvu d'un bourgeon. Car la souche grêle, disciforme de la *Ficaire* est munie de plusieurs bourgeons; le plus gros a coutume d'évoluer au printemps, tandis que les autres restent expectants et n'entrent guère en végétation qu'après leur mise en liberté, à la suite des destructions partielles qui atteignent normalement la souche.

Il n'y a non plus qu'une analogie éloignée entre les pseudorrhizes charnues de la *Ficaire* et les pseudorrhizes dauciformes de tant de *Monocotylédonées* bulbeuses. De part et d'autre, ces pseudorrhizes apparaissent postérieurement aux fibreuses; mais, chez la *Ficaire,* elles leur survivent, persistent jusqu'à l'année suivante et entretiennent la vie dans le bourgeon de remplacement; chez les *Monocotylédonées,* au contraire, elles se résorbent dans le printemps qui les a vues naître, et ne serviront pas à la végétation prochaine, car les matériaux accumulés dans les bulbes suffisent amplement à l'entretien du bourgeon de remplacement.

Les aisselles des feuilles caulinaires sont souvent occupées par des pseudorrhizes charnues, oblongues, nées de la base d'un petit bourgeon qui poursuivra son développement au contact du sol après la chute des tiges. Ces pseudorrhizes s'accroissent indifféremment dans toutes les directions, même dans la direction verticale-ascendante. La culture à la lumière diffuse favorise l'émission de ces singuliers bourgeons, qui ont été improprement nommés bulbilles caulinaires. Ils peuvent se rencontrer même sur les tiges fructifères, qui d'ailleurs sont rares chez la *Ficaire,* car les fleurs sont presque toujours stériles.

8. CALTHA *L.*

1. **C. palustris** L.; Lorey, 22. — ♃. — Avril-juin. — C. — Lieux marécageux, bords des eaux.

9. HELLEBORUS *L.*

1. **H. fœtidus** L. Lorey, 22. — ⚇ ou pérennant. — Février-mai. — C. — Friches et bois des sols calcaires.

La tige est en toute saison munie de feuilles, parce que chaqu rosette de feuilles ne se dessèche que la seconde année, lors du dé veloppement d'une rosette supérieure. Du 4e au 8e printemps, l'ax se termine par une inflorescence aphylle (grappe de partition), qu sort du sein d'une dernière rosette née de l'année précédente et par conséquent non contemporaine de cette inflorescence. La mort succède ordinairement à cette première floraison; parfois cependant des bourgeons de remplacement, émis au bas de la tige font de cette plante plurannuelle une plante vivace ou mieux pérennante, car elle ne survit guère à une seconde floraison.

10. ISOPYRUM *L.*

1. I. **thalictroides** L.; Lorey, 24. — ♃. — Avril-mai. — R R R. — Bois. — Bois de Barbirey (*Lorey*); combe d'Arcey près Pont-de-Pany (*Mme Masson*).

Rhizome grêle, horizontal, rameux-drageonnant; pseudorrhizes élégamment disposées en nombreuses couronnes, blanches, fusiformes-cylindracées et un peu épaissies en leur moitié basilaire, filiformes, rameuses et jaunâtres en leur moitié terminale.

11. NIGELLA *L.*

1. N. **arvensis** L.; Lorey, 24. — ☉. — Juin-sept. — C. — Moissons.

Se distingue du *Delphinium Consolida* par sa racine jaunâtre, non brune, à faisceaux fibro-vasculaires droits, non spiralés.

12. AQUILEGIA *L.*

1. A. **vulgaris** L.; Lorey, 25. — ♃. — Mai-juill. — C. — Bois, broussailles.

Après quelques années de culture, un individu à fleurs carnées passa à la couleur bleue du type. — La racine offre d'assez nombreux bourgeons adventifs expectants en sa partie correspondant à l'axe hypocotylé, c'est-à-dire en sa partie basilaire. — Des exfoliations et destructions partielles atteignent les vieilles racines et y causent des fénestrations et dissociations, qui rappellent ce qui arrive chez l'*Aconitum lycoctonum*.

13. DELPHINIUM *L.*

1. **D. Consolida** L.; Lorey, 27. — ⊙. — Juin-sept. — C. — Moissons.

14. ACONITUM *L.*

Souche persistante, évidée et trouée en sa vieillesse par de nombreuses destructions partielles, qui lui donnent une forme très irrégulière . . . . *A. lycoctonum.*
Souche se remplaçant chaque année, formée d'un gros bourgeon qui surmonte une pseudorrhize napiforme (tubercule) . . . . *A. Napellus.*

Feuilles palmatipartites; pétiole adulte fistuleux, à bords latéraux obtus; fleurs jaunâtres. . . . . *A. lycoctonum.*
Feuilles pédatiséquées; pétiole adulte plein, à bords latéraux aigus; fleurs bleues . . . . *A. Napellus.*

1. **A. lycoctonum** L.; Lorey, 27. — ♃. — Juin-juill. — R R. — Bois couverts. — Gevrey, Changey, Antheuil, (*Lorey*); Val-Suzon (*Maillard*); Curtil près Ste-Foix (*Magdelaine*).

Le pivot des germinations reste grêle et parfois finit par s'atrophier; l'axe hypocotylé prend, au contraire, un grand accroissement, et devient le siége de la souche, à la différence complète de ce qui se passe pour les germinations d'*A. Napellus,* où la masse charnue est constituée par le pivot. — Des bourgeons adventifs se produisent sur les vieilles racines d'*A. lycoctonum.*

1. **A. Napellus** L.; Lorey, 28. — ♃. — Août-sept. — A. R. — Bois marécageux. — Messigny, Orgeux (*Lorey*); Flavigny (Lombard); St-Remy !, Val-des-Choues !, Moloy !, Avot !, Selongey !, vallon du Suzon !, Arcelot !, Orgeux !, Lusigny !, etc.

Dans des conditions très favorables de sol et d'exposition, l'*A. Napellus* peut produire jusqu'à 2-5 bourgeons de remplacement, au lieu d'un seul; chacun d'eux surmonte une jeune pseudorrhize-tubercule et deviendra libre par la destruction automnale du pied mère. Aussi, au printemps, ne trouve-t-on, même chez les individus vigoureux, qu'un tubercule solitaire, simple, rarement digité. — Si le tubercule naissant périt par quelque accident, il est remplacé par 2-3 pseudorrhizes cylindracées, et non plus renflées en tubercule. — Au sein d'herbes épaisses, les aisselles des feuilles caulinaires inférieures produisent parfois des bourgeons-tubercules vers 4-6c au-dessus du sol.

Le tubercule de germination est entièrement formé par le pivot. S'il l'était pour une certaine partie par l'axe hypocotylé ou système ascendant, il différerait gravement du tubercule de remplacement des années suivantes, puisque ceux-ci, sauf le bourgeon qui le surmonte, sont entièrement dus à une pseudorrhize, c'est-à-dire au système descendant. — Comme les tubercules se remplacent toujours du même côté, la souche s'avance chaque année de 1-2c, c'est-à-dire de toute l'épaisseur du nouveau tubercule.

Au moment de l'anthèse, même après des sécheresses prolongées l'extrémité des éperons des fleurs contient une liqueur assez abondante, que les insectes parviennent à sucer en trouant ces éperons. Une semblable sécrétion a lieu encore chez beaucoup d'autres plantes à fleurs éperonnées, comme *Delphinium, Aquilegia, Linaria, Lonicera*, et diverses *Orchidées*.

15. ACTÆA *L.*

1. A. spicata L.; Lorey, 29. — ♃. — Mai-juin. — A. R. — Bois couverts. — Messigny, Gevrey, Couchey (*Lorey*); St-Remy!, Fontenay-lez-Montbard!, Flavigny!, Recey!, Moloy!, Val-Suzon!, Blaisy-Bas!, Mont-Afrique!, Lusigny!, etc.

16. PÆONIA *L.*

1. P. corallina Retz; Lorey, 29. — ♃. — Mai-juin. — RRR. — Rochers des bois couverts de la Côte. — Corcelles-les-Monts, Savigny-s-Beaune (*Lorey*); Mont-Afrique, bois entre Gevrey et Chambœuf (*Duret*); Bouilland (*Bonnet*); Chaignay (*Weber*); Val-Suzon!.

Pseudorrhizes fusiformes, volumineuses, peu nombreuses, mettant plusieurs années à prendre tout leur développement. Chez la *Pivoine des jardins (P. officinalis)* elles sont brusquement renflées-ovoïdes en leur partie moyenne. — La belle couleur rouge de corail qui apparaît lors de la déhiscence des follicules du *P. corallina* est due à de nombreux ovaires atrophiés, anguleux-comprimés, déformés par la pression des graines fertiles, auxquelles ils sont interposés. Ces graines sont en petit nombre, globuleuses, d'un noir bleuâtre, et les parois internes des follicules ont une teinte rose-violet. Mais si l'on ouvre les follicules avant la maturité, on trouve une même couleur rouge-tendre aux parois internes, ainsi qu'à tous les ovaires fertiles ou stériles.

Le système souterrain de la plupart des *Renonculacées* vivaces est caractérisé par la faiblesse ou même la prompte atrophie du pivot de germination et par la présence d'un rhizome. Un renflement plus ou moins général des pseudorrhizes est un trait distinctif des *Aconitum Napellus*, *Pæonia*, *Ficaria ranunculoides*, *Thalictrum flavum*, *Isopyrum thalictroides*, *Ranunculus gramineus*. — Dans le genre *Ranunculus* l'atrophie du pivot se retrouve jusque chez les espèces annuelles ou bisannuelles, qui ne vivent en effet que par les pseudorrhizes de la jeune souche. Si le pivot persiste quelque temps, il se distingue des pseudorrhizes par son insertion centrale, ses dimensions plus grêles, et une ramification plus abondante. Ce rôle presque nul de la racine chez les *Ranunculus* annuels est digne d'être noté, car la très grande majorité des plantes annuelles ont coutume de garder leur racine et de vivre exclusivement par elle.

Le type ordinaire de l'inflorescence est régressif par succession de cymes unipares avec pédoncules oppositifoliés (*Ranunculus aquatilis*, *arvensis*, *repens*, *bulbosus*, *gramineus*, *acer*, *Lingua*, *aconitifolius*, *Aquilegia vulgaris*, *Helleborus fœtidus*, *Adonis*, etc.). —Le *R. sceleratus* a très souvent ses feuilles opposées et ses cymes bipares. — La même tige de *R. hederaceus* peut offrir des feuilles alternes et des feuilles opposées; dans le premier cas, le pédoncule est oppositifolié; dans le second, il est accosté ordinairement de deux bourgeons axillaires. Si l'un de ceux-ci avorte, le pédoncule paraît axillaire, bien qu'en réalité il soit toujours terminal. — Le *Caltha palustris* a ses pédoncules géminés, parce qu'à la base du pédoncule central il se développe non pas un rameau, mais un pédoncule latéral; le rameau ne naît qu'au nœud caulinaire immédiatement inférieur et répétera la même évolution régressive. — Les *Anemone ranunculoides* cultivés portent très souvent deux fleurs, dont la centrale est accostée d'un côté par un bourgeon rudimentaire, de l'autre par la seconde fleur, qui est plus jeune et offre deux bractéoles vers son insertion. Il y a donc ici, aussi, une cyme unipare, et l'on rentre dans le type d'inflorescence de la famille, déguisé le plus souvent chez les *Anemone* par l'appauvrissement de la région florifère. — L'épanouissement de la grappe de l'*Actæa spicata* est très capricieux : tantôt il débute par la fleur supérieure, puis saute aux inférieures; tantôt il est simultané pour les fleurs supérieures et inférieures, ou encore pour la grappe tout entière; tantôt enfin, mais plus rarement, il procède de bas en haut. La plupart de ces caprices se retrouvent dans les grappes des *Clematis Vitalba* et *Delphinium Consolida*. — La progression est l'exception dans la famille, et se remarque dans la grappe des *Aconitum*. Il est vrai que les pédoncules sont munis de bractées qui indiquent une cyme; mais cette cyme est sous-entendue et ne devient pas effective, puisque chacun des pédoncules ne porte qu'une seule fleur. D'ailleurs, lors même que ceux-ci seraient cymifères, la régression ne frapperait que les détails, et l'ensemble de l'inflorescence resterait progressif, puisque l'épanouissement y passe régulièrement des pédoncules inférieurs aux pédoncules supérieurs.

II. BERBÉRIDÉES (VENTEN.).

1. BERBERIS *L.*

1. **B. vulgaris** L.; Lorey, 31. — ♄. — Mai-juin. — A. C. — Bois, rochers. — Fain-lez-Montbard !, Verdonnet !, Veuxhaules !, Lignerolles !, Recey !, Barjon !, Tarsul !, Is-s-Tille !, Vernois !, Saulon-la-Rue !, Magny-s-Tille !, Corcelles-les-Arts !, etc. — Abonde en certains bois de la Côte, où sa racine fournit à l'industrie une teinture jaune.

Lors de la maturité des étamines, les couches épidermiques de l'anthère se dessèchent; il s'en suit une contraction qui amène le redressement des valves, après que celles-ci se sont détachées aux points de suture.

L'*Epimedium Alpinum* L. se maintient au parc de Dijon !, où il a été planté par le Dr Vallot depuis plus de quarante ans.

Les grappes du *Berberis* sont simples et progressives ; celles de l'*Epimedium* sont composées, progressives en leur ensemble, puisque l'épanouissement débute par les rameaux inférieurs, mais régressives en leurs détails, car les rameaux sont cymifères.

III. CARYOPHYLLÉES (Juss.).

SOUS-FAMILLE I. — SILÉNÉES.

1. GYPSOPHILA *L.*

1. **G. muralis**. L.; Lorey, 121. — ⊙ ou ⊙. — Juin-sept. — A. R. — Moissons des sols argileux et siliceux. — Fontaine-Française !, Talmay !, Pontailler !, Vielverge !, Flammerans !,

St-Jean-de-Losne !, Saulon-la-Rue !, Longvay !, Merceuil !, Frémoy !, Toutry !, Bard !, etc.

Le *Tunica saxifraga* Scop. (*Gypsophila saxifraga* L.) est indiqué par Lorey (p. 121) à Seurre et à Laroche-en-Brenil.

2. DIANTHUS *L.*

1 Un rhizome . . . . *D. superbus.*
  Une racine. 2
2 Plantes ♃ 3
  Plantes ⊙. 4
3 Racine peu robuste, munie vers sa base de bourgeons adventifs rudimentaires et disposés sur quatre rangs. . . . . *D. Carthusianorum.*
  Racine robuste, sans bourgeons expectants. . . *D. sylvestris.*
4 Racine à cylindre vasculaire pourvu avant floraison de tissu conjonctif central. . . . . *D. Armeria.*
  Racine à cylindre vasculaire dépourvu, même avant floraison, de tissu conjonctif central . . . . *D. prolifer.*

1 Pétales profondément et finement laciniés; fleurs très odorantes . . . . *D. superbus.*
  Pétales dentés ou érodés ; fleurs peu ou point odorantes. . . . 2
2 Ecailles calicinales ne dépassant pas le quart de la longueur du calice . . . . *D. sylvestris.*
  Ecailles calicinales égalant au moins la moitié de la longueur du calice. 3
3 Ecailles herbacées, velues . . . . *D. Armeria.*
  Ecailles scarieuses, glabres 4
4 Ecailles obtuses; fleurs très petites . . . . *D. prolifer.*
  Ecailles aristées; fleurs de grandeur médiocre. . . . . *D. Carthusianorum.*

1. D. prolifer L.; Lorey, 122. — ⊙. — Mai-août. — C. — Lieux secs et sablonneux.

2. D. Armeria L.; Lorey, 124. — ⊙. — Juin-août. — C. — Taillis, chemins.

3. D. Carthusianorum L.; Lorey, 124. — ♃. Juin-août. — A. C. — Pelouses arides.

Le *D. congestus* Bor. est un *D. Carthusianorum* chez qui une végétation vigoureuse multiplie et agglomère les fleurs; le terme extrême opposé est présenté par le *D. Carthusianorum subuniflorus*.

Le *D. deltoides* L. signalé à Saulieu par Lorey (p. 136) est très problématique pour le département. L'indication de la station de Nolay [1] a été reconnue erronée.

4. D. sylvestris Wulf.; Lorey, 125. — *D. saxicola* Jord. — ♃. — Juill.-août. — R. — Rochers. — Plombières !, (*Lorey*); Mâlain !, Velars !, Gevrey !, Chambolle !.

Est parfois légèrement odorant.

5. D. superbus L.; Lorey, 127. — ♃. — Juin-juill. — R R R. — Bois couverts. — Essarois (*Lorey*); forêt de Châtillon près l'étang du Roi à Voulaines ! — Indiqué en outre sur les confins de la Côte-d'Or à Auberive (Hte-Marne).

3. SAPONARIA *L.*

1 Un rhizome et des drageons. . . . . *S. officinalis.*
  Une racine et point de drageons 2
2 Plante ♃; racine robuste. . . . . *S. ocymoides.*
  Plante ⊙; racine assez grêle . . . . *S. Vaccaria.*

1 Calice ailé-accrescent. . . . . *S. Vaccaria.*
  Calice non ailé-accrescent. 2
2 Calice glabre . . . . *S. officinalis.*
  Calice velu-visqueux. . . . . *S. ocymoides.*

1. S. Vaccaria L.; Lorey, 128. — ⊙. — Juin-août. — A. C. — Moissons argileuses. — St-Remy !, Arrans !, Laignes !, Pothières !, Aignay !, Is-s-Tille !, Pontailler !, Merceuil !, Savigny-s-Beaune !, Viévy !, etc.

2. S. ocymoides L.; Lorey, 129. — ♃. — Mai-juill. —

1. *Bull. de la Soc. bot. de Fr.*, sess. extraord., XVII, 1870, p. XCVIII.

R R. — Rochers, coteaux pierreux. — Arcenant, Bouilland! (*Lorey*).

3. S. officinalis L.; Lorey, 128. — ♃. — Juill.-sept. — C. — Haies, bords des chemins.

Rhizome subligneux; pseudorrhizes peu nombreuses, mais bientôt robustes. Ecorce des tiges savonneuse, comme elle l'est encore, mais beaucoup plus faiblement, chez le *Silene inflata* et quelques autres *Caryophyllées*. — Anthères brunes.

4. CUCUBALUS *Gærtn.*

1. C. bacciferus L.; Lorey, 129. — ♃ — Juin-août. — R. — Haies. — Labergement-lez-Seurre!, Merceuil!, Beaune!, St-Romain!, Santenay!.

Quand les tiges ne rencontrent pas de support, elles s'étalent à terre et certains de leurs nœuds deviennent radicants. Après la destruction automnale des mérithalles caulinaires, ces nœuds constituent de nouveaux individus, dont une des pseudorrhizes simulera bientôt par ses dimensions une véritable racine. — Les pieds, issus de graines, finissent par perdre leur racine qui est remplacée par une ou deux fortes pseudorrhizes. — Racine et pseudorrhizes sont relevées de petits mamelons radicellaires ordonnés sur quatre rangs.

5. SILENE *L.*

1 Racine robuste; souche rameuse, à ramifications parfois radicantes; plantes ♃ 2
Racine assez grêle; souche simple; plantes ⊙ ou ⊙ 4
2 Inflorescence à rachis sympodique; calice renflé-vésiculeux. . . . . *S. inflata*.
Inflorescence à rachis axile; calice non renflé-vésiculeux. . . 3
3 Souche à ramifications non radicantes; fleurs très petites; pétales entiers . . . . *S. Otites*.
Souche à ramifications souvent radicantes; fleurs assez grandes; pétales bipartits . . . . *S. nutans*.

4 Calice claviforme, à dents triangulaires-lancéolées; écailles des pétales allongées-acuminées . . . . *S. Armeria.*
Calice ovoïde, à dents subulées ou linéaires-subulées; écailles des pétales tronquées. 5
5 Fleurs peu nombreuses en cymes bi-unipares; pétales bifides . . . . *S. noctiflora.*
Fleurs nombreuses en cymes unipares formant une grappe presque unilatérale; pétales obscurément denticulés. *S. Gallica.*

1. S. nutans L.; Lorey, 132. — ♃. — Mai-juill. — C. — Bois, rochers.

Feuilles parfois glabres et seulement ciliées à la base. — Dimensions des feuilles et des tiges peuvent varier du simple au quadruple.

2. S Otites Smith; Lorey, 131. — ♃. — Mai-juill. — RR. — Velars ! (*Lorey*, *Morelet*).

3. S. inflata Smith; Lorey, 130. — ♃. — Mai-sept. — C. — Moissons, bords des chemins, coteaux incultes.

Tous les intermédiaires se présentent entre les variétés à grandes feuilles (*S. vesicaria* Schrad. et *S. oleracea* Bor.), et à petites feuilles (var. *minor* Moris. — Var. *angustifolia* Lorey. — *S. rupicola* Bor.). Cette dernière variété est commune à Maisey ! et à Vanvey ! sur les coteaux qui bordent la route; ses feuilles s'élargissent par la culture, mais sont encore loin cependant d'atteindre aux dimensions de celles du type. — Des *S. inflata* sont glabres, d'autres pubérulents, d'autres encore pubescents-velus même aux deux faces des feuilles. Le même échantillon a parfois des feuilles pourvues et d'autres dépourvues de cils. — La variété *glareosa* (*S. glareosa* Jord.) croît dans les éboulis de la combe de Gevrey (*Maillard*) et de la Coquille d'Etalante !. Très voisin de la variété *minor*, le *S. glareosa* en diffère par ses feuilles caulinaires supérieures linéaires, non lancéolées, par ses feuilles inférieures plus longuement atténuées à la base et par ses tiges plus étalées. La gorge de sa corolle a une coronule d'écailles; mais ce caractère n'a rien de bien fixe et se rencontre aussi chez la variété *minor*.

La grandeur du calice est loin d'être toujours en rapport avec les dimensions des feuilles. Ainsi des feuilles très étroites peuvent être associées à des calices largement ventrus-ovoïdes, et des feuilles largement ovales à des calices cylindracés, ce qui contredit la théorie de la métamorphose.

4. S. noctiflora L.; Lorey, 133. — ⊙ ou ⊙. — Juill.-sept. — R. — Moissons. — Arcelot, Meursault ! (*Lorey*); St-Aubin, (*Boreau*); Longvic, Gevrey (*Maillard*); Talmay !.

5. S. Gallica L.; Lorey, 132. — ⊙ ou ⊙. — Juill-sept. — R R. — Moissons. — Auxonne (*Lorey*); Labergement-lez-Seurre (*Berthiot !*); Soissons !.

Le S. *Anglica* de Lorey (p. 131) est la variété du *S. Gallica* à capsules étalées et non dressées-apprimées. D'ailleurs, les capsules de la même grappe offrent parfois les deux directions.

6. S. Armeria L. — ⊙. — Juill.-août. — R R R. — Taillis de montagne. — Melin, St-Martin-de-la-Mer (*Lombard*). — Récolté en outre près de la Côte-d'Or, dans la Nièvre à Marnay, commune d'Alligny (*Lombard*), et dans l'Yonne aux vallons de la Cure et du Trinclin (*Gillot*).

6. MELANDRIUM *Rœhl.*

Racine pivotante, robuste . . . . *M. dioicum.*
Racine rameuse, peu robuste, à la fin remplacée par les pseudorrhizes nées de la souche ou de la base radicante des tiges. . . . . *M. sylvestre.*

Fleurs blanches ; capsules à dents dressées-étalées par la sécheresse. . . . . *M. dioicum.*
Fleurs roses; capsules à dents enroulées en dehors par la sécheresse. *M. sylvestre.*

1. M. dioicum Coss. et G. de St P. — *Lychnis dioica* L.; Lorey, 135. — ♃. — Juin-août. — C. — Haies, bords des chemins. — J'ai trouvé à Semur un individu à fleurs roses, dont la postérité a compté quelques sujets à fleurs blanches.

A leur seconde année les jeunes individus ont une rosette indéfinie, munie de 2-4 rameaux florifères axillaires; mais cette rosette primordiale s'atrophie bientôt, et dès lors la souche n'aura plus rien qui rappelle le type indéfini.

Cette espèce, ainsi que les *Silene nutans, inflata* et *noctiflora*, sommeille le jour et veille la nuit. Une telle particularité confirme pleinement les règles proposées dans mon *Essai sur le sommeil des plantes*[1]. J'y attribuais en effet, pour causes prépondérantes du sommeil des fleurs, la température et la turgescence, tandis que la lumière était reléguée parmi les influences secondaires; et comme preuves j'invoquais quantité de plantes, que je faisais épanouir presque instantanément en les exposant et à la chaleur tiède et à la pleine obscurité d'un four. — Les pétales du *Melandrium dioicum* sommeillent non par occlusion de la corolle, mais par plissement longitudinal, et ceux du *Silene nutans*[2] par enroulement transversal sur la face interne; le *M. sylvestre* n'est pas sommeillant.

2. M. sylvestre Rœhl. — *Lychnis sylvestris* Hoppe; Lorey, 135. — ♃. — Mai-juill. — A. C. — Taillis, haies. — Val-Suzon !, Thostes !, Rouvray !, Bard !, Genay !, etc.

La jeune racine est accompagnée de pseudorrhizes adjuvantes, qui la remplacent complétement après quelques années; mais comme le rhizome porte à son extrémité une robuste pseudorrhize, celle-ci, au premier aspect, pourrait être prise pour la racine disparue. — Ainsi que chez tant d'autres plantes, les feuilles radicales, au moment de la floraison, appartiennent aux rosettes qui fleuriront l'année suivante, mais les feuilles de la rosette florifère sont déjà détruites ou pour le moins flétries.

Sous tous rapports, les *M. sylvestre* et *dioicum* femelles sont plus robustes que les mâles, ce qui se remarque ordinairement chez les plantes dioïques (*Cannabis, Ephedra*, etc.). — Après floraison, les fleurs mâles de ces deux *Melandrium* tombent par la rupture du sommet du pédicelle. Ainsi privés de leurs fleurs, les pédicelles du *M. dioicum* persistent encore assez longtemps, mais ils s'atrophient de plus

1. *Ann. des Sc. nat.*, 5e sér., IX, 1869, p. 345-379.
2. Voir mes observations sur le sommeil de ces plantes (*Bull. de la Soc. bot. de Fr.*, 1872, XIX, sess. extraord., p. LX-LXI).

en plus, se dessèchent et disparaissent bientôt chez le *M. sylvestre*. Les pédicelles des fleurs femelles des deux espèces, loin de se rompre à la maturité, continuent de porter la capsule, même après la dissémination des graines.

7. LYCHNIS *Tourn.*

Une racine; plante ⊙. . . . . *L. Githago*..
Un rhizome; plante ♃. . . . . *L. Flos-Cuculi.*

Divisions calicinales dépassant la corolle; pétales entiers-subémarginés . . . . *L. Githago.*
Divisions calicinales beaucoup plus courtes que la corolle: pétales profondément laciniés . . . . *L. Flos-Cuculi.*

1. **L. Githago** Lmk. — *Agrostemma Githago* L.; Lorey, 137. — ⊙. — Juin-août. — C. — Moissons.

2. **L. Flos-Cuculi** L.; Lorey, 136. — ♃. — Juin-juill. — C. — Bois et prairies aquatiques.

SOUS-FAMILLE II. — ALSINÉES.

8. SPERGULARIA *Pers.*

1. **S. rubra** Pers. — *Arenaria rubra* L.; Lorey, 148. — ♃. — Mai-août. — A. C. — Moissons et pelouses siliceuses. — Vielverge !, Longvay !, Seurre !, Nolay !, Liernais !, Saulieu !, Rouvray !, Semur !, Genay !, etc.

Tiges à base parfois suffrutescente, surtout dans les sols sablonneux arides et les fentes de rochers.

Le *S. segetalis* Fenzl (*Arenaria segetalis* Lmk; Lorey, 147) ne se retrouve plus, bien que Lorey le dise commun dans les moissons.

9. SPERGULA *L.*

Graines subglobuleuses, très étroitement bordées . *S. arvensis.*
Graines lenticulaires, à large bordure membraneuse . . . . .
. . . . *S. pentandra.*

1. **S. arvensis** L.; Lorey, 142. — ⊙ ou ⊙. — Juin-sept. — A. C. — Moissons et cultures siliceuses. — Vielverge !, Flammerans !, Villy-le-Moutiers !, Seurre !, Vellerot !, Arnay !, Saulieu !, Semur !, Rouvray !, etc.

Souche renflée-charnue à l'insertion des tiges, et nœuds caulinaires plus ou moins épaissis; il en est de même du *S. pentandra.* — Parfois le *S. arvensis* n'a que 5 étamines, tandis que le *S. pentandra* peut en compter 10. — Graines papilleuses, rarement lisses.

2. **S. pentandra** L.; Lorey, 142. — ⊙. — Mai-juin. — R. — Pelouses sèches siliceuses. — Rouvray !, Saulieu !, rochers du pont de Montberthault !.

Je n'ai récolté que la variété *Morisonii* (*S. Morisonii* Bor.), qui diffère du type par ses graines à bordure fauve, non blanche, et qui, très vraisemblement, est la plante que Lorey indique à Saulieu et à Rouvray.

10. SAGINA *L.*

Plante ♃; tiges plus ou moins couchées-radicantes . . . . *S. procumbens.*
Plante ⊙ ou ⊙; point de tiges couchées-radicantes. *S. apetala.*

Pédicelles à sommet courbé en crochet après floraison . . . . *S. procumbens.*
Pédicelles droits ou à sommet très légèrement courbé après floraison . . . . *S. apetala.*

1. **S. procumbens** L.; Lorey, 138, — ♃. — Mai-août. — A. C. — Champs argileux. — Montbard !, Vielverge !, Nuits !, Pouilly-en-Auxois !, Saulieu !, Vic-s-Thil !, Dompierre !, Rouvray !, Moutiers-St-Jean !, etc.

Rosette indéfinie, émettant en cercle plusieurs tiges latérales couchées-radicantes. — Parfois les tiges latérales sont ascendantes, peu radicantes, et la rosette mère, devenant définie, monte à tige centrale florifère (var. *erecta*). — R. — Vielverge !, Semur !.

Les nœuds radicants n'ont d'abord que de fines pseudorrhizes, mais bientôt l'une d'elles se rend prépondérante et finit par égaler en dimensions la racine elle-même. Il est rare que la souche mère vive au delà d'une année; la végétation est reprise par les rosettes des nœuds radicants.

2. S. apetala L.; Lorey, 139. — ⊙ ou ⊙. — Mai-août.

Var. *α. apetala*. — A. R. — Moissons argileuses. — Talmay!, Moux!, Seurre!, Semur!, Dompierre!, Bard!.

Var. *β patula* (*S. patula* Jord. — *S. ciliata* Fries). — R. — Sables et chemins humides siliceux. — Vielverge!, Semur!, Rouvray!. — Diffère du S. *procumbens* par ses tiges non radicantes, ses pédicelles allongés, obscurément courbés au sommet, et de la var. *apetala* par une rosette centrale plus ou moins développée, par des faisceaux foliacés axillaires et par des tiges plus longues, étalées-dressées. La présence de cils à la base des feuilles, la vestiture des pédoncules, le dégré d'étalement des sépales fructifères n'ont rien de constant.

Le S. *apetala* a donc une variété *patula* pourvue d'une rosette centrale indéfinie, et le S. *procumbens* une variété *erecta* qui, au contraire, en est dépourvue. La durée de la plante, la radication des tiges et la courbure des pédicelles restent les seuls caractères distinctifs des deux espèces.

Je n'ai pu rencontrer le S. *nodosa* E. Meyer (*Spergula nodosa L.*), que Lorey (p. 143) indique autour d'un étang près Rouvray.

11. BUFFONIA *L.*

1. B. macrosperma J. Gay. — *B. annua* D.C.; Lorey, 137. — ⊙. — Juin-août. — R. — Moissons maigres. — Pelouses arides, rochers. — Plombières! et champs cultivés tout le long de la Côte (*Lorey*); Ancey!, Nuits!, Beaune!.

12. ALSINE *Whlnbg.*

1 Plante ♃. . . . . *A. mucronata.*
  Plantes ⚇ ou ⊙. 2
2 Plante ⚇; racine assez robuste . . . . *A. Jacquini.*
  Plante ⊙; racine grêle . . . . *A. tenuifolia.*

1 Sépales concolores; graines chagrinées. . . . *A. tenuifolia.*
Sépales discolores; graines tuberculeuses 2
2 Pédicelles tous plus courts que le calice. . . . . .*A. Jacquini.*
Pédicelle central plus long que le calice . . . *A. mucronata.*

1 A. mucronata L. — *Arenaria setacea* Lorey, 149; non Thuill. — ♃. — Juill-août. — R. — Rochers. — Auxey, St-Romain !, Larochepot, Vauchignon ! (*Lorey*); Savigny-s-Beaune !, Chassagne !.

2. A. Jacquini Koch. — *Arenaria fasciculata* Jacq.; Lorey, 150. — (∞). — Juill-août. — A. R. — Pelouses arides, rochers. — Collines de Marsannay et de toute la Côte (*Lorey*); Marcilly-s-Tille !, Mâlain !, Mont-Afrique !, Dijon !, St-Romain !, Nolay !, Santenay !. — Inflorescence quelquefois glanduleuse. — Baulme-la-Roche !.

L'*A. verna* Bartl. (*Arenaria verna* L.), que Lorey (p. 249) place aux rochers de Plombières, n'y a plus été revu.

3. A. tenuifolia Whlnbg. — *Arenaria tenuifolia* L.; Lorey, 148. — ⨀. — Mai-juill. — C. — Vieux murs, friches.

La variété *viscidula* (*Arenaria viscidula* Thuill.) a l'inflorescence glanduleuse. — R. — Chaumes d'Auvenet !.

13. HOLOSTEUM *L.*

1. H. umbellatum L.; Lorey, 141. — ⨀. ou parfois ☉. — Avril-juin. — C. — Pelouses, moissons.

14. MŒHRINGIA *L.*

1. M. trinervia Clairv. — *Arenaria trinervia* L.; Lorey, — 151. ⨀. ou parfois pérennant. — C. — Mai-juill. — Bois, rochers, lieux couverts.

15. ARENARIA *L.*

1. A. serpyllifolia L.; Lorey, 151. — ☉ ou ⨀. — Mai-sept. — C C. — Moissons, friches, rochers.

Var. *α. serpyllifolia.* — Sépales ovales aigus; capsule ovoïde, ventrue à la base, brusquement atténuée au sommet, plus longue que le calice.

Var. *β. leptoclados* (*A. leptoclados* Guss.). — Sépales lancéolés; capsule ovoïde-oblongue, insensiblement atténuée au sommet, ne dépassant pas le calice.

Dans la var. *serpyllifolia* les sépales n'ont pas leur sommet contigu à la capsule, écartés qu'ils en sont par le renflement basilaire de cette capsule. De nombreux intermédiaires relient les deux variétés; d'ailleurs il n'est pas rare de voir l'*A. serpyllifolia* présenter les caractères de l'*A. leptoclados* dans les fleurs situées vers l'extrémité des rameaux.

16. STELLARIA *L.*

1 Plante ⊙ ou ⊙ ; une ligne longitudinale de poils sur les tiges. . . . . *S. media.*
Plantes ♃ ; point de ligne longitudinale de poils sur les tiges . 2
2 Feuilles vertes; cymes en panicule ou en grappe terminale . . 3
Feuilles glaucescentes; cymes d'apparence latérale. 5
3 Feuilles caulinaires moyennes longuement pétiolées, cordiformes, ovales-acuminées . . . . *S. nemorum.*
Feuilles toutes sessiles, linéaires-lancéolées ou oblongues . . . 4
4 Bractées herbacées; pétales bifides, 1-2 fois plus longs que le calice . . . . *S. Holostea.*
Bractées scarieuses; pétales bipartits, égalant environ le calice. . . . . *S. graminea.*
5 Feuilles linéaires-lancéolées, fermes; pétales 1-2 fois plus longs que le calice. . . . . *S. glauca.*
Feuilles oblongues, molles; pétales plus courts que le calice. . . . . *S. uliginosa.*

1. S. media Vill.; Lorey, 144. — ⊙ ou ⊙. — Mars-oct. — C C C. — Jardins, cultures.

Germe de février en novembre; la même année peut voir quatre générations issues d'une première graine mère.

2. S. nemorum L.; Lorey, 144. — ♃. — Juin-juill. —

RR. — Bois marécageux. — Bois du Val-de-Saône (*Lorey*); Saulieu, St-Martin-de-la-Mer, St-Léger-de-Fourches (*Lombard!*).

3. **S. Holostea** L.; Lorey, 145. — ♃. — Avril-juin. — C. — Taillis, haies.

4. **S graminea** L.; Lorey, 146. — ♃. — Mai-août. — A. R. — Moissons humides, bois. — Cîteaux (*Lorey*); Panges!, Collonges!, Vielverge!, Saulon-la-Rue!, Moux!, Seurre!, Thostes!, St-Andeux!, Bard!.

5. **S. glauca** With.; Lorey, 146. — ♃. — Juin-juill. — RR. — Fossés, prés marécageux, bords des mares. — Cîteaux, Saulieu, Laroche-en-Brenil (*Lorey*); Labergement-lez-Seurre (*Berthiot!*); Pontailler!, Vielverge!.

6. **S. uliginosa** Murr. — *Larbrea aquatica* St-Hil.; Lorey, 143. — ♃. — Mai-août. — C. — Ruisseaux, sources. — Limpré, Cîteaux (*Lorey*); Panges!, Vielverge!, Saulieu!, Montberthault!.

17. CERASTIUM *L.*

1 Plantes ⊙; sépales aigus 2
Plantes ♃; sépales obtus 6
2 Plante glabre, glaucescente; cymes unipares; fleurs tétramères; pétales entiers subémarginés . . . . *C. erectum.*
Plantes pubescentes ou velues, souvent glanduleuses, non glaucescentes; cymes bipares; fleurs pentamères; pétales bifides. 3
3 Poils dépassant le sommet des sépales 4
Poils ne dépassant pas le sommet des sépales 5
4 Pédicelles dépassant longuement les bractées; étamines à filets velus inférieurement . . . . *C. brachypetalum.*
Pédicelles plus courts ou à peine plus longs que les bractées; étamines glabres. . . . . *C. glomeratum.*
5 Bractées scarieuses au moins en leur tiers supérieur, à sommet érodé-denticulé; sépales largement scarieux aux bords;

pédicelles réfractés après floraison et restant droits. . . . . *C. semidecandrum.*

Bractées herbacées, ou les supérieures étroitement scarieuses aux bords, ainsi que les sépales; pédicelles étalés après floraison et arqués au sommet . . . . *C. glutinosum.*

6 Une racine et ordinairement quelques pseudorrhizes à la base des tiges; feuilles ovales-oblongues; pétales dépassant peu le calice. . . . . *C. triviale.*

Un rhizome allongé-rameux; feuilles linéaires-lancéolées; pétales 1-2 fois plus longs que le calice. . . . . . *C. arvense.*

1. C. semidecandrum L.; Lorey, 153. — ⊙. — Mar mai. — R. — Pelouses arides, friches. — Pelouses des r chers du Gué-St-Jean à Montbard, où il abonde !, Vielverge Auxonne !, Montberthault !, Semur !.

Plante d'un vert pâle, encore plus grêle que le *C. glutinosum* do elle diffère en outre par des fleurs plus petites et de 15-20 jours pl précoces. — Nombre des étamines varie de 5-10, comme chez le *glutinosum.*

2. C. glutinosum Fries. — *C. viscosum* Lorey, 15 non DC. — ⊙. — Avril-juin. — C C. — Pelouses aride friches.

Tiges ordinairement de 2-8^{c}, parfois cependant atteignant jusqu 20^{c}, et alors ascendantes ou même étalées, ce qui donne à la plan le port du *C. triviale.* — Lorey n'a pu omettre une espèce aussi con mune, mais il l'a rapportée à tort au *C. viscosum* DC., qui corre pond au *C. triviale* Link.

3. C. brachypetalum Desp.; Lorey, 153. — ⊙. — Ma juin. — A. C. — Beaune, Arnay, Saulieu (*Lorey*); St-Remy Asnières-en-Montagne !, Nolay !, etc.

Inflorescence assez fréquemment glanduleuse.

4. C. glomeratum Thuill.; Lorey, observ. de la p. 15 — ⊙. — Mai-août. — A. C. — Moissons et friches argileuse — St-Remy !, Pontailler !, Vielverge !, Villy-le-Moutiers Seurre !, Montberthault !, etc.

Le *C. glomeratum* est une espèce bien légitime, et non pas, comme le pense Lorey, une variété de son *C. vulgatum*. — L'agglomération des fleurs est due à la brièveté des pédicelles et des rameaux des cymes.

5. **C. triviale** Link. — *C. vulgatum* Lorey, 152; non DC. — ♃ ou plutôt pérennant. — Mai-oct. — C. — Moissons, cultures.

La plante de Lorey avec sa pérennance, ses fleurs peu nombreuses, ses pédicelles égalant le calice ne peut être le *C. vulgatum* DC, qui représente le *C. glomeratum* Thuill.

6. **C. arvense** L.; Lorey, 155. — ♃. — Mai-juill. — C C. — Moissons, haies, friches.

7. **C. erectum** Coss. et G. de St-P. — *Sagina erecta* L.; Lorey, 139. — ☉. — Avril-juin. — R. — Pelouses et moissons siliceuses. — Cîteaux, Saulieu (*Lorey*); Villargoix (*Lombard!*); Vielverge!, Nolay!, Laroche-en-Brenil!, St-Andeux!, Montberthault!.

18. MALACHIUM *Fries*.

1. **M. aquaticum** Fries. — *Cerastium aquaticum* L.; Lorey, 154. — ♃. — Juill.-oct. — C. — Bords des étangs, attérissements.

Les mérithalles des rhizomes des *Caryophyllées* sont longtemps persistants et produisent leurs pseudorrhizes à tous les nœuds. Cette grande vitalité caractérise encore les mérithalles des tiges radicantes, dont les nœuds rossulifères restent, en effet, longtemps reliés à la souche mère (*Sagina procumbens*, *Cerastium arvense*, *Malachium aquaticum*). — Le chevelu des racines et des rhizomes, surtout chez les *Alsinées*, est très fin et s'agglutine au lavage, moins cependant que dans la famille des *Crucifères*.

La partie inférieure des tiges de beaucoup d'*Alsinées* (*Stel-*

laria Holostea, *Cerastium arvense*, *Malachium aquaticum*, etc.) date de l'automne précédent; elle est très grêle et la plupart de ses feuilles sont mortes ou mourantes lors de la floraison. La partie supérieure, née au printemps, est 3-6 fois plus robuste, ce qui est une particularité propre encore aux *Galium* et à certaines *Labiées*. Le contraire a lieu chez la très grande majorité des plantes, où, en effet, la partie inférieure des tiges est notablement plus grosse que la supérieure.

L'inflorescence des *Caryophyllées* est formée de cymes disposées en grappes, en panicules, ou plus rarement en sertules et corymbes. Les cymes sont ordinairement unipares chez les *Silénées* et bipares chez les *Alsinées*, mais les exceptions sont nombreuses : ainsi voit-on, chez les *Silénées*, des cymes bipares aux *Silene noctiflora*, *S. inflata*, *Melandrium dioicum*, *M. sylvestre*, et chez les *Alsinées* des cymes unipares aux *Sagina apetala*, *S. procumbens*, *Cerastium erectum*, *Buffonia macrosperma*. — Des deux rameaux ou pédoncules latéraux d'une cyme bipare, l'un est ordinairement plus précoce et plus vigoureux que l'autre, quoique tous les deux soient de même ordre. Enfin, les cymes bipares deviennent souvent unipares vers l'extrémité des rameaux, par suite de l'affaiblissement propre à cette région. — Chez les *Alsinées*, sauf chez le *Buffonia macrosperma* qui a un rachis axile, une première cyme produit tous les rameaux de l'inflorescence par le développement d'axes sucsessivement sympodiques; il en est de même de quelques *Silénées*, comme *Melandrium*, *Silene inflata*, *S. noctiflora*, *S. Gallica*, *Gypsophila muralis*, *Saponaria Vaccaria*. Mais chez le plus grand nombre de *Silénées* (*Dianthus*, *Saponaria officinalis*, *Cucubalus bacciferus*, etc.), la charpente de l'inflorescence est toute différente, car les rameaux cymifères y sont de même ordre et naissent d'un rachis commun axile. L'ensemble n'en est pas moins presque toujours régressif (*Dianthus superbus*, *Cucubalus bacciferus*), c'est-à-dire que la première fleur épanouie est celle qui termine l'axe caulinaire; puis l'anthèse descend successivement aux fleurs du sommet de chaque rameau. Parfois cependant l'épanouissement est simultané pour toutes les fleurs terminales de l'axe et des rameaux, ou bien encore on remarque des rameaux intermédiaires dont aucune fleur n'est ouverte, tandis que les rameaux supérieurs et inférieurs ont leur première cyme déjà épanouie. Les panicules des *Saponaria officinalis* et *Silene Otites* offrent des exemples de ces particularités. Très rarement enfin l'inflorescence se montre progressive en son ensemble (*Silene nutans*), quoique toujours régressive en ses détails, et rappelle alors ce qui se passe chez les *Labiées*.

La première cyme des *Melandrium dioicum* et *sylvestre* donne naissance à deux branches qui se prolongent par une succession de sympodes cymiques. Chez les individus mâles, ces deux branches sont droites, parce que le rameau prépondérant de chacune d'elles est toujours du même côté, c'est-à-dire du côté externe; chez les sujets femelles, au contraire, ces branches sont en lignes plus ou moins brisées, tantôt à cause de l'alternance du rameau prépondérant, tantôt parce qu'à certains nœuds les deux rameaux sont à peu près d'égale force. — Les trois fleurs les plus âgées de l'*Holosteum umbellatum* résultent de la première cyme; les autres fleurs appartiennent à des cymes plus ou moins riches, de 2e et de 3e ordres, et qui surgissent au niveau de la première cyme par raccourcissement extrême des rameaux; il en résulte que les bractées forment comme un petit involucre à la base du sertule. — Comme au niveau de chaque inflorescence (grappe cymifère) la tige des *Stellaria uliginosa* et *glauca* se prolonge sympodiquement par développement d'un vigoureux axillaire, l'inflorescence semble latérale, mais en réalité elle est bien terminale, ce qui apparaît manifestement, quand les deux aisselles du nœud caulinaire développent chacune un rameau. La tige produit une inflorescence et par conséquent devient sympodique à tous les quatre mérithalles chez le *Stellaria uliginosa* et à tous les 7-8 chez le *S. glauca.* Les pédicelles des *Sagina apetala*, *S. procumbens*, et *Silene Gallica* paraissent aussi être latéraux, mais il y a bien sympode à chacun des nœuds caulinaires de ces espèces.

Chez beaucoup d'*Alsinées* la direction des pédicelles varie singulièrement avec l'âge de la fleur. Ainsi les pédicelles des *Spergula arvensis*, *Stellaria media*, *Holosteum umbellatum* sont dressés à la floraison, réfractés après, puis relevés à la fructification. Le *Sagina procumbens* se contente d'arquer en crochet le sommet de ses pédicelles, qui redevient droit pour la maturation. Chez toutes ces plantes, le mouvement est simple, car il n'a pour siége qu'un seul point du pédicelle, soit la base, soit le sommet; mais pour d'autres espèces, le mouvement est double et s'opère à ces deux points à la fois. En voici quelques exemples : après floraison, le pédicelle des *Cerastium glutinosum* et *brachypetalum* devient horizontal par flexion de sa base, puis une courbure du sommet dirige la capsule obliquement vers le sol; à la maturité, le pédicelle se relève, et comme la courbure du sommet persiste, la capsule s'ouvre dans une position horizontale. L'abaissement est bien plus prononcé chez le *Cerastium semidecandrum* et va jusqu'à une réfraction parallèle à la tige, mais la courbure du sommet ne se produit pas ou du moins est très peu prononcée; le redressement a lieu à l'époque de la maturité, et la capsule s'ouvre dressée. — Immédiatement après floraison, les pédicelles du *Cerastium arvense* sont dressés, puis une courbure du sommet s'accentue à mesure des progrès de la maturation et finit par rendre la capsule presque horizontale. — Les pédicelles du *Malachium aquaticum* ont d'abord les mouvements de ceux du *Cerastium glutinosum*, mais la capsule s'ouvre dans une direction non pas horizontale, mais obliquement dressée, due à la fois au relèvement du pédicelle et à la disparition presque complète de la courbure terminale. — Après floraison, la courbure du pédicelle de l'*Arenaria serpyllifolia* redresse la capsule au lieu de la renverser. En effet le pédicelle, après s'être étalé légèrement, se courbe sur sa face supérieure qui devient concave, et il s'ensuit que la capsule mûrit et s'ouvre dans une position verticale. Enfin quelques *Alsinées*, comme l'*Alsine tenuifolia*, font contraste dans la tribu, par l'absence de tout mouvement pédicellaire après floraison. — Les mouvements sont très rares chez les *Silénées*; le *Silene nutans* en fournit cependant un exemple, mais ses mouvements sont en contradiction avec la plupart de ceux qui viennent d'être signalés chez les *Alsinées*. Ainsi les pédicelles sont penchés pendant l'épanouissement, puis ils se relèvent peu à peu après floraison et sont dressés à l'époque de la maturité. — L'hygrométricité n'est pour rien dans les mouvements pédicellaires des *Caryophyllées*, puisque ces mouvements ne s'opèrent que sur des organes encore vivants.

Une *Alsinée*, l'*Holosteum umbellatum*, a les dents de sa capsule réfractées-enroulées à la sécheresse, et dressées-étalées à l'humidité. Mais les propriétés hygrométriques sont rares dans cette tribu, tandis qu'ils sont fréquents chez les *Silénées*, dont les dents, par la sécheresse, sont obliquement dressées (*Dianthus prolifer*, *D. Armeria*, *D. superbus*, *Melandrium dioicum*, *Lychnis Githago*), ou étalées (*Silene nutans*, *Silene inflata*, *Dianthus Carthusianorum*), ou étalées-réfractées (*Dianthus sylvestris*, *Saponaria officinalis*, *Silene Gallica*, *S. noctiflora*), ou enfin réfractées-enroulées (*Melandrium sylvestre*). A l'humidité, les dents se relèvent et sont généralement conniventes. — Outre la capsule, le calice et le calicule du *Dianthus Armeria* sont hygrométriques lors de la dissémination des graines.

Les tératologies sont assez rares chez les *Caryophyllées*. J'ai vu cependant un *Mœhringia trinervia* à calice foliacé, un *Silene inflata* atteint de multiplication en ses verticilles floraux, et un *Dianthus Carthusianorum* dont le glomérule donnait naissance à un rameau.

IV. ÉLATINÉES (DUMORT.).

1 ELATINE *L.*

Tiges couchées en leur partie inférieure, radicantes à quelques nœuds. . . . . *E. Alsinastrum.*
Tiges couchées sur toute leur longueur, radicantes à tous les nœuds . . . . *E. hexandra.*

Feuilles verticillées . . . . *E. Alsinastrum.*
Feuilles opposées. . . . . *E. hexandra.*

1. **E. Alsinastrum** L.; Lorey, 140. — ⊙. — Juill-sept. — R R. — Bords des étangs. — St-Seine-en-Bâche, Cîteaux, Longvay ! (*Lorey*); Seurre ! (*G. G.*); St-Jean-de-Losne !.

N'est pas vivace, car de même que chez l'*E. hexandra,* les nœuds radicants sont dépourvus de bourgeon, et les souches ne présentent aucun vestige de tiges de l'année précédente.

St-Seine-en-Bâche, l'une des stations de l'*E. Alsinastrum,*, évoque le souvenir d'un illustre botaniste. En 1820, Aug. Pyr. de Candolle acheta la terre de St-Seine, et il y faisait chaque année un assez long séjour. Il la vendit en 1825, par chagrin d'y avoir perdu son fils cadet, âgé de 13 ans, dont on voit encore la sépulture au cimetière du village.

2. **E. hexandra** DC.; Lorey, 140. — ⊙. — Juill-sept. — R. — Bords des étangs. — Cîteaux (*Morelet !*); Laberge ment-lez-Seurre (*Berthiot*); Saulieu (*Lombard*); Longvay !, Thoisy-la-Berchère !, St-Didier !.

Lorey dit la variété *octandra* (*E. Hydropiper* DC.; Lorey, 140; non L.) assez commune; pourtant, je ne l'ai pas rencontrée. Le nom spécifique d'*Hydropiper* provient[1] d'une erreur de Buxbaum, qui avait

1. Dumortier, *Examen critique des Élatinées*, 1873, p. 13.

pris un *Pilularia globulifera* pour un *Elatine* et lui avait donné le nom d'*Hydropiper*, à cause de ses fructifications globuleuses. La saveur des *Elatine* n'est d'ailleurs nullement piquante.

L'*E. hexandra* paraît quelquefois muni de drageons; mais ce ne sont que des tiges radicantes que les eaux ont recouvertes de vase ou de sable. — Les tiges sont fortement apprimées sur le sol, car aussitôt après l'arrachage elles se courbent sur leur face inférieure.

V. LINÉES (DC.).

1. LINUM *L.*

1 Plantes ♃; fleurs roses ou bleues 2
Plantes ⊙; fleurs jaunes ou blanches 3
2 Sépales ciliés-glanduleux; fleurs roses. . . . *L. tenuifolium.*
Sépales non ciliés-glanduleux; fleurs bleues. . . *L. Alpinum.*
3 Feuilles alternes; fleurs jaunes en cymes unipares. *L. Gallicum.*
Feuilles opposées; fleurs blanches en cymes bi-unipares . . . . *L. catharticum.*

1. L. tenuifolium L.; Lorey, 158. — ♃. — Juin-août. — C. — Rochers, pelouses arides.

2. L. Alpinum Jacq. — ♃. — Juin-août.

Var. α. *montanum* (*L. montanum* DC.; Lorey, 157. — *L. Loreyi* Jord.). — Tiges dressées; inflorescence corymbiforme, pauciflore. — R. — Pelouses des bois. — Marsannay-la-Côte, Gevrey, Savigny-s-Beaune *(Lorey)*; Santenay *(Gillot)*.

Var. β. *Leonii* (*L. Leonii* Fr. Schultz). — Tiges décombantes; grappes allongées, pluriflores; pédicelles souvent déjetés d'un même côté. — R. — Coteaux incultes. — Laignes!, Pothières!, Châtillon!, Montigny-s-Aube!. — Lorey ne semble pas avoir connu cette plante du Châtillonnais.

3. L. Gallicum L.; Lorey, 156. — ⊙. — Juill-août. — R R. — Bois et moissons des sols argileux. — Auxonne, Gerland et tout le Pays-Bas (*Lorey*); Cîteaux! (*frère Joseph*).

4. **L. catharticum** L.; Lorey, 158. — ⊙. — Juill-sept. — C. — Pelouses, chemins, taillis et prés humides.

Le *L. usitatissimum* L. est parfois adventif à proximité des lieux où il a été cultivé. Ainsi, l'ai-je trouvé à Talmay dans des taillis des bords de la Saône.

2. RADIOLA *Gmel.*

1. **R. linoides** Gmel.; Lorey, 159. — ⊙. — Juill-août. — R R. — Pelouses humides des sols siliceux. — Laroche-en-Brenil, Rouvray (*Lorey*); Saulieu (*Lombard*); Vielverge !.

Avant l'anthèse, le sommet des tiges florifères des *Linum Leonii* et *tenuifolium* est recourbé-réfracté, mais les tiges se redressent pour la floraison. La courbure de la tige florifère du *L. catharticum* persiste pendant la floraison, de sorte que les fleurs s'épanouissent presque renversées; il n'y a redressement complet que pour la fructification. — L'inflorescence des *Linum tenuifolium* et *Gallicum* consiste en cymes unipares par suite de l'alternance des feuilles florales; celle des *L. catharticum* et *Radiola linoides* en une succession de cymes bipares, devenant unipares au sommet des tiges par avortement de l'un des rameaux. Chez le *L. Alpinum* la progression s'introduit dans l'inflorescence, puisque les branches florales et les pédicelles résultent de partitions caulinaires.

VI. OXALIDÉES (D C.).

1. OXALIS *L.*

Rhizome persistant, rameux, stoloniforme, épigé et grêle. . . . . *O. Acetosella.*

Souche se remplaçant chaque année à l'aide de drageons, et parfois en outre à l'aide de rameaux stoloniformes qui s'enterrent par leur extrémité épaissie . . . . *O. stricta.*

Fleurs blanches; pédoncules axillaires, uniflores. *O. Acetosella.*
Fleurs jaunes; pédoncules axillaires, terminés par un petit sertule de cymes. . . . . *O. stricta.*

1. O. Acetosella L.; Lorey, 191. — ♃. — Avril-mai. — C. — Bois couverts.

Lors de la chute des feuilles, les pétioles se rompent par une désarticulation qui existe un peu au-dessus de leur insertion, et ils laissent ainsi des chicots vivants qui parsèment d'aspérités le pourtour du rhizome. De semblables aspérités se retrouvent en automne sur les tiges de l'*O. stricta.* — Après les fleurs vernales paraissent de petites fleurs apétales ou presque apétales, qui sont fertiles, tandis que les fleurs corollées sont presque toujours stériles.

2. O. stricta L.; Lorey, 192. — ♃. — Juin-sept. — R. — Cultures. — Dijon, Auxonne! (*Lorey*); Talmay!, Pontailler!, Cléry!.

Les individus issus de fissiparité (stolons ou drageons) ont à la fois des drageons et des stolons; mais les germinations ne sont que stolonifères, puisqu'elles possèdent une racine, et non pas un rhizome dont les bourgeons puissent se développer en drageons. Le sommet des stolons se ramifie, s'épaissit, et s'introduit dans le sol, à la façon des stolons du *Calystegia sepium.* La partie épigée périt à la fin de l'automne, ainsi que la souche mère, tandis que la partie hypogée, devenue radicante, se redressera au printemps pour monter à tige.

Il est inexact de dire que les fleurs de l'*O. Acetosella* forment une cyme, puisque les pédoncules sont axillaires et uniflores. Il y a, il est vrai, des bractées vers le sommet du pédoncule, mais comme ces bractées restent stériles, la cyme ne se produit jamais; tandis qu'elle existe chez l'*O. stricta*, où il y a régression de détails et progression d'ensemble. Les pédoncules de cette dernière espèce sont en effet cymifères et axillaires et se développent successivement de bas en haut le long de la tige. — Lors de la déhiscence des capsules, les graines de l'*O. Acetosella* et surtout celles de l'*O. stricta* sont projetées au loin par la contraction d'une arille qui les enveloppe entièrement.

VII. RUTACÉES (Juss.).

† RUTA *L.*

† **R. graveolens** L.; Lorey, 193. — ♃. — RRR. — Coteaux arides. — Nuits *(Lorey)*, où il se maintient depuis plus de cent ans (*Duret*) au coteau de l'Hermitage !.

1. DICTAMNUS *L.*

1. D. albus L. — ♃. — Mai-juin. — RRR. — Bois des Roches à Val-Suzon (*J. B. Verlot*, 1843), où il abonde sur la crête des coteaux au sud du village !.

Grandes et belles fleurs rose-violet. — Lors de la floraison, une traînée de feu parcourt soudainement la grappe, quand on en approche une flamme par un temps sec. Cette particularité est due à l'inflammation subite de l'huile volatile que sécrètent toutes les parties de l'inflorescence.

Les glandes internes des *Dictamnus* et *Ruta* ne sont pas, comme on les désigne improprement, des vésicules remplies de liquide, c. à. d. des glandes vésiculaires, mais elles sont formées d'un tissu spécial glanduleux, bien différent du parenchyme dans lequel il est plongé. Les glandes des *Hypéricinées* ont à peu près la même structure [1].

VIII. BALSAMINÉES (A. Rich.).

1. IMPATIENS *L.*

1. I. noli tangere L.; Lorey, 190. — ⊙. — Juill.-août. — RR. — Bois couverts. — St-Martin de la Mer (*Lorey*); Mou-

1. Martinet, *Bull. de la Soc. Bot. de Fr.*, 1871, XVIII, p. 144.

lin de Champbout à Saulieu (*Lombard*); Pontailler!, Melin près Liernais!.

Les germinations sont remarquables par la longueur et le volume de la partie épigée de l'axe hypocotylé. La prompte atrophie du pivot ne laisse bientôt plus à la plante d'autre support que l'axe hypocotylé, qui se courbe et devient radicant, ainsi que la base des tiges. Il en est de même pour la *Balsamine des jardins* et autres espèces congénères exotiques. — A la déhiscence de la capsule, les graines et les valves sont lancées au loin par le brusque enroulement des valves sur leur face interne; ce mouvement provient d'un excès de turgescence et d'accroissement dans la face extérieure.

IX. GÉRANIACÉES (Juss.).

1. GERANIUM *L'Hérit.*

1 Plantes ♃; pétales au moins une fois plus longs que le calice. 2
Plantes ⊙, ou plus rarement ⊙; pétales égalant le calice ou n'atteignant pas le double de sa longueur. 3
2 Plante plutôt pérennante que vivace, à racine rameuse assez grêle; feuilles palmatifides; pédoncules biflores . . . . . . *G. Pyrenaicum.*
Plante très vivace, à rhizome subligneux, écailleux, longuement ramifié; pseudorrhizes robustes, peu nombreuses, brusquement atténuées vers leur extrémité; feuilles palmatipartites; pédoncules uniflores . . . . *G. sanguineum.*
3 Pétales entiers, arrondis au sommet 4
Pétales émarginés, échancrés ou bifides. 6
4 Feuilles palmatiséquées. . . . . *G. Robertianum.*
Feuilles palmatifides. 5
5 Calice glabre, muni de crêtes transversales, herbacées. . . . . *G. lucidum.*
Calice pubescent, lisse . . . . *G. rotundifolium.*
6 Feuilles palmatipartites. 7
Feuilles palmatifides. 8

7 Racine rouge; pédoncules plus longs que les feuilles; fruit à coques glabres . . . . *G. columbinum.*
Racine jaunâtre; pédoncules à peu près de la longueur des feuilles; fruit à coques velues. . . . . *G. dissectum.*
8 Feuilles alternes; coques glabres, ridées transversalement. . *G. molle.*
Feuilles opposées; coques pubescentes, non ridées. *G. pusillum.*

1. G. Robertianum L.; Lorey, 186. — ⨀. ou ⊙. — Avril-sept. — C C. — Vieux murs, rochers, friches.

Les feuilles caulinaires inférieures sont réfractées, et de l'aisselle de chacune sortent 1-3 rameaux.

2. G. lucidum L.; Lorey, 186. — ⨀. — Mai-juill. — A. R. — Lieux couverts. — Verrey-s-Salmaise, Savigny-s-Beaune, Fussey (*Lorey*); Cussy-la-Colonne, Semur! (*Duret*); Blaisy-Bas (*Weber*); Bouilland (*Bonnet*!); Nolay (*Gillot*); environs de Sombernon (*Viallanes*); St-Remy!, Montbard!, Millery!, St-Aubin!.

3. G. rotundifolium L.; Lorey, 185. — ⨀. ou ⊙. — Avril-sept. — C. — Prairies artificielles, vignes, cultures.

4. G. molle L.; Lorey, 183. — ⨀. ou ⊙. — Mai-sept. — C. — Friches, vignes.

5. G. pusillum L.; Lorey, 184. — ⨀ ou ⊙. — Mai-sept. — C. — Chemins, prairies artificielles, cultures.

6. G. dissectum L.; Lorey, 184. — ⨀. — Mai-juill. — C C. — Prairies, cultures, chemins.

7. G. columbinum L.; Lorey, 185. — ⨀. — Mai-juill. — C. — Prairies, cultures, chemins.

8. G. Pyrenaicum L.; Lorey, 183. — ♃ ou plutôt pérennant. — Mai-juill. — A. C. — Prés, bords des chemins. — Notre-Dame d'Etang, Flavignerot, Nuits! (*Lorey*); St-Remy!, Recey!, etc.

9. G. sanguineum L.; Lorey, 182. — ♃. — Mai-juill. — A. R. — Bois de montagne, coteaux incultes. — Recey, Tarsul !, Val-Suzon !, Mâlain !, Flavignerot !, Remilly !, Nuits !, Santenay !, Nolay !.

Quelquefois des bourgeons adventifs se développent aux protubérances éparses sur l'épaisse écorce des pseudorrhizes. — En la partie antérieure des articles du rhizome, les écailles sont échancrées-mucronées; elles sont dépourvues de mucron et obscurément échancrées dans la partie postérieure, parce qu'elles sont alors plus âgées et qu'elles ont leur sommet plus ou moins oblitéré.

2. ERODIUM *L'Hérit.*

1. E. cicutarium L'Hérit.; Lorey, 187. — ⊙ ou ⊙. — Avril-oct. — C C. — Moissons, cultures, friches.

Var. *α. pimpinellæfolium* G. G. — Feuilles peu profondément découpées; pétales supérieurs assez souvent maculés.

Var. *β. chærophyllum* DC. — Feuilles profondément et très finement découpées; pétales tous immaculés.

La variété *præcox* de Lorey correspond aux sujets très jeunes, ou rabougris par l'aridité de la station.

La germination des *Geranium* a lieu ordinairement en automne; la couronne de bases desséchées de pétioles, que les souches portent au printemps, indique suffisamment la bisannuité de ces plantes. Quand la germination est retardée jusqu'au printemps, il en résulte des individus beaucoup moins robustes. — Les faisceaux vasculaires d'une racine de *G. Robertianum* forment, sur une coupe transversale, deux cônes opposés pointe à pointe et séparés par deux larges bandes de tissu conjonctif; chez le *G. lucidum* au contraire, les faisceaux envahissent bientôt presque tout le cylindre central. — L'écorce des racines et des rhizomes est le plus souvent teintée de rose.

La règle pour les tiges de *Geranium* est d'être sympodiques. L'atrophie de l'axe primaire commence parfois même au sein de la rosette radicale; ainsi des *G. Robertianum*, *columbinum*, *Erodium cicutarium*, où cet axe est réduit à un pédoncule radical. Il forme parfois en sa partie inférieure quelques mérithalles chez les *G. dissectum*, *rotundifolium* et *lucidum*, et alors les feuilles sont alternes en ces points. — Des deux rameaux des dichotomies, tantôt le plus robuste alterne de côté à chaque nœud (*G. dissectum*, *G. columbinum*, *G. Robertianum*); tantôt au contraire, il est placé du même côté de la tige (*G. pusillum*, *Erodium cicutarium*); tantôt enfin il offre ou non des cas d'alternance avec le rameau faible (*G. lucidum*, *G. rotundifolium*).

Presque toujours les feuilles sont opposées et inégales, et la feuille la plus grande aisselle le rameau prépondérant. Séul, le *G. molle* n'a que des feuilles alternes; ses pédoncules sont opposés à la feuille et déjetés par le rameau axillaire. Parfois le *G. sanguineum* a des feuilles ternées, accompagnant des feuilles opposées. — Chez le *G. lucidum* et surtout chez le *G. Robertianum*, les tiges et les feuilles sont fétides; celles des *G. molle* et *rotundifolium* ont une odeur qui rappelle le musc. — La dessiccation de la plupart des *Geranium* est lente et difficile; et dans l'herbier les tiges offrent une dépression à leurs nœuds, qui sont gonflés au contraire et succulents sur le vif.

L'inflorescence de la majorité des *Geranium* indigènes (*G. molle*, *G. rotundifolium*, *G. dissectum*, *G. columbinum*, *G. Pyrenaicum*, etc.) comprend deux fleurs en cyme unipare terminale. Les pédicelles de ces deux fleurs sont insérés au sommet d'un pédoncule axile commun; ils s'accompagnent à leur base de quatre bractées ordinairement ainsi disposées : d'un côté un groupe de 3, dont la médiane aisselle le pédicelle latéral, de l'autre une bractée solitaire complétement stérile, ou n'aisselant (*G. pratense L.*) qu'un bourgeon rudimentaire. Les deux bractées qui accostent la bractée médiane fertile appartiennent à une seconde cyme et comme elles sont insérées le plus souvent au même niveau que cette bractée médiane on pourrait les croire de même ordre qu'elle ; mais chez quelques espèces, telles que le *G. pratense*, l'axe de la seconde cyme émerge un peu, et les deux bractées apparaissent alors manifestement insérées plus haut que la bractée médiane et sur un axe différent; elles sont en outre un peu plus petites, ainsi qu'il convient à des organes nés dans une région où l'inflorescence est encore plus près de sa fin. Quand par excès de vigueur quelques cymes de *Geranium* deviennent bipares, le nombre des bractées est porté de 4 à 6 (*G. dissectum*) à cause des deux bractées situées à la base du second pédicelle latéral, et les deux côtés de la cyme sont alors en parfait équilibre. Chez plusieurs *Geranium* exotiques, les bractées sont encore plus nombreuses; elles résultent de la présence de plusieurs cymes agglomérées, sessiles et le plus souvent unipares. Mais si au contraire l'inflorescence est réduite à une fleur solitaire, c. à. d. au pédicelle central, comme c'est le cas normal du *G. sanguineum*, l'on ne devra plus compter et l'on ne compte plus effectivement que deux bractées au lieu de quatre, puisque le pédicelle latéral et partant les bractées de second ordre font absolument défaut.

Les auteurs enseignent que les bractées des *Geranium* sont constituées par des stipules. Mais avec cette interprétation on est obligé d'admettre que ces stipules peuvent jouer le rôle d'aissellières; puis des stipules, au lieu d'être insérées 3, 4, devraient être disposées par paires symétriques; enfin il serait étrange que dans une feuille l'avortement eût fait disparaître les parties fondamentales, comme le pétiole et le limbe, et n'eût respecté qu'un accessoire aussi minime que les stipules. Les bractées des *Geranium*, il est vrai, ressemblent beaucoup aux stipules, mais elles n'en ont pas moins la forme propre aux bractées de la grande majorité des plantes.

Les pédicelles changent de direction avec l'âge des fleurs. Réfractés avant l'anthèse, dressés pendant, réfractés après, ils sont, à la fructification, plus ou moins étalés ou encore (*G. molle*, *G. Pyrenaicum*) étalés-réfractés. Comme les fleurs qui terminent le pédoncule ne sont pas contemporaines, il s'en suit que le pédicelle de l'une est dressé, pendant que celui de l'autre est réfracté. Après floraison le fruit, malgré la réfraction ou l'étalement des pédicelles, reste dressé grâce à une courbure de leur sommet. Au siége de cette courbure existe un épaississement, qui est très notable surtout chez les *G. rotundifolium* et *lucidum* et qui constitue, vers la maturité, une zône de désarticulation. En effet, quand on tire alors sur le pédicelle, il se rompt en ce renflement qui a pris une teinte blanchâtre.

Les styles des *Geranium* se détachent par la base à l'époque de la fructification, puis ils se relèvent en s'enroulant, et emportent la coque avec eux. Mais sous l'influence de l'humidité ils se rabattent plus ou moins le long de la colonne, tout en gardant encore une courbure assez prononcée.

X MALVACÉES (Juss.).

1. MALVA *L.*

1 Fleurs solitaires à l'aisselle des feuilles; calice accrescent, enveloppant complétement le fruit à la maturité. 2
Cymes à l'aisselle des feuilles; calice à peine accrescent, n'enveloppant pas complétement le fruit à la maturité. 3
2 Calicule à folioles oblongues-ovales; carpelles glabres . . . . *M. Alcea.*
Calicule à folioles linéaires-lancéolées; carpelles velus . . . . *M. moschata.*
3 Corolle blanchâtre, petite; carpelles ridés . . *M. rotundifolia.*
Corolle purpurine, grande; carpelles lisses. . . *M. sylvestris.*

1. M. Alcea L.; Lorey, 160. — ♃. — Juin-sept. — A. C. — Haies, taillis. — Thil-Châtel, Norges, forêt de Velours, Magny-s-Tille, Antigny, Quincey (*Lorey*); Laignes!, Bourberain!, St-Seine-en-Bâche!, Seurre!, Nolay!, Ivry!, Lantilly!, Jeux!, etc.

Var. α. *Alcea*. — Feuilles caulinaires palmatipartites.

Var. β. *fastigiata* Koch. — Feuilles caulinaires palmatilobées.

Les pétales du *M. Alcea* s'enroulent pour sommeiller, car il est de règle pour les corolles sommeillantes de revenir pendant leur sommeil à la forme qu'elles avaient avant l'épanouissement.

2. M. moschata L.; Lorey, 161. — ♃. — Juin-sept. — A. C. — Haies, prés secs, taillis. — Auxonne, Détain, Laroche-pot, Semur, Saulieu!, Laroche-en-Brenil (*Lorey*); Montbard!, Lucenay!, Baigneux!, Trouhaut!, Val-Suzon!, Frémoy!, Rouvray!, etc.

Var. α. *laciniata*. — Feuilles toutes profondément et étroitement laciniées.

Var. β. *intermedia*. — Feuilles radicales et caulinaires inférieures réniformes, dentées-crénelées; les caulinaires moyennes et supérieures laciniées-palmatipartites.

3. M. sylvestris L.; Lorey, 161. — ♃. — Mai-oct. — C. — Cultures, rues, décombres.

Tiges simples ou rameuses, dressées ou décombantes, atteignant parfois jusqu'à deux mètres de hauteur.

4. M. rotundifolia L.; Lorey, 162. — ♃. — Mai-oct. — C C. — Cultures, rues, décombres.

Le *M. Nicæensis* All. était commun en 1875 à Dijon dans les décombres et sablières de la plaine de Pouilly! (*Méline*), mais y était devenu rare en 1876. — Quelques pieds de *M. microcarpa* Desf. ont été trouvés aussi par M. Méline en cette même station.

2. ALTHÆA *L.*

Plante ⊙; racine grêle . . . . *A. hirsuta*.

Plante ♃; racine et pseudorrhizes volumineuses. . . . . † *A. officinalis.*

Feuilles vertes, parsemées de poils; fleurs solitaires axillaires; carpelles glabres . . . . *A. hirsuta.*
Feuilles blanchâtres-tomenteuses; cymes axillaires; carpelles tomenteux. . . . . † *A. officinalis.*

1. A. hirsuta L.; Lorey, 163. — ⊙. — Mai-juill. — A. C. — Coteaux incultes, taillis. — Dijon (*Lorey*); St-Remy!, Nolay!, etc.

† **A. officinalis** L.; Lorey, 163. — ♃. — Juin-avril. — Haies, bords des rivières, lisières des bois. — Naturalisé et commun dans le Val-de-Saône à Talmay!, Pontailler!, St-Jean-de-Losne!, Seurre!, etc.

L'*A. cannabina* L. est signalé par Lorey (p. 164) à Cussey-les-Forges et à Chaignay.

Les *Malva rotundifolia* et *sylvestris* sont bien des plantes vivaces et non bisannuelles; il faut ajouter cependant que leur existence ne va guère au delà de 3-5 ans. Les *M. Alcea* et *moschata* sont d'une plus longue durée. — La racine des *Malva* est ligneuse, ductile et très difficile à rompre; il en est tout autrement de l'*Althæa officinalis*, dont le cylindre central possède un abondant tissu conjonctif.

L'inflorescence des *Althæa hirsuta*, *Malva Alcea*, *M. moschata* est absolument progressive, et les tiges portent de bas en haut des fleurs axillaires, solitaires, qui sont disposées en grappes ou en panicules. Chez d'autres espèces, la régression gouverne les détails, car au lieu de fleurs solitaires aux aisselles on y trouve des cymes sessiles (*M. rotundifolia, M. sylvestris*), ou pédonculées (*Althæa officinalis*), et qui en outre, surtout pour le *M. sylvestris*, sont assez souvent accostées d'un rameau.

XI. TILIACÉES (Juss.).

1. TILIA *L.*

Racine à coupe fétide . . . . *T. sylvestris.*
Racine à coupe non fétide. . . . . *T. platyphylla.*

Jeunes rameaux olivâtres, à coupe fétide; face inférieure des feuilles glaucescente, à nervures peu saillantes et obscurément anastomosées; fruit facilement compressible, à côtes très peu prononcées . . . . *T. sylvestris.*
Jeunes rameaux rouges, gris ou parfois jaunes, à coupe non fétide; face inférieure des feuilles verte, à nervures très saillantes et très anastomosées; fruit incompressible, à côtes prononcées . . . . *T. platyphylla.*

1. T. platyphylla Scop.; Lorey, 168. — ♄. — Juin-juill. — A. C. — Bois.

Au printemps les bourgeons des *T. platyphylla* et *sylvestris,* longs déjà de 3-6^{c}, sont courbés-réfractés à l'exemple de ceux de l'*Epicéa;* puis ils se redressent peu à peu, à mesure des progrès de leur accroissement. — La vestiture ne peut pas toujours servir à distinguer le *T. platyphylla* du *T. sylvestris,* car on rencontre assez souvent des *T. platyphylla* à feuilles et rameaux glabres ou glabrescents, et dans ce cas les rameaux sont parsemés de petites verrucosités qui font défaut sur les rameaux velus. Il en est ordinairement de même du *Betula alba,* en opposition avec sa variété *pubescens.* — La couleur jaune des rameaux de certains *T. platyphylla* est indépendante de l'exposition et persiste en plein soleil. — Sur la même branche, on trouve des feuilles dentées ou incisées, et encore à sommet tronqué, arrondi ou acuminé. — Dans les jeunes taillis de 1 à 2 ans les feuilles peltées ne sont pas rares chez le *T. platyphylla.* Cette tératologie résulte d'une végétation luxuriante, qui fait déborder le parenchyme autour du pétiole. Dès le principe la feuille est peltée, et il n'y a pas soudure consécutive des deux lobes basilaires. Une pareille peltation est encore plus fréquente dans les feuilles des rejets vigoureux du *Noisetier*. — Les boutons des rameaux ne sont pas franchement axillaires, mais ils sont un peu latéraux à l'aisselle de la feuille. Le pétiole est accosté d'un pédoncule aux nœuds florifères. Ce pédoncule est ailé, et vers le milieu de sa hauteur il se dédouble en deux parties, une partie stérile qui continue à être ailée, et une autre fertile, cylindracée, qui produit par partition les pédicelles du corymbe. Si l'aile représentait une bractée, mère du pédoncule, elle ne pourrait faire corps avec ce pédoncule, c. à. d. avec un organe qui ne lui serait pas contemporain. D'ailleurs la partie inférieure du pédoncule n'offre absolument rien qui dénote une pareille soudure.

2. **T. sylvestris** Desf. — *T. microphylla* Willd.; Lorey, 167. — ♄. — Juin-juill. — A. R. — Bois. — St-Remy!, Rougemont!, Asnières-en-Montagne!, Val-des-Choues où il est plus abondant que le *T. platyphylla!*, Is-s-Tille!, S-Sauveur!, Pontailler!, Longvay!, Seurre!, St-Andeux!.

Le pétiole de la bractée est parfois aussi court que chez le *T. platyphylla*.

XII. POLYGALÉES (Juss.).

1. POLYGALA *L.*

1 Saveur amère; ailes (les 2 sépales intérieurs) à nervure moyenne ne s'anastomosant pas avec les latérales . . . *P. Austriaca.*
Saveur herbacée; ailes à nervures anastomosées entre elles. . 2
2 Axe central atrophié; grappes naissant 2-6 du sein de rosettes de feuilles terminant les tiges latérales . . . . *P. calcarea.*
Axe central terminé par une grappe; point de rosettes de feuilles; grappes solitaires 3
3 Feuilles inférieures ordinairement opposées; grappe centrale dépassée par les latérales. . . . . *P. depressa.*
Feuilles éparses; grappe centrale dépassant les latérales . . . . *P. vulgaris.*

1. P. vulgaris L.; Lorey, 116. — ♃. — Mai-août. — C. — Pelouses, coteaux incultes, bois.

Grandes diversités dans les dimensions respectives des ailes et de la capsule : ailes débordant en tout sens la capsule (var. *vulgaris*); débordées en tout sens par la capsule (var. *parviflora* Coss. et G. de St-P.); plus longues et plus étroites que la capsule (*P. oxyptera* Rchb.). Il est encore d'autres variations qui existent parallèlement chez la plupart des espèces de *Polygala*. — Une variété avec souche sublignease, tiges dressées, feuilles souvent dirigées du même côté, et grappes courtes, assez denses, dépassées à leur base par les feuilles caulinaires supérieures, ne diffère guère du *P. comosa* Schk. que par l'absence de bractées saillantes qui rendent la grappe chevelue avant l'anthèse. — R. — St-Remy !, Laignes !, St-Romain !.

2. P. Austriaca Crantz ; Lorey, 119. — ♃ ou plutôt pérennant. — Mai-août. — A. R. — Prés, taillis et pelouses humides. — St-Remy !, Fontenay !, Lucenay !, Pothières !, Montigny-s-Aube !, Tarsul !, vallon du Suzon !, etc.

3. P. depressa Wend. — ♃. — Juin-août. — R R. — Prairies et pelouses humides siliceuses. — Orgeux !, Vielverge !, Saulieu !, St-Andeux !.

4. P. calcarea Fr. Schultz. — *P. amara* DC.; Lorey, 118. — ♃. — Avril-juin. — C C. — Coteaux et montagnes calcaires.

Les tiges ont une rosette de feuilles vers leur sommet qui est réduit à un court ramuscule foliifère. Aux aisselles de certaines des feuilles de ces rosettes naissent au printemps les rameaux florifères, qui se détruisent après fructification. Assez souvent, un des rameaux, sorti des rosettes, n'est que foliifère, et dans sa partie supérieure il se munit d'une rosette qui répétera l'évolution florale des rosettes de l'étage inférieur. — Les feuilles des rosettes et celles qui leur sont immédiatement inférieures persistent pendant deux années.

Les racines des *Polygala* ont une odeur aromatique, comme de *Primevère*, qui se retrouve dans le système souterrain de plusieurs plantes appartenant aux familles les plus diverses

(*Spiræa Ulmaria*, *Primula*, *Melica*, etc.). — Comme les *Polygala* sont rebelles à la culture, on pourrait tout d'abord les accuser de demi-parasitisme; mais ils n'ont pas de suçoirs sur leurs radicelles. De Candolle [1] les range dans la famille des *Rhinanthacées* et leurs radicelles raides et flexueuses rappellent un peu celles des *Melampyrum*.

Les *P. calcarea* et *vulgaris* ont parfois des fleurs blanches, rosées ou violettes. Les anastomoses des ailes sont moins prononcées dans les fleurs blanches. — La grappe centrale est brièvement dépassée par les latérales chez le *P. Austriaca*, et longuement chez le *P. depressa*. Cette tendance à l'affaiblissement de l'axe central se manifeste au plus haut degré chez le *P. calcarea*, où toutes les grappes des rosettes sont latérales. Chez le *P. vulgaris*, au contraire, la tige centrale, ne subissant aucun arrêt de développement, se termine en une grappe qui dépasse les grappes latérales. Ainsi, du *P. vulgaris* au *P. calcarea*, en passant par les *P. Austriaca* et *depressa*, l'évolution est en série décroissante pour l'axe, et en série croissante pour ses ramifications.

XIII. ACÉRINÉES (Juss.).

1. ACER *L.*

1 Sève laiteuse; feuilles vertes en dessous 2
  Sève aqueuse; feuilles blanchâtres en dessous. 3
2 Rameaux souvent subéreux; feuilles à lobes obtus. . . . . *A. campestre.*
  Rameaux jamais subéreux; feuilles à lobes acuminés . . . . *A. platanoides.*
3 Fleurs en grappes. . . . . *A. pseudo-Platanus.*
  Fleurs en corymbes. 4

1. *Fl. Fr.*, III, p. 455.

4 Feuilles 5-3 lobées, à lobes ovales élargis, dentés-crénelés; ailes des fruits non rétrécies à la base . . . . *A. opulifolium.*
Feuilles trifides, à lobes ovales-oblongs, entiers ou munis de rares dents; ailes des fruits rétrécies à la base. . . . . *A. Monspessulanum.*

1. A. campestre L.; Lorey, 177. — ♄. — Mai. — C. — Bois, haies.

On trouve aux mêmes stations des individus atteints ou non de subérosité; bien plus, le même rameau peut offrir de l'écorce alternativement lisse et subéreuse. C'est pendant les premières années que le développement du suber est surtout prononcé. Des incisions corticales n'en activent pas la formation. Il en est de même pour l'*Ulmus campestris.* Les côtes ou ailes formées par le suber de l'*A. campestre* restent libres entre elles sur toute la longueur de chaque mérithalle, tandis que chez l'*Ulmus campestris* elles se relient par de nombreuses anastomoses. — Des deux feuilles de chaque nœud mérithallien, l'une est ordinairement plus grande que l'autre. — Les vigoureux rejets des jeunes taillis ont parfois leurs feuilles verticillées par trois.

2. A. platanoides L.; Lorey, 177. — ♄. — Mai. — R. — Bois. — St-Remy !, Val-des-Choues !, vallon du Suzon !, Antheuil !.

3. A. opulifolium Vill.; Lorey, 178. — ♄. — Avril-mai. — R. — Bois de la Côte. — Forêt de Mantuan, Arcenant, Bouilland ! (*Lorey*); Quemigny-Poisot, Savigny-s-Beaune (*Duret*); Gevrey !, Chambolle !, Antheuil !.

4. A. Monspessulanum L. — ♄. — Avril-mai. — RRR. — Bois. — Bois Derrière à Santenay !, St-Aubin !.

5. A. pseudo-Platanus L.; Lorey, 176. — ♄. — Mai. — A.R. — Bois. — Aignay !, Val-des-Choues !, Grancey-le-Château !, Moloy !, Mâlain !, Nuits !, Menessaire !.

Cet arbre, qui pour Lorey n'est que naturalisé dans le département, m'y paraît parfaitement indigène. Ainsi dans la forêt du Val-des-Choues il est très abondant, soit comme taillis, soit comme vieilles réserves.

XIV. CÉLASTRINÉES (R. Br.).

1. EVONYMUS *L.*

1. E. **Europaeus** L.; Lorey, 196. — ♄. — Mai-juin. — C. — Bois, haies.

Radicelles blanches, flexueuses, très abondantes et parfois munies de bourgeons adventifs. — D'après M. Bonnet [1], tantôt les fleurs sont pourvues d'organes sexuels normaux, tantôt l'un des deux sexes est presque atrophié.

---

† AMPÉLIDÉES (Kunth).

† VITIS *L.*

† V **vinifera** L.; Lorey, 180. — ♄. — Juin. — Se rencontre çà et là aux bois du Val-de-Saône, semé de graines contenues dans les déjections des animaux. A Arcelot, j'en ai vu de robustes individus qui grimpaient jusqu'au sommet des futaies les plus élevées.

Depuis Aug. de St-Hilaire la tige de la *Vigne* est, quoique à tort, généralement regardée comme sympodique, et les vrilles comme autant d'axes déjetés latéralement et remplacés par un rameau axillaire usurpateur. M. Prilleux [2], au contraire, repousse le sympodisme et attribue la vrille à une partition caulinaire Cette opinion, à laquelle je me range, s'appuie et sur la constitution anatomique de la tige, où le cylindre médullaire se prolonge directement de mérithalle à mérithalle, et sur la présence invariable d'un gros bourgeon à l'aisselle de la feuille opposée à la vrille. Or ce bourgeon devrait manquer, s'il avait réellement formé un

1. *Bull. de la Soc. bot. de Fr.*, 1878, XXV, p. 169-171.
2. *Ibid.*, 1856, III, p. 645-653.

rameau usurpateur, ou bien l'on en devrait compter deux quand il arrive à la vrille de faire défaut. J'ajouterai que la première feuille du prétendu rameau usurpateur n'est pas sensiblement moins grande que la feuille réputée génératrice, tandis qu'il est de règle que les premières feuilles d'un rameau soient beaucoup plus petites que celles de l'axe qui lui a donné naissance. — M. Lestiboudois [1] voit dans la vrille un rameau véritable naissant privé d'écailles et de feuille mère ; ou encore il en fait, avec doute cependant, un second bourgeon axillaire, émergeant bien au dessus de son lieu d'origine. Il est inutile d'insister sur tout ce qu'ont d'insolite un rameau dépourvu de feuille mère, et un bourgeon surhaussé par une soudure avec l'axe. Pour se convaincre d'ailleurs que la vrille n'est pas due à la ramification, il suffit de remarquer qu'elle est une émanation directe du mérithalle inférieur, et qu'elle ne présente à sa base ni l'empâtement, ni les rides corticales qui caractérisent l'insertion de tout rameau. — Les vrilles ne sont pas davantage des grappes qui ont complétement avorté. S'il en était ainsi, elles devraient faire complétement défaut chez les jeunes individus qui ne sont pas encore d'âge à fleurir ; elles devraient également manquer dans la partie supérieure des rameaux d'arrière-saison, où chez la *Vigne*, comme chez la grande majorité des végétaux, on ne voit jamais se développer de fleurs ; enfin, et ce qui n'est pas, il y aurait surtout lieu de rencontrer des vrilles florifères sur les sujets qui fleurissent pour la première fois, et qui devraient traduire leurs débuts floraux par cette imperfection de l'inflorescence. La vrille est un organe *sui generis*, propre à certaines plantes et d'une adaptation toute spéciale.

Pour la *Vigne*, comme pour le *Blé*, le *Riz*, le *Poirier* et autres végétaux des grandes cultures, le type véritablement sauvage paraît être inconnu, et l'origine première demeure très hypothétique.

XV. MONOTROPÉES (Nutt.).

1. MONOTROPA *L.*

1. M. hypopitys L.; Lorey, 589. — pérennant ou parfois ☉. — Juin-juill. — A. R. — Bois ombragés. — Gouville, Nuits, Saulieu, Semur (*Lorey*); Boncourt, Villebichot, St-Nicolas (*Duret*) ; St-Remy !, Viserny !, Lignerolles !, Blaisy-Bas !, Gevrey !, etc. — Abonde après une vingtaine d'années dans les plantations de résineux.

1. *Bull. de la Soc. bot. de Fr.*, 1857, IV, p. 809-816.

Tige pubescente, parfois très glabre et alors plus élancée et à grappe appauvrie.

Le *M. Hypopitys* passe pour être parasite sur les racines des arbres, et pour vivre dans les détritus des feuilles. Cette double assertion ne me semble pas exacte. Jamais, en effet, je n'ai vu chez cette plante d'adhérence avec les racines d'autres végétaux, et s'il y a des racines à proximité, elles sont toujours mortes ou en décomposition; puis son très grêle rhizome se trouve à une certaine profondeur dans un sol bien différent des couches superficielles où sont les détritus des feuilles. — Les pseudorrhizes sont courtes, intriquées et égalent en volume le rhizome lui-même; elles vivent dans une terre traversée par un abondant mycélium blanc, et si le *M. Hypopitys* est parasite, il ne peut l'être que sur ce mycélium. — Les bourgeons du rhizome sont obconiques, renflés-écailleux, et ont pendant quelques années une végétation exclusivement souterraine; puis ils sortent de terre, et s'allongent en tige florifère. Il en est de même d'autres plantes également privées de feuilles, comme *Orobanche, Neottia Nidus-avis, Limodorum abortivum*. Quand un printemps très sec les force à différer leur évolution florale, elles paraissent faire tout à coup défaut dans les stations où elles abondaient l'année précédente.

XVI. HYPÉRICINÉES (Juss.).

1. HYPERICUM *L.*

1 Tiges dépourvues de lignes saillantes; sépales ciliés-glanduleux 2

Tiges pourvues de lignes saillantes rarement nulles; sépales non ciliés-glanduleux. 4

2 Tiges et feuilles velues; feuilles subpétiolées. . . *H. hirsutum.*

Tiges et feuilles glabres; feuilles sessiles 3

3 Feuilles semi-amplexicaules; sépales obovales-suborbiculaires, à glandes sessiles. . . . . *H. pulchrum.*

Feuilles non amplexicaules; sépales lancéolés-linéaires, à glandes stipitées . . . . *H. montanum.*

4 Tiges grêles, étalées-ascendantes; lignes caulinaires 2, obscures,

parfois nulles; sépales très inégaux, 3 grands, 2 petits. . . . . *H. humifusum.*

Tiges robustes, dressées ou dressées-ascendantes; lignes caulinaires 2 ou 4, plus ou moins saillantes; sépales peu inégaux 5

5 Bourgeons adventifs assez fréquents à la racine et aux pseudorrhizes; lignes caulinaires 2, très peu saillantes. . . . . *H. perforatum.*

Point de bourgeons adventifs au système souterrain; lignes caulinaires 4. 6

6 Tiges à faces convexes; lignes caulinaires peu saillantes; feuilles sessiles; sépales lancéolés-oblongs à sommet plus ou moins aigu ou denticulé-érodé; pétales beaucoup plus longs que le calice . . . . *H. Desetangsii.*

Tiges à faces planes; lignes caulinaires très saillantes, plus ou moins ailées-membraneuses; feuilles semi-amplexicaules; sépales lancéolés, acuminés-subulés; pétales à peine une fois plus longs que le calice . . . . *H. tetrapterum.*

1. **H. pulchrum** L.; Lorey, 174. — ♃. — Juin-avril. — R. — Bois argilo-siliceux. — Bois du Pays-Bas, Gerland (*Lorey*); Cîteaux!, Arnay-le-Duc!, Thoisy-la-Berchère!, Saulieu!, Vic-s-Thil!, St-Andeux!, Jeux!.

2. **H. montanum** L.; Lorey, 175. — ♃. — Juin-avril. — A. R. — Bois. — St-Remy!, Lignerolles!, Reccy!, Fleurey!, Gevrey!, Nuits!, Santenay!.

On rencontre de vigoureux *H. montanum* et *tetrapterum* à feuilles verticillées par 3.

3. **H. hirsutum** L.; Lorey, 174. — ♃. — Juin-sept. — C. — Taillis, haies.

Fleurs soufre pâle. — R. — Bois de St-Aubin!.

4. **H. humifusum** L.; Lorey, 172. — ♃. — Juin-sept. — A. C. — Moissons et pelouses siliceuses. — Champs et pâtis du Pays-Bas (*Lorey*); Talmay!, Vielverge!, Villy-le-

Moutiers !, Nolay !, Arnay !, Liernais !, Laroche-en-Brenil !, Epoisses !, Jeux !.

5. **H. perforatum** L.; Lorey, 173. — ♃. — Juin-sept. — C C. — Taillis, coteaux incultes.

Se rencontre avec des feuilles très petites, et encore avec des pétales marqués de lignes noires. — Par les grandes sécheresses les feuilles s'enroulent sur leur face inférieure; elles redeviennent planes avec un temps humide. Aux stations aquatiques ou ombragées les ponctuations des feuilles sont rares, et souvent même manquent complétement dans les feuilles inférieures. Cette remarque s'applique aussi aux autres espèces ponctuées.

6. **H. Desestangsii** Lamotte. — *H. intermedium* Bellynck. — ♃. — Juill-sept. — R. — St-Remy !, Lucenay !.

Feuilles plus ou moins pellucides; pétales souvent marqués de lignes et de points noirs.

J'incline à regarder cette plante comme un hybride des *H. perforatum* et *tetrapterum;* mais elle est beaucoup plus voisine de l'*H. perforatum* par la faible saillie des lignes caulinaires, par ses feuilles sessiles, non semi-embrassantes, par la grandeur de sa corolle, et j'ajouterai par la forme de ses sépales. Car le calice de l'*H. perforatum* est extrêmement variable, et ses sépales, ordinairement linéaires-lancéolés, subulés, se montrent parfois oblongs, subaigus, ou denticulés-érodés comme chez l'*H. Desestangsii*. Celui-ci n'a de l'*H. tetrapterum* que les lignes caulinaires; encore n'en compte-t-on que deux dans la partie supérieure de la tige. — Les capsules ne contiennent qu'un petit nombre de graines, dont beaucoup même sont mal conformées.

7. **H. tetrapterum** Fries. — *H. quadrangulum* Lorey, 172; non L. — ♃. — Juill.-sept. — C. — Bords des ruisseaux, prairies marécageuses.

2. HELODES *Spach*.

1. **H. palustris** Spach. — *Hypericum Helodes* L.; Lorey, 173. — ♃. — Juin-août. — R R. — Ruisseaux tourbeux. —

Saulieu, Laroche-en-Brenil (*Lorey*); Laignes (*Berthiot*); Dampierre!, St-Germain-de-Modéon!, St-Andeux!.

Les *Hypericum* ont un même type de végétation souterraine : racine ligneuse, pivotante un peu rameuse, à écorce jaunâtre et atteinte d'exfoliations successives; souche ligneuse, s'éteignant souvent par le centre et reportant sa végétation sur des ramifications; pseudorrhizes adjuvantes à la souche et parfois aussi (*H. tetrapterum*, *H. humifusum*, *H. hirsutum*) aux bases des tiges ascendantes. L'analogie est frappante avec le système souterrain de beaucoup de *Labiées* (*Calamintha officinalis*, *Clinopodium vulgare*, *Origanum vulgare*, etc.); mais les *Hypericum* vivent un moindre nombre d'années, surtout les *H. hirsutum* et *perforatum*. — Dans les pelouses sèches des coteaux, la souche de l'*H. humifusum* devient ligneuse et assez robuste, tandis qu'elle reste grêle et de faible durée dans les sols humides. — Le bourgeonnement adventif de la racine et des pseudorrhizes de l'*H. perforatum* a son principal siége sur les ramifications horizontales; il est surtout actif dans les sols légers et sablonneux. — Une souche stolonifère est parfois attribuée aux *H. tetrapterum* et *hirsutum*; mais ce qui caractérise principalement les stolons, c'est de se constituer en individus distincts de la souche mère; en outre les plantes stolonifères sont privées d'une racine et soumises à un déplacement incessant; or rien de pareil chez ces *Hypericum* dont les rejets, quoique souvent radicants, ne se séparent jamais de la souche, qui est fixée elle-même à une racine persistante. D'ailleurs, l'allongement de ces rejets stoloniformes est stationnaire, parce qu'un bourgeonnement rétrogressif et en crochet leur fait perdre chaque année ce qu'ils avaient gagné en longueur l'année précédente. — Les rejets des *H. perforatum* et *tetrapterum* naissent en automne et sont ordinairement feuillés et rameux; ils ne montent pas à tige par leurs extrémités; cette fonction est laissée à 1-4 vigoureux bourgeons latéraux qui se développent au printemps en la partie postérieure des rejets, et les tiges florifères de ces deux espèces ne sont donc que de second ordre. Les souches des *H. pulchrum* et *montanum* n'ont pas de rejets, mais de courts bourgeons de remplacement qui s'allongent directement en tiges florifères. — L'*Helodes palustris* diffère de suite d'un *Hypericum* par la présence d'un rhizome, et par l'épaisse couche corticale de ses pseudorrhizes et surtout de son rhizome.

L'inflorescence des *Hypericum* consiste en cymes bi-unipares, disposées en grappes terminales corymbiformes. Il y a régression d'ensemble et de détails; cependant chez l'*H. hirsutum* les premières cymes épanouies appartiennent aux rameaux moyens et non pas aux supérieurs. — Les corymbes de l'*Helodes palustris* paraissent latéraux, parce qu'au niveau de chaque corymbe la tige se poursuit sympodiquement par un bourgeon axillaire, qui lui-même, après 3-4 mérithalles, aboutira à une nouvelle inflorescence. — Les *Hypericum* s'épanouissent de grand matin ou parfois même la nuit. Tous ont des pétales éphémères, et comme pour toute autre fleur un temps frais et couvert prolonge notablement la durée des corolles. — Les sépales des *H. montanum* et *tetrapterum* sont dressés après floraison et pendant la fructification; ils sont étalés chez les *H. perforatum* et *Desestangsii*. — Au moment de l'épanouissement, les étamines des *Hypericum* sont plus ou moins étalées-réfractées, mais elles se relèvent à mesure qu'approche la fin de l'anthèse. Le siége de ce mouvement est dans la partie inférieure des filets; en outre, la petite languette qui supporte chacune des phalanges staminales vient s'apprimer à l'ovaire.

XVII. DROSÉRACÉES (Salisb.).

1. DROSERA L.

Feuilles suborbiculaires; hampes droites, beaucoup plus longues que les feuilles; graines fusiformes, à peine rugueuses. . . . . *D. rotundifolia.*

Feuilles obovales-oblongues; hampes plus ou moins coudées à la base, dépassant peu les feuilles; graines subovoïdes, fortement rugueuses. . . . . *D. intermedia.*

1. **D. rotundifolia** L.; Lorey, 114. — ♃. — Juill.-août. — R. — Tourbes siliceuses. — Semur, Saulieu! (*Lorey*); Vielverge!, Auxonne!, Laroche-en-Brenil!, St-Andeux!.

2. **D. intermedia** Hayne; Lorey, 115. — Juill.-sept. — RR. — Tourbes siliceuses. — Auxonne (*Lorey*); pâtis de l'étang Morin à Saulieu! (*Lombard*); Vielverge!.

Le rhizome des *D. intermedia* et *rotundifolia* est très grêle, filiforme, et les pseudorrhizes sont sétacées. Celui du *D. rotundifolia* surtout est marqué de protubérances qui correspondent à autant de centres vitaux éteints, et d'où sont sorties les feuilles et les hampes des années précédentes. L'intervalle (article), qui sépare ces protubérances, mesure la progression annuelle du rhizome. — La souche de ces deux espèces est définie, bien que chez le *D. intermedia* elle offre des apparences contraires; mais l'absence de toute transition de grandeur entre les feuilles de la rosette florifère et les feuilles de la rosette de remplacement prouve bien que celle-ci est fille de la première.

Les poils des feuilles des *Drosera* sont des expansions foliacées et non de véritables poils. — Les feuilles ne sont pas irritables; mais comm e en vieillissant elles se contractent sur leur face supérieure le limbe finit par se refermer sur les insectes qui se sont pris aux viscosités. D'après M. Darwin, les feuilles des *Drosera*, *Pinguicula*, *Dionæa*, *Nepenthes*, etc. digèrent les insectes qu'elles capturent; une telle opinion se heurte aux plus vives contradictions.

La partition préside à l'inflorescence des *Drosera;* leur grappe est donc progressive et ne résulte pas de cymes unipares. Ici, comme en tant d'autres inflorescences, la partition se traduit et par l'enroulement scorpioïde de la jeune grappe, et par la disposition unilatérale des fleurs. — Assez fréquente chez le *D. rotundifolia*, la fasciation de la hampe centrale est si ordinaire chez le *D. intermedia*, qu'on doit hésiter à la regarder comme une tératologie. Elle s'accompagne de partition caulinaire, et l'axe, avant de se dédoubler en pédicelles successifs, commence par se scinder en deux branches florifères, ce qui constitue la variété *ramosa* des auteurs.

2. PARNASSIA *Tourn.*

1. **P. palustris** L.; Lorey, 116. — ♃. — Juin-août. — R. — Prairies et pelouses humides ou tourbeuses. — Arcelot, Saulieu! (*Lorey*); Recey!, Avot!, Vielverge!, Voudenay!, Rouvray!.

XVIII. PYROLACÉES (LINDL.).

1. PYROLA *Tourn.*

1. **P. rotundifolia** L.; Lorey, 586. — ♃. — Juin-juill. — A. R. — Bois couverts. — Baulme-la-Roche!, Marsannay-la-Côte, Couchey, abondant au Val-des-Choues! (*Lorey*); Flavignerot (*Lombard*); Marey-s-Tille (*Morelet*); Perrigny-lez-Dijon (*Maillard*); Tarsul (*Magdelaine*); St-Remy! Aignay!, Avot!.

Rhizome grêle, subligneux, blanchâtre, d'une odeur aromatique, à rejets souterrains nombreux et ne devenant pas libres; pseudorrhizes filiformes, brunes, finement rameuses, flexueuses, solitaires, insérées à l'aisselle des écailles des rejets. — Les rosettes folifères attendent plusieurs années avant de fleurir; elles s'éteignent complètement après, car les tiges florales ne sont pas accostées de bourgeons de remplacement. La floraison sera fournie au printemps suivant par les rosettes qui terminent les rejets des années précédentes. — Feuilles persistantes. — Plante d'une culture très difficile.

XIX. RÉSÉDACÉES (DC.).

1. RESEDA *L.*

Plante ♃; racine munie de bourgeons adventifs expectants. . . . . *R. lutea.*
Plante ⊙; point de bourgeons adventifs à la racine . . . . *R. luteola.*

Feuilles supérieures pinnatipartites; calice à 6 sépales . . . . *R. lutea.*
Feuilles toutes entières; calice à 4 sépales. . . . . *R. luteola.*

1. **R. lutea** L.; Lorey, 113. — ♃. — Juin-août. — C. — Coteaux sablonneux, cultures.

Le *R. lutea*, que beaucoup d'auteurs font annuel ou bisannuel, est éminemment vivace, et sa racine atteint une très grande longueur. Cette racine est cylindracée, simple ou très peu rameuse; elle a, comme celle du *R. luteola*, une odeur piquante qui rappelle l'odeur caractéristique des racines des *Crucifères*.

2. **R. luteola** L.; Lorey, 113. — ⊙. — Juin-août. — C. — Bords des chemins, lieux incultes.

XX. NYMPHÉACÉES (Salisb.).

1. NYMPHÆA *Sibth. et Sm.*

1. **N. alba** L.; Lorey, 33. — ♃. — Juin-août. — A. C.

— Etangs, rivières. — Lucenay à l'étang de Vadenay!, Larrey-lez-Poinçon!, Faverolles!, Is-s-Tille!, Fontaine-Française!, La Canche!, Arnay-le-Duc!, Vic-s-Thil!. — Aussi abondant que le *Nuphar luteum* dans le Val-de-Saône! et dans les étangs du Morvan!.

La fleur du *N. alba* est la plus belle du département: forme, ampleur, éclat, odeur et durée, elle réunit tous les mérites.

2. NUPHAR *Smith.*

1. **N. luteum** L.; Lorey, 33. — ♃. — Juin-sept. — C. — Rivières, étangs.

Dans le rhizome des *Nymphéacées*, les faisceaux vasculaires sont épars au sein d'un volumineux cylindre parenchymateux, et les faisceaux secondaires sont plus intérieurs que les primaires [1]. Aussi, la section transversale de ce rhizome a-t-elle des rapports avec une section de tige monocotylédonée. Puis, comme les formations secondaires n'apparaissent que fort tardivement chez les racines (adventives) du *Nuphar luteum*, et que les recherches pour les découvrir chez celles du *Nymphæa alba* ont été jusqu'à présent sans résultat bien net, c'est encore là un point de ressemblance avec les *Monocotylédonées*, où les formations secondaires font toujours défaut [2].

Les rhizomes des *N. luteum* et *N. alba* donnent d'excellents caractères distinctifs. Le *N. luteum* a un rhizome épigé, à coupe blanche, rapidement et longuement rameux, pouvant atteindre jusqu'à 14c de diamètre, d'une mortification peu appréciable, flasque par la dessiccation, à cicatrices pétiolaires elliptiques-oblongues et espacées. Celui du *N. alba* est hypogé, à coupe jaunâtre, lentement et brièvement rameux, d'une mortification très appréciable, ferme à la des-

1. J. Sachs, *Traité de Bot.*, trad. Van Tiéghem, 1873, p. 754.
2. Van Tiéghem, *Symétrie de struct. des pl. vascul.*, 1871, p. 271.

siccation, marqué de cicatrices pétiolaires orbiculaires, rapprochées-subimbriquées. Les ramifications du rhizome du *N. luteum* ne deviennent pas libres; celles du *N. alba* constituent des individus distincts, après avoir été mises en liberté par la destruction de la partie postérieure du rhizome. Assez souvent cependant, le bourgeon de ces ramifications s'éteint avant cette époque, et elles forment alors des protubérances inertes au pourtour du rhizome. C'est donc sans fondement que Lorey donne au *N. luteum* un rhizome semblable à celui du *N. alba*, quand au contraire la détermination des deux plantes est aussi facile et aussi sûre par le rhizome que par les organes aériens.

Les rosettes de feuilles du *N. luteum* sont tapissées à leur base intérieure d'un long et épais feutrage soyeux, blanchâtre, qui enveloppe les pétioles et pédoncules dans leur extrême jeunesse; mais le *N. alba* possède en outre, interposées aux feuilles, de larges et longues écailles membraneuses qui font défaut chez le *N. luteum*. — Une coupe transversale des pétioles et pédoncules du *N. luteum* offre un assez grand nombre de lacunes, disposées en canaux aérifères et presque égales entre elles. Chez le *N. alba*, au contraire, le centre de la coupe est occupé par quatre grandes lacunes, autour desquelles s'en trouvent d'autres de moins en moins grandes, mais toujours cependant moins petites et moins nombreuses que celles du *N. luteum*. Ces lacunes existent dès le plus tendre âge des pétioles et pédoncules, et sont d'abord tapissées de poils étalés qui disparaissent bientôt et qui ne sont que les résidus d'une résorption parenchymateuse très précoce. — Les pétioles et pédoncules du *N. alba* sont cylindriques; le pédoncule l'est seul chez le *N. luteum* dont les pétioles sont anguleux-subtétragones. — La naissance des feuilles au printemps et leur destruction à l'automne ont lieu, pour le *N. alba* un grand mois plus tard que pour le *N. luteum*; enfin la mortification des pétioles s'opère chez le *N. luteum* de haut en bas, et chez le *N. alba* de bas en haut.

Lors de l'apparition des feuilles des deux plantes à la surface de l'eau, le limbe est émergé-dressé et enroulé sur sa face supérieure, puis il devient nageant en se rabattant horizontalement et en étalant ses deux moitiés. Les pétioles s'allongent autant qu'il est nécessaire pour élever les limbes jusqu'à la surface; dans les eaux de 35-40^{c} de profondeur, ils s'étalent assez pour faire nager les feuilles; mais dans une eau encore moins profonde, les feuilles restent émergées malgré la brièveté et l'étalement des pétioles. — Les jeunes feuilles du *N. alba* sont d'abord rougeâtres aux deux faces, puis, peu à peu et de la circonférence au centre, une teinte verdâtre envahit la face supérieure; les feuilles du *N. luteum* n'ont de teinte rougeâtre qn'à la face supérieure, et encore cette teinte y est-elle très fugace. — La circonscription du limbe est elliptique pour le *N. luteum* et suborbiculaire pour le *N. alba*.

Outre les feuilles nageantes ou coriaces, le *N. luteum* possède encore des feuilles submergées, très minces, membraneuses-pellucides, plissées-ondulées, plus ou moins brièvement pétiolées. Ces feuilles pellucides ne sauraient nager, et habitent le fond de l'eau, alors même que dans les eaux peu profondes leur pétiole serait assez long pour leur permettre de monter à la surface. Si elles se trouvent à sec, elles se refusent à prendre plus de consistance et finissent par se dessécher. De leur côté, les feuilles coriaces ne deviennent pas membraneuses-pellucides, bien que quelque obstacle les ait retenues au fond des eaux. Dès le principe donc et en dehors de l'influence des milieux, les feuilles naissent ou pellucides ou coriaces, avec une nature et une destination différentes; et si les feuilles coriaces sont rares dans les eaux rapides ou même font défaut, c'est qu'un tel milieu s'oppose à leur évolution, mais on ne doit pas dire qu'elles se sont transformées en feuilles pellucides. La naissance des feuilles pellucides a lieu surtout en automne et en hiver; les feuilles coriaces n'apparaissent qu'au printemps. — Chez le *N. alba* les feuilles pellucides sont réduites à 1-3; elles se développent au printemps et se détruisent toutes en été, tandis qu'à cette époque le *N. luteum* en conserve encore un certain nombre; celles du *N. alba* sont, comme les nageantes, rougeâtres à la face inférieure, mais celles du *N. luteum* sont vertes aux deux faces.

Les pédoncules des *N. alba* et *N. luteum* ne sont pas axillaires, mais plus ou moins éloignés (parfois de 4-5c) de toute aisselle. Ils naissent par une partition de l'axe du rhizome, et la souche est donc indéfinie. — Les étamines du *N. alba* ne se réfractent pas, comme celles du *N. luteum*, mais elles restent dressées même après l'émission du pollen. — Les fleurs sont nageantes chez le *N. alba*, et émergées chez le *N. luteum*, même quand l'eau est très profonde. — Aussitôt après floraison le pédoncule du *N. alba* ramène sous l'eau le jeune fruit, qui finira par atteindre le fond, et qu'une courbure du sommet du pédoncule maintient dans une position verticale. Pour les fruits du *N. luteum*, ils sont d'abord nageants; puis ils gagneront le fond de l'eau, à l'époque de la maturité. — Les graines sont rouges chez le *N. alba* et jaunâtres chez le *N. luteum*.

XXI. PAPAVÉRACÉES (Juss.).

1. PAPAVER *L.*

1 Fleurs grandes; anthères brunes; capsules glabres. 2
Fleurs de grandeur médiocre; anthères bleues au moins avant la déhiscence; capsules plus ou moins hispides 3

2 Capsule obovoïde-suborbiculaire ou obovoïde-oblongue, ayant son plus grand diamètre vers le sommet . . . . *P. Rhœas.*

Capsule oblongue claviforme, ayant son plus grand diamètre vers le milieu. . . . . *P. dubium.*

3 Tiges plus ou moins étalées avant floraison, puis ascendantes; anthères d'un bleu pâle avant la déhiscence; capsule étroitement claviforme, à soies ordinairement peu abondantes. . . . . *P. Argemone.*

Tiges dressées à la floraison; anthères d'un bleu vif avant la déhiscence; capsule subglobuleuse à soies abondantes . . . . *P. hybridum.*

1. P. Rhœas L.; Lorey, 36. — ⊙ ou parfois ⊙. — Juin-sept. — C C C. — Moissons, cultures.

Extrême polymorphisme dans la forme et la grandeur des feuilles et des pétales. — Les poils des pédoncules sont ici étalés, là parfois apprimés. — Le disque de la capsule est ou plan, ou convexo-conique; puis, sur le même individu, les rayons des stigmates sont plus ou moins nombreux, et atteignent ou non les bords du disque, qui peut en outre être plus ou moins lobé, et à lobes se recouvrant ou non par les côtés. — Les *P. Rhœas* et *dubium* laissent échapper, à la moindre blessure, un latex blanc, parfois jaunâtre. Après quelques minutes d'exposition à l'air, le latex blanc devient jaune, puis il passe à un brun noir. Un latex diversement coloré se retrouve, du reste, chez les autres *Papavéracées.*

2. P. dubium L.; Lorey, 35. — ⊙ ou parfois ⊙. — Juin-sept. — C C. — Moissons, cultures.

Les pédoncules des *P. dubium* et *Rhœas*, d'abord droits en leur extrême jeunesse, sont courbés-réfractés en leur tiers supérieur avant l'anthèse, puis redeviennent droits et dressés à la floraison. — Les pétales de ces deux espèces sont tachés ou non de noir, et parfois les pétales d'une même corolle sont les uns maculés, les autres immaculés. — La capsule du *P. dubium* est de forme beaucoup moins variable que celle du *P. Rhœas*, et sur le sec elle est marquée de lignes jaunes longitudinales correspondant aux cloisons.

3. P. Argemone L.; Lorey, 35. — ⊙ ou très rarement ⊙. — Juin-août. — A. C. — Friches, moissons.

Ordinairement hispides en leur partie supérieure, les capsules sont parfois ou glabres ou hispides sur toute leur longueur.

1. P. hybridum L.; Lorey, 34. — ⊙. — Mai-juill. — RRR. — Rochers, coteaux incultes. — Vauchignon !

Bien que Lorey dise cette espèce commune, je n'ai pu la rencontrer qu'en une seule station. — Graines moins nombreuses que chez les autres *Papaver*. — Cultivé, le *P. hybridum* offre quelques corolles à 5 et même à 6 pétales.

2. CHELIDONIUM *L.*

1. C. majus L.; Lorey, 38. — ♃. — Avril-sept. — CCC. — Vieux murs, pierrailles.

La variété *laciniatum* (*C. quercifolium* Thuill.) a été signalée à Montbard (*Leclerc*).

† GLAUCIUM *Tourn.*

† **G. flavum** Crantz; Lorey, 37. — ♃ ou ⊙ — Juin-août. — R. — Bords des routes, décombres. — Molesme (*des Etangs*); Dijon (*Lorey, Méline*); Plombières! (*Laguesse*); Semur! (*Leclerc*).

La durée du *Chelidonium majus* et surtout du *Glaucium flavum* n'est que d'un petit nombre d'années. De précoces et profondes destructions partielles produisent des fénestrations dans leur racine, et même finissent par la partager en plusieurs sections. Ces destructions, communes chez les *Papavéracées* vivaces, vont se retrouver à un plus haut degré encore dans une famille voisine, les *Fumariacées*.

Le *Meconopsis Cambrica* Vig. a été récolté par M. Lombard dans la Nièvre, entre Gouloux et Nataloux, à quelques kilomètres seulement des limites de la Côte-d'Or.

XXII. FUMARIACÉES (DC.).

1. CORYDALIS *DC.*

Souche charnue-tubéreuse, se remplaçant chaque année; racine nulle; pseudorrhizes très grêles . . . . . . *C. solida*.

Point de souche charnue-tubéreuse; une racine; pseudorrhizes adjuvantes, assez robustes . . . . † *C. lutea.*

Tiges munies d'une ou deux écailles en leur partie inférieure; fleurs violet-purpurin, à éperon presque aussi long que le reste de la corolle. . . . . *C. solida.*

Tiges munies de feuilles en leur partie inférieure; fleurs jaunes; éperon court . . . . † *C. lutea.*

† **C. lutea** DC. — *C. capnoides* Pers.; Lorey, 40. — ♃. — Avril-oct. — R R R. — Murs des terrasses. — Montbard! (*Lorey*).

Très abondant à Montbard dans les murs du parc de Buffon et dans ceux du jardin de Daubenton. L'introduction du *C. lutea* est sans doute récente, et vraisemblablement due à l'un de ces deux illustres naturalistes, que Montbard se glorifie d'avoir vus naître. En effet, ce *Corydalis* ne figure pas dans la *Flore de Bourgogne* de Durande, publiée en 1782; et cependant l'auteur y mentionne plusieurs plantes des environs de Montbard. — Le *C. lutea* bourgeonne adventivement sur la partie basilaire de sa racine; c'est une espèce très méritante par la légèreté de son feuillage et l'abondance de ses fleurs qui se succèdent de mai à novembre. D'une naturalisation très facile, il lutte victorieusement contre le *Chelidonium majus* et autres plantes murales indigènes. D'après J. Gay, sa patrie serait au pied des Alpes dans la Haute-Italie.

1. C. solida Sm. — *C. bulbosa* DC; Lorey, 39. — ♃. — Avril-mai. — R. — Broussailles, lieux couverts. — Thoisy-la-Berchère, St-Martin-de-la-Mer (*Lombard*); Gevrey (*Maillard*); St-Remy!, Millery!.

Le *C. solida* germe avec un seul cotylédon, et avec un pivot très long et très grêle. Le bourgeon primaire, au lieu d'être placé au voisinage de l'insertion cotylédonaire, offre cette particularité d'être reporté bien au delà, jusque vers le tiers extrême du pivot. Ce bourgeon ne forme au début qu'un petit renflement oblong, représentant le premier tubercule, et devant être remplacé l'an suivant par un tubercule déjà plus gros et subglobuleux. Quant au pivot, il s'atrophie complétement 2-3 mois après la germination.

Le tubercule appartient au système descendant selon M. Germain de St-Pierre, [1] et au système ascendant d'après Michalet [2]. Je partage cette dernière opinion, mais avec cette réserve, que le tubercule me paraît formé par une hypertrophie cambiale du bourgeon, et non, comme l'enseigne Michalet, par l'épaississement de deux feuilles-écailles. Le tubercule offre, en effet, une masse continue, et rien, ni à la surface, ni à l'intérieur, soit à sa formation, soit à sa destruction, n'y décèle la soudure de deux feuilles accolées. — Le bourgeon de remplacement, ou futur tubercule, est solitaire le plus souvent, et il tire son origine de la base interne du tubercule mère. Il commence par être cylindracé, puis il se renfle peu à peu au sein du tubercule mère en résorption, qui lui sert tout à la fois d'enveloppe nourricière et protectrice.

2. FUMARIA *L.*

1 Sépales suborbiculaires, beaucoup plus larges que la base de la corolle . . . . *F. densiflora.*
Sépales non suborbiculaires, plus étroits ou à peine plus larges que la base de la corolle. 2
2 Sépales n'égalant pas le tiers de la longueur de la corolle. . . 3
Sépales égalant au moins le tiers de la longueur de la corolle. 4
3 Grappes sessiles ou subsessiles; sépales plus larges que le pédicelle; fleurs blanchâtres; fruit apiculé. . . . *F. parviflora.*
Grappes pédonculées; sépales plus étroits que le pédicelle; fleurs purpurines; fruit non apiculé. . . . . *F. Vaillantii.*
4 Sépales égalant environ moitié de la longueur de la corolle; fruit subglobuleux . . . . *F. capreolata.*
Sépales égalant environ le tiers de la longueur de la corolle; fruit ordinairement plus large que long, et tronqué-émarginé au sommet. . . . . *F. officinalis.*

1. **F. capreolata** L.; Lorey, 41. — ⊙ ou ⊙. — Mai-août. — R R. — Moissons, cultures, bords des chemins.

Var. α. *vulgaris.* — Fleurs blanchâtres; fruits lisses. — Aux onne

1. *Bull. de la Soc. Bot. de Fr.*, 1860, VII, p. 590-591.
2. *Ibid.*, 1859, VI, p. 775-784, et 1860, VII, p. 596-597.

Aiserey, Brazey (*Lorey*); le long des murs de l'ancien jardin botanique de Dijon! (*Méline*).

Var. β. *Bastardi* (*F. Bastardi* Bor.). — Fleurs purpurines; fruits ruguleux. — Cultures du Pâquis-de-Bray entre Dijon et Longvic! (*Méline*).

Lorey dit que sa plante a les pédicelles recourbés après floraison. Je n'ai vu de recourbés que quelques-uns des pédicelles stériles de la var. *vulgaris*; les fructifères sont étalés-dressés.

2. F. **officinalis** L.; Lorey, 41. — ⊙ ou ⊙. — Avril-oct. — CC. — Cultures, moissons, vignes.

La variété *scandens* (*F. capreolata* Thuill.; non L. — *F. media* Lois.) a les segments des feuilles oblongs-ovales et certains de ses pétioles tortiles au contact d'un support, à la façon de ceux du *Clematis Vitalba*. — R. — Fontaine-lez-Dijon!, Chassagne!, Semur!.

Une autre variété (*F. Wirtgeni* Koch) est caractérisée sur le frais par les sépales du F. *officinalis* et la capsule subglobuleuse à sommet arrondi du *F. Vaillantii*; mais sur le sec elle présente une légère dépression au sommet de sa capsule. — R. — St-Remy!, Rougemont!.

2. F. **Vaillantii** Lois. — ⊙ ou ⊙. — Mai-sept. — R. — Moissons, coteaux incultes. — St-Remy!, Lucenay!, Montigny-s-Aube!, Etalante!, Val-Suzon!, St-Romain!, Semur!, Epoisses!.

2. F. **parviflora** L.; Lorey, 42. — ⊙ ou ⊙. — Mai-sept. — R. — Moissons, cultures. — Montbard, Vanvey (*Lorey*); St-Remy!, Rougemont!, Etrochey!, Châtillon!.

3. F. **densiflora** DC. — ⊙ ou ⊙. — Mai-sept. — RR. — Cultures, bords des chemins. — Pâquis-de-Bray entre Dijon et Longvic!, talus des chemins de la plaine de Pouilly près Dijon! (*Méline*); Longecourt (*Laguesse*).

Les *Fumariacées* sont souvent atteintes de destructions partielles en leurs organes souterrains (*Corydalis solida*, *C. lutea*, *Fumaria officinalis*, etc.); et l'examen de plusieurs espèces soit étrangères au département comme le *C. cava*, soit même exotiques comme le *Dielytra spectabilis*, ne servirait qu'à confirmer cette observation. — La racine des *F. officinalis* et *capreolata* est marquée d'abord de deux sillons opposés, qui sont bientôt le siége de destructions profondes. Ces destructions se traduisent par des fénestrations et enfin par une longue et étroite lacune longitudinale, qui partage la racine en deux moitiés sur une certaine étendue. Chez les *F. densiflora* et *parviflora* la racine est marquée seulement de deux dépressions longitudinales opposées, tandis qu'elle reste arrondie chez le *F. Vaillantii*.

L'anatomie décèle les causes de ces diversités de forme dans la racine des *Fumaria*. Une coupe transversale d'une racine encore très jeune de *F. officinalis* montre que les faisceaux vasculaires secondaires s'avancent du centre à la circonférence, sous la figure de deux cônes opposés pointe à pointe en sablier, et croisant les faisceaux primaires. Comme la racine ne prend plus d'accroissement qu'en face de ces cônes, elle ne tarde pas à y faire saillie, ce qui produit l'apparence d'un sillon creusé sur les faces intermédiaires, c. à. d. sur l'espace parenchymateux correspondant aux faisceaux primaires et interposé aux secondaires. Les exfoliations incessantes et irrégulières, qui atteignent bientôt cette région parenchymateuse, y causent, surtout chez les sujets bisannuels, des dépressions de plus en plus profondes, puis enfin les lacunes caractéristiques. Chez les *F. densiflora* et *parviflora*, il y a seulement arrêt de développement, mais non pas destruction dans les zônes parenchymateuses, qui d'ailleurs sont moins larges que chez le *F. officinalis*; d'où il suit que la racine présentera deux sillons réguliers. Enfin celle du *F. Vaillantii* demeure cylindrique, et échappe à l'inégalité d'accroissement ainsi qu'aux destructions partielles, attendu que les faisceaux vasculaires secondaires y sont répartis en plus grand nombre sur la circonférence.

L'inflorescence des *Fumaria* consiste en grappes terminales simples et progressives. Après l'émission de la première grappe, la végétation est reprise par un rameau né à l'aisselle de la feuille florale, et au second nœud de ce rameau surgira une nouvelle grappe, avec émission d'un nouveau rameau de prolongement. La tige est donc formée d'une série d'axes sympodiques et florifères à tous les seconds nœuds, et les grappes paraissent latérales, quoique terminales en réalité. Il en est de même du *Corydalis lutea*; mais chez le *C. solida*, la grappe est unique et n'est pas accostée d'un rameau destiné à prolonger sympodiquement la tige. — A la maturité, ou par la dessiccation avant maturité, le sommet du fruit des *Fumaria* se creuse de deux fossettes, prononcées surtout chez le *F. officinalis*.

XXIII. CRUCIFÈRES (Juss.).

SOUS-FAMILLE I. — SILIQUEUSES.

† CHEIRANTHUS *L.*

† **C. Cheiri** L.; Lorey, 45. — ⊙. — Avril-juin. — R. — Vieux murs. — Dijon (*Lorey*); ruines des châteaux de Montfort!, Mâlain! St-Romain!, et Semur!.

Est assez souvent pérennant, mais la seconde floraison est beaucoup moins belle que la première.

1. BARBAREA *R. Br.*

Feuilles à saveur herbacée; les caulinaires inférieures dentées; siliques longues de 2-3c . . . . *B. vulgaris.*
Feuilles à saveur de cresson; les caulinaires toutes pinnatipartites; siliques longues de 4-5c . . . . *B. patula.*

1. B. vulgaris R. Br.; Lorey, 49. — ♃. — Avril-juin. — Lieux humides, haies, taillis, bords des chemins.

Var. *α. vulgaris.* — C. — Feuilles supérieures dentées; siliques étalées-dressées.

Var. *β. stricta* (*B. stricta* Bor. — *B. parviflora* Fries). — A. R. — Nolay (*Gillot*); Toutry!, Vieux-Château!, Epoisses où il est plus commun que le type!. — Fleurs petites, siliques dressées.

Var. *γ. arcuata* (*B. arcuata* Rchb.). — R R. — Fossés du château de Montigny-s-Aube! — Siliques grêles, allongées, arquées, étalées-divariquées.

Var. *δ. intermedia* (*B. intermedia* Bor.). — RR. — Liernais!. — Feuilles supérieures pinnatilobées; grappes munies de quelques bractées.

De nombreux intermédiaires relient toutes ces variétés.

2. B. patula Fries. — *B. præcox* R. Br. — ♃. — Mai-juill. — R R. — Coteaux incultes, bords des chemins. — Dijon (*Méline*!); Liernais!, Menessaire!.

M'a paru spontané; Lorey (p. 49) n'en fait qu'une plante potagère.

2. ARABIS *L.*

1 Plante ordinairement ⊙ ou (••); feuilles radicales lyrées-pinnatipartites, les caulinaires non embrassantes . . *A. arenosa.*

Plantes ordinairement pérennantes-vivaces; feuilles radicales entières, les caulinaires embrassantes 2

2 Plante entièrement glabre; siliques comprimées-subtétragones. . . . . *A. brassicæformis.*

Plantes plus ou moins velues; siliques comprimées 3

3 Feuilles à petites oreillettes; siliques droites, plus ou moins dressées. . . . . *A. sagittata.*

Feuilles à grandes oreillettes; siliques très allongées, comprimées-planes, arquées, étalées. . . . . *A. Turrita.*

1. A. brassicæformis Wallr. — *Erysimum Alpinum* Baumg.; Lorey, 97. — ♃. — Mai-juin. — R. — Rochers des bois. — Couchey, Gevrey (*Lorey*); combes boisées de

Dijon à Beaune (*Duret*); Boudreville!, Courtivron!, Mont-Afrique!.

2. **A. sagittata** DC.; Lorey, 51. — Pérennant-vivace. — Mai-juill. — C. — Bois, coteaux incultes.

Plus ou moins velu, et encore parfois glabrescent; feuilles dentées ou entières, les moyennes et supérieures sessiles, à base tronquée-émarginée, et le plus souvent auriculée, à oreillettes apprimées ou étalées, parallèles ou divergentes.

3. **A Turrita** L.; Lorey, 53. — Pérennant-vivace. — Mai-juin. — R. — Rochers. — Marsannay-la-Côte, Couchey, Gevrey (*Lorey*); Mont-Afrique!, Nuits!.

4. **A. arenosa** Scop.; Lorey, 52. — ⊙, ⊙ ou parfois pérennant. — Avril-sept. — C. — Lieux sablonneux, taillis, pierrailles, coteaux incultes.

Dans les fentes des rochers, en plein midi, à Baulme-la-Roche!, Gevrey!, Santenay!, cette espèce devient pérennante et forme des rosettes à feuilles épaisses et velues-tomenteuses.

3. DENTARIA *Tourn.*

1. **D. pinnata** Lmk; Lorey, 56. — ♃. — Avril-mai. — A. C. — Bois ombragés. — Flavignerot, Marsannay-la-Côte, Gevrey (*Lorey*); Tarsul (*Magdelaine*); St-Remy!, Fontenay!, Asnières-en-Montagne!, Flavigny!, Trouhaut!, Val-Suzon!, Lusigny!, Savigny-s-Beaune!, Nolay!.

Rhizome horizontal, longuement rameux, blanc, charnu, écailleux par les bases accrescentes et saillantes de feuilles avortées-rudimentaires, relevé de protubérances par ses bourgeons expectants-boudeurs.

4. CARDAMINE *L.*

1 Une racine; plantes ⊙. 2

Un rhizome brièvement rameux, écailleux par les bases pétiolaires accrescentes 3

2 Plante plus ou moins cespiteuse; nombreuses pseudorrhizes adjuvantes à la souche . . . . *C. sylvatica.*

Plante non cespiteuse; peu ou point de pseudorrhizes adjuvantes à la souche. . . . . *C. impatiens.*

3 Segments des feuilles caulinaires et radicales bourgeonnant adventivement, et radicants par la base après leur chute sur le sol. . . . . *C. deciduifolia.*

Feuilles radicales seules bourgeonnant adventivement, et radicantes bien avant leur chute sur le sol . . . . *C. pratensis.*

1 Corolle égalant ou dépassant à peine le calice 2

Corolle 2-3 fois plus grande que le calice. 3

2 Pétioles auriculés . . . . *C. impatiens.*

Pétioles non auriculés. . . . . *C. sylvatica.*

3 Feuilles à saveur herbacée, les radicales persistant 2-3 ans, les caulinaires ne périssant qu'à la fructification; celles-ci à segments sessiles, atténués à la base, décurrents sur le rachis. . . . . *C. pratensis.*

Feuilles à saveur de cresson, toutes à segments caduques avant floraison; les caulinaires à segments pétiolulés, non décurrents sur le rachis . . . . *C. deciduifolia.*

1. C. impatiens L.; Lorey, 55. — ⊙. — Mai-juill. — A. R. — Bois humides, pied des rochers ombragés. — Ste-Foix, Flavignerot, Cîteaux (*Lorey*); Gevrey (*Maillard*); Balot!, Val-des-Choues!, Courtivron!, Val-Suzon!, Nolay!, Montberthault!.

2. C. sylvatica Link. — *C. hirsuta* Lorey, 54; non L. — ⊙ ou parfois pérennant. — Avril-juin. — Bois humides. — Bois du Pays-Bas (*Lorey*); Longchamp (*Wéber*); Cîteaux!.

Le *C. hirsuta* L. se reproduit depuis plusieurs années dans les allées et plates-bandes du jardin botanique de Dijon!. — Les *C. hirsuta* L. et *sylvatica* Link sont réunis par quelques auteurs en une seule espèce; mais le *C. sylvatica*, avec sa souche cespiteuse, parfois pérennante, ses nombreuses pseudorrhizes adjuvantes, sa tige centrale rameuse, ses feuilles caulinaires plus grandes que les radicales, ses siliques ascendantes-redressées sur le pédicelle, est spécifiquement distinct du *C. hirsuta* qui a la souche ni cespiteuse, ni radicante ou pérennante, la tige centrale simple et aphylle, les feuilles caulinaires plus petites que les radicales et les siliques dans l'axe des pédicelles.

Lorey (p. 55) a observé une fois, et sans doute adventivement, le *C. parviflora* L. dans un jardin d'Auxonne.

3. C. pratensis L.; Lorey, 54. — ♃. — Avril-mai.

Var. *α. pratensis.* — Feuilles caulinaires à segments latéraux linéaires entiers. — CC. — Prés, bois humides.

Var. *β. dentata* (*C. dentata* Schultz). — Feuilles caulinaires moyennes à segments latéraux oblongs, dentés, les supérieures à segments oblongs-linéaires. — A. C. — Bois humides.

Le rachis des feuilles radicales est muni, surtout à l'insertion des segments supérieurs, de très petits bourgeons adventifs, expectants-ponctiformes. Dans les stations humides et ombragées, ces bourgeons émettent vers leur base des pseudorrhizes aériennes, puis développent une rosette de petites feuilles, simples pour la plupart, du sein de laquelle, à la seconde année, s'élève parfois une très grêle tige florifère. Ce sont donc là des plantes en miniature, végétant sur une feuille nourrice. Quand celle-ci meurt et se détruit à sa 2e ou 3e année, les rosettes qu'elle portait s'implantent dans le sol et constituent autant d'individus distincts. Outre les bourgeons situés sur le rachis des feuilles radicales, il en existe encore en la partie basilaire du limbe des segments de ces feuilles; mais ces derniers bourgeons sont encore plus rudimentaires et restent presque toujours boudeurs, à moins qu'on ne jette les feuilles à l'eau, auquel cas ils développent leurs pseudorrhizes et leurs petites rosettes presque aussi rapidement que le font les bourgeons du rachis lui-même.

Dans les marécages le *C. pratensis* n'est plus qu'imparfaitement cespiteux; les mérithalles du rhizome peuvent alors être très appréciables, et longs de 6-10m.

Un *C. pratensis*, trouvé dans les prés de St-Euphrône par M. Collenot, a des fleurs prolifères ainsi constituées : 4 sépales; 10-14 pétales, au centre desquels est un second bouton floral, formé exclusivement d'assez nombreux pétales, qui eux-mêmes entourent le plus souvent un 3e bouton. Le 2e bouton floral finit par être surhaussé par un pédicule de 6-12m, surtout dans la partie inférieure de la grappe. La durée de ces fleurs prolifères est très longue, puisqu'il y a épanouissement successif de 2-3 corolles distinctes. Comme la corolle inférieure est tombée, quand se développent les corolles supérieures, le petit bourrelet, qui se trouve à l'insertion de cette corolle, pourrait tout d'abord être pris pour une articulation du pédoncule.

4. **C. deciduifolia.** — ♃. — Avril-mai. — RRR. — Lieux humides. — A Pontailler dans un fossé s'asséchant !.

Voici, outre ceux des clefs, les principaux caractères de ce remarquable *Cardamine* : feuilles ondulées, les radicales obliquement dressées ; tiges robustes ; pétioles insensiblement atténués de la base au sommet, au lieu d'avoir, comme chez le *C. pratensis*, une largeur uniforme sur presque toute leur longueur ; feuilles radicales et les caulinaires inférieures et moyennes à segments suborbiculaires presque entiers ; segments des feuilles caulinaires supérieures oblongs, lâchement dentés-lobulés ; fleurs blanchâtres, grandes ; étamines obscurément tétradynames par raccourcissement des grandes ; anthères plus ou moins atrophiées ; style beaucoup plus long que les étamines ; siliques avortées ou au moins à graines stériles. — A la floraison, le *C. deciduifolia* est d'un facies particulier avec ses pétioles caulinaires devenus aphylles par la chute précoce des segments ; quant aux feuilles radicales, beaucoup de leurs segments sont même tombés dès l'automne. Cette plante ne possède pas de bourgeons adventifs sur le rachis ; elle n'en a qu'à la partie basilaire du limbe des segments ; mais elle en offre aussi bien sur les feuilles caulinaires que sur les radicales. Le *C. pratensis*, au contraire, n'a pas de bourgeons sur ses feuilles caulinaires ou n'en a que très exceptionnellement ; mais ses feuilles radicales en sont pourvues non seulement sur la partie basilaire du limbe des segments, mais encore et surtout sur le rachis lui-même, à l'insertion des segments. — Après la chute sur le sol des segments foliaires du *C. deciduifolia*, leurs bourgeons sont promptement radicants et rossulifères, et la plante se trouve bientôt entourée, malgré sa stérilité, d'une très nombreuse progéniture due à cette singulière fissiparité. — Le *C. deciduifolia* a une végétation plus précoce que celle du *C. pratensis;* souvent même sa tige commence, dès l'automne, à émerger de la rosette radicale, bien que la floraison doive être un peu postérieure à celle du *C. pratensis.* — Après floraison, le *C. deciduifolia* émet des bourgeons axillaires caulinaires, qui, lors de la destruction de la tige, s'enracinent au contact du sol; souvent même un bourgeon termine le sommet de l'inflorescence. La présence de bourgeons axillaires caulinaires est très rare chez le *C. pratensis.*

Le *C. amara* L. est indiqué par Lorey (p. 53) dans les bois marécageux de Laroche-en-Brenil et de Saulieu.

5. NASTURTIUM *R. Br.*

1 Plantes ⊙ ou ⊙̈. 2
  Plantes ♃. 3
2 Plante ⊙, non cespiteuse. . . . . *N. palustre.*
  Plante ⊙̈ ou même parfois pérennante, cespiteuse avec pseudorrhizes adjuvantes . . . . *N. asperum.*
3 Racine nulle; rhizome épigé, très rameux, formé par les tiges couchées-radicantes; pseudorrhizes toutes capillaires-sétacées. . . . . *N. officinale.*
  Une racine, ou un rhizome hypogé ; pseudorrhizes la plupart robustes ou au moins filiformes-cylindracées 4
4 Racine et pseudorrhizes très robustes, à bourgeons adventifs rares; tiges étalées-ascendantes, radicantes. *N. amphibium.*
  Racine et pseudorrhizes assez grêles, à bourgeons adventifs très nombreux; tiges peu ou point radicantes. . . *N. sylvestre.*

1 Siliques rudes-tuberculeuses, à pédicelles épaissis, et n'égalant pas en longueur le quart de la silique. . . . . *N. asperum.*
  Siliques lisses, à pédicelles grêles, plus longs que la silique ou en égalant au moins la moitié. 2
2 Fleurs blanches : . . . . *N. officinale.*
  Fleurs jaunes. 3

3 Calice égalant la corolle. . . . . *N. palustre.*
Calice plus court que la corolle 4
4 Tiges robustes; siliques 3-4 fois plus courtes que les pédicelles. . . . . *N. amphibium.*
Tiges assez grêles; siliques égalant au moins moitié des pédicelles . . . . *N. sylvestre.*

1. N. asperum Coss. — *Sisymbrium asperum* L.; Lorey, 76. — ⊙ ou parfois pérennant. — R. — Champs humides. — Pays-Bas (*Lorey*); Arcelot, Nuits (G.G.); Liernais, champs de la Guette à Saulieu (*Lombard*); Montigny-s-Aube!, Orgeux!, Magny-s-Tille!, Gevrey au marécage de Château-Renard!.

2. N. palustre DC.; Lorey, 47. — ⊙. — Juill.-sept. — A. R. — Champs marécageux, attérissements. — Fontenay!, Lucenay!, Cîteaux!, St-Jean-de-Losne!, Seurre!, Saulieu!.

Duret *(Op. manusc.)* indique le *N. Pyrenaicum* R. Br. entre La Canche et Bessey-la-Cour. MM. Grenier et Godron *(Fl. de Fr.)* l'attribuent aussi à la Côte-d'Or, mais sans indication de localité. Cette espèce existe en un département limitrophe, Saône-et-Loire *(Carion, Gillot).*

3. N. amphibium R. Br.; Lorey, 48. — ♃. — Mai-juill. — C. — Bords des eaux, attérissements.

Extrême polymorphisme des feuilles, qui sont tantôt toutes entières, tantôt toutes, ou les radicales seulement, pinnatipartites-lyrées. — Plante glabre en ses parties submergées, velue pour le reste.

Je possède une variété beaucoup moins robuste en toutes ses parties, même quand elle est cultivée au bord des eaux, et qui pourrait être suspectée d'hybridité avec le *N. sylvestre*, à cause de ses siliques stériles et atrophiées. Les tiges sont dressées-ascendantes, et peu ou point fistuleuses.

En automne, les tiges du *N. amphibium* offrent fréquemment des bourgeons développés en très courts rameaux épaissis-charnus. Ces bourgeons restent vivants après la mort et la chute des tiges, s'enracinent dès l'automne ou au printemps, et sont ainsi de véritables organes de multiplication.

4. N. sylvestre R. Br.; Lorey, 47. — ♃. — Mai-sept. — C. — Sables des rivières, atterrissements, lieux humides.

Dans la variété *anceps* (*N. anceps* Rchb.), les siliques n'égalent que la moitié de la longueur du pédicelle. — A. R. — Buffon!, Fleurey!, Premières!, Laroche-en-Brenil!, Moutiers-St-Jean!. — La variété extrême dans le sens opposé (siliques plus longues que le pédicelle) est le *N. rivulare* Rchb. — R R. — Bords de l'Ouche à Dijon! (*Lombard*).

5. N. officinale R. Br.; Lorey, 46. — ♃. — Avril-sept. — C. — Fossés, ruisseaux, sols humides et ombragés.

Flottant, le *N. officinale* rompt toutes ses attaches avec la terre, et ses pseudorrhizes tirent exclusivement leur nourriture de l'eau. — Devient extrêmement robuste dans la Laignes: les tiges atteignent jusqu'à 3ᵉ de diamètre, les feuilles supérieures et émergées sont pinnatiséquées, et les segments tous oblongs-lancéolés, atténués à la base, sinués et rappelant ceux du *Sium angustifolium*. Mais ce n'est pas même une variété (var. *siifolium* Coss.), car les rameaux de ces mêmes tiges ont leurs rosettes nageantes avec feuilles du type, c. à. d. tantôt simples, tantôt munies d'1-3 paires de petits segments latéraux oblongs-obovales.

6. TURRITIS *Dill.*

1. T. glabra L.; Lorey, 50. — ⊙. — Mai-juill. — R. — Coteaux boisés. — Laroche-en-Brenil (*Gillot*); Val-Suzon!, Nolay!.

7. SISYMBRIUM *L.*

1 Feuilles crénelées ou dentées; fleurs blanches 2
  Feuilles profondément découpées ou plus ou moins hastées; fleurs jaunes 3
2 Feuilles amples, réniformes ou ovales-cordées, d'une odeur

alliacée par le froissement; siliques 6-8 fois plus longues que les pédicelles . . . . S. *Alliaria*.
Feuilles petites, obovales-oblongues, sans odeur alliacée; siliques à peine plus longues que les pédicelles. *S. Thalianum*.
3 Feuilles bi-tripinnatiséquées. . . . . S. *Sophia*.
Feuilles pinnatipartites ou hastées. 4
4 Siliques dressées-apprimées, velues. . . . . S. *officinale*.
Siliques étalées-ascendantes, glabres . . . . S. *Irio*.

1. S. Alliaria Scop. — *Alliaria officinalis* DC.; Lorey, 77. — ⊙ ou ⊙. — Avril-juin. — C C. — Haies, taillis, berges des rivières, rochers.

Germe en automne ou au printemps. — L'axe hypocotylé est bien distinct du pivot par un moindre diamètre; comme en outre il est assez long, il se courbe souvent sous le poids de la rosette mère qui est volumineuse et accostée de rosettes latérales. — La racine est quelquefois munie de bourgeons adventifs expectants; et, cas bien remarquable pour une plante ⊙, il peut arriver au S. *Alliaria* de se survivre par le développement de quelques-uns de ces bourgeons adventifs. La radicelle sur laquelle est insérée un bourgeon lui tient lieu de racine, et il n'y a pas émission de pseudorrhizes.

2. S. Thalianum J. Gay. — *Arabis Thaliana* L.; Lorey, 51. — ⊙ ou ⊙. — Mai-juill. — A. C. — Vignes, cultures argileuses. — St-Remy!, Auxonne!, Rouvray!, Montberthault!, Bard!, Semur!, etc.

3. S. officinale L.; Lorey, 75. — ⊙. — Mai-août. — C. — Chemins, décombres, rues des villages.

4. S. Sophia L.; Lorey, 76. — ⊙ ou ⊙. — Mai-sept. — A. R. — Vieux murs, décombres, sables, chemins. — Moloy!, Premières!, Auxonne!, Santenay!, Nolay!, Saulieu!, Semur!, Moutiers-St-Jean!.

5. S. Irio L.; Lorey, 75. — ⊙ ou ⊙. — Mai-sept. — R R. — Rues, décombres. — Arnay, Saulieu (*Lorey*); Dijon au pied du rempart de la porte Neuve! (*Méline*).

8. BRAYA *Sternb. et Hoppe.*

1. **B. supina** Koch. — *Sisymbrium supinum* L.; Lorey, 77. — ⊙. — Juin-août. — RR. — Sables des rivières, lieux humides. — Is-s-Tille, Thil-Châtel (*Lorey*); étangs de Citeaux (*Weber!*); Arcelot, Limpré, Magny-s-Tille (*Bonnet!*); Marcilly-s-Tille!.

9. ERYSIMUM *L.*

1 Plante glauque et glabre; feuilles embrassantes; fleurs blanc-jaunâtre. . . . . *E. orientale.*
Plante verte et pubescente; feuilles non embrassantes; fleurs jaunes. 2
2 Fleurs petites; siliques vertes, redressées sur les pédicelles; ceux-ci une fois plus courts que les siliques. . . . . *E. cheiranthoides.*
Fleurs grandes; siliques vert-grisâtre, non redressées sur les pédicelles; ceux-ci 4-6 fois plus courts que les siliques. . . . . *E. cheiriflorum.*

1. **E. cheiranthoides** L.; Lorey, 78. — ⊙ ou ⊙. — Mai-sept. — A. C. — Cultures, décombres, lieux couverts, attérissements. — St-Remy!, Lucenay!, Velars!, Pontailler!, etc.

2. **E. cheiriflorum** Wallr. — *E. lanceolatum* Lorey, 79; non DC. — ⊙. — Mai-août. — A. C. — Coteaux incultes, bords des chemins, carrières. — Mont-St-Jean, Liernais (*Lombard*); St-Remy!, Arrans!, Lucenay!, Verdonnet!, Laignes!, Veuxhaules!, Baigneux!, Flavigny!, Aignay!, vallon du Suzon!, Gevrey!, Antheuil!, Bouilland!, etc.

Suivant les individus, les fleurs sont inodores ou odorantes. L'odeur est surtout appréciable dans la soirée, parce que c'est le moment d'épanouissement de nouvelles fleurs. — Un sujet à pétales bilobés ne m'a presque donné par semis que des plantes à pétales entiers. — Le stigmate est entier dans sa jeunesse, puis un sillon s'y creuse qui le rend bilobé; ce caractère est du reste assez variable, ainsi que la direction des pédicelles et par conséquent des siliques. — J'ai rencontré des individus remarquables par la longueur des grappes, qui atteignaient jusqu'à 70c, et dont la floraison se prolongeait jusqu'en novembre. Les siliques étaient dressées-apprimées, et ne contenaient chacune qu'1-2 graines, ou même étaient complétement stériles, ce qui permettait à ces plantes d'employer toute leur vigueur à l'allongement de la grappe et à la multiplication des fleurs.

3. E. orientale R. Br. — *E. perfoliatum* Crantz; Lorey, 80. — ⨀ ou ⊙. — A. C. — Moissons argileuses. — St-Remy!, Gevrolles!, Bard!, etc.

L'*Hesperis matronalis* L. a été observé à la fontaine de Jouvence et près de Vantoux (*Wéber*), mais sans doute à la suite de quelque importation. Cette espèce est spontanée (*Michalet)* dans les montagnes du département du Jura.

10. DIPLOTAXIS *DC.*

1 Plante vivace aux lieux arides, bisannuelle ailleurs; tige centrale très feuillée; siliques à peu près de la longueur des pédicelles. . . . . † *D. tenuifolia.*
Plantes ⊙ ou ⨀; tige centrale aphylle ou presque aphylle; siliques beaucoup plus longues que les pédicelles. 2
2 Calice plus ou moins hispide; pétales une fois plus longs que le calice, à limbe obovale-suborbiculaire. . . . *D. muralis.*
Calice glabre; pétales dépassant peu le calice, à limbe oblong-linéaire. . . . . *D. viminea.*

† **D. tenuifolia** DC.; Lorey, 97. — ♃ ou ⨀. — Mai-sept. — R R. — Sables, décombres, chemins de fer. — Velars (*Wéber*); Dijon ! (*Méline*); gares de Pontailler ! et de Beaune !.

1. D. muralis DC. — ⊙ ou ⨀. — Mai-sept. — A. R. — Vignes, lieux incultes, chemins de fer. — Dijon, Longecourt (*Meline !*); voie du chemin de fer à Darcey ! et à St-Julien !, Nuits!, Meursault!, Santenay!.

2. D. viminea DC.; Lorey, 97. — ⊙ ou ⊙. — Mai-août. — R. — Vignes, sables, chemins. — Talant, Is-s-Tille! (*Lorey*); Dijon aux vignes de Montmuzard! (*Méline*); Auxey (*Bonnet*); Ebaty!.

11. ERUCASTRUM *Presl.*

1. E. Pollichii Schimp. et Spenn. — *Brassica Erucastrum* DC., Fl. Fr., n° 4122; Lorey, 94, pro parte; non L., Sp., 932. — ⊙. — Mai-juill. — R. — Sables, décombres, cultures. — Pouilly-s-Saône (*Berthiot!*); Nuits, Beaune (*Bonnet*); Dijon, Longecourt (*Méline!*); St-Jean-de-Losne!.

M. Méline a récolté à Dijon l'*E. obtusangulum* Rchb. dans les talus du chemin de fer de Langres, et l'*Eruca sativa* Lmk dans les cultures; mais ces plantes étaient vraisemblablement adventives.

† HIRSCHFELDIA *Mœnch.*

† **H. adpressa** Mœnch. — ⊙. — Juin-août. — RR. — Sables, décombres. — Dijon dans les talus du chemin de fer Langres!, aux bords de l'Ouche! et au rond point du Parc! (*Méline*).

† BRASSICA *L.*

† **B. nigra** Koch. — *Sinapis nigra* L.; Lorey, 94. — ⊙. — Juin-août. — A.R. — Taillis, berges des rivières. — St-Remy!, Arrans!, Pontailler!, Auxonne!, Seurre!, etc.

12. SINAPIS *L.*

Plante pérennante ou bisannuelle; feuilles toutes pinnatipartites; valves des siliques 5-6 fois plus longues que le bec; graines alvéolées . . . . *S. Cheiranthus.*

Plante ⊙ ou ⊙; feuilles supérieures sinuées-dentées; valves des siliques à peine plus longues que le bec; graines lisses. . . . . *S. arvensis.*

1. S. Cheiranthus Koch. — *Brassica Erucastrum* Lorey,

94, pro parte ; non L., Sp., 932, nec DC., Fl. Fr., n° 4122. — Pérennant ou ⊙. — Mai-août. — A. C. — Moissons, coteaux incultes et rochers des sols granitiques. — Semur! (*Lorey*); Voudenay!, Menessaire!, Liernais!, Saulieu!, Laroche-en-Brenil!, Rouvray!, Montberthault!.

Lorey a confondu deux espèces dans son *Brassica Erucastrum ;* sa plante est en effet l'*Erucastrum Pollichii* Schimp. et Spenn. par l'ensemble de la diagnose, mais elle est bien le *Sinapis Cheiranthus* Koch par l'habitat et la fréquence, puis qu'il la dit très commune dans les terrains granitiques.

2. S. arvensis L.; Lorey, 95. — ⊙ ou ⊙. — Mai-oct. — CCC. — Moissons, cultures.

La variété *Schkuriana* (*S. Schkuriana* Rchb.) a les feuilles amples, les tiges élevées, les siliques grêles et fortement toruleuses même avant maturité et en dehors de toute dessiccation, malgré l'avis contraire de M. Grenier [1]. — A. R. — St-Remy! ; vignes de Meursault!, avec siliques velues ou glabres, ce qui s'observe aussi pour le type.

Le *S. alba* L. (Lorey, 96) croît çà et là à proximité des champs où il a été cultivé.

SOUS-FAMILLE II. — SILICULEUSES.

13. RAPHANUS *L.*

1. R. Raphanistrum L. ; Lorey, 101. — ⊙ ou ⊙. — Mai-sept. — C. — Moissons et cultures des sols argileux ou siliceux.

On rencontre dans les mêmes champs des individus les uns à fleurs jaunes, les autres à fleurs violettes ou blanches. L'âge des corolles, pas plus que le sol, n'influe sur ces diversités de teintes. Bien plus, des graines récoltées sur des sujets à fleurs blanches donnent un certain nombre de plantes à fleurs jaunes. Enfin les

1. *Fl. Jurass.*, p. 42.

siliques mûres, quoique le plus souvent moliniformes, peuvent être parfois cylindracées.

Quelque temps après la germination, l'axe hypocotylé est muni de deux petites languettes membraneuses, formées de l'écorce primaire qui s'est fendue et soulevée longitudinalement de bas en haut. Ces languettes, très appréciables surtout chez le *Radis* (*Raphanus sativus* L.), ont été parfois prises à tort pour une coléorrhize.

14. ALYSSUM *L.*

Plante ♃ ; calice caduc ; pétales jaunes, une fois plus longs que le calice. *A. montanum.*

Plante ⊙ ; calice accrescent, persistant ; pétales blanc-jaunâtre, à peine plus longs que le calice. . . . . *A. calycinum.*

1. A. montanum L. ; Lorey, 59. — ♃. — Mai-juill. — R. — Pelouses, rochers. — Gouville, Marsannay-la-Côte, Gevrey! (*Lorey*); Nuits!.

2. A. calycinum L.; Lorey, 60. — ⊙. — Avril-juin. — C. — Friches, chemins, vieux murs.

L'*A. incanum* L. se reproduit depuis un très grand nombre d'années sur les terrasses du château d'Epoisses (abbé *Perrey*), et il s'est montré en 1879 et 1880 à Dijon, sur les levées du canal, près la petite gare! (*Méline*). Durande (*Fl. de Bourg.*, p. 60) l'indique dans les terrains sablonneux et sur les bords des rivières aux environs de Semur.

15. LUNARIA *L.*

1. L. rediviva L.; Lorey, 57. — ♃. — Mai-juill. — RR. — Bois montagneux. — Savigny-s-Beaune en la combe de Vauteloy, et combe d'Arcey près de Pont-de-Pany (*Lorey*); Bouilland (*Bonnet*); Savigny-s-Beaune (*Méline*); Sombernon!.

Le *Vesicaria utriculata* Lmk, que Lorey (p. 50) place aux Bordes près Montbard, n'y a pas été retrouvé.

16. DRABA *L.*

1 Plante ♃; feuilles ciliées aux bords; fleurs jaunes . . . . *D. aizoides.*
Plantes ⊙; feuilles non ciliées aux bords; fleurs blanches. 2
2 Des feuilles caulinaires; pétales entiers . . . . . *D. muralis.*
Point de feuilles caulinaires; pétales bipartits . . . *D. verna.*

1. D. aizoides L.; Lorey, 61. — ♃. — Mai-juin. — RR. — Gevrey!, Bouilland!, (*Lorey*); Beaune (*Laguesse*); Jouvence (*Wéber*); Val-Courbe près Val-Suzon (*Bonnet*).

2. D. muralis L.; Lorey, 61. — ⊙. — Avril-juin. — R. — Rochers ombragés. — Laroche-en-Brenil (*Lorey*); Montberthault (*Berthiot*); St-Remy!, Rougemont!, Millery!.

3. D. verna L. — *Erophila vulgaris* DC.; Lorey, 62. — ⊙. — Mars-mai. — CCC. — Pelouses, rochers, vieux murs, moissons.

Tous les intermédiaires se présentent entre les silicules suborbiculaires et linéaires-lancéolées, entre les feuilles lisses et rudes-tuberculeuses, entières et dentées, obovales et lancéolées-linéaires. Il est peu d'espèces à qui l'Ecole dialytique ait fait subir plus de démembrements.

17. CAMELINA *Crantz.*

1. C. sativa Crantz; Lorey, 81. — ⊙. — Juin-août. — A. R.

Var. *α. sylvestris* (*C. sylvestris* Wallr.). — Plante ordinairement velue; silicules grisâtres, obovales. — Moissons, friches. — Buffon!, Laignes!, Beaune!, St-Aubin!, Nolay!, Semur!.

Var. *β. glabrata.* — Plante ordinairement glabre; silicules jaunâtres, obovales-oblongues, ventrues. — Cette variété est subspontanée au voisinage des champs où elle a été cultivée. — Pothières!, Bourberain!, Nolay!.

18. TEESDALIA *R. Br.*

1. **T. nudicaulis** R. Br. — *T. Iberis* DC.; Lorey, 68. — ⊙. — Avril-juin. — A. R. — Pelouses et rochers des terrains siliceux. — Arnay, Saulieu!, Laroche-en-Brenil, Semur (*Lorey*); Vielverge!, Nolay!, Liernais!, Montberthault!, Gevrey!.

19. THLASPI *Dill.*

1 Plante ♃; tiges étalées, subligneuses, souvent radicantes; feuilles persistantes; style dépassant l'échancrure de la silicule. *T. montanum.*
Plantes ⊙ ou ⊙; tiges dressées ou ascendantes, non radicantes; style beaucoup plus court que l'échancrure de la silicule 2

2 Feuilles d'une odeur alliacée par le froissement; silicules grandes, suborbiculaires, largement ailées en tout leur pourtour . . . . *T. arvense.*
Feuilles sans odeur alliacée par le froissement; silicules médiocres, obovales, étroitement ailées en leur partie inférieure . . . . *T. perfoliatum.*

1. **T. arvense** L.; Lorey, 65. — ⊙ ou ⊙. — Mai-août. — A. C. — Moissons, cultures. — St-Remy!, Reccy!, Blaisy-Bas!, Cussy-la-Colonne!, Thomirey!, etc.

2. **T. perfoliatum** L.; Lorey, 65. — ⊙. — Mars-juin. — C C. — Cultures, vignes, prairies artificielles, friches.

3. **T. montanum** L.; Lorey, 66. — ♃. — Avril-mai. — A. R. — Bois de montagne, rochers. — Plombières (*Lorey*); Gevrey (*Lombard*); Arrans!, Verdonnet!, Val-Suzon!, Velars!, Nuits!, Santenay!.

20. IBERIS *L.*

Plante ⊙ ou ⊙; feuilles caulinaires dentées, ciliées; tige peu rugueuse, rameuse dès sa partie inférieure; grappes assez lâches; silicules plus ou moins ailées en leur partie inférieure, à lobes ordinairement peu ou point divergents et moins longs que le style. . . . . *I. amara.*

Plante toujours ⊙; feuilles caulinaires linéaires, entières, glabres; tige très rugueuse, rameuse en sa partie supérieure; grappes denses et courtes; silicules aptères en leur moitié inférieure, à lobes ordinairement très divergents et aussi longs que le style . . . . *I. Durandii.*

1. I. amara L.; Lorey, 70. — ⊙ ou ⊙. — Mai-oct. — C. — Friches, moissons, cultures.

Les ailes des silicules sont parfois denticulées en leur partie supérieure. Au surplus le polymorphisme des silicules est extrême: on en rencontre en effet qui sont aptères inférieurement, ou qui ont les lobes de l'échancrure égaux au style, ou encore dont l'échancrure est largement ouverte et les lobes très divergents; tous caractères de l'*I. Durandii,* qui de son côté a parfois les silicules de l'*I. amara*. La distinction spécifique des deux plantes reposerait donc plutôt sur l'inflorescence et les organes de végétation.

2. I. Durandii Lorey, 69, tab. I. — ⊙. — Mai-juill. — Sables et éboulis des coteaux boisés. — Voulaines, Ste-Foix, Marsannay-la-Côte, Chambolle! (*Lorey*); Beaune (*Berthiot*); Recey!, Tarsul!, Velars!.

Cette plante est nettement bisannuelle; elle émet dès la première année une courte tige à feuilles rapprochées. La chute de ces feuilles, lors de l'élongation complète de la tige à la seconde année, laisse des cicatrices proéminentes qui rendent la tige rugueuse inférieurement. L'*I. amara*, au contraire, pousse sa tige d'un seul jet, de sorte que les feuilles caulinaires inférieures persistent ordinairement lors de la floraison; et d'ailleurs, la tige ne serait encore que peu rugueuse, même si ces feuilles étaient déjà tombées, car elles sont beaucoup plus espacées que chez l'*I. Durandii.*

21. HUTCHINSIA *R. Br.*

1. H. petræa R. Br.; Lorey, 67. — ⊙. — Avril-mai.

— R. — Vieux murs, rochers. — Dijon (*Lorey*); Plombières!, St-Romain!, Santenay!, Nolay!.

22. CAPSELLA *Vent.*

1. C. bursa-pastoris Mœnch; Lorey, 83. — ⊙ ou ⊙. — Mars-oct. — CCC. — Cultures, chemins.

Var. β. *rubella* (*C. rubella* Reut.). — A. C. — Sépales ordinairement rougeâtres aux bords; silicules obcordées-triangulaires, et non oblongues-obcordées. — Malgré sa constance par la culture, le *C. rubella* n'est pas une espèce, car on trouve souvent, jusque dans la même station, toutes les transitions désirables entre les *C. bursa-pastoris* et *rubella.*

23. LEPIDIUM *L.*

1 Plante ⊙. . . . . *L. campestre, L. ruderale.*
Plantes ♃. 2
2 Racine longuement rameuse, horizontale, pourvue de bourgeons adventifs. *L. Draba.*
Racine pivotante-rameuse, dépourvue de bourgeons adventifs. . . . . *L. graminifolium.*

1 Silicules échancrées au sommet 2
Silicules non échancrées au sommet 3
2 Feuilles sagittées-amplexicaules; silicules étroitement ailées supérieurement. . . . . *L. campestre.*
Feuilles non sagittées-amplexicaules; silicules largement ailées supérieurement . . . . *L. ruderale.*
3 Feuilles sagittées-amplexicaules; panicule courte, corymbiforme; silicules oblongues-obcordées, renflées . . *L. Draba.*
Feuilles non sagittées-amplexicaules; panicule racémiforme; silicules aiguës-ovoïdes. . . . . *L. graminifolium.*

1. L. campestre R. Br.; Lorey, 85. — ⊙. — Mai-juill. — C. — Moissons, taillis, chemins.

2. L. ruderale L.; Lorey, 85. — ⊙. — Mai-août. —

A. R. — Chemins, pelouses, lieux incultes. — Dijon!, Ladoix (*Lorey*); Fontaine-lez-Dijon!, St-Jean-de-Losne!, Nuits!.

3. L. Draba L. — ♃. — Mai-juill. — R. — Décombres, chemins. — Pont de l'Ouche à Velars! (*Morelet*); Dijon au faubourg Raine (*Wéber*) et au faubourg d'Ouche! (*Méline*); quais de St.Jean-de-Losne!.

Les rosettes automnales des *L. Draba* et *latifolium* émettent au printemps une tige soit florifère, soit seulement foliifère; puis elles s'éteignent, et la plante périrait entièrement, si de nombreux bourgeons adventifs ne développaient sur les racines de nouveaux centres de végétation, qui périront à leur tour l'an suivant après être montés à tige. Ces plantes jouissent donc d'un puissant mode de multiplication, et obéissent à un déplacement incessant.

4. L. graminifolium L. — *L. Iberis* L.; Lorey, 86. — Juin-août, —RR. — Chemins, murs. — Quais de Seurre! et murs de l'église de Vic-s-Thil (*Lorey*).

Le nombre des étamines varie de 6 (*L. graminifolium*) à 2 (*L. Iberis*).

Le *L. latifolium* L. s'échappe des jardins à l'aide de ses racines qui s'étendent au loin, traversent même les murs et en outre bourgeonnent adventivement. — Fleurs d'une odeur fétide. — Meursault! (Lorey, p. 86); Santenay!.

24. BISCUTELLA *L.*

1. B. lævigata L. — *B. ambigua* DC.; Lorey, 72. — ♃. — Mai-juill. — RR. — Rochers de la Côte. — Ste-Foix, Gevrey! (*Lorey*); Jouvence (*Wéber*).

Feuilles radicales dentées-subpinnatilobées, parfois presque entières, les caulinaires petites, peu nombreuses, et les inférieures embrassantes; silicules ordinairement lisses.

25. SENEBIERA *Poir.*

Tiges glabres; calice persistant; pédicelles plus courts que le fruit; silicules arrondies au sommet. . . . . *S. Coronopus.*

Tiges velues; calice caduc; pédicelles plus longs que le fruit; silicules échancrées au sommet. . . . . . † *S. pinnatifida.*

1. **S. Coronopus** Poir.; Lorey, 83. — ⊙ ou ⊙. — Mai-oct. — C. — Rues, décombres.

† **S. pinnatifida** DC. — ⊙. — Juill.-août. — RRR. — Pelouses arides, bords des chemins. — Talus de l'allée de la Retraite à Dijon! (*Méline*).

† ISATIS *L.*

† **I. tinctoria** L.; Lorey, 87. — ⊙ ou pérennant. — Mai-juin. — RR. — Lieux sablonneux. — Pellerey près Nuits (*Lorey*); naturalisé depuis 1850 à St-Remy!, Montbard!, Les Laumes!, Plombières!, etc. dans les talus du chemin de fer à l'exposition du midi, où il a été importé avec les graines de *Luzerne* qui avaient servi à ensemencer ces talus.

Fleurs fétides au soleil.

26. NESLIA *Desv.*

1. **N. paniculata** Desv.; Lorey, 82. — ⊙. — Juin-août. — A.C. — Moissons, friches.

27. MYAGRUM *Tourn.*

1. **M. perfoliatum** L.; Lorey, 88. — ⊙. — Juin-août. — RR. — Moissons, friches. — Gemeaux, Limpré, Rouvray (*Lorey*); Veuxhaules!, Orgeux!.

28. CALEPINA *Desv.*

1. **C. Corvini** Desv.; Lorey, 99. — ⊙. — Mai-juill. — RR. — Moissons, prairies artificielles. — Ahuy, Dijon! (*Lorey, Lombard, Méline*); Messigny (*Viallanes*).

29. RAPISTRUM *Bœhr.*

1. R. rugosum All. — ⊙. — Juin août. — RRR. — Lieux incultes, chemins. — A Dijon au port du canal!, dans la plaine de Pouilly! et sur les bords du Suzon (*Méline*).

Beaucoup de *Crucifères* (*Arabis Turrita*, *A. brassicæformis*, *A. sagittata*, *Diplotaxis tenuifolia*, *Sinapis Cheiranthus*) oscillent parfois de la pérennance à la bisannuité, tandis que parfois aussi des espèces bisannuelles (*Cheiranthus Cheiri*, *Arabis arenosa*, *Alyssum calycinum*, *Isatis tinctoria*) peuvent incliner vers la pérennance, ce qui prouve que la durée des organes souterrains est un caractère taxinomique beaucoup moins important que leur forme et que le mode de leur végétation. L'habitat aux lieux arides et en plein soleil favorise généralement la durée des *Crucifères* et de beaucoup d'autres végétaux. Aussi a-t-on observé que plusieurs plantes annuelles deviennent vivaces dans les sables des déserts de l'Algérie ; il en est souvent de même en Provence pour le *Solanum nigrum* et le *Mercurialis annua*. Sans doute que dans les stations sèches, la racine, étant plus ligneuse et moins gorgée de sucs, résiste plus facilement pendant l'hiver à la pourriture ou à l'action des gelées. Il est à remarquer, en effet, que certaines *Crucifères* périssent par suite de la mort de leur racine et non point par défaut de bourgeons de remplacement. Ainsi, après fructification, les *Erysimum cheiriflorum* et *Lepidium campestre* ont, vers la base de leur tige, de petites rosettes foliacées, véritables bourgeons de remplacement, qui persistent souvent jusqu'au printemps suivant, et qui poursuivraient leur évolution, s'il était donné à la racine de vivre davantage.

Les organes souterrains des *Crucifères*, surtout chez les espèces vivaces, possèdent une odeur et une saveur piquantes et caractéristiques. — Ordinairement les radicelles et pseudorrhizes sont finement sétacées, forment houppe et s'agglutinent au lavage; elles sont insérées sur de petites protubérances qui rendent rugueuse la surface des racines ou des rhizomes (*Cardamine pratensis*, *C. impatiens*, *Sisymbrium asperum*, etc.). — Les pseudorrhizes des tiges radicantes sont groupées en une petite touffe qui naît à l'aisselle même de la feuille, sur l'empâtement du bourgeon axillaire (*Nasturtium officinale*, *N. amphibium*, etc.). — Plusieurs espèces offrent des bourgeons adventifs sur leurs racines; ainsi des *Nasturtium sylvestre*, *N. amphibium*, *Lepidium Draba*, *L. latifolium*, *Isatis tinctoria*, *Arabis sagittata*, *Sisymbrium Alliaria*; mais ils restent le plus souvent expectants chez ces trois dernières espèces. J'ai constaté enfin la présence de bourgeons adventifs sur l'axe hypocotylé des germinations des *Isatis tinctoria*, *Erysimum cheiriflorum*, et surtout *Nasturtium officinale*. — La racine, qui donne naissance à un bourgeon adventif chez les *Crucifères*, continue de s'allonger et de grossir au delà de l'insertion du bourgeon, tandis que toute la partie qui est en deçà, et qui par conséquent est située entre la souche mère et le bourgeon, reste inerte et finit même par s'atrophier. Le bourgeon adventif joue donc un rôle de parasite, en confisquant à son profit les sucs que la racine avait puisés à l'intention de la souche mère. Chez les *Linaria vulgaris* et *striata*, le grossissement de la racine a lieu indifféremment au delà ou en deçà de l'insertion du bourgeon adventif; enfin chez l'*Inula Britannica* la racine ou la pseudorrhize mère s'atrophie, et le bourgeon adventif se nourrit à l'aide des pseudorrhizes qu'il émet de sa base.

Les pédicelles des *Crucifères* dérivent de partitions; ils sont une fraction directe du rachis de la grappe et ne sont pas constitués par des axes de second ordre, par des rameaux. Aussi ces pédicelles sont-ils inordinés, n'ayant pas à se ranger suivant une spire de feuilles ou de bractées qui font ordinairement défaut. — Les *Senebiera Coronopus* et *pin-*

natifida se distinguent des autres *Crucifères* par des grappes courtes, réparties le long de tiges sympodiques. Ordinairement une grappe alterne sur les axes avec un rameau, et il y a sympode au niveau de chaque grappe. L'axe primaire est très court, ou souvent réduit à une grappe radicale, de là un port tout particulier pour ces plantes ; mais au fond elles ont bien l'inflorescence de la famille et les grappes ne sont latérales qu'en apparence. Cette charpente sympodique des tiges, avec inflorescences d'apparence latérale, s'est déjà présentée chez certaines *Caryophyllées*, comme *Stellaria uliginosa* et *S. glauca*, sous cette différence toutefois que la grappe des *Senebiera* est progressive, tandis que le sertule des *Stellaria* offre une régression cymique.

Les tiges de beaucoup de *Crucifères* siliculeuses, et surtout la centrale, sont normalement aphylles; ainsi de toutes les tiges chez les *Draba verna* et *aizoides* ; de la centrale et de quelques latérales seulement chez les *Diplotaxis muralis*, *D. viminea*, *Teesdalia nudicaulis*, etc. ; enfin la centrale seule est aphylle chez le *Sisymbrium Irio*, et encore ne l'est-elle qu'exceptionnellement chez les *Capsella bursa-pastoris* et *Arabis arenosa*. — Souvent après fructification, il se développe des paquets axillaires de petites fleurs en partie avortées; cette particularité est assez commune dans les inflorescences des *Lepidium campestre*, *Capsella bursa-pastoris*, *Iberis amara*, *Arabis arenosa*, *Nasturtium amphibium*, et *Barbarea vulgaris* ; elle est même normale chez le *Cardamine deciduifolia*. — Il n'y a le plus souvent rien de fixe ni dans la direction des pédicelles et par conséquent des siliques (*Arabis sagittata*, *Barbarea vulgaris*, *Erysimum cheiriflorum*), ni dans la profondeur de l'échancrure et l'écartement des lobes du sommet de la capsule (*Iberis*, *Capsella*, *Thlaspi*, etc.). — Les silicules les plus inférieures des grappes des *Capsella bursa-pastoris* et *Lepidium campestre* sont ordinairement atrophiées. — Les valves des siliques se détachent de bas en haut, et tombent à la maturité, le fruit restant réduit à la cloison. Les valves sont élastiques chez les *Dentaria pinnata*, *Cardamine impatiens*, *C. pratensis*, et sont projetées au loin par leur brusque enroulement sur la face externe. — La chute des valves du fruit, celle du calice dès la fin de la floraison, et l'immobilité des pédicelles sont parmi les caractères qui séparent nettement les *Crucifères* des *Caryophyllées*.

Le genre *Nasturtium* révèle l'imperfection de la division Linnéenne des *Crucifères* en *Siliqueuses* et *Siliculeuses*; car, pour s'y conformer rigoureusement, il faudrait admettre le genre *Roripa* Bess., et reléguer parmi les *Siliculeuses* les *Nasturtium amphibium* et *Pyrenaicum*. Puis, quelle serait la place du *N. palustre* et d'autres espèces encore dont le fruit est intermédiaire à la silique et à la silicule? Mais l'autre système de classification, le système Candolléen, basé sur la forme des cotylédons, se heurte aussi à de graves objections, puisque la forme des cotylédons (Chatin, Eug. Fournier) dans les genres *Hutchinsia*, *Draba*, *Sisymbrium*, etc. a beaucoup moins de fixité qu'on ne le supposait généralement.

XXIV. CISTINÉES (Juss.).

1. HELIANTHEMUM *Tourn.*

1 Point de stipules; grappe rameuse, courte, corymbiforme; pédicelles étalés après floraison. . . . . *H. canum.*
Des stipules, au moins dans les feuilles supérieures; grappes simples, allongées; pédicelles réfractés subsigmoïdes après floraison 2

2 Calice tomenteux, grisâtre; fleurs blanches. *H. pulverulentum.*
Calice glabrescent, velu sur les nervures; fleurs jaunes, très rarement blanches . . . . *H. vulgare.*

1. **H. vulgare** Gærtn.; Lorey, 106. — ♄. — Mai-oct. — CC. — Coteaux incultes, bois clairs.

Fleurs très rarement blanches. — St-Remy!, Nuits!.

2. **H. pulverulentum** DC. — *H. Apenninum* Lorey, 105; non DC. — ♄. — Juin-août. — A.R. — Rochers, pelouses arides. — Larochepot, Santenay, Nolay (*Gillot*); Asnières-en-Montagne!, Châtillon!, Tarsul!, Darcey!, Mâlain!, Gevrey!, Nuits!, Beaune!.

Parfois les feuilles sont vertes, glabrescentes à la face supérieure et à peine roulées sur les bords (*H. Apenninum* DC.).

L'*H. pulverulentum* est ligneux par la souche et les rameaux; l'*H. vulgare* ne l'est guère que par la souche. Les rameaux de l'*H. vulgare* périssent chaque année sur presque toute leur étendue, et sont remplacés par des bourgeons nés de leur partie inférieure; il s'ensuit que la longueur des parties aériennes reste à peu près stationnaire chez l'*H. vulgare,* tandis qu'elle s'accroît de plus en plus chez l'*H. pulverulentum*.

3. **H. canum** Dun.; Lorey, 104. — ♄. — Juin-août. — A.R. — Friches, bois. — Voulaines!, Reccy!, Diénay!, Mâlain!, Velars!, Gevrey!, Santenay!.

L'*H. guttatum* Mill. a été indiqué (Lorey, p. 102) dans la Côte-d'Or par suite d'une méprise; mais cette espèce croît dans deux départements limitrophes, Yonne et Saône-et-Loire.

2. FUMANA *Spach.*

1. **F. vulgaris** Spach. — *Helianthemum Fumana* Mill.; Lorey, 103. — ♄. — Juin-août. — A.R. — Rochers, pelouses arides. — St-Remy!, Asnières-en-Montagne!, Pothières!, Montigny-s-Aube!, Gevrey!, Chassagne!.

Feuilles persistantes, comme chez les *Helianthemum vulgare, pulverulentum* et *canum.*

Les grappes des *Helianthemum vulgare* et *pulverulentum*, d'abord courbées subscorpioïdes, se déroulent au gré des progrès de l'anthèse. Les pédicelles se redressent successivement pour l'épanouissement des fleurs et se réfractent après sur le côté opposé à leur insertion; aussi n'y a-t-il ordinairement jamais qu'une seule fleur dressée et épanouie. — Les pédicelles de l'*H. canum* restent dressés après la floraison.

Les pédicelles des *Helianthemum* ne sont pas axillaires: ainsi, latéraux aux bractées chez les *H. pulverulentum* et *canum*, ils peuvent leur être en outre inférieurs ou encore opposés chez l'*H. vulgare*. Ils sont articulés sur un petit bourrelet caulinaire de partition, comme c'est le cas aussi du *Solanum dulcamara*, et cette intervention de la partition explique l'inordination des bractées. — Aug. de St-Hilaire [1] enseigne que les bractées des *Helianthemum* représentent les stipules de feuilles florales avortées. Mais cette interprétation ne rend pas compte des insertions si diverses des bractées, et se trouve ruinée par ce fait que l'inflorescence de l'*H. canum* possède des bractées, alors que les feuilles sont complétement privées de stipules.

Les fleurs des *Helianthemum* sont éphémères. Cependant, par un temps couvert et frais, elles peuvent durer deux jours, et alors elles deviennent sommeillantes. L'occlusion se fait par la connivence, non par l'enroulement des pétales; et ici, contrairement à la règle de la plupart des fleurs sommeillantes, le sommeil ne reproduit pas l'arrangement qu'avaient les pétales avant le premier épanouissement.

XXV. VIOLARIÉES (DC.).

1. VIOLA *Tourn.*

1 Plante ⊙ ou ⊙ . . . . *V. tricolor.*

1. *Morph. végét.*, p. 326-327.

Plantes ♃ 2
2 Des rejets à la souche. 3
Point de rejets à la souche 5
3 Des drageons-stolons; rhizome grêle, à pseudorrhizes capillaires . . . . *V. palustris.*
Des stolons; racine ou pseudorrhizes assez robustes 4
4 Stolons plus ou moins robustes, radicants . . . . *V. odorata.*
Stolons grêles, non radicants . . . . *V. alba.*
5 Larges écailles rousses à la souche. . . . . *V. mirabilis.*
Point de larges écailles rousses à la souche 6
6 Un rhizome. *V. hirta.*
Une racine 7
7 Bourgeons adventifs nuls ou très rares sur la racine . . . . *V. sylvestris.*
Nombreux bourgeons adventifs sur la racine. 8
8 Racine assez robuste, pivotante, de longue durée, accompagnée ordinairement de quelques pseudorrhizes. *V. canina.*
Racine grêle, rameuse, d'assez courte durée; point de pseudorrhizes adjuvantes. . . . . *V. elatior.*

1 Stipules supérieures pinnatipartites; 4 pétales dirigés en haut et 1 en bas . . . . *V. tricolor.*
Stipules supérieures entières ou dentées; 2 pétales dirigés en haut et 3 en bas. 2
2 Plantes acaules 3
Plantes caulescentes 6
3 Feuilles toutes suborbiculaires-réniformes; point de rosettes radicales . . . . *V. palustris.*
Feuilles la plupart cordiformes-ovales; des rosettes radicales. 4
4 Fleurs inodores. . . . . *V. hirta.*
Fleurs odorantes. 5
5 Feuilles largement ovales; stipules ovales-lancéolées; fleurs très odorantes; capsule pubérulente-tomenteuse . . *V. odorata.*
Feuilles ovales, atténuées au sommet; stipules lancéolées-acuminées; fleurs médiocrement odorantes; capsule velue-tomenteuse. . . . . *V. alba.*
6 Tiges pourvues d'une ligne de poils, fortement triangulaires et

à faces planes . . . . *V. mirabilis.*

Tiges dépourvues d'une ligne de poils, obscurément triangulaires au moins en leur partie inférieure, à faces convexes. 7

7 Tiges dressées; feuilles lancéolées-acuminées; stipules caulinaires moyennes amples égalant ou dépassant le pétiole . . . . *V. elatior.*

Tiges étalées-ascendantes; feuilles ovales; stipules caulinaires moyennes moins longues que le pétiole. 8

8 Une rosette foliacée centrale; feuilles ovales-cordiformes; fleurs violettes; pétale inférieur égal ou presque égal aux latéraux . . . . *V. sylvestris.*

Point de rosette foliacée centrale; feuilles ovales-oblongues subcordées; fleurs bleuâtres; pétale inférieur concave, échancré-émarginé, ordinairement moins long que les latéraux. . . . . *V. canina.*

1. V. mirabilis L.; Lorey, 109. — ♃. — Avril-juin. — R. — Bois. — Flavignerot!, Nuits, Savigny-s-Beaune (*Lorey*); Marey-s-Tille (*Morelet*); Val-Suzon!, St-Romain!.

2. V. sylvestris Lmk. — *V. canina* Lorey, 109, pro parte. — ♃. — Avril-juin. — C C. — Taillis, buissons.

La longueur de l'éperon est très variable. — Des fleurs m'ont offert des pélories partielles (2-4 éperons à la corolle); d'autres une multiplication des sépales et pétales, qui étaient au nombre de 6-7.

3. V. canina L.; Lorey, 109, pro parte. — ♃. — Avril-juill. — A. R. — Pelouses, broussailles, prairies tourbeuses et siliceuses. — Montbard!, Verdonnet!, Vielverge!, Seurre!, Arnay-le-Duc!, Laroche-en-Brenil!, St-Andeux!, Montberthault!.

Les individus de Vielverge se rapprochent de la variété *lancifolia* (*V. lancifolia* Thore) par leurs feuilles caulinaires lancéolées-acuminées, et par les stipules de la plupart des feuilles moyennes égalant presque moitié du pétiole. — Les bractées du *V. canina* sont quelquefois alternes et non opposées; elles peuvent encore être insérées fort loin de la fleur, dans la moitié inférieure des pédoncules.

4. V. elatior Fries. — *V. montana* DC.; Lorey, 110. — ♃. — Mai-juin. — RR. — Bois humides. — Voulaines, Lugny, combe d'Arcey près Pont-de-Pany (*Lorey*); Frochot, Arcelot! (*Wéber*).

5. V. hirta L.; Lorey, 108. — ♃. — Avril-mai. — CCC. — Taillis, haies.

Le *V. permixta* Jord. est une variété à rameaux robustes stoloniformes, s'étendant en cercle, quoique non radicants. Cette plante forme des touffes beaucoup plus amples que le *V. hirta*. Les rameaux du *V. permixta* ne peuvent se confondre avec ceux du *V. alba*, qui sont grêles et allongés, ni avec les stolons radicants du *V. odorata*. — R. — Haies, lieux couverts. — Rougemont!, Crépan!.

Le *V. hirta* débute par une racine, mais il la perd bientôt et passe au rhizome, tandis que chez les *V. sylvestris* et *canina* cette transformation du système souterrain se remarque rarement, et seulement sur les vieux individus. — A l'ombre des grands taillis, les *V. hirta* finissent par périr; pour les *V. sylvestris*, ils sont seulement frappés d'inertie, puis ils repoussent vigoureusement après l'exploitation. Aussi les *V. hirta* des jeunes taillis sont-ils dus à des germinations. — Ordinairement velue, la capsule du *V. hirta* est parfois glabrescente.

6. V. odorata L.; Lorey, 108. — ♃. — Mars-mai. — A. C. — Haies autour des villages.

Varie à stolons plus allongés et moins robustes, et à fleurs blanchâtres avec éperon carné (*V. subcarnea* Jord.).

7. V. alba Bess. — ♃. — Mars-mai. — R. — Bois. — St-Remy!, Rougemont!; Gevrey (*Lombard*).

Le *V. alba* n'est représenté dans la Côte-d'Or que par la variété *scotophylla* (*V. scotophylla* Jord.), qui a les feuilles de l'an précédent d'un vert sombre et l'éperon carné. Contrairement à l'assertion de Koch [1] les stolons ne fleurissent que la seconde année, à

1. *Synop.*, édit. 3, p. 73.

l'exemple de ceux du *V. odorata*. Chez le *V. odorata*, les fleurs n'y naissent que de la rosette terminale, tandis que chez le *V. alba* elles naissent en outre aux aisselles des feuilles de la moitié antérieure des stolons. — Les feuilles de beaucoup de *Viola* (*V. alba*, *V. odorata*, *V. hirta*, *V. sylvestris*, etc.) persistent deux années, et celles de seconde année diffèrent ordinairement par leur couleur de celles de première : ainsi, sont-elles d'un vert très sombre chez le *V. scotophylla*, et souvent d'un vert lavé de violet chez le *V. sylvestris*.

8. V. palustris L. ; Lorey, 107. — ♃. — Mai-juin. — A. R. — Marécages granitiques. — St-Léger-de-Fourches, Saulieu !, Laroche-en-Brenil (*Lorey*) ; Menessaire !, St-Germain-de-Modéon !, Rouvray !, St-Andeux !.

9. V. tricolor L.; Lorey, 111. — ⊙ ou ⊙. — Avril-oct. — CC. — Moissons, cultures.

La variété *segetalis* (*V. segetalis* Jord.) a la corolle plus courte que le calice ou aussi longue. On trouve d'ailleurs sur un même sujet des corolles de grandeurs différentes.

A un kilomètre de la Côte-d'Or, au Larrys-Blanc de Cry ! (Yonne), croît, en compagnie des *Linaria Alpina* var. *petræa*, *Scutellaria Alpina* et *Coronilla montana*, une variété glabre du *Viola Rothomagensis* Desf., que M. Ravin [1] a décrite sous le nom de *V. Cryana*.

Les *Viola* ont leurs fleurs disposées latéralement soit aux aisselles d'une rosette centrale indéfinie (*V. hirta*, *V. alba*, *V. odorata*), soit le long des tiges (*V. tricolor*, *V. canina*, *V. elatior*). Le *V. sylvestris* possède des tiges florifères latérales, et en outre une rosette centrale stérile qui finit ordinairement par disparaître chez les vieux individus. La rosette centrale s'oblitère dès les premières années chez le *V. canina*. — Les rosettes formées par l'extrémité des stolons des *V. alba* et *odorata* sont elles-mêmes indéfinies, et répètent la végétation de la rosette mère. — Le sommet des pédicelles est légèrement épaissi, et au moment de la

1. *Fl. de l'Yonne*, 2e édit., p. 71.

maturité (*V. odorata*, *V. alba*, *V. hirta*, etc.), il devient blanchâtre et d'une consistance friable.

Le violet est la couleur ordinaire des fleurs des *V. hirta* et *sylvestris*; mais il peut être remplacé par le blanc chez le *V. sylvestris*, par le blanc, le rose, le carné ou le bleuâtre chez le *V. hirta*. Enfin les corolles du *V. tricolor* sont parfois, jusque chez le même individu, les unes blanc-jaunâtre, les autres bleuâtres, avec sommet d'un pourpre violet.

Les *Viola*, sauf le *V. tricolor*, ont, du milieu du printemps à la fin de l'été, de très petites fleurs dites apétales, qui sont fertiles, tandis que les grandes fleurs du printemps ou fleurs corollées sont stériles, sauf les dernières parues. Les fleurs corollées du *V. mirabilis* sont radicales, et les apétales caulinaires. C'est chez le *V. elatior* que les fleurs corollées fertiles sont proportionnellement moins rares. Dès le début le calice des fleurs apétales du *V. mirabilis* est presque aussi grand que celui des fleurs corollées; il est beaucoup plus petit chez les autres espèces, mais il s'accroît en vieillissant. L'existence des petites fleurs des *Viola* est connue depuis longtemps. Suivant Michalet [1] ces fleurs ne sont pas rigoureusement apétales, du moins pour les *V. alba*, *odorata* et *hirta*, car elles comptent le plus souvent 1-2 très courts pétales. Le calice reste hermétiquement fermé pendant l'anthèse, et le stigmate n'est pas courbé en bec, mais tronqué-évasé en entonnoir à son sommet. Enfin le même observateur a trouvé des transitions entre les petites fleurs et les fleurs pourvues d'une corolle normale. Chez les *V. alba* et *odorata*, les semis ont dès la fin de l'été des fleurs apétales à leur souche et sur leurs stolons. Ainsi à la première floraison de la jeune plante, les fleurs apétales précèdent les fleurs corollées, tandis que le contraire aura lieu pour les floraisons suivantes, où en effet les petites ne naîtront qu'après les grandes. La fécondité des

1. *Bull. de la Soc. Bot.* de Fr., 1860, VII, p. 465.

fleurs fermées des *Viola* et d'autres plantes encore, comme *Impatiens*, *Oxalis*, *Lamium* etc., et la stérilité de la très grande majorité des grandes fleurs ou fleurs ouvertes militent contre les assertions de Darwin, si défavorables à l'autofécondation. — J'ai rencontré un *V. sylvestris* chez qui les fleurs apétales étaient remplacées par des fleurs corollées; les rameaux étaient donc dépourvus de capsules, mais, par compensation, ils avaient une longueur tout à fait inusitée.

Classe II. POLYPÉTALES PÉRIGYNES.

XXVI. RHAMNÉES (R. Br.).

1. RHAMNUS *Lmk.*

1 Arbrisseau plus ou moins épineux; feuilles ordinairement opposées, à 2-4 paires de nervures latérales convergentes . . . . *R. cathartica.*
Point d'épines; feuilles alternes, à nervures latérales en grand nombre et non convergentes. 2
2 Feuilles dentées; 4 étamines; style bi-quadrifide. . *R. Alpina.*
Feuilles entières; 5 étamines; style indivis . . . *R. Frangula.*

1. **R. cathartica** L.; Lorey, 199. — ♄. — Mai-juin. — C. — Bois, broussailles.

Les épines sont formées du sommet atrophié des rameaux. Aussi les rameaux très vigoureux en sont-ils dépourvus; assez souvent encore ils ont leurs feuilles alternes et non opposées.

2. **R. Alpina** L.; Lorey, 199. — ♄. — Mai-juin. — A. R. — Bois. — Moloy!, Val-Suzon!, Mâlain!, Gevrey!, Nolay!, Santenay!.

3. R. Frangula L.; Lorey, 200. — ♄. — Mai-juin. — CC. — Bois, coteaux incultes.

Le *R. Frangula* a les boutons nus; les 2 autres espèces les ont écailleux. — Ces trois *Rhamnus* sont fétides en leur bois et leur écorce.

XXVII. PAPILIONACÉES (L.).

1. SAROTHAMNUS *Wimm.*

1. S. scoparius Koch. — *Cytisus scoparius* Lmk; Lorey, 209. — ♄. — Mai-juin. — CC. dans les bois et friches du Morvan!. — Se retrouve encore à Argilly!, Corberon!, La Canche!, Genay!, etc.

2. CYTISUS *L.*

1 Feuilles grandes; fleurs en grappes axillaires . *C. Laburnum.*
  Feuilles médiocres ou petites; fleurs axillaires ou réunies en tête au sommet des rameaux 2
2 Feuilles unifoliolées; fleurs assez longuement pédicellées, 1-2 à l'aisselle des feuilles . . . . *C. decumbens.*
  Feuilles trifoliolées; fleurs brièvement pédicellées, la plupart en tête terminale . . . . *C. supinus.*

1. C. Laburnum L.; Lorey, 208. — ♄. — Mai-juin. — R. — Bois de montagne. — Châteauneuf, Curley, Ivry!, Larochepot, Vauchignon, Nolay! (*Lorey*); St-Aubin (*Boreau*); Bouilland!, St-Romain!, Santenay!.

2. C. decumbens Walp. — *Genista prostrata* Lmk; Lorey, 207. — ♄. — Avril-mai. — C. — Rochers, friches, pelouses arides.

M. Boreau signale dans la Côte-d'Or une variété glabre (*Genista diffusa* Willd.) qui, d'après Duret (*Opusc. manusc.*), se trouve à Dijon et Val-Suzon.

1. C. supinus L. — ♄. — Bois, buissons.

Var. *α. supinus.* — RR. — Larrey-lez-Poinçon!, Villedieu!, Vielverge!. — Assez commun dans le département de l'Yonne, où le *C. capitatus* est très rare.

Var. *β. capitatus* (*C. capitatus* Jacq.; Lorey, 210). — A. R. — Bois de toute la Côte (*Lorey*); Laignes!, Orgeux!, St-Julien!, Flammerans!, Samerey!, Cîteaux!, Broindon!, Satenay!, Seurre!, Gevrey!, Flavignerot!, Santenay!.

La plante de Vielverge est intermédiaire pour la direction des tiges. — Le *C. supinus* diffère du *C. capitatus* par ses tiges plus grêles, étalées-couchées, et assez souvent radicantes à la base, par ses feuilles plus petites et ses fleurs moins nombreuses. C'est surtout cette plante que Linné (*Sp.* 1042) avait en vue dans son *C. supinus;* on peut croire cependant que le *C. capitatus* doit s'y trouver compris, car on lit dans le *Syst.* XIII : « *Ramis erectis.* »

Chez le *C. capitatus,* et surtout chez le *C. supinus*, il y a ordinairement deux floraisons bien distinctes : l'une vernale, et les fleurs sont disposées en grappes assez maigres sur les rameaux de l'an précédent; l'autre estivale avec fleurs plus abondantes et groupées en tête au sommet des rameaux de l'année. — Les fleurs du *C. decumbens* et les grappes du *C. Laburnum* naissent toutes au printemps, et sur les rameaux de l'année précédente.

3. ADENOCARPUS *DC.*

1. A. complicatus J. Gay. — *A. parvifolius* DC.; Lorey, 211. — ♄. — Mai-juin. — RRR. — Bords des bois d'Auxonne vis-à-vis de Flammerans! (*Lorey*). — Existe aussi dans un département limitrophe, le Jura (*Michalet*).

4. GENISTA *L.*

1 Rameaux ailés. . . . . *G. sagittalis.*
  Rameaux non ailés. 2
2 Arbrisseaux épineux. 3
  Arbrisseaux non épineux. 4
3 Feuilles pourvues de nervures latérales; épines ordinairement

tri-pinnatipartites; jeunes rameaux pubescents-velus, ainsi que l'étendard et les gousses. . . . . *G. Germanica.*

Feuilles dépourvues de nervures latérales; épines ordinairement simples; rameaux, étendard et gousses glabres. . . . . *G. Anglica.*

4 Etendard et gousses glabres. . . . . *G. tinctoria.*

Etendard et gousses velus-pubescents. . . . . . . *G. pilosa.*

1. G. sagittalis L.; Lorey, 206. — ♄. — Mai-juin. — C. — Bois, friches, pâtures.

Tiges souvent radicantes à la base; elles le sont assez rarement chez les *G. Germanica* et *pilosa.* — La largeur des ailes diminue du sommet à la base des tiges ou rameaux, dont la partie inférieure n'est plus qu'anguleuse. Comme les ailes se détruisent la seconde année, la plante est seulement ailée à l'extrémité des ramifications de l'année. — Les parties moyenne et inférieure des rameaux deviennent ligneuses, persistent et prolongent d'autant la tige, tandis que la partie supérieure n'est qu'annuelle.

2. G. tinctoria L.; Lorey, 205. — ♄. — Juin-août. — C. — Friches, broussailles.

3. G. pilosa L.; Lorey, 206. — ♄. — Avril-juin. — A. C. — Rochers, bois arides. — Saulieu!, Plombières (*Lorey*); St-Remy!, Asnières-en-Montagne!, Poinçon!, Diénay!, Tarsul!, Nuits!, Semur!, Montberthault!, etc.

Les rameaux sont très toruleux par proéminence et induration des coussinets pétiolaires; ils le sont beaucoup moins chez le *G. tinctoria,* à cause d'un plus grand espacement des feuilles.

4. G. Anglica L.; Lorey, 205. — ♄. — Mai-juill. — RR. — Pâtures, friches. — Semur!, Arnay-le-Duc!, Saulieu (*Lorey*); Nolay!.

Les feuilles sont ovales-elliptiques sur les rameaux florifères, étroitement lancéolées sur les rameaux stériles et filiformes sur les rameaux spinescents.

5. G. Germanica L. — ♄. — Mai-juin. — R. — Friches et bords des chemins des champs de Vielverge!.

5. ULEX *L.*

1. **U. Europæus** L.; Lorey, 203. — ♄. — Mai-juin. — R. — Friches et bords des chemins des sols granitiques et siliceux. — Arnay-le-Duc! (*Lorey*); Gerland, Bagnot, Montmain (*Duret*); Menessaire!, Liernais!, Eschamps!, Arcenay!, St-Andeux!, La Charmée!, Dompierre!, Vieux-Château!.

6. ONONIS *L.*

1 Souche à ramifications stoloniformes-radicantes . . *O. repens.*
  Point de ramifications stoloniformes-radicantes à la souche. . 2
2 Racine grêle. . . . . *O. Columnæ.*
  Racine robuste. 3
3 Racine lisse, noire, presque inodore . . . . *O. Natrix.*
  Racine rugueuse-crevassée, à la fin sillonnée de destructions partielles, brunâtre avec des bandes rousses correspondant aux crevasses, d'une odeur très forte. . . . . . *O. spinosa.*

1 Plantes dépourvues d'épines; fleurs jaunes. 2
  Plantes presque toujours pourvues d'épines; fleurs roses. . . 3
2 Fleurs sessiles; corolle petite, égalant à peu près le calice. . . . . *O. Columnæ.*
  Fleurs pédonculées; corolle grande, dépassant beaucoup le calice. . . . . *O. Natrix.*
3 Epines nombreuses; gousse plus longue que le calice . . . . *O. spinosa.*
  Epines peu nombreuses, rarement nulles; gousse plus courte que le calice. . . . . *O. repens.*

1. **O. repens** L. — *O. procurrens* Wallr.; Lorey, 213. — ♃. — Juin-août. — CC. — Moissons, prés secs, coteaux incultes.

Le même champ, autour du cimetière de Mémont, m'a offert des sujets très épineux, d'autres peu épineux, et enfin d'autres complétement inermes.

2. **O. spinosa** L. — ♃. — Mai-août. — A. C. — Friches. — Bords des routes. — Pothières!, Is-s-Tille!, Saulon-la-Rue!, Cîteaux!, Longvay!, Moux!, Santenay!, etc.

Point de variété inerme. — Des individus, récoltés à Cîteaux!, sur les talus de la route, avaient leurs feuilles toutes unifoliolées. — Rare à fleurs blanches : Cîteaux!, Meursault!.

3. **O. Columnæ** All.; Lorey, 213. — ♃. — Juin-juill. — A. C. — Coteaux arides et pelouses de la Côte. — Dijon, Plombières, toutes les collines de la Côte (*Lorey*); Mâlain!, Velars!, Pommard!, Santenay!.

4. **O. Natrix** L.; Lorey, 212. — ♃. — Juin-sept. — C. — Coteaux sablonneux incultes.

7. ANTHYLLIS *L.*

Racine très ligneuse, robuste, d'une odeur forte, à granules rares . . . . *A. montana.*
Racine médiocrement ligneuse, peu robuste, à granules nombreux . . . . *A. Vulneraria.*

Tiges ligneuses; fleurs roses; calice non vésiculeux . . . . *A. montana.*
Tiges herbacées; fleurs jaunes; calice vésiculeux . . . . *A. Vulneraria.*

1. **A. montana** L.; Lorey, 215. — ♄. — Juin-juill. — R. — Rochers. — Marsannay, Chassagne (*Lorey*); Châtillon!, Val-Suzon!, Lantenay!, Velars!, Arcey!, Gevrey!, Chambolle!, Nolay!.

2. **A. Vulneraria** L.; Lorey, 215. — ♃. — Mai-juill. — C. — Pelouses, friches.

8. LOTUS *L.*

Un rhizome ou plus rarement une racine; tiges stoloniformes-

radicantes . . . . *L. uliginosus.*
Une racine; point de tiges stoloniformes-radicantes . . . . *L. corniculatus.*

6-12 fleurs aux glomérules; calice à divisions étalées avant l'anthèse; étendard ovale . . . . *L. uliginosus.*
2-6 fleurs aux glomérules; calice à divisions dressées-apprimées avant l'anthèse; étendard orbiculaire. . . . . *L. corniculatus.*

1. L. corniculatus L,; Lorey, 233. — ♃. — Mai-oct. — C C. — Prés.

Tantôt glabre, tantôt velu.
La varieté *tenuis* (var. *tenuifolius* Lorey, 234. — *L. tenuis* Kit.) a les stipules et feuilles linéaires. — A. R. — Moissons argileuses. — St-Remy!, Cussy-la-Colonne!, commun dans la vallée d'Epoisses!.

2. L. uliginosus Schkuhr. — *L. corniculatus* L. var. *major* (*L. major* Sm.) et *villosus* (*L. villosus* Thuill.); Lorey, 234. — ♃. — Juin-août. — A. R. — Prairies et taillis humides. — Parc de Dijon (*Lorey*); Saulon-la-Rue!, Seurre!, St-Andeux!, Jeux!, etc.

Mérite bien d'être séparé du *L. corniculatus* pour son système souterrain. Le *L. corniculatus* n'a qu'une racine; le *L. uliginosus* a de plus de fortes pseudorrhizes à la partie inférieure des tiges; puis, après quelques années, il perd sa racine et continue de vivre par un rhizome que lui forme la base radicante des tiges. Ces différences entre les deux plantes se maintiennent par la culture, même dans les sols les plus divers.

9. TETRAGONOLOBUS *Scop.*

1. T. siliquosus Roth; Lorey, 234. — ♃. — R. — Marécages à tuf. — Val-des-Choues!, Notre-Dame d'Etang, Flavignerot (*Lorey*); Marey-s-Tille (*Morelet*); Griselles!, Aisey-s-Seine!, Faverolles!, Recey!, Avot!, Moloy!.

10. COLUTEA *L.*

1. C. arborescens L.; Lorey, 238. — ♄. — Juin-juill. — R. — Bois de montagne. — Notre-Dame d'Etang, vallon de l'Ouche jusqu'à sa source (*Lorey*); Gevrey, (*Maillard*); Asnières-en-Montagne!, Tarsul!, Mâlain!, Arcey!, Bouilland!, Puligny!, Santenay!, etc.

11. ASTRAGALUS *L.*

1. A. glycyphyllos L.; Lorey, 239. — ♃. — Mai-juill. — C. — Bois, buissons.

12. MELILOTUS *Tourn.*

1. M. officinalis Lmk emend. — ☉. — Juin-août.

Var. α. *arvensis* (*M. arvensis* Wallr. — *M. officinalis* Lorey, 220, part. — *M. officinalis* α. DC., *Fl. Fr.*, IV, 537. — *M. diffusa* Koch ap. DC., *Fl. Fr.*, suppl., 564). — Fleurs jaunes, étendard dépassant peu les ailes; carène plus courte que les ailes; gousse glabre à bord supérieur presque obtus. — C. — Cultures, moissons. — Lorey donne à sa plante l'habitat du *M. arvensis* et la gousse pubescente du *M. macrorrhiza.*

Var. β. *macrorrhiza* (*M. macrorrhiza* Pers. — *M. officinalis* Lorey, 220, part. — *M. officinalis* γ. *altissima* DC., *Fl. Fr.*, IV, 537. — *M. officinalis* DC., *Fl. Fr.*, suppl., 563). — Fleurs jaunes; pétales tous égaux; gousse à pubescence apprimée, à bord supérieur comprimé. — C. — Berges des rivières, taillis humides.

Var. γ. *alba* (*M. alba* Lmk. — *M. officinalis* β. *flore albido* DC., *Fl. Fr.*, IV, 537. — *M. leucantha* Koch ap. DC., *Fl. Fr.*, suppl., 564; Lorey, 220). — Fleurs blanches, étendard dépassant notablement les ailes. — R. — Moissons, bords des chemins. — Saulieu (*Lombard*); Darcey!, Genlis!, Collonges!, Auxonne!, Meursault!, Santenay!, Thostes!.

J'ai cru devoir comprendre ces trois variétés dans le *M. officinalis* Lmk emend., à cause des nombreux intermédiaires qui les relient entre elles. Aussi les auteurs ne sont-ils pas d'accord sur les longueurs respectives des pétales, bien qu'ils attribuent à ce caractère une valeur spécifique. On lit en effet pour le *M. arvensis* Wallr. : ailes égalant presque l'étendard (Koch), étendard ne dépassant pas les ailes (Coss. Germ., *Fl. Par.*, édit. 2), étendard dépassant les ailes (G. G.; Bor.; Coss. Germ, *Fl. Par.*, Atl., t. XI); pour le *M. macrorrhiza* Pers. : pétales égaux (G. G.; Bor.; Koch), ailes dépassant la carène (Coss. Germ., *Fl. Par.*, Atl., t. XI); et enfin pour le *M. alba* Lmk : ailes égalant presque la carène (Koch), ailes égalant la carène (G. G.; Bor.), ailes dépassant la carène (Coss. Germ., *Fl. Par.*, Atl., t. XI). En outre, j'ai rencontré des *M. alba* dont l'étendard ne dépassait que très peu les ailes.

Le *M. officinalis* est un type parfait de plante bisannuelle. Après la germination, l'axe primaire s'allonge en tige foliifère, qui se mortifie à la fin de l'année, et la floraison a lieu l'été suivant sur une ou plusieurs tiges de second ordre, c. à. d. nées des bourgeons latéraux de la souche. Une année est nécessaire à chacune des deux phases si distinctes de cette évolution. D'autres *Melilotus* (*M. cœrulea* Lmk, etc.) sont au contraire annuels, et fleurissent sur leur axe primaire. — Le *M. officinalis* devient aromatique par la dessication.

13. MEDICAGO *L.*

1 Plantes ♃ ; racine robuste et profondément pivotante ; fleurs assez grandes ; gousses inermes 2
  Plantes ⊙ ou ⊙ ; racine grêle ; fleurs petites ; gousses le plus souvent épineuses 3
2 Base des tiges assez souvent radicante ; fleurs jaunes, passant parfois au jaune-violacé ou au bleu-verdâtre ; gousses falciformes . . . . *M. falcata.*
  Base des tiges non radicante ; fleurs violettes, brunes ou bleu-verdâtre, rarement blanches ; gousses à 2-3 tours de spire. . . . . † *M. sativa.*
3 Gousses lisses 4
  Gousses munies d'épines ou au moins de tubercules 5

4 Fleurs en capitules denses; gousses réniformes, monospermes. . . . . *M. Lupulina.*

Fleurs groupées par 2-4; gousses en hélice mince, disciformes, polyspermes . . . . *M. orbicularis.*

5 Gousses tomenteuses, à bords très obscurément sillonnés . . . . *M. Gerardi.*

Gousses non tomenteuses, à bords nettement sillonnés 6

6 Stipules entières ou les inférieures denticulées; gousses pubescentes, subglobuleuses . . . . *M. minima.*

Stipules dentées ou laciniées; gousses glabres, subglobuleuses-déprimées. 7

7 Feuilles maculées; stipules dentées; gousses faiblement veinées. . . . . *M. maculata.*

Feuilles ordinairement immaculées; stipules finement laciniées; gousses fortement veinées-réticulées . . . . *M. polycarpa.*

1. M. falcata L.; Lorey, 216. — ♃. — Juin-sept. — C. — Coteaux incultes, moissons, bois, bords des chemins.

La variété *media* (*M. media* Pers. — *M. falcato-media* Rchb.) diffère par ses fleurs à couleurs changeantes, passant du jaune au violet-bleuâtre et au vert, et par ses gousses formant un tour complet de spire. — A. C. — St-Remy!, Poinçon!, Dijon!, Semur!, etc. — La spire de la gousse des *M. orbicularis, sativa, Gerardi, maculata*, etc. tourne à gauche.

† **M. sativa** L.; Lorey, 217. — ♃. — Mai-oct. — Naturalisé çà et là.

Il n'est pas rare de rencontrer des individus très voisins du *M. media* par la forme de leurs gousses.

2. M. Lupulina L.; Lorey, 216. — ⊙ ou ⊙, ou parfois pérennant aux lieux arides. — Mai-oct. — Cultures, friches, chemins.

Varie (*M. Willdenowii* Bœnningh.) à gousses pubescentes-velues et à tiges ordinairement plus robustes.

Chez un *M. Lupulina* les fleurs se trouvaient remplacées par un grand nombre de courts ramuscules, qui étaient pourvus de fleurs très petites, atrophiées. L'inflorescence est alors transformée en corymbe ou en panicule. Le *M. Lupulina* var. *corymbosa* Ser. in DC., *Prodr.* doit être rapporté à une pareille polycladie, dont les *Medicago minima* et *Melilotus macrorrhiza* m'ont encore fourni quelques exemples.

3. **M. orbicularis** All.; Lorey, 217. — ⨀ ou ⊙. — Mai-août. — RRR. — Moissons. — Dijon en la Maladière! et dans la plaine de Pouilly!, où il était assez commun en 1877 (*Méline*).

La plante de la Côte-d'Or est la variété *marginata* (*M. marginata* G. G. — *M. ambigua* Jord.), dont les gousses sont noires à la maturité, moins grandes et à bords écartés les uns des autres. Cette variété est beaucoup moins méridionale que le type, et correspond sans doute à la plante que Lorey indique à la Colombière près Dijon.

4. **M. Gerardi** Willd.; Lorey, 219. — ⨀ ou ⊙ — R. — Moissons. — Auxonne, Laroche-en-Brenil, Semur (*Lorey*); abondant en la Maladière près Dijon! (*Méline*) et à Beaune!.

5. **M. minima** Lmk; Lorey, 218. — ⊙. — Mai-juin. — C. — Friches arides.

6. **M. maculata** Willd.; Lorey, 219. — ⨀ ou ⊙. — Mai-sept. — CC. — Prés, cultures.

Les folioles sont maculées de brun au milieu du limbe. — Chez le *M. polycarpa*, la tache est vers la base, mais fait souvent défaut. Le *M. Gerardi* est immaculé.

7. **M. polycarpa** Willd. — ⨀ ou ⊙. — Mai-sept. — Moissons, cultures.

Var. α. *subinermis*. — Epines de la gousse réduites à des tubercules. — RR. — Dijon! (*Méline*).

Var. β. *apiculata* (*M. apiculata* Willd.). — Epines égalant ou dépassant peu la longueur du bord de la gousse. — A. R. — St-Sauveur!, Soissons!, Dijon!, Prissey!, Chivres!, Châteauneuf!, Arnay-le-Duc!, Le Maupas!, Vic-s-Thil!, Semur!, etc.

Var. γ. *denticulata* (*M. denticulata* Willd.). — Epines égalant moitié du diamètre de la gousse. — RR. — Dijon! (*Méline*); glacis d'Auxonne!.

14. TRIFOLIUM *L.*

1 Plantes ⊙, rarement ⊙; racine grêle. *T. filiforme. T procumbens, T. agrarium, T. arvense, T. striatum, T. scabrum, T. Michelianum.*

Plantes ♃; racine ou pseudorrhizes plus ou moins robustes. . 2

2 Tiges couchées, radicantes aux nœuds. 3

Tiges non couchées-radicantes. 4

3 Pseudorrhizes peu nombreuses, assez robustes, à la fin cylindracées; granules rares, oblongs; tiges devenant libres l'année de leur radication par la destruction de leurs mérithalles postérieurs . . . . *T. fragiferum.*

Pseudorrhizes assez nombreuses, grêles, à la fin fortement filiformes; granules abondants, ovoïdes; tiges ne devenant pas libres l'année de leur radication . . . . . . *T. repens.*

4 Un rhizome drageonnant. 5

Une racine, ou un rhizome non drageonnant 6

5 Rhizome longuement drageonnant; pseudorrhizes assez nombreuses, cylindracées-filiformes. . . . . *T. medium.*

Rhizome brièvement drageonnant; pseudorrhizes peu nombreuses, cylindracées-fusiformes, brusquement atténuées vers leur extrémité. . . . . *T. Alpestre.*

6 Une racine persistant pendant toute la durée du sujet; plantes ne vivant que quelques années 7

Une racine finissant assez souvent par céder la place à des pseudorrhizes; plantes vivant un grand nombre d'années. . 8

7 Souche indéfinie, entourée de vieilles gaînes pétiolaires; des feuilles radicales. . . . . *T. pratense.*

Souche définie, dépourvue de vieilles gaînes pétiolaires; point de feuilles radicales . . . . *T. elegans.*

8 Souche à ramifications nombreuses et assez allongées . . . . *T. rubens.*

Souche simple, ou à ramifications courtes et peu nombreuses.

9 Souche simple, indéfinie; racine fauve, robuste, atteignant jusqu'à 10 mill. de diamètre, pivotante ou peu rameuse . . . . *T. montanum.*

Souche brièvement rameuse, définie; racine noirâtre, assez grêle, simple, très longuement pivotante; parfois des pseudorrhizes adjuvantes à la souche . . . . . *T. ochroleucum.*

1 Fleurs jaunes; gousses stipitées. 2

Fleurs purpurines, rosées, blanches ou blanc-jaunâtre; gousses sessiles, très rarement stipitées 4

2 Stipules lancéolées-linéaires, acuminées . . . . *T. agrarium.*

Stipules ovales-oblongues, aiguës 3

3 Etendard dépassant longuement les ailes, strié et étalé à la maturité. . . . . *T. procumbens.*

Etendard dépassant à peine les ailes, lisse et appliqué sur le fruit à la maturité . . . . *T. filiforme.*

4 Capitules munis à la base d'un involucre multipartit à divisions lancéolées et égalant les calices; calice fructifère vésiculeux-réticulé. . . . . *T. fragiferum.*

Capitules dépourvus d'involucre multipartit; calice fructifère non vésiculeux-réticulé. 5

5 Calice à tube et à dents glabres 6

Calice à tube et à dents plus ou moins velus 8

6 Tiges couchées; stipules brusquement subulées; gousse sessile. . . . . *T. repens.*

Tiges dressées ou ascendantes; stipules non brusquement subulées; gousse plus ou moins stipitée. 7

7 Stipules lancéolées; dents calicinales une fois plus longues que le tube; gousse à peine stipitée . . . . *T. elegans.*

Stipules ovales; dents calicinales trois fois plus longues que le tube; gousse décidément stipitée. . . . . *T. Michelianum.*

8 Fleurs blanches, réfléchies après l'anthèse. . . *T. montanum.*

Fleurs ni blanches, ni réfléchies après l'anthèse. 9

9 Fleurs jaunâtres. . . . . *T. ochroleucum.*

Fleurs purpurines, blanchâtres ou rosées 10

10 Capitules subglobuleux, purpurins; calice à divisions ne dépassant pas moitié de la longueur de la corolle. 11

Capitules ovoïdes-oblongs ou cylindracés, purpurins, blanchâtres ou rosés; calice à divisions, au moins l'inférieure, dépassant moitié de la longueur de la corolle. 13

11 Stipules à partie libre triangulaire, brusquement aristée. . . . . *T. pratense.*

Stipules à partie libre ni triangulaire, ni brusquement aristée 12

12 Stipules linéaires-acuminées; folioles elliptiques-oblongues, faiblement nerviées; fleurs fétides. . . . . . . *T. medium.*

Stipules subulées; folioles lancéolées, fortement nerviées; fleurs inodores. . . . . *T. Alpestre.*

13 Tiges et feuilles glabres; capitules gros, purpurins. . . . . *T. rubens.*

Tiges et feuilles pubescentes ou velues; capitules petits, rosés ou blanchâtres 14

14 Capitules dépourvus de feuilles florales à la base, longuement pédonculés, toujours solitaires . . . . *T. arvense.*

Capitules pourvus ou non de feuilles florales à la base, sessiles ou brièvement pédonculés, parfois géminés 15

15 Calice fructifère à tube urcéolé-subglobuleux, à lobes linéaires . . . . *T. striatum.*

Calice fructifère à tube oblong, à lobes lancéolés spinulescents. . . . . *T. scabrum.*

1. T. filiforme L.; Lorey, 232. — *T. minus* Rehl. — ⊙ ou ⊙. — Mai-sept. — C C. — Chemins, taillis, prairies humides.

La plupart des feuilles d'un individu étaient pourvues de 4-5 folioles.

2. T. procumbens L.; Lorey, 232. — ⊙ ou ⊙. — Mai-sept. — C C C. — Cultures, moissons, pelouses.

La longueur du pédoncule des capitules est si variable, qu'on peut le trouver sur le même sujet aussi long que la feuille, moins long, et encore (*T. campestre* Schreb.) une fois plus long.

3. T. agrarium L.; Lorey, 231. — *T. aureum* Poll.

— ⊙. — Juin-août. — A. R. — Taillis et moissons des sols argileux. — Prairies des bords de l'Ouche (*Lorey*); Flavignerot, Saulieu! (*Lombard*); Pouilly-lez-Dijon (*Maillard*); St-Remy!, Champ d'Oiseau!, St Aubin!, Cîteaux!, Saulon-la-Rue!, Seurre!, Santenay!, Ivry!, Commarin!, Bard!, etc.

Lorey attribue par méprise au *T. agrarium* les stipules et l'habitat du *T. procumbens,* et à celui-ci les stipules et l'habitat du *T. agrarium.*

4. **T. arvense** L.; Lorey, 223. — ⊙ ou ⊙. — Juin-sept. — C. — Moissons, pelouses, cultures, surtout dans les sols siliceux.

Transitions très nombreuses entre les calices à dents poilues, beaucoup plus longues que la corolle (*T. arvense* L.), ou la dépassant seulement d'un tiers (*T. agrestinum* Jord.), ou l'égalant (*T. lagopinum* Jord.), et les calices à dents simplement ciliées ou presque nues au sommet, tantôt plus longues que la corolle (*T. gracile* Thuill.), tantôt la dépassant à peine (*T. rubellum* Jord.). La plupart de ces variétés se trouvent sur les pelouses arides.

5. **T. striatum** L.; Lorey, 224. — ⊙. — Mai-juill. — A. R. — Friches, chemins. — Marsannay, Gouville (*Lorey*); Auxonne!, Bouilland!, Arnay-le-Duc!, Liernais!, Saulieu!, Vic-s-Thil!, Semur!.

6. **T. scabrum** L.; Lorey, 225. — ⊙. — Mai-juill. — A. C. — Pelouses sèches. — Flavigny (*Lombard*); St-Remy!, Buffon!, Chaumes d'Auvenet!, Montberthault!, Semur!, etc.

7. **T. Michelianum** Savi; Lorey, 228. — ⊙. — Juin-juill. — RRR. — Prairies. — Labergement-lez-Seurre (*Berthiot!*).

Le *T. incarnatum* L. croît adventivement çà et là à proximité des champs où il a été cultivé. — Le *T. angustifolium* L. ne se retrouve plus à Auxonne, ni à Laroche-en-Brenil, où Lorey dit (p. 222) l'avoir récolté. — Le *T. subterraneum* L. est indiqué par Lorey (p. 230) au parc de Dijon. Il n'y a pas été revu depuis plus de vingt ans (*Méline*). — J'ai rencontré sur des décombres de le plaine de Pouilly près Dijon un individu de *T. resupinatum* L., et un de *T. nigrescens* Viv.; ces deux espèces avaient été sans doute importées avec les fourrages pendant la néfaste guerre de 1870-71.

8. T. elegans Savi; Lorey, 229. — ♃. — Mai-sept. — A. C. — Taillis, cultures, moissons des sols argileux. — Quincey, Aubigny (*Lorey*); Saulieu (*Lombard*); Perrigny-lez-Dijon (*Maillard*); St-Remy!, Venarey!, Laignes!, Aignay!, Fontaine-Française!, St-Sauveur!, Auxonne!, Longvay!, Seurre!, Commarin!, Arnay-le-Duc!, Rouvray!, abonde en la vallée d'Epoisses!, etc.

9. T. pratense L.; Lorey, 227. — ♃. — Mai-sept. — C. — Prés.

Souvent celles des feuilles des *T. pratense* et *elegans*, qui naissent dès février-mars, sont d'un rouge foncé qui ne passe au vert que dans le mois d'avril. Pareille teinte rouge se retrouve souvent aussi pendant l'hiver pour celles des feuilles qui persistent d'une année à l'autre. D'après M. Mer, [1] cette coloration rouge résulte d'un affaiblissement de végétation, qui permet à un pigment carmin de se développer dans le suc cellulaire de certains tissus.

10. T. montanum L.; Lorey, 229. — ♃. — Juin-août. — A. R. — Bois et prés argileux de montagne, tourbes. — Marsannay-la-Côte, Couchey (*Lorey*); Gouville (*Lombard*); Cirey (*Boreau*); Lucenay!, Laignes!, Villedieu!, Pothières!, Recey!, Lignerolles!, Selongey!, Panges!, Gevrey!, Chaumes d'Auvenet!, Laroche-en-Brenil!.

11. T. ochroleucum L.; Lorey, 225. — ♃. — Juin-

1. *Bull. de la Soc. Bot. de Fr.*, 1877, XXIV, p. 109-111.

août. — A. C. — Bois. — St-Remy!, Buffon!, Bouilland!, etc.

Fleurs inodores; celles du *T. montanum* sont odorantes.

12. T. rubens L.; Lorey, 222. — ♃. — Juin-août. — C. — Coteaux incultes, bois de montagne.

13. T. Alpestre L.; Lorey, 226. — ♃. — Juin-juill. — R. — Pelouses des bois de montagne. — Gouville, Marsannay-la-Côte (*Lorey*); St-Aubin, Chassagne (*Boreau*); Mont-Afrique!, Gevrey!, Nuits!, Bouilland!.

14. T. medium L.; Lorey, 226. — ♃. — Mai-août. — C. — Bois, friches, moissons des coteaux.

15. T. repens L.; Lorey, 228. — ♃. — Mai-sept. — C. — Prés, chemins, pelouses.

Le *T. repens* diffère de suite du *T. fragiferum* par ses stipules courtes, ovales-triangulaires, brusquement aristées, non lancéolées longuement acuminées; en outre, le tube de la gaîne stipulaire du *T. repens* se prolonge au delà du point d'émergence du pétiole; puis, non plus 2 lobes, mais parfois 3-4 couronnent le sommet de cette gaîne. — Le *T. repens* est assez sujet à des chloranthies complètes ou partielles et encore à la prolification de l'axe floral, lequel, après avoir produit le capitule, s'allonge en un rameau foliifère ou plus souvent florifère. En ce dernier cas, il y a deux capitules superposés, mais le supérieur est ordinairement très appauvri. Ces diverses tératologies se rencontrent encore chez les *T. elegans, fragiferum, procumbens,* etc.

16. T. fragiferum L.; Lorey, 231. — ♃. — Mai-sept. — C. — Prés, chemins, pelouses.

15. VICIA *Tourn.*

1 Calice à dents égalant à peu près la corolle 2

Calice à dents plus courtes que la corolle. 3

2 Gousse glabre, moliniforme-ondulée. . . . . *V. Ervilia.*

Gousse velue, non moliniforme-ondulée . . . . . *V. hirsuta.*

3 Fleurs axillaires, solitaires ou géminées, très rarement ternées, ou encore fleurs 2-5 en grappes pauciflores 4

Fleurs en grappes multiflores. 8

4 Fleurs axillaires, solitaires ou géminées, rarement quelques-unes en très courte grappe triflore. 5

Fleurs toutes en grappes pauciflores 7

5 Calice à dents très inégales; fleurs jaunes; gousse rude, velue. . . . . *V. lutea.*

Calice à dents égales; fleurs rosées ou violettes; gousse lisse, glabre ou pubescente-velue. 6

6 Fleurs assez grandes, géminées ou solitaires, très rarement ternées; gousse pubescente-velue; graines subglobuleuses, lisses . . . . *V. sativa.*

Fleurs petites, solitaires; gousse glabre; graines tétragones, tuberculeuses . . . . *V. lathyroides.*

7 Un rhizome drageonnant; fleurs assez grandes, à pédoncule commun très court; gousse à sommet prolongé en bec. . . . . *V. sepium.*

Une racine annuelle; fleurs petites, à pédoncule commun allongé; gousse à sommet tronqué-arrondi. . *V. tetrasperma.*

8 Folioles amples, largement ovales; les deux inférieures placées à la base du pétiole. . . . . *V. pisiformis.*

Folioles étroites, linéaires-oblongues; les deux inférieures éloignées de la base du pétiole. 9

9 Plante ⊙ ou ⊙; étendard offrant un rétrécissement vers son quart supérieur; gousse de 10 mill. de diamètre . . . . *V. varia.*

Plantes ♃; étendard offrant un rétrécissement vers sa partie moyenne ou son quart inférieur; gousse de 6 mill. de diamètre 10

10 Etendard rétréci vers sa partie moyenne, à partie inférieure plus large que la supérieure . . . . *V. Cracca.*

Etendard rétréci vers son quart inférieur, à partie inférieure à peu près de la largeur de la supérieure . . . *V. tenuifolia.*

1. V. sativa L.; Lorey, 249. — ⊙ ou ⊙. — Mai-sept. — Moissons, cultures.

Var. *α. sativa.* — Folioles, même les supérieures, obovales ou oblongues; gousse comprimée, jaunâtre à la maturité. — C.

Var. *β. angustifolia* (*V. angustifolia* Roth). — Feuilles supérieures lancéolées-oblongues (*V. segetalis* Thuill.), ou étroitement linéaires (*V. Bobartii* Forst.); gousse cylindracée noirâtre. — A. R. — Liernais!, Saulieu!, etc. — J'ai rencontré à Rouvray des sujets à gousse jaunâtre. — L'inflorescence du *V. Bobartii* est quelquefois en très courte grappe triflore et sessile dans la partie inférieure de la tige, tandis que les autres fleurs sont axillaires, géminées ou même solitaires. Il s'ensuit que les fleurs axillaires représentent les fleurs inférieures d'une grappe avortée pour le surplus.

Presque toutes les espèces du genre *Vicia* présentent des variations parallèles dans la grandeur de leurs folioles, sans qu'on puisse invoquer pour cause la vigueur de la plante, car souvent on trouve des feuilles très étroites sur des tiges robustes. — Les folioles du *V. sativa* type sont toujours mucronées, mais avec sommet soit tronqué-échancré, soit obtus-aigu, et ces divers états peuvent se rencontrer sur une même tige et jusque dans la même feuille. Les feuilles caulinaires sont plus souvent tronquées que les raméales, et les caulinaires inférieures sont même parfois obcordées. Le polymorphisme des feuilles apparaît dès la germination; en effet, l'axe primaire a les folioles de ses feuilles inférieures étroitement linéaires, aiguës-acuminées, et celles des feuilles supérieures sont tantôt linéaires un peu élargies, tantôt oblongues-obovales; mais bientôt cet axe primaire s'étale et s'atrophie et, avant de périr, il est remplacé par des axes secondaires ou rameaux nés de sa partie inférieure. Chez ces rameaux ou tiges latérales, les folioles des feuilles inférieures sont obovales, échancrées au sommet; celles des supérieures sont oblongues-lancéolées, tronquées ou obtuses; d'où un contraste frappant avec les feuilles de l'axe primaire et par la forme des folioles et par leur apparition dans un ordre inverse de grandeur. — Les graines de *V. sativa* sont tantôt fauves, tantôt marbrées de fauve et de brun.

2. V. lathyroides L.; Lorey, 251. — ⊙. — Mai-juill.

— RR. — Friches, bords des chemins. — Parc de Seurre, Rouvray (*Lorey*); sablières à Pontailler!, glacis d'Auxonne!

3. **V. lutea** L.; Lorey, 251. — ⊙ ou ⊙. — Mai-sept. — A. R. — Moissons, cultures. — Laignes!, Châtillon!, Pontailler!, Soissons!, Jeux!, Epoisses!, etc.

Les *V. peregrina* L. (*Lorey*, 250) et *V. monanthos* Koch (*Ervum monanthos* L.; Lorey, 255) n'ont pu être retrouvés, quoique Lorey dise le premier assez commun dans les cultures de montagne et les champs stériles de la plaine, et le deuxième commun dans les blés. — M. Méline a récolté un échantillon de *V. Narbonensis* L. dans la plaine de Pouilly près Dijon.

4. **V. hirsuta** Koch. — *Ervum hirsutum* L.; Lorey, 253. — ⊙. — Juin-sept. — C. — Moissons, coteaux incultes, taillis.

5. **V. tetrasperma** Mœnch. — *Ervum tetraspermum* L.; Lorey, 255. — ⊙. — Juin-sept. — C. — Moissons, coteaux incultes, taillis.

Pédoncules moins longs, ou aussi longs, ou plus longs (*V. gracilis* Lois.) que la feuille, parfois sur le même individu. Le *V. gracilis* a, en outre, les feuilles plus étroites et très aiguës. — Il y a souvent avortement d'une foliole dans quelques-unes des paires qui composent la feuille.

6. **V. Ervilia** Willd. — *Ervum Ervilia* L.; Lorey, 254. — ⊙. — Juin-août. — R. — Moissons. — Dans les moissons du Pays-Bas (*Lorey*); Quincerot!, Antheuil!, Beaune!.

7. **V. varia** Host. — ⊙ ou ⊙. — Juin-août. — R. — Moissons. — Beaune!, Nolay!, Santenay!, Liernais!, Saulieu!, Vic-s-Thil!.

Plante glabrescente. — Quoique multiflores, les grappes ne comptent guère chacune que 2-5 gousses, à cause de la stérilité de la plupart des fleurs.

8. V. Cracca L.; Lorey, 249. — ♃. — Mai-juill. — CC. — Moissons sablonneuses, broussailles.

Varie à feuilles toutes très étroites (*V. Kitaibeliana* Rchb.).

9. V. tenuifolia Roth. — ♃. — Mai-juill. — C. — Moissons, bois, broussailles.

10. V. pisiformis L.; Lorey, 248. — ♃. — Juin-août. — RR. — Bois. — Bois des montagnes de la Côte et du vallon de l'Ouche, Chassagne (*Lorey*); Vantoux (*Lombard*); Sainte-Foix (*Maillard*); Santenay (*Gillot*); voie romaine des bois de Perrigny-lez-Dijon! (*Bonnet*).

11. V. sepium L.; Lorey, 252. — ♃. — Mai-août. — CC. — Bois, buissons.

Sommet des folioles tronqué-échancré dans les folioles larges, obtus dans les moins larges, aigu-acuminé dans les étroites. — Trouvé à fleurs blanches à Montbard! et Val-Suzon!.

La variété de *Vicia sepium*, à folioles ovales-lancéolées et à grappes moins fournies et moins brièvement pédonculées (*V. dumetorum* Thuill.), ne serait-elle pas le *V. dumetorum* que Lorey (p. 248) accorde aux montagnes de toute la côte? Le véritable *V. dumetorum* L. ne se trouve, d'après M. Boreau, qu'en une seule localité pour tout le centre de France : Cuiseaux en Saône-et-Loire. Il est assez commun dans les montagnes du département du Jura.

16. LATHYRUS *L.*

1 Plantes ⊙ ou ⊙; grappes 1-3 flores. 2
Plantes ♃; grappes multiflores 6
2 Feuilles à rachis dépourvu de folioles. 3
Feuilles à rachis muni de folioles 4
3 Rachis cylindrique, terminé en vrille; stipules amples, simulant des folioles; fleurs jaunes . . . . *L. Aphaca.*
Rachis aplani, ailé-foliacé, non terminé en vrille; stipules très petites ou nulles; fleurs roses . . . . *L. Nissolia.*
4 Tiges ailées; folioles oblongues; fleurs ordinairement 2-3 par pédoncule; gousses poilues, rudes . . . . *L. hirsutus.*

Tiges non ailées; folioles linéaires; fleurs toujours solitaires; gousses glabres, lisses 5

5 Pédoncule beaucoup plus long que le pétiole; graines cubiques, tuberculeuses. . . . . *L. angulatus.*

Pédoncule plus court que le pétiole; graines globuleuses, lisses. . . . . *L. sphæricus.*

6 Rhizome non drageonnant; tiges et pétioles ailés 7

Rhizome drageonnant; tiges et pétioles anguleux, non ailés . 8

7 Fleurs grandes, rouges; gousses de 7-8^c de longueur, insensiblement atténuées au sommet; graines chagrinées; hile occupant un tiers de la circonférence de la graine. *L. latifolius.*

Fleurs de grandeur moyenne, rose-verdâtre; gousses de 4-5^c de longueur, brusquement atténuées au sommet; graines très obscurément réticulées; hile occupant moitié de la circonférence de la graine . . . . *L. sylvestris.*

8 Rhizome muni de renflements ovoïdes; fleurs purpurines. . . . . *L. tuberosus.*

Rhizome dépourvu de renflements; fleurs jaunes . . . . *L. pratensis.*

1. L. Aphaca L.; Lorey, 261. — ⊙ ou ⊙. — Mai-sept. — C. — Moissons, cultures.

MM. Thilo Irmisch, Grenier et Kirsleger ont mentionné les faits intéressants qui suivent la germination du *L. Aphaca.* Les 2 ou 3 premières feuilles de l'axe primaire ont chacune une paire de folioles avec très petites stipules. L'avortement des folioles frappe les feuilles suivantes au profit des stipules; puis l'axe primaire s'atrophie, et il est remplacé par les tiges nées en sa partie inférieure. —On a constaté chez des sujets adultes l'apparition de folioles, et la transformation de la vrille en une petite feuille ovale-lancéolée; ce sont de véritables revendications exercées par l'élément foliacé. — La vrille manque à la plupart des feuilles de l'axe primaire et aux feuilles caulinaires inférieures.

2. L. Nissolia L.; Lorey, 261. — ⊙ ou ⊙. — Juin-sept. — R. — Moissons, taillis. — Moissons du Pays-Bas, bords des bois et des buissons (*Lorey*); Saulieu, Censerey

(*Lombard*); St-Remy !, Ste-Colombe !, moissons de Soissons !, Vielverge! et Semur !.

3. **L. sphæricus** Retz; Lorey, 262. — ⊙. — Mai-juin. — RRR. — Friches des bois de Lantenay (*Laguesse!*).

4. **L. angulatus** L.; Lorey, 262. — ⊙. —R. — Moissons. — Semur (*G. G.*); Liernais!, Précy-s-Thil!.

5. **L. hirsutus** L.; Lorey, 264. — ⊙. — Juin-août. — A. C. — Moissons et friches argileuses. — Lamarche!, St-Seine-en-Bâche!, Tailly!, Saulieu!, Champ-d'Oiseau!, Jeux!, etc.

Assez souvent les grappes supérieures égalent les feuilles, au lieu de les dépasser longuement.

Le *L. Cicera* L. a été observé adventivement une ou deux fois par Lorey (p. 263).

6. **L. sylvestris** L.; Lorey, 258. — ♃. — Juin-août. — C. — Bois, buissons.

La var. *platyphyllus* (*L. platyphyllus* Retz) a les feuilles elliptiques-lancéolées, aussi amples que celles du *L. latifolius*. — R. — Coteau des Bordes près Montbard!.

Dans le haut des tiges, les pétioles du *L. sylvestris* sont ordinairement à peine ailés, ou bien l'aile n'existe que d'un seul côté. Le *L. hirsutus* offre également de grandes variations dans les dimensions de ses ailes pétiolaires.

7. **L. latifolius** L.; Lorey, 258. — ♃. — Juin-août. — RR. — Bois, buissons. — Bas de Talant, Mont-Afrique (*Lorey*); Combe Ste-Anne à Dijon (*Lombard*); abonde dans le petit bois et les buissons de Blagny près Puligny!, où il remplace le *L. sylvestris*; buissons des vignes de Santenay !, où une variété à feuilles étroites est mêlée au type.

Le *L. heterophyllus* L. a été attribué à la combe d'Arcey, et aux prairies de Cussy-la-Colonne (Lorey, 260), et le *L. palustris* L. aux prés marécageux d'Orgeux, Arcelot et Limpré (Lorey, 260).

8. L. pratensis L.; Lorey, 259. — ♃. — Juin-août. — C. — Prairies et bois humides.

Les stipules sont quelquefois plus grandes que les feuilles.

9. L. tuberosus L.; Lorey, 259. — ♃. — Juin-juill. — C. — Moissons des prairies et des coteaux.

Rhizome horizontal, grêle, rameux-drageonnant. De certains des nœuds radicants des drageons sort une pseudorrhize, dont la partie basilaire se renfle en un corps ovoïde, parfois napiforme, brusquement atténué en un long filament. Ces renflements sont dus à l'hypertrophie du cylindre central, et demandent 3-4 ans pour acquérir tout leur volume. Un bourgeon est inséré en leur sommet; ils ne dépendent donc pas exclusivement du système descendant et leur nature est mixte, comme chez un *Aconitum Napellus* ou une *Ophrydée;* mais ils diffèrent des tubercules de ces dernières plantes par la durée surtout, car loin de se remplacer à chaque printemps, ils persistent pendant un grand nombre d'années. — Dans les germinations de *L. tuberosus*, le jeune tubercule est formé par le renflement de l'axe hypocotylé et d'une notable partie du pivot.

17. OROBUS *L.*

1 Rhizome grêle, allongé, drageonnant, parsemé de nodosités ligneuses d'où naissent les pseudorrhizes, les drageons et les tiges . . . . *O. tuberosus.*
Une racine et à la fin un rhizome robuste, très court, non drageonnant 2
2 Rhizome et pseudorrhizes jaunes; pseudorrhizes peu nombreuses, robustes, fusiformes, brusquement atténuées à leur extrémité . . . . *O. niger.*
Rhizome et pseudorrhizes noires; pseudorrhizes nombreuses, assez grêles, cylindracées . . . . *O. vernus.*

1 Tiges ailées . . . . *O. tuberosus.*
Tiges non ailées 2
2 Feuilles elliptiques-oblongues, noircissant à la dessiccation; stipules semisagittées-linéaires . . . . *O. niger.*

Feuilles ovales, lancéolées-acuminées, ne noircissant pas à la dessiccation; stipules semisagittées-ovales . . . *O. vernus.*

1. O. niger L.; Lorey, 265. — ♃. — Mai-juin. — R. — Bois. — Mont-Afrique!, Nuits!, Bouilland!, Meursault!, Santenay!.

2. O. vernus L.; Lorey, 266. — ♃. — Avril-mai. — R. — Bois. — Gevrey (*Lorey*); Velars!, Mont-Afrique!.

C'est par méprise qu'un rhizome rampant-traçant a été donné (Krsleger) aux *O. vernus* et *niger*. Ces plantes débutent avec une racine pivotante, d'abord aidée, puis à la fin remplacée par des pseudorrhizes qui naissent de la souche, et qui ont la forme, le volume et la direction de la racine elle-même.

3. O. tuberosus L.; Lorey, 266. — ♃. — Avril-juin. — C. — Bois.

Les folioles offrent toutes les transitions entre les formes suborbiculaire-elliptique (*O. Pyrenaicus* L.) et lancéolée-linéaire (*O. tenuifolius* Roth). — Les renflements parsemés sur le rhizome sont entièrement dus au système ascendant, et diffèrent donc essentiellement de ceux du *Lathyrus tuberosus,* qui sont formés presque en totalité par la base hypertrophiée d'une pseudorrhize.

18. CORONILLA *L.*

1 Racine non ligneuse, bourgeonnant adventivement et simulant un rhizome rameux horizontal . . . . *C. varia.*
Racine plus ou moins ligneuse, pivotante, dépourvue de bourgeons adventifs 2
2 Racine médiocrement ligneuse, bientôt atteinte d'exfoliations, puis de destructions longitudinales partielles; écorce assez épaisse . . . . *C. montana.*
Racine très ligneuse, sans destructions longitudinales; écorce mince 3
3 Racine grêle, non fétide . . . . *C. minima.*
Racine robuste, presque fétide . . . . *C. Emerus.*

1 Feuilles à 7-10 paires de folioles; fleurs rosées . . . *C. varia.*
Feuilles à 2-6 paires de folioles; fleurs jaunes. 2
2 Plante entièrement frutescente; stipules libres; folioles inférieures éloignées de la tige. . . . . *C. Emerus.*
Plantes partiellement frutescentes, ou encore herbacées; stipules soudées en une seule oppositifoliée; folioles inférieures accolées à la tige. 3
3 Tiges frutescentes à la base; ombelles 6-10 flores; pédicelles à peu près de la longueur du tube du calice. . . *C. minima.*
Tiges herbacées dès la base; ombelles 15-20 flores; pédicelles deux fois plus longs que le tube du calice. . . *C. montana.*

1. C. Emerus L. — ♄. — Mai-juin. — RR. — St-Aubin, Gamay, Nolay (*Duret*); abonde dans les bois entre Santenay et St-Aubin! (*Gillot*); Dijon et Plombières, (*Weber*). Commun dans le Doubs et le Jura.

2. C. minima L.; Lorey, 241. — ♄. — Mai-juill. — C. — Pelouses arides, rochers.

3. C. montana Scop.; Lorey, 242. — ♃. — Mai-juin. — R. — Bois de montagne. — Notre-Dame d'Etang, Messigny et tout le vallon du Suzon jusqu'à sa source! (*Lorey*); Marey-s-Tille (*Morelet*); bois du Larrys-de-Vaux à Buffon!, Asnières-en-Montagne!, Essarois!, Diénay!, Mont-Afrique!, Bouilland!, Santenay!.

Racine et fleurs presque fétides sur le frais; feuilles et fleurs aromatiques par la dessiccation.

4. C. varia L.; Lorey, 242. — ♃. — Mai-sept. — C. — Moissons, bois, friches.

Les bourgeons adventifs de la racine apparaissent principalement sur les ramifications, qui s'étendent horizontalement près de la surface du sol; c'est du reste la règle pour toute racine ou pseudorrhize bourgeonnante.

19. ORNITHOPUS *L.*

1. **O. perpusillus** L.; Lorey, 243. — ⊙. — Mai-août. — A. C. — Friches des sols siliceux et granitiques. — Auxonne, Saulieu!, Laroche-en-Brenil! (*Lorey*); Vielverge!, Nolay! Arnay-le-Duc!, Liernais!, St-Germain-de-Modéon!, Montberthault!, Millery!.

Parfois glabre.

20. HIPPOCREPIS *L.*

1. **H. comosa** L.; Lorey, 244. — ♃. — Mai-juin. — C C. — Bois, pelouses, rochers.

21. ONOBRYCHIS *Tourn.*

1. **O. sativa** Lmk; Lorey, 245. — ♃. — Avril-août. — C. — Prés, coteaux incultes, pelouses des bois.

Le système souterrain des *Papilionacées* vivaces consiste habituellement en une racine robuste, pivotante, très allongée, parfois accompagnée de pseudorrhizes également robustes, et dans ce cas il peut arriver aux très vieux individus de perdre leur racine et de passer complétement au rhizome (*Trifolium rubens, Orobus niger*, *O. vernus*, etc.). — Quelques espèces émettent des drageons, avec cette particularité que ces rejets restent longtemps reliés à la souche mère (*Ononis repens*, *Lotus major*, *Trifolium medium*, *Vicia sepium*, *Lathyrus tuberosus*, *Orobus tuberosus*, etc.). — Les racines et pseudorrhizes ont ordinairement une odeur caractéristique, qui rappelle une forte odeur de panais, et elles sont remarquables par leur longue persistance. Chez certaines espèces (*Ulex Europæus*, *Ononis repens*, *Coronilla montana*, *Hippocrepis comosa*), il est vrai, les vieilles racines finissent, ainsi que la souche, par être atteintes de profondes destructions longitudinales partielles; mais ces destructions n'entraînent pas leur mort, et ne font que séparer leur partie basilaire en plusieurs sections libres entre elles.

Les racines et pseudorrhizes sont pourvues de granules corticaux (*tubercules lenticellaires* [Clos], *poils radicaux* [Irmisch]) charnus, solitaires ou agglomérés, subglobuleux, oblongs-claviformes, ou encore (*Colutea arborescens, Medicago maculata*) aplatis, fasciés-digités, petits et courts, ou pouvant atteindre (*Coronilla montana*) jusqu'à 10 mill. de longueur sur 3 de diamètre, enfin blancs, ou parfois (*Medicago Gerardi*) bruns; mais ordinairement, même les granules blancs à l'extérieur sont brun-jaunâtre intérieurement. Ces excroissances se montrent déjà sur le pivot des germinations; elles m'ont paru annuelles et ont pour siége les parties jeunes des racines et des pseudorrhizes. De Candolle [1], ne soupçonnant pas la présence normale de ces petits corps chez les *Papilionacées*, institua une variété *nodosus* pour un *Ornithopus perpusillus*, chez qui il les avait constatés. MM. Grenier et Godron [2] les mentionnent seulement sur la racine du *Lotus corniculatus*. Les bourgeons adventifs, qui ont été accordés par Reichardt [3] aux racines des *Medicago maculata* et *Trifolium repens*, n'étaient sans doute que de pareilles productions, car ils font tout à fait défaut chez ces racines. Parmi les *Papilionacées* que j'ai observées, le *Scorpiurus vermiculata* s'est trouvé dépourvu de granules; en manquent aussi les *Cercis Siliquastrum*, *Sophora Japonica* et autres *Légumineuses*, qui n'appartiennent pas d'ailleurs au groupe des *Papilionacées*. Ces petits corps ont été parfois regardés (Woronine [4]) comme un produit morbide dû à la présence de *Bactéries*;

1. *Fl. Fr.*, IV, p. 602.
2. *Fl. de Fr.*, I, p. 432.
3. *Bull. de la Soc. Bot. de Fr.*, 1858, V, p. 182.
4. *Ibid.*, 1877, XXIV, p. 134.

mais un produit morbide ne peut être qu'un accident, une exception, et ne saurait être normal et général, comme le sont les granules. La présence de *Bactéries* doit donc coïncider avec la mort ou la résorption du granule, et non avec sa naissance ou son développement. Il en est de même des larves qui peuvent se rencontrer à l'intérieur des granules.

A la germination, les cotylédons sont tantôt épigés (*Melilotus officinalis*, *Medicago Lupulina, M. polycarpa*, *M. maculata*, *M. Gerardi*, *Coronilla montana*, etc.), tantôt hypogés (*Vicia sativa*, *V. lutea*, *V. lathyroides*, *V. Cracca*, *V. sepium*, *Lathyrus sylvestris, L. hirsutus*, *L. Aphaca*, *L. Nissolia*, etc.). Après un faible développement, l'axe primaire s'atrophie chez les *Vicia sativa*, *lathyroides*, *Cracca*, et chez les *Lathyrus sylvestris*, *hirsutus*, *Aphaca, Nissolia*, etc. L'atrophie est même congénitale, et l'axe primaire nul dès la jeunesse pour une espèce du midi de la France, le *Scorpiurus vermiculata*; mais, par balancement organique, les cotylédons, foliacés-accrescents, permettent à la plante d'attendre l'émission des tiges latérales. — L'axe primaire des *Coronilla montana* et *Melilotus officinalis* ne se détruit qu'à la fin de la première année, et il sera remplacé au printemps suivant par les tiges latérales florifères nées de la souche. Mais d'autres *Papilionacées* conservent leur axe primaire qui, tout en étant moins robuste que les tiges latérales, monte à fleurs en même temps que celles-ci (*Medicago maculata*, *M. minima*, *M. polycarpa*, *Trifolium procumbens*, *Faba vulgaris*, etc.). Cette atrophie ou cet affaiblissement de l'axe primaire est une des caractéristiques des *Papilionacées*. — Les feuilles de l'axe primaire sont semblables à celles des tiges latérales chez les *Vicia Cracca*, *V. varia*, *Lathyrus hirsutus*, etc., tandis qu'elles en diffèrent notablement chez le *Vicia sativa* (p. 128) et qu'elles sont simples chez le *Coronilla montana*.

Tantôt les fleurs sont géminées ou solitaires aux aisselles

des feuilles, tantôt elles sont disposées en grappes ou en capitules qui, eux-mêmes, sont le plus souvent axillaires. Très fréquemment l'aisselle porte, outre la grappe, un bourgeon soit rudimentaire (*Lathyrus tuberosus*), soit développé en rameau (*Ononis spinosa*, *Genista Germanica*, *Melilotus officinalis*, etc.). — L'inflorescence des *Papilionacées* est éminemment progressive, puisque les grappes (*Vicia*), capitules (*Trifolium*) ou ombelles (*Lotus*) s'épanouissent de la circonférence au centre et que les pédoncules communs se succèdent de bas en haut sur les tiges. Chez les *Trifolium rubens* et *Alpestre*, l'épanouissement des premières fleurs est simultané sur tout le pourtour de la base du capitule, et comme ces fleurs sont étalées, on croirait tout d'abord voir un capitule de *Centaurea* à centre saillant-conique pour le *Trifolium rubens* et plan-convexe pour le *T. Alpestre*. L'anthèse est plus précoce sur une face que sur l'autre dans les capitules des *Trifolium pratense*, *medium* et *repens*. — Les fleurs de l'*Ononis Natrix* sont axillaires-solitaires sur toute la longueur des branches de la panicule; mais chez les *O. spinosa* et *repens*, elles n'ont cette disposition que dans la région terminale de l'inflorescence, et sont, pour le surplus, insérées sur de petits rameaux épineux, où elles forment de courtes grappes qui sont surtout très pauciflores chez l'*O. spinosa*. D'ailleurs, le pédoncule uniflore, vert et aristé de l'*O. Natrix*, représente un ramuscule atrophié, qui est muni d'un pédicelle jaunâtre, semi-transparent, et n'émergeant que vers la base de l'arête. Celle-ci n'est pas un pédicelle stérile, mais bien le sommet du ramuscule; et, en effet, après la chute de la fleur et de son pédicelle, l'arête persiste sous forme d'une épine non vulnérante.

La couleur des corolles varie beaucoup avec l'âge de la fleur, par le passage du rose au violet ou au bleu et au fauve (*O. tuberosus*, *O. niger*, *O. vernus*, *Lathyrus angulatus*, *Vicia sepium*, etc.). — La corolle du *Medicago sativa* peut revêtir des teintes passagères et alternativement répétées de bleu et de vert. Si l'on observe, en effet, vers le milieu du jour, des grappes violet pâle ou violet foncé de cette plante, on remarque souvent que plusieurs des fleurs intermédiaires de chaque grappe sont bleu-verdâtre, c. à. d. d'une autre teinte que les fleurs plus âgées ou plus jeunes. Cette nuance bleu verdâtre est ici due, non à l'âge de la fleur, mais à l'action de la lumière et disparaît pendant la nuit, pour se montrer de nouveau le lendemain, jusqu'à ce que la corolle, devenue trop vieille, garde enfin pour mourir la teinte qu'elle avait à sa naissance. La disparition du bleu-verdâtre a lieu même en plein jour, si l'on tient la grappe à l'obscurité, comme dans une boîte d'herborisation, en ayant soin toutefois que l'atmosphère ne soit pas saturée d'humidité. L'intensité de la teinte est d'autant plus grande que le soleil a brillé d'un éclat plus vif et plus prolongé, ce qui rend manifeste l'intervention de la chlorophylle dans le phénomène. Les fleurs qui se sont épanouies de grand matin peuvent prendre la nuance bleu-verdâtre dans la journée même, mais celles qui ne s'épanouissent que dans le milieu du jour devront attendre au lendemain. Les individus à fleurs blanches échappent à ce changement de teinte, ainsi que beaucoup de ceux qui ont pourtant la couleur favorable, c. à. d. la nuance violet pâle ou violet foncé. — Chez le *Medicago media*, le phénomène est le même que chez le *M. sativa*, sauf pourtant que la variation de couleur donne à la teinte verte une prédominance marquée sur le bleu, et qu'elle s'étend à tous les individus et non pas seulement à un certain nombre; puis, les corolles meurent avec une teinte jaune-violacé, au lieu de revenir à la teinte, nettement jaune, de leur premier épanouissement.

Les valves des gousses sont le plus souvent hygrométriques. A la sécheresse, elles se contournent en spirale sur leur face interne, tandis qu'elles se déroulent à l'humidité. L'enroulement se dirige à gauche pour l'une des valves de la gousse et à droite pour l'autre (*Vicia sepium*, *V. Cracca*, *Sarothamnus scoparius*, etc.). Il y a de plus, chez le *Lathyrus Nissolia*, projection des graines par la rapidité de l'enroulement des valves au moment de la déhiscence. — Sous l'action d'un chaud soleil, les gousses mûres des *Sarothamnus scoparius* et *Ulex Europæus* s'ouvrent brusquement, avec une crépitation très appréciable quand on est au milieu d'un fourré de ces arbrisseaux.

XXVIII. LYTHRARIÉES (Juss.).

1. LYTHRUM *L.*

Racine à ramifications robustes et brusquement atténuées en un filament allongé; plante ♃. . . . . *L. Salicaria.*
Racine à ramifications grêles; plante ⊙ . . . *L. hyssopifolia.*

Feuilles florales cordées à la base; fleurs ordinairement 4-8 sur un pédoncule axillaire très court; calice pubescent . . . . *L. Salicaria.*
Feuilles florales atténuées à la base; fleurs solitaires ou géminées, axillaires; calice glabre. . . . . *L. hyssopifolia.*

1. L. Salicaria L.; Lorey, 347. — ♃. — Juill.-août. — C. — Bords des eaux, lieux humides.

La même tige peut avoir des feuilles opposées, verticillées par 3, ou alternes.

Au bord des eaux, la partie submergée des tiges offre une hypertrophie considérable à l'extérieur de la gaîne libérienne; les racine et pseudorrhizes sont également sujettes à cette hypertrophie aux points qui se trouvent en contact immédiat avec l'eau. Il en est de même des *Lythrum hyssopifolia, Isnardia palustris, Epilobium hirsutum, Lycopus Europæus*, etc.

Lorey décrit et figure (p. 348, tab. 2) un *Lythrum alternifolium* DC. *in litt.*, qu'il rapproche du *L. hyssopifolia*, à cause de ses feuilles florales alternes, de ses fleurs solitaires et de ses 6 étamines. Mais cette plante n'est pour M. Boreau [1] qu'une forme de *L. Salicaria*, appauvrie en son inflorescence et son androcée. La réduction du nombre des fleurs et leur alternance ne sont, en effet, pas rares vers le sommet des rameaux du *L. Salicaria*, même sans la mutilation des tiges invoquée par M. Boreau. Lorey n'avait pas récolté lui-même ce *L. alternifolium*, et n'en avait vu qu'un rameau d'herbier.

2. **L. hyssopifolia** L.; Lorey, 347. — ⊙. — Juill.-août. — A. R. — Moissons argileuses, taillis humides. — Bords des bois du Pays-Bas (*Lorey*); Bourberain!, St-Sauveur!, Vielverge!, Flammerans!, Collonges!, Longvay!, Seurre!, Merceuil!, Rouvray!, Bard!, Semur!, etc.

2. PEPLIS *L.*

1. **P. Portula** L.; Lorey, 350. — ⊙. — Juill.-sept. — A. C. — Lieux marécageux, fossés, bords des étangs. — Collonges!, St-Jean-de-Losne!, Cîteaux!, Seurre!, Thoisy-la-Berchère!, Saulieu!, Précy-s-Thil!, St-Andeux!, Bard!, Semur!, etc.

XXIX. PORTULACÉES (Juss.).

1. PORTULACA *Tourn.*

1. **P. oleracea** L.; Lorey, 351. — Juill-sept. — C. — Jardins, cultures.

1. *Fl. centr.*, édit. 3, p. 247.

Pendant la nuit, les feuilles se relèvent ; les tiges, au contraire, ont une tendance à s'étaler. — Les fleurs sont éphémères ; leur épanouissement exige une forte chaleur et ne dure que 2-3 heures. En arrière-saison, elles ne s'ouvrent plus du tout, ce qui d'ailleurs n'est pas un obstacle à la fructification.

2. MONTIA *L.*

1. M. fontana L.; Lorey, 352. — ♃ ou ⨀. — Avril-sept. — R. — Ruisseaux, fontaines, friches et cultures humides des sols granitiques et siliceux. — Auxonne, Seurre, Semur, Saulieu! (*Lorey*); Vielverge!, Eschamps!, Laroche-en-Brenil!, Montberthault!, Gevrey!.

Cette plante est généralement divisée en 2 variétés ou encore en 2 espèces (*M. rivularis* Gmel., et *M. minor* Gmel.); mais un examen attentif de sa végétation ne permet guère d'admettre même 2 variétés. Le *M. fontana*, à l'exemple de beaucoup d'*Epilobium*, du *Senecio Jacobæa*, etc., modifie sa durée au gré des stations. Or, ce qui importe dans le système souterrain est beaucoup moins la durée que le mode de végétation. Quand le *M. fontana* croît dans les lieux qui s'assèchent, il est bisannuel et reste de petite taille (*M. minor*); vit-il au contraire dans les fontaines et le lit des ruisseaux, il est vivace et allonge ses tiges d'une façon notable (*M. rivularis*). Mais dans les deux cas, le mode de végétation est au fond le même : on a toujours des tiges radicantes aux points les plus divers des mérithalles, et il n'y a de changé que la longueur des tiges. Aussi, voit-on dans une même station le *M. rivularis* passer insensiblement au *M. minor*, à mesure que la plante, s'élevant sur le talus des fossés, atteint les points exposés à l'assèchement. Quant à la différence tirée des graines finement (*M. rivularis*) ou fortement (*M. minor*) chagrinées, elle me semble tenir au plus ou moins de vigueur des sujets, c. à. d. à la station. D'ailleurs, souvent le même individu possède à la fois les deux sortes de graines, ou encore des graines à surface indécise. Comme les fossés et ruisseaux du Val-de-Saône s'assèchent ordinairement en été, le *M. minor* y est moins rare que le *M. rivularis*.

La racine de germination est très grêle et s'atrophie promptement; elle est remplacée par des pseudorrhizes sétacées, nées de la partie inférieure et étalée de la tige. Il est à remarquer que cette partie radicante se détruit successivement en ses mérithalles postérieurs, ce qui fait que la plante prend un rhizome, lors même qu'elle n'est que bisannuelle.

L'inflorescence du *M. fontana*, que les auteurs rapportent à la cyme, consiste, au contraire, en grappes chez lesquelles l'épanouissement marche de bas en haut. Ces grappes sont toujours terminales, mais elles paraissent latérales, quand (*M. rivularis*) un rameau axillaire prolonge sympodiquement la tige; 3 mérithalles caulinaires sont interposés à chacune des grappes. Tantôt les grappes comprennent 5-6 fleurs, tantôt elles sont réduites à 2-3; en ce dernier cas, la fleur centrale ou terminale est la plus jeune, ce qui est incompatible avec une cyme. — Les pédicelles naissent de partition, et quand ils sont au nombre de 5-6, ils forment une grappe unilatérale-scorpioïde. Dressés avant et pendant floraison, ils se courbent en crochet après, puis ils s'allongent et se redressent à la maturité. — La capsule mûre projette ses graines par le brusque enroulement longitudinal de ses valves.

XXX. PARONYCHIÉES (A. de St-Hil.).

1. CORRIGIOLA *L.*

1. C. littoralis L.; Lorey, 353. — ⊙ ou ⊙. — Mai-août. — A. R. — Pelouses et jachères siliceuses. — Seurre, Saulieu!, Laroche-en-Brenil (*Lorey*); Pontailler!, Courcelles-Frémoy!, Rouvray!.

Pétales blancs, rarement rosés.

2. HERNIARIA *Tourn.*

Plante glabre. . . . . *H. hirsuta.*
Plante velue-hérissée. . . . . *H. glabra.*

1. H. glabra L.; Lorey, 354. — ⊙ ou souvent pérennant. — Mai-sept. — A. C. — Sables, chemins, pelouses. — Dijon, Longvic (*Lorey*); St-Remy!, Rougemont!, Arrans!, Val-Suzon!, etc.

2. H. hirsuta L.; Lorey, 355. — ⊙ ou rarement pérennant. — Mai-sept. — RR. — Moissons et friches siliceuses. — Seurre, Arnay-le-Duc, Saulieu (*Lorey*); Labergement-lez-Seurre!.

Les *H. hirsuta* et *glabra* ne diffèrent entre eux que par la vestiture, mais l'absence d'intermédiaires empêche de les réunir en une seule espèce.

3. ILLECEBRUM *L.*

1. I. verticillatum L.; Lorey, 355. — ⊙ ou parfois pérennant. — Mai-sept. — R. — Cultures et moissons siliceuses. — Arnay-le-Duc, Saulieu! (*Lorey*); Seurre (*Duret*); Eschamps!, St-Germain-de-Modéon!, Rouvray!.

4. SCLERANTHUS *L.*

Plante ♃; calice à divisions largement blanches-scarieuses aux bords. *S. perennis.*
Plante ⊙ ou ⊙; calice à divisions vertes ou très étroitement scarieuses aux bords. . . . . *S. annuus.*

1. S. perennis L.; Lorey, 356. — ♃. — Mai-juin. — A. R. — Moissons, pelouses et rochers des sols siliceux. — Bords de la Saône, Saulieu!, Semur! (*Lorey*); Pontailler!, Nolay!, Montberthault!, Rouvray!.

2. S. annuus L.; Lorey, 357. — ⊙ ou ⊙. — Avril-oct. — C. — Cultures, moissons, pelouses.

Le *S. annuus* germe, suivant les stations, en automne ou au printemps, c. a. d. qu'il est bisannuel ou annuel. Sur les pelouses arides, exposées au plein midi, la germination a lieu en automne; les individus restent grêles et nains, fleurissent dès le mois d'avril suivant et disparaissent en juin (*S. biennis* Reut. — Flavigny [*Lombard*]; abonde sur les pelouses du Gué-St-Jean à Montbard!, pâtis de Vielverge!). Mais dans les stations moins arides et moins chaudes, la plante prend un plus grand développement et mûrit beaucoup plus tard ses graines, dont la plupart ne germeront qu'au printemps, car les graines de cette espèce demandent un certain temps de stratification. On ne peut donc dire avec M. Grenier [1] que, sous l'influence d'une température défavorable, le *S. biennis* se développe tardivement, puisqu'au contraire il est en grande avance sur le type par sa germination et sa fructification. Enfin des graines de *S. biennis*, semées en janvier dans un pot tenu à l'ombre, m'ont donné des sujets qui rentraient pleinement dans le *S. annuus* par la longueur de leurs tiges et par leur floraison estivale.

XXXI. CRASSULACÉES (DC.).

1. TILLÆA *Micheli.*

1. T. muscosa L.; Lorey, 358. — ☉. — Juin-juill. — RR. — Pelouses granitiques. — Abonde à Saulieu sur les pelouses contigues à l'étang des Vermoureaux! (*Lorey*); Dompierre-en-Morvan!.

Lorey indique le *Bulliarda Vaillantii* DC. aux étangs de St-Léger près Saulieu.

2. SEDUM *L.*

1 Plante ☉; étamines 5, rarement 10 . . . . *S. rubens.*
  Plantes ♃; étamines ordinairement 10-12 2
2 Pseudorrhizes renflées-napiformes; feuilles planes. . . . . .
  . . . . *S. Telephium.*

1. *Fl. Jurass.*, p. 269.

Pseudorrhizes filiformes-cylindracées; feuilles plus ou moins cylindracées, planes-convexes ou ovoïdes. 3

3 Fleurs blanches ou rosées. 4

Fleurs jaunes 6

4 Feuilles obovées-subglobuleuses, les caulinaires ordinairement opposées. . . . . *S. dasyphyllum.*

Feuilles subcylindracées, les caulinaires alternes 5

5 Corymbe simple, feuillé, à rameaux pubescents-glanduleux . . . . *S. villosum.*

Corymbe composé, aphylle, à rameaux glabres . . *S. album.*

6 Feuilles ovoïdes, non prolongées au-dessous de leur insertion. . . . . *S. acre.*

Feuilles subcylindracées-linéaires, prolongées au-dessous de leur insertion 7

7 Plante grêle, feuilles obtuses. . . . . *S. Boloniense.*

Plantes assez robustes; feuilles aigues-mucronées 8

8 Rosettes foliaires lâches; feuilles cylindracées, à éperon court, arrondi; corymbe feuillé, le fructifère à rameaux obliquement redressés, non connivents. . . . . *S. reflexum.*

Rosettes foliaires denses, obconiques; feuilles planes à la face supérieure, à éperon triangulaire aigu; corymbe aphylle, le fructifère à rameaux dressés, contractés-connivents. . . . . *S. elegans.*

1. S. rubens L.; Lorey, 361. — ⊙. — Mai-juill. — A. R. — Moissons argileuses, rochers ombragés. — Norges, Brazey, Auxonne (*Lorey*); Semur! (*Collenot*); St-Remy!, Rougemont!, Châtillon!, Aisey!, Liernais!, etc.

Les feuilles radicales sont spathulées, et n'existent plus à la floraison; les caulinaires moyennes et supérieures sont cylindracées-oblongues.

2. S. Telephium L.; Lorey, 360. — ♃. — Juin-sept. — A. C. — Haies, taillis, berges des rivières. — Mont-Afrique, Gevrey (*Lorey*); St-Remy!, Val-Suzon!, Arnay-le-Duc!, Menessaire!, Vieux-Château!, etc.

Feuilles arrondies ou atténuées à la base, entières ou dentées-incisées, le plus souvent alternes, mais parfois opposées ou même verticillées par trois, ou encore opposées dans le bas de la tige et alternes en sa partie supérieure. — Insertion des étamines intérieures tantôt à la base, tantôt vers le tiers inférieur des pétales. — Fleurs entièrement rouges, ou blanchâtres à sommet rosé.

3. S. album L.; Lorey, 360. — ♃. — Mai-juill. — CCC. — Vieux murs, toits, friches.

On peut trouver en la même station des individus à feuilles oblongues, et d'autres à feuilles obovoïdes-subglobuleuses avec fleurs assez petites (S. *micranthum* Bast.). — Pétales parfois légèrement soudés entre eux par la base.

4. S. dasyphyllum L.; Lorey, 362. — ♃. — Juin-août. — RR. — Murs, rochers. — Depuis Couchey jusqu'à la fin de la Côte (*Lorey*); Velars! (*Morelet*); murs le long des rues de Gevrey! (*Weber*).

L'indication de Lorey paraît beaucoup trop large.

5. S. villosum L.; Lorey, 361. — ♃. — Juill.-août. — R. — Marécages tourbeux granitiques. — Saulieu!, Laroche-en-Brenil, Vic-s-Thil (*Lorey*); St-Léger-de-Fourches (*Boreau*); Rouvray!.

6. S. acre L.; Lorey, 362. — ♃. — Mai-juill. — CCC. — Toits, vieux murs, lieux incultes, vignes.

Sur les toits et les murs, les feuilles des tiges florifères sont imbriquées, et les pétales linéaires-lancéolés, 2 fois plus longs que les sépales. Dans les sols fertiles ou ombragés, les feuilles sont espacées, les pétales lancéolés aigus, ou même ovales subobtus, une fois seulement plus longs que le calice, et parfois en outre d'un jaune verdâtre.

7. S. Boloniense Lois. — *S. sexangulare* DC.; Lorey, 363. — ♃. — Juin-août. — A. C. — Bords des chemins, pelouses. — Lusigny, Bligny (*Lorey*); St-Remy!, Rougemont!, Flavigny!, Laignes!, Recey!, Bourberain!, Val-Suzon!, glacis d'Auxonne!, Blaisy-Bas!, Flavignerot!, Pont-d'Ouche!, Chaumes d'Auvenet!, Santenay!, Rouvray!, Genay!, etc.

En hiver, les feuilles âgées de 2 ans persistent desséchées sur les tiges de remplacement au-dessous des feuilles de l'année, tandis qu'elles sont déjà tombées chez le *S. album*.

8. S. reflexum L.; Lorey, 363. — ♃. — Juin-août. — C. — Friches, bois, rochers.

Le *S. rupestre* L. est une variété glauque et robuste du *S. reflexum*. — Montbard!, Dijon!, Beaune!, Menessaire!, abondant sur les toits de chaume de Montberthault!, etc.

Les feuilles des tiges florifères du *S. reflexum* sont de moins en moins cylindracées de la base au sommet de la tige, où elles deviennent comprimées-aplaties.

9. S. elegans Lej. — ♃. — Mai-août. — C. — Pelouses et rochers des sols siliceux. — Pontailler!, glacis d'Auxonne! Le Maupas!, Saulieu!, Laroche-en-Brenil!, Rouvray!, Semur!, pâtis à l'entrée de Grignon!, Gevrey!, Toutry!, etc. Se trouve dans un pré de St-Remy, où il a été entraîné par les eaux de l'Armançon!.

A, comme le *S. reflexum*, les feuilles glauques, ou vertes (*S. aureum* Wirtg.), mais est loin de varier autant que le *S. reflexum* pour la grosseur des tiges et la grandeur des feuilles.

† SEMPERVIVUM *L.*

† **S. tectorum** L.; Lorey, 364. — ♃. — Juill.-août. — Naturalisé dans les rochers sous Semur! (*Lorey*); sur les toits de chaume de Villy-le-Moutiers!, etc.

Stolons courts, terminés par une rosette qui est stolonifère elle-même dès l'année de sa naissance, mais qui ne fleurira qu'après plusieurs années. Ces jeunes rosettes deviennent radicantes et forment ainsi une agglomération de colonies autour de la souche mère.

3. UMBILICUS *DC.*

1. U. pendulinus DC.; Lorey, 359. — ♃. — Juin-juill. — RRR. — Rochers, vieux murs. — Semur!, Beaune! (*Lorey*); rochers bordant l'Armançon au dessous du pont de Chevigny, rive gauche!.

La présence de cette espèce silicicole dans les vieux remparts de Beaune peut s'expliquer (Collenot) par l'emploi des sables siliceux de Saône pour la confection des mortiers. La plante de Beaune est d'ailleurs beaucoup moins robuste que celle de Semur. — Les auteurs donnent à cette espèce des fleurs réfléchies; mais les fleurs ne sont réfléchies que pour la fructification; elles sont étalées pendant l'épanouissement et dressées avant.

Le rhizome des *Sedum reflexum, elegans, album, villosum, acre, Boloniense* est horizontal, épigé, grêle et allongé; il est formé par les bases radicantes des tiges et ne produit que des pseudorrhizes filiformes ou sétacées, s'agglutinant au lavage. Le *S. Telephium* est, au contraire, remarquable par un rhizome court, robuste et par le volume de ses pseudorrhizes. — L'axe hypocotylé est renflé-accrescent chez le *S. Telephium* et constitue ainsi la base de la jeune souche. C'est encore l'axe hypocotylé qui est le point de départ du tubercule de l'*Umbilicus pendulinus*. Ce tubercule met plusieurs années pour atteindre sa grosseur normale; et alors, il se présente sous la forme d'un corps subglobuleux, persistant, surmonté d'un bourgeon et enveloppé d'un feutrage de pseudorrhizes sétacées, qui naissent surtout vers l'insertion de ce bourgeon. — Un trait caractéristique du genre *Sedum* et de plusieurs autres *Crassulacées*, c'est, chez les germinations, la prompte atrophie du pivot, et le développement d'une couronne de radicelles au collet, c. à. d. au plan séparatif du pivot et de l'axe hypocotylé. Ainsi, au début, l'évolution souterraine est la même chez les *Sedum album* et *Telephium*, quoique ces espèces trahiront bientôt sur ce point les plus profondes différences. — Les *Sedum album*, *elegans*, *reflexum*, etc., aux lieux ombragés ou à la lumière diffuse, développent facilement des pseudorrhizes aériennes aux aisselles de leurs feuilles. — Quand on bouture des rameaux de *Sedum Telephium*, la radication a lieu, non sur l'aire de la blessure ou le long des mérithalles, mais uniquement à la base même des bourgeons du rameau bouturé.

Contrairement aux assertions de M. Grenier [1], la teinte glauque des *Sedum reflexum* et *elegans* ne dépend pas de l'orientation, puisque l'on trouve souvent, en la même station, les individus verts mêlés aux glauques. D'ailleurs, des sujets verts, que j'avais mis en expérience, sont restés verts en plein soleil, tandis que de glauques ne sont pas devenus verts, quoique cultivés à l'ombre pendant plusieurs années. Mais si des rameaux glauques sont recouverts et étouffés, pour ainsi dire, par les feuilles de plantes voisines, il s'en suit un étiolement, un état maladif caractérisé par l'affaiblissement ou même l'effacement de la glaucescence. Encore ai-je vu des rameaux, qui s'étaient développés en herbier, être parfaitement glauques. La teinte glauque n'est donc pas un accident de végétation, mais un caractère propre au tempérament de l'individu, caractère de peu d'importance assurément, et sans valeur spécifique, d'autant plus que certains sujets ont une nuance indécise, qui oscille entre le glauque et le vert. — Le *Sedum album* peut offrir sur le même rocher, côte à côte et par toutes les saisons, des individus les uns à feuilles vertes et les autres à feuilles rouges. Cette teinte rouge n'a donc pas l'action du soleil pour cause première, bien que cependant elle soit plus vive aux points frappés par les rayons solaires. Le *Tilia platyphylla* compte parfois aussi dans un même taillis des sujets qui ont

1. *Fl. Jurass.*, p. 276.

l'écorce de leurs rameaux verte, jaune ou rouge, sans qu'on puisse alléguer d'autre cause qu'une idiosyncrasie particulière.

Les corymbes des *Sedum* et *Sempervivum* sont soumis à la partition, qu'ils soient parfaitement nus (*Sedum album*, *S. dasyphyllum*, *S. elegans*, *S. Telephium*), ou au contraire feuillés (*Sedum rubens*, *S. acre*, *S. villosum*, *S. Boloniense*, *Sempervivum tectorum*). Dans ce dernier cas, les branches du corymbe sont le plus souvent extra-axillaires, et quand, par suite de l'inordination des feuilles, ces branches se trouvent fortuitement à quelque aisselle, elles n'en sont pas moins de partition et ne sont axillaires qu'en apparence. — Les corymbes de *Sedum* sont ordinairement simples, et les fleurs unilatérales sur chacune des branches du corymbe (*S. rubens*, *S. acre*, *S. Boloniense*, etc.); mais les *S. album* et *Telephium* ont, au contraire, un corymbe dense et très subdivisé; les fleurs y naissent sur tout le pourtour des branches, et non pas seulement sur une seule de leurs faces. Cependant les inflorescences de *S. album*, qui apparaissent à l'arrière-saison, ont souvent un facies tout différent; en effet, les branches florales qui résultent des partitions caulinaires, au lieu d'être courtes et très ramifiées, sont allongées et presque simples; les fleurs ont ainsi une tendance marquée à l'unilatéralité, et reproduisent presque le corymbe des *S. acre* et *reflexum*. — Les fleurs unilatérales des *Sedum* et *Sempervivum* sont inexactement rattachées à des cymes unipares. Les pédicelles, à la vérité, sont terminaux, mais chacun d'eux ne termine qu'une faible partie de l'axe, et non pas l'axe tout entier, qui continue de s'allonger suivant le mode indéfini, et de se dédoubler en d'autres pédicelles par l'effet de partitions successives. Il en résulte donc une inflorescence progressive, ne pouvant se rapporter à la cyme, et n'ayant rien du sympode ni de l'axillarité. — Avant l'anthèse, l'inflorescence des *Sedum acre*, *Boloniense*, *rubens* est dressée, tandis qu'elle est courbée chez les *S. album* et *dasyphyllum*. C'est le sommet de la tige, et non pas le rachis floral, qui est courbé chez les *S. reflexum* et *elegans*; la flexion se fait vers les points les plus divers de l'horizon et souvent selon des sens opposés pour les tiges d'un même individu.

La vitalité opiniâtre des rameaux coupés de *Sedum* et de *Sempervivum* est entretenue par leurs feuilles charnues, qui se résorbent successivement au profit des sommités, comme on voit les bulbes, hors de terre, continuer leur végétation aux dépens de leurs pièces inférieures ou externes. — La mortification de la tige florifère des *Sedum* commence par la partie inférieure, et la résorption des feuilles caulinaires suffit à l'achèvement de la maturité des fruits. En se résorbant, les feuilles des tiges florifères du *Sedum album* se creusent, sur leur face supérieure, d'un sillon de plus en plus profond.

XXXII. AMYGDALÉES (Juss.).

1. CERASUS *Juss.*

1 Point de bourgeons aux racines . . . . *C. Mahaleb.*
Des bourgeons aux racines (racines drageonnantes). 2
2 Racine à odeur d'amandes amères . . . . *C. Padus.*
Racine sans odeur prononcée. . . . . *C. avium*

1 Fleurs fasciculées. . . . . *C. avium.*
Fleurs en corymbes ou en grappes 2
2 Rameaux à écorce fétide; inflorescence en grappes; feuilles à dents non calleuses. . . . . *C. Padus.*
Rameaux à écorce d'une odeur forte, mais non fétide; inflorescence en corymbes; feuilles à dents calleuses. . . . . *C. Mahaleb.*

1. C. Mahaleb Mill.; Lorey, 279. — ♄. — Avril-mai. C. — Broussailles et bois des sols sablonneux.

2. C. Padus DC.; Lorey, 280. — ♄. — RRR. — Haies. — St-Léger-de-Fourches (*Lombard*).

Les fleurs des grappes ou des corymbes des *C. Padus* et *Mahaleb* s'ouvrent de bas en haut, suivant le mode progressif. Chez les *Cerasus vulgaris* et *avium*, le corymbe est réduit à un fascicule, où la progression est encore manifeste, car ce sont les fleurs extérieures ou inférieures qui s'épanouissent les premières. Enfin l'inflorescence des *Prunus* et *Amygdalus* est tellement appauvrie, que les fleurs ne sont plus que géminées ou même solitaires. La régression domine, au contraire, parmi les *Rosacées*.

3. C. avium Mœnch; Lorey, 277. — ♄. — Avril-mai. — C. — Bois argileux.

Une variété a le fruit rosé; une autre l'a noir et d'une saveur acerbe-amère. En disant que le fruit du *C. avium* passe du rouge vif au pourpre noir, Lorey a confondu ces deux variétés en une seule.

Pétales à sommet arrondi, échancré ou bilobé jusque parfois dans la même fleur. — Le volume des fruits varie du simple au double. — Du *C. avium* descendent les *Guigniers* et les *Bigarreaudiers*.

Le *C. vulgaris* Mill. (*C. Caproniana* DC.; Lorey, 278. — *Cerise aigre*), cultivé partout, est souvent subspontané dans les broussailles où il se glisse à l'aide de ses racines drageonnantes.

2. PRUNUS *Tourn.*

Arbrisseau épineux; fruits subglobuleux, petits . *P. spinosa.*
Arbrisseau inerme, ou presque inerme; fruits ovoïdes-oblongs, de la grosseur d'une forte cerise. . . . . . . *P. sylvatica.*

1. P. spinosa L.; Lorey, 275. — ♄. — Avril-mai. — CCC. — Bois, broussailles.

Extrêmement variable pour l'abondance des épines, la forme et la grandeur des feuilles, et la grosseur des fruits. J'ai trouvé à

Montbard, dans les broussailles au-dessus des vignes du Gué-St-Jean, des individus à feuilles étroitement lancéolées-linéaires, longuement atténuées aux deux extrémités. — Une variété (*P. Desvauxii* Bor.), à épines peu nombreuses, à feuilles assez grandes, mais à fruits petits, est excessivement commune dans les bois et buissons du Val-de-Saône!, et se trouve encore à Nolay!, Blaisy-Bas!, etc. — Les racines des *P. spinosa* et *sylvatica* sont dragconnantes.

2. P. sylvatica Desv.; Carion. — ♄. — Avril-mai. — RRR. — Abonde au bois de Châtelet près Buffon!.

Les *P. domestica* L. et *P. institia* L. sont souvent subspontanés dans les buissons et autour des habitations. — Fruits doux et penchés.

XXXIII. ROSACÉES (Juss.).

1. SPIRÆA L.

1 Souche drageonnante et ligneuse. . . . . . . *S. hypericifolia.*
Point de drageons; rhizome à cylindre central formé intérieurement d'un abondant tissu parenchymateux 2
2 Cylindre central du rhizome à zône ligneuse continue; point de renflement aux pseudorrhizes. . . . . *S. Ulmaria.*
Cylindre central du rhizome à zône ligneuse interrompue; renflements ovoïdes-subglobuleux aux pseudorrhizes. . . . . *S. Filipendula.*

1 Plante ligneuse; feuilles simples . . . . . . *S. hypericifolia.*
Plantes herbacées; feuilles pinnatiséquées 2
2 Feuilles à segment terminal 3-5 lobé, et beaucoup plus grand que les latéraux; carpelles glabres, élégamment contournés en spirale . . . . *S. Ulmaria.*
Feuilles à segment terminal semblable aux latéraux; carpelles pubescents, non contournés en spirale. . . *S. Filipendula.*

1. S. hypericifolia L. — ♄. — Mai. — RRR. — Bois

de Canot près de St-Remy, où il abonde sur un espace d'une quinzaine de mètres carrés!.

Feuilles entières, ou crénelées au sommet. Les pédicelles sont un peu moins longs dans la variété à feuilles crénelées.

2. S. Filipendula L.; Lorey, 285. — ♃. — Mai-juin. — R. — Pelouses des bois. — Messigny, Marsannay-la-Côte (*Lorey*); Bure-les-Templiers!, Tarsul!, Lantenay!, Gevrey!, Bouilland!, Chaumes d'Auvenet!.

Les renflements ont ordinairement leur siège vers la partie moyenne des pseudorrhizes; ils résultent de l'hypertrophie du cylindre central, et n'acquièrent leur volume normal qu'après quelques années. — Calice et corolle ont assez souvent 6-7 pièces.

3. S. Ulmaria L.; Lorey, 284. — ♃. — Juin-août. — CC. — Bords des ruisseaux, prairies aquatiques.

2. RUBUS *L.*

1 Feuilles pinnatiséquées, à 3-5 folioles; fruits pubescents. . . . . *R. Idæus.*
Feuilles palmatiséquées, à 3-5, rarement 7 folioles; fruits glabres 2
2 Tiges herbacées, annuelles; fruits rouges. . . . *R. saxatilis.*
Tiges ligneuses, bisannuelles, rarement annuelles; fruits noirs, ou noir-glauque, ou rouge-noirâtre 3
3 Folioles caulinaires latérales ou inférieures sessiles ou subsessiles 4
Folioles caulinaires latérales nettement pétiolulées. 5
4 Tiges plus ou moins glaucescentes; feuilles caulinaires trifoliolées; calice fructifère ordinairement apprimé; fruits noirs plus ou moins recouverts d'une efflorescence bleuâtre. . . . . *R. cæsius.*
Tiges rarement glaucescentes; feuilles caulinaires à 5-3 folioles; calice fructifère étalé ou réfléchi; fruits noirs. . . . . *R. nemorosus.*
5 Tiges arrondies ou obtusément anguleuses; aiguillons cauli-

naires sétacés ou assez robustes; feuilles caulinaires ordinairement trifoliolées 6

Tiges le plus souvent nettement anguleuses; aiguillons caulinaires ordinairement robustes; feuilles caulinaires à 5, rarement à 7 folioles. 8

6 Souche non subglobuleuse; tiges velues, peu ou point glanduleuses; aiguillons caulinaires conformes, assez robustes; feuilles ordinairement blanches-tomenteuses à la face inférieure . . . . *R. vestitus.*

Souche subglobuleuse; tiges très glanduleuses; aiguillons caulinaires dimorphes, les uns sétacés, les autres moins grêles ou même assez robustes; feuilles vertes aux 2 faces 7

7 Aiguillons la plupart sétacés, quelques-uns seulement un peu moins grêles; fleurs naissant sur les tiges de l'an précédent et parfois en outre sur certaines de celles de l'année; calice fructifère dressé. . . . . *R. glandulosus.*

Aiguillons les uns sétacés, les autres assez robustes; fleurs ne naissant que sur les tiges de l'an précédent; calice fructifère étalé-réfléchi. . . . . *R. hirtus.*

8 Feuilles vertes aux 2 faces; calice vert, bordé de blanc . . . 9

Feuilles blanches tomenteuses en dessous, au moins les supérieures; calice blanc-tomenteux 10

9 Racines non drageonnantes; tiges arquées-décombantes, radicantes au sommet; filets des étamines n'égalant que moitié de la longueur des carpelles. . . . . *R. nitidus.*

Racines drageonnantes; tiges dressées, à sommet arqué, mais ni décombant, ni radicant; filets des étamines égalant les carpelles. . . . . *R. suberectus.*

10 Folioles ovales, finement dentées, vertes à la face supérieure; pétales rosés, ovales, contigus entre eux. . . . *R. discolor.*

Folioles oblongues-ovales, dentées-lobulées, ordinairement blanches-tomenteuses aux 2 faces; pétales blancs, oblongs, non contigus entre eux . . . . *R. tomentosus.*

1. R. Idæus L.; Lorey, 288. — ♄. — Mai-juin. — A. C. — Bois. — Vallon du Suzon!, Cîteaux!, Broin (*Lorey*); St-Remy!, Val-des-Choues!, Vernois!, Bourberain!, Pontailler!, Auxonne!, Samerey!, Voudenay!, Menessaire!, Liernais!, Saulieu!, Laroche-en-Brenil!, St-Andeux!, etc.

Aiguillons nombreux, ou parfois rares et même nuls. — Tiges marquées d'une tache blanchâtre à l'insertion des pétioles.

Chez la variété remontante, cultivée dans les jardins, les tiges de remplacement sont fructifères à leur sommet dès l'automne, puis la plupart le seront en outre l'été prochain en leur partie moyenne; mais un certain nombre sont déjà mortes épuisées par leur première fructification.

2. R. saxatilis L.; Lorey, 290. — ♃. — Juin-juill. — R. — Bois, broussailles des coteaux incultes. — Val-des-Choues!, Panges (*Lorey*); Val-Suzon, Marey-s-Tille (*Morelet*); Tarsul!, Vernois!.

Les stipules naissent non pas de la tige, mais bien du pétiole, auquel elles sont plus ou moins longuement soudées. Tantôt leur point d'insertion est à 4-6 mill. au-dessus de la base du pétiole, tantôt, et c'est le cas le plus fréquent, elles sont insérées sur la petite collerette que le pétiole forme autour de la tige, et au premier aspect elles semblent donc naître de la tige, et posséder ainsi l'insertion qui leur est généralement, mais à tort, attribuée.

3. R. cæsius L.; Lorey, 288. — ♄. — Juin-sept.

Var. *α. cæsius.* — Tiges grêles; fruits bleuâtres, à calice apprimé. — C C. — Champs pierreux, berges des rivières. — S'est rencontré à St-Remy à fleurs semi doubles!.

Var. *β. agrestis* W. et N. — Tiges assez robustes; fruits à peine glaucescents; calice fructifère apprimé-subétalé. — A. C. — Moissons maigres, broussailles. — Certains individus sont très robustes en toutes leurs parties, et ont les tiges abondamment aiguillonnées, glanduleuses, à la fin glaucescentes, les feuilles caulinaires à 3 folioles amples, les fleurs grandes, presque fétides, avec pétales roses, suborbiculaires et chiffonnés, les étamines d'abord jaunes, puis grises, puis brunes, les fruits à carpelles gros et nombreux. — A. R. — Haies des sols argileux à St-Remy!, Moutiers-St-Jean!, etc.

4. R. nemorosus Hayne. — *R. corylifolius* DC.; Lorey, 289. — ♄. — Juin-sept. — C. — Broussailles, bois, lieux incultes.

5. **R. glandulosus** Bell. — ♄. — Juin-sept. — A. C. — Bois argileux.

6. **R. hirtus** W. et N. — ♄. — Juin-juill. — C. — Bois argileux.

7. **R. vestitus** W. et N. — ♄. — Juin-juill. — A. C. — Bois.

8. **R. suberectus** Anders. — ♄. — Juin-juill.

Var. α. *suberectus*. — Tiges robustes, anguleuses; aiguillons assez forts; feuilles caulinaires à 5 folioles; fruits abondants, noirs, fades, à carpelles nombreux. — C. — Bois granitiques. — Saulieu!, Romanet!, St-Andeux!, Semur!, etc.

Var. β. *pseudo-Idæus*. — Tiges peu robustes, faiblement anguleuses; aiguillons assez grêles; feuilles caulinaires inférieures et supérieures à 5 folioles, les intermédiaires parfois à 7 folioles; fruits rares, rouge-noirâtre, aromatiques, à carpelles très peu nombreux. — RR. — Bois granitiques. — Ste-Isabelle!, Grandvau!. — Le drageonnement sur racines, la direction et la non radication des tiges, la saveur et la couleur des fruits, la disposition des 3 folioles supérieures dans celles des feuilles qui ont 7 folioles, rapprochent cette plante du *R. Idæus*.

9. **R. nitidus** W. et N.; Bor. — ♄. — Juin-juill. — C. — Bois siliceux et granitiques. — Collonges!, Auxonne!, Seurre!, Laroche-en-Brenil!, Rouvray!, etc.

Rameaux florifères et pédoncules grêles, allongés, étalés-penchés.

10. **R. discolor** W. et N. — *R. fruticosus* Lorey, 290; non L. — ♄. — Juin-août. — CC. — Bois, buissons.

Var. α. *rusticanus* (*R. rusticanus* Mercier). — Tiges glaucescentes-bleuâtres, fortement anguleuses; folioles à face supérieure convexe;

inflorescence pubescente; pédoncules dressés; fruits à carpelles petits, nombreux, d'une saveur fade et d'une maturité tardive.

Var. *β. collinus* (*R. collinus* DC.). — Tiges verdâtres, médiocrement anguleuses; folioles à face supérieure plane ou concave; inflorescence très velue; pédoncules plus ou moins étalés; fruits à carpelles gros, peu nombreux, souvent avortés, d'une saveur acidule agréable, et d'une maturité assez précoce.

Filets des étamines sont parfois rosés.

11. R. tomentosus Borckh. — ♄. — Juin-juill. — A. R. — Haies, bords des chemins.

La face supérieure des feuilles est blanche pour les feuilles vernales; mais seulement vert-grisâtre pour les estivales et les automnales; ce qui se remarque aussi dans la vestiture de certains *Mentha*. — La variété *glabratus,* verte et pubescente en ses tiges et à la face supérieure des folioles, est assez commune dans les bois.

Le système souterrain des *Rubus* consiste en un rhizome ligneux, court, horizontal, noueux et même (*R. glandulosus, R. hirtus*) subglobuleux, muni de pseudorrhizes peu nombreuses, cylindracées, robustes et simulant des racines pivotantes. Après floraison, les tiges périssent sur toute leur étendue, mais des bourgeons de remplacement existent à leur base, ou sur la souche même. — Dans leur partie supérieure et voisine du point radicant, les tiges, soit qu'elles rampent à terre (*R. cæsius*), soit qu'elles soient décombantes, ou qu'elles pendent accrochées aux buissons (*R. discolor*), deviennent presque aphylles et épaississent leur sommet. Elles sont le plus souvent simples, cependant il s'en rencontre de rameuses vers leur extrémité, et chacun de ces rameaux enterre son sommet, à l'exemple de la tige elle-même. Une fois enfoncés dans le sol pour leur radication, les bourgeons prennent une direction ascendante, et se trouvent ainsi tout prêts à sortir de terre au printemps prochain. Ils forment alors autant de nouveaux individus, et deviennent bientôt libres, car les tiges radicantes, à qui ils doivent naissance, meurent et se détruisent à la seconde année, après avoir émis les rameaux florifères. La partie aérienne des tiges radicantes du *R. saxatilis* périt même dès la première année. — Le sommet des tiges des *R. suberectus* et *Idæus* refuse de s'enraciner, même quand on a eu soin de l'enterrer; mais par compensation, les racines produisent spontanément des bourgeons adventifs. Ces deux caractères séparent nettement ces espèces du reste des *Rubus*.

Les *R. Idæus*, *cæsius* et *suberectus* perdent toutes leurs folioles après les premières gelées, tandis que les feuilles raméales et les caulinaires supérieures résistent aux gelées chez les autres *Rubus* à tiges ligneuses. — Les pétioles des *Rubus* ne tombent pas en totalité, mais ils laissent un petit chicot sur la tige. Ils possèdent en effet, un peu au-dessus de leur insertion, une zône parenchymateuse verte (*R. Idæus*), ou bleuâtre (*R. glandulosus*), qui est le siège de la désarticulation automnale, tandis que la partie basilaire du pétiole persiste sous forme de chicot. Une zône parenchymateuse existe aussi chez les pétiolules, et elle est située à leur base même. Comme la désarticulation atteint d'abord les pétiolules, la chute des folioles précède celle du pétiole, et souvent même ce dernier ne tombera (*R. suberectus*) qu'au printemps prochain.

Après avoir fleuri sur les tiges de l'année précédente, comme il est de règle pour les *Rubus*, les *R. glandulosus* et surtout *cæsius* donnent assez souvent encore des fleurs sur quelques-unes des tiges nées au printemps. Ces tiges précocement florifères tantôt sont courtes, dressées, fleurissent à leur extrémité et meurent ordinairement après fructification (*R. cæsius*, *R. glandulosus*); tantôt elles sont allongées, décombantes-étalées, et ne fleurissent qu'en leur partie moyenne, tandis que l'extrémité reste foliifère et enterre son sommet (*R. cæsius*). Toutes les tiges du *R. saxatilis* sont annuelles; les florifères sont courtes et dressées, mais les étalées-radicantes ne portent jamais de fleurs.

A la fin de la floraison, les filets staminaux des *R. cæsius, discolor, glandulosus,* etc. s'entrecroisent en se recourbant sur leur face interne, qui est plus sensible que l'externe aux progrès de la dessiccation et se raccourcit par conséquent davantage. — Les premiers fruits mûrs sont ceux des *R. cæsius* et *glandulosus*, les derniers ceux du *R. discolor* var. *rusticanus*. La saveur des fruits est parfumée (*R. Idæus, R. pseudo-Idæus*), ou acidule-agréable (*R. cæsius, R. nemorosus*), ou sucrée et fade (*R. discolor* var. *rusticanus, R. tomentosus*, *R. glandulosus*, *R. hirtus*).

Genre polymorphe à l'infini, comme les *Rosa, Mentha, Hieracium, Salix,* etc. On voit en effet varier dans les plus larges proportions la pubescence, la glandulosité, le nombre et la forme des folioles, la couleur de leur face inférieure, la forme et la grandeur des aiguillons, la direction du calice fructifère. Ordinairement la partie caulinaire inférieure est plus velue-pubescente que le reste de la tige; les feuilles y sont trifoliolées, subarrondies au sommet et ont la face inférieure verte, alors que les caulinaires moyennes seront à 5 folioles acuminées et discolores. Le tomentum des feuilles n'est donc à noter que dans la région caulinaire moyenne; il en est de même pour la forme des aiguillons et des tiges. Enfin la pubescence est plus accusée, les folioles sont moins nombreuses et plus brièvement pétiolulées, et les aiguillons plus souvent courbés pour les rameaux des Rubus que pour leurs tiges.

3. GEUM *L.*

1. G. urbanum L.; Lorey, 286. — ♃. — Juin-août. — C. — Bois, bords des chemins, haies.

Souche indéfinie.

Lorey (p. 287) indique le *G. rivale* L. à Saulieu et à Laroche-en-Brenil. — Cette plante existe en Saône-et-Loire (*Gillot!, Grognot*).

4. FRAGARIA *L.*

1 Stolons à nœuds tous radicants et rossulifères, sauf le premier nœud de chaque stolon. . . . . *F. collina.*
Alternance, chez les stolons, de nœuds stériles non radicants et de nœuds-rosettes radicants. 2
2 Stolons grêles, à poils apprimés. . . . . *F. vesca.*
Stolons assez robustes, à poils étalés. . . . . . . *F. elatoir.*

1 Fruit subglobuleux, déprimé en sa moitié inférieure, à carpelles peu nombreux; calice fructifère plus ou moins appliqué sur le fruit auquel il adhère et qu'il coiffe après la cueillette. . . . . *F. collina.*
Fruit ovoïde, à carpelles nombreux; calice fructifère étalé-réfléchi, n'adhérant pas au fruit apres la cueillette 2

2 Pédicelles à poils dressés-apprimés; fleurs toujours fertiles. . . . . *F. vesca.*
Pédicelles à poils étalés; fleurs grandes, presque toujours stériles . . . . *F. elatior.*

1. F. vesca L.; Lorey, 291. — ♃. — Avril-mai. — CC. — Bois, lieux incultes.

2. F. elatior Ehrh. — ♃. — Avril-mai. — RRR. — Forêt du Grand-Jailly près Montbard !.

Stérile, en cette station du moins, par mauvaise conformation des deux sexes, et surtout des étamines.

3. F. collina Ehrh.; Lorey, 292. — ♃. Avril-mai. — A. C. — Bois, pelouses argileuses. — Plombières, Marsannay-la Côte, Savigny-s-Beaune (*Lorey*); St-Remy !, Rougemont !, Balot !, Lantenay !, St-Romain !, Bouilland !, Gevrey !, etc.

Calicule égalant à peine les sépales, ou les dépassant notablement. — La face externe de la coupe réceptaculaire est concave chez le *F. collina* et plane chez le *F. vesca.* Quand on tire sur le fruit du *F. collina*, le pédoncule, avant de se détacher, soulève la partie herbacée du réceptacle, laquelle forme ventouse et se déchire avec un léger bruit.

La souche des *F. collina, elatior* et *vesca* est définie; les axes caulinaires se terminent par une inflorescence cymique, et ils sont accompagnés à leur base d'un petit bourgeon de remplacement, qui fournira l'inflorescence de l'année suivante. — Le *Fraisier* est remontant, quand dans la même année la souche produit jusqu'en automne des axes florifères, et encore quand les rosettes radicantes, nées au printemps, montent à fleurs dès la fin de l'année même.

Les stolons des *F. vesca* et *elatior* sont sympodiques à chaque rosette radicante; ils sont au contraire indéfinis chez le *F. collina*, car les rosettes y procèdent de bourgeons axillaires, tandis que l'axe du stolon continue de s'allonger. J. Gay [1] a, le premier, signalé

1. *Bull. de la Soc. Bot. de Fr.*, 1858, V, p. 277-280.

les différences qui caractérisent les stolons de ces plantes ; mais ce botaniste regarde les articles (partie comprise entre deux rosettes) des stolons du *F. vesca*, comme formés d'un seul mérithalle, et comme ne différant des articles du *F. collina* que par la présence d'une préfeuille. Les articles du *F. vesca* me paraissent, au contraire, comprendre chacun deux mérithalles, séparés par un nœud ordinairement stérile, mais qui peut cependant offrir des cas assez fréquents de développement d'un rameau à l'aisselle de l'écaille. Très exceptionnellement on compte deux écailles et par conséquent trois mérithalles à l'article du *F. vesca* ; et de leur côté, les stolons du *F. collina* possèdent quelquefois une écaille stérile alternant avec les rosettes radicantes.

Comme, chaque année, le rhizome des *Fraisiers* s'élève et tend de plus en plus à sortir de terre, il perd ainsi bientôt la plupart de ses pseudorrhizes, par suite de la mortification de sa partie inférieure, et la partie supérieure devient impropre à en produire de nouvelles, puisqu'elle finit par émerger du sol. Les sujets sont donc condamnés à périr après quelques années ; de là, l'obligation ou de les terreauter, ou de les remplacer, ou de les laisser se survivre par la radication de leurs nombreux stolons.

A voir la végétation envahissante des *Fraisiers* et de tant d'autres plantes qui se multiplient par leurs rejets aériens ou souterrains, il est difficile d'accorder créance à cette opinion, récemment soutenue [1], que les végétaux propagés non de graines, mais par division ou fissiparité, marchent à un affaiblissement progressif et doivent avoir une existence nécessairement limitée. La nature emploie si largement le mode de propagation par division ou rejets, qu'on ne saurait tenir, pour funestes aux végétaux, les diverses applications que l'horticulture en fait journellement sous forme de greffes, de marcottes ou de boutures.

5. COMARUM *L.*

1. C. palustre L. — *Potentilla Comarum* Scop. ; Lorey, 296. — ♃. — Juin-juill. — A. R. — Fossés, mares,

1. De Bouteville, *Existence limitée et extinction des végétaux propagés par division*, 1865.

prés marécageux. — Pontailler!, Auxonne!, Saulieu!, Laroche-en-Brenil (*Lorey*) ; St-Andeux!.

Le réceptacle du fruit est spongieux, moins charnu que celui des *Fragaria*, moins sec que celui des *Potentilla*.

6. POTENTILLA *L.*

1 Plante ⊙ . . . . *P. supina.*
Plantes ♃. 2
2 Un rhizome épaissi-charnu, coudé-tortueux, à pseudorrhizes assez grêles. . . . . *P. Tormentilla.*
Une racine, ou un rhizome ligneux, court, non tortueux, à pseudorrhizes robustes 3
3 Une racine; tiges subligneuses, restant reliées à la souche, même quand elles sont étalées-radicantes. 4
Un rhizome; tiges herbacées, stoloniformes, à nœuds radicants et devenant libres 7
4 Des tiges radicantes 5
Point de tiges radicantes. 6
5 Racine insensiblement atténuée, à cylindre ligneux bien développé . . . . *P. verna.*
Racine épaissie en sa partie basilaire, puis brusquement atténuée en 2-3 filaments; cylindre ligneux interrompu par de larges rayons de tissu conjonctif. . . . . . . *P. Fragaria.*
6 Souche ordinairement définie, munie d'écailles (stipules des feuilles radicales détruites) étroites et peu nombreuses. . . . . *P. argentea.*
Souche indéfinie, munie d'écailles amples et très nombreuses. . . . . *P. micrantha.*
7 Pseudorrhizes 2-5, claviformes . . . . *P. Anserina.*
Pseudorrhize unique, simulant une racine robuste et rameuse. . . . . *P. reptans.*

1 Fleurs blanches 2
Fleurs jaunes 3
2 Calicule plus court que le calice; pétales plus longs que le calice; feuille caulinaire trifoliolée. . . . . . . *P. Fragaria.*

Calicule égal au calice; pétales plus courts que le calice; feuille caulinaire unifoliolée . . . . *P. micrantha.*

3 Feuilles pinnatiséquées. 4

Feuilles palmatiséquées. 5

4 Tiges couchées; feuilles blanches tomenteuses en dessous; corolle plus longue que le calice. . . . . *P. Anserina.*

Tiges dressées; feuilles vertes aux 2 faces; corolle plus courte que le calice. . . . . *P. supina.*

5 Feuilles caulinaires sessiles; fleurs ordinairement tétramères. . . . . *P. Tormentilla.*

Feuilles caulinaires pétiolées; fleurs pentamères. 6

6 Tiges dressées ou étalées-ascendantes; feuilles plus ou moins blanches à la face inférieure. . . . . *P. argentea.*

Tiges couchées; feuilles vertes aux 2 faces 7

7 Plante herbacée; fleurs solitaires, longuement pédonculées. . . . . *P. reptans.*

Plante sublignense; fleurs assez brièvement pédicellées, en cymes corymbiformes. . . . . *P. verna.*

1. P. supina L.; Lorey, 295. — ⊙. — Juin-août. — R. — Taillis humides, bords des étangs. — Santenay, Boncourt, Cîteaux! *(Lorey)*; Laignes!, St-Léger-lez-Pontailler!.

2. P. Fragaria Poir.; Lorey, 297. — ♃. — Mars-juin. — C. — Bois.

La rosette mère est indéfinie; elle émet des aisselles de ses feuiles deux sortes de rameaux, les uns florifères, grêles et périssant après fructification, les autres foliifères, assez robustes, plus ou moins radicants et dont le sommet formera une rosette destinée à reproduire la végétation de la rosette mère. Ces derniers rameaux font défaut chez le *P. micrantha*.

Le calicule peut avoir ses pièces lobées ou même géminées, sans qu'il faille en déduire une assimilation avec les stipules.

3. P. micrantha Ram. — ♃. — Mars-mai. — R. — Bois. — Gevrey! *(Lombard)*; Val-Suzon *(G.G.)*; Arcey!, Remilly!.

4. **P. verna** L.; Lorey, 294. — ♃. — Avril-juin. — C C. — Bois arides, rochers, pelouses.

5. **P. argentea** L.; Lorey, 294. — ♃. — Juin-août. — A. R. — Prés, friches et bois des sols siliceux. — Entre Mâlain et Baulme-la-Roche, Arnay-le-Duc!, Saulieu!, Semur! (*Lorey*); Vielverge!, glacis d'Auxonne!, avenue du parc à Dijon!, Remilly!, Précy-s-Thil!, Laroche-en-Brenil!, Montberthault!.

La plante de Vielverge, d'Auxonne et de Dijon se distingue (*P. demissa* Jord.) par ses tiges allongées, étalées-ascendantes; puis, même âgée, elle conserve des rosettes de feuilles radicales, tandis que les sujets du Morvan n'en possèdent qu'en leur jeunesse.

Le *P. hirta* L., que Lorey (p. 295) place aux environs de Saulieu et de Rouvray, n'y a jamais été retrouvé. Cette espèce n'est indiquée en France (G. G., *Fl. de Fr.*) que dans la région méditerranéenne, de Nice à Perpignan. — Un *Potentilla*, voisin du *P. collina* G. G., le *P. decipiens* Jord. (Gillot), croissait en 1870, adventivement sans doute, sur les levées et sur le port du canal à Dijon! (*Méline*). Principaux caractères : souche munie de rosettes radicales; tiges assez robustes, étalées-ascendantes; feuilles planes, verdâtres à la face inférieure, à lobes obovales-oblongs, non cunéiformes, fortement dentés presque jusqu'à la base; plante pubescente-subtomenteuse avec poils étalés, peu nombreux et assez courts.

6. **P. Tormentilla** Nestl.; Lorey, 293. — ♃. — Mai-juill. — A. C. — Bois argileux, prairies tourbeuses. — Jouvence (*Lorey*); Montbard!, Lucenay!, Laignes!, Pothières!, Lignerolles!, Luçay!, Val-des-Choues!, Flammerans!, Seurre!, Saulieu!, Jeux!, Champ-d'Oiseau!, etc.

7. **P. reptans** L.; Lorey, 293. — ♃. — Mai-août. — C. — Chemins, prairies, lieux incultes.

8. **P. Anserina** L.; Lorey, 296. — ♃. — Mai-sept. — C. — Lieux humides et ombragés.

Des sujets ont les feuilles blanches-tomenteuses aux 2 faces. —

Les tiges stoloniformes des *P. Anserina* et *reptans* diffèrent de véritables stolons, en ce qu'elles sont florifères l'année même de leur naissance.

7. ROSA *L.*

1 Souche longuement drageonnante; aiguillons droits, grêles ou assez robustes. 2
Souche brièvement drageonnante; aiguillons courbés o u droits, tous ou un certain nombre robustes. 3
2 Tiges grêles; aiguillons conformes, tous grêles; feuilles glabres, inodores ; fleurs fertiles. . . . . . *R. pimpinellifolia.*
Tiges assez robustes; aiguillons dimorphes, les uns grêles, les autres assez robustes; feuilles odorantes, pubescentes-glanduleuses en dessous; fleurs la plupart stériles. *R. Biturigensis.*
3 Tiges couchées, parfois même radicantes; sépales presque entiers, ne dépassant pas la corolle avant l'anthèse; styles soudés en colonne. . . . . *R. arvensis.*
Tiges dressées ou décombantes; sépales pinnatipartits, dépassant longuement la corolle avant l'anthèse; styles libres . . 4
4 Aiguillons la plupart droits, robustes, faiblement comprimés à la base; feuilles plus ou moins tomenteuses-cendrées aux deux faces, jamais glanduleuses . . . . . . *R. tomentosa.*
Aiguillons la plupart crochus, robustes, fortement comprimés à la base, rarement droits et coniques-allongés, mais alors grêles; feuilles glabres, pubescentes-velues, glanduleuses ou pubescentes-glanduleuses. 5
5 Aiguillons d'une même région caulinaire égaux entre eux; feuilles inodores, à faces non glanduleuses . . . *R. canina.*
Aiguillons d'une même région caulinaire égaux entre eux, ou parfois des aiguillons grêles entremêlés à de robustes; feuilles odorantes, glanduleuses au moins à la face inférieure. . . . . *R. rubiginosa.*

1. R. canina L.; Lorey, 307. — ♄. — Mai-juin. — CCC. — Haies, bois, bords des chemins.

Pédoncules et fruits glabres : feuilles glabres, vertes (*R. nitens* Desv.), ou glaucescentes (*R. glaucescens* Desv.); feuilles pubescentes-velues au moins à la face inférieure (*R. dumetorum* Thuill.), ou seulement sur les nervures de cette face et sur les pétiolules (*R. platyphylla* Rau); rachis, pétiolules, dents et stipules glanduleux (*R. dumalis* Bechst.). — Pédoncules et fruits hispides-glanduleux: feuilles glabres (*R. Andegavensis* Bast.); feuilles velues (*R. collina* Jacq.). Cette dernière variété a de grands rapports avec le *R. tomentosa*, mais s'en distingue par des aiguillons crochus, à base élargie-comprimée. — Enfin on trouve des *R. canina* complétement inermes en la moitié supérieure de leurs tiges, qui est fortement arquée-décombante.

Après la déhiscence des anthères, les filets se contournent et s'entrecroisent à l'instar de ceux de certains *Rubus*.

2. R. rubiginosa L.; Lorey, 308. — ♄. — Mai-juin. — C. — Haies, coteaux arides, bois.

Var. α. *rubiginosa*. — Feuilles pubescentes et glanduleuses en dessous; styles ordinairement velus, pédoncules et plus rarement fruits hispides-glanduleux. — On trouve fréquemment dans les coteaux arides des individus grêles dont les styles sont glabrescents, et les aiguillons faibles, coniques-allongés, droits et horizontaux dans la moitié inférieure des tiges (*R. septicola* Déségl.). Les dimensions restent grêles, malgré la culture en un sol fertile. — J'ai rencontré au coteau Ste-Anne à Dijon quelques sujets, qui avaient des rameaux les uns à aiguillons tous égaux et conformes, les autres à aiguillons dimorphes et très inégaux tantôt sur toute la longueur du rameau, tantôt seulement en sa partie supérieure. Des greffes prises sur des rameaux à aiguillons dimorphes, ne m'ont donné que des bourgeons à aiguillons conformes. — Le *R. tomentella* Lém. est un *R. rubiginosa* à fruits glabres, et à feuilles peu odorantes, faiblement glanduleuses à la face inférieure.

Var. β. *sepium* (*R. sepium* Thuill.). — Folioles glabres et glanduleuses en dessous, étroites, atténuées aux 2 extrémités, ou rarement ovales (*R. agrestis* Savi); styles ordinairement glabres; pédoncules et fruits glabres. — Rameaux parfois inermes en leur moitié supérieure.

La limite entre les *R. rubiginosa* et *sepium* est ordinairement indécise : ainsi des individus (*R. micrantha* Smith), récoltés à Blagny!, ont les styles glabres du *R. sepium,* avec les pédoncules et fruits glanduleux et les feuilles pubescentes-glanduleuses à la face inférieure du *R. rubiginosa.*

3. R. tomentosa Smith. — *R. villosa* Lorey, 309. — ♄. — Mai-juin. — A. C. — Haies, bois. — Détain, Antheuil, Chaumes d'Auvenet, St-Romain (*Lorey*) ; St-Léger-de-Fourches, Saulieu (*Lombard*) ; St-Remy !, Champ-d'Oiseau !, Luçay !, Val-des-Choues !, Vernois !, Moloy !, vallon du Suzon !, Corberon !, Semur !, etc.

Le *R. pomifera* Herm., signalé par M. Lombard dans les bois d'Eschamps et de Montabon, n'y pas été revu.

4. R. pimpinellifolia L.; Lorey, 307. — ♄. — Mai-juin. — C. — Coteaux incultes et bois de la Côte. — Essarois !, Tarsul !, Selongey !, Mâlain !, Dijon !, Gevrey !, Nuits !, Santenay !, etc.

Pédoncules et fruits hispides-glanduleux (*R. spinosissima* L.). — R R. — Dijon (*Lorey*).

5. R. Biturigensis Bor., Fl. centr., 2e édit., p. 630. — ♄. — Mai-juin. — R R R. — Santenay dans les friches du coteau derrière le village !.

Comme chez le *R. pimpinellifolia,* le fruit est glabre, luisant et couronné par les sépales persistants.

6. R. arvensis Huds. ; Lorey, 302. — ♄. — Mai-juill. — C. — Bois, champs incultes, bords des chemins.

Varie à fleurs pourvues de grandes bractées (*R. bibracteata* Bast. — Villenotte [*Lombard!*]), et à feuilles et pétioles pubescents (*R. stylosa* Mérat. — Villenotte [*Lombard!*]; Buffon !).

Les *R. pimpinellifolia* et *Biturigensis* sont les seuls *Rosa* de la Côte-d'Or nettement drageonnants. La souche des autres espèces se borne à émettre des tiges dont la base ascendante est plus ou moins brièvement hypogée et radicante. Il faut remarquer cependant que les *R. canina,* servant de sujets aux *Rosiers* des jardins, produisent de nombreux rejets, par suite des entraves que la greffe et la taille imposent au cours de la sève.

Quand les aiguillons sont courbés, ils le sont d'autant plus qu'ils s'éloignent davantage de la région caulinaire inférieure, et dans cette même région, ils sont moins robustes que dans le reste de la tige. — Le bas des tiges est très aiguillonné chez le *R. rubiginosa*, mais presque inerme chez les *R. tomentosa* et *canina*.

Les aiguillons des *Rosa* diffèrent beaucoup de ceux des *Rubus*. Ils meurent dès les premiers mois chez les *Rosa*, et leur coupe transversale offre alors un parenchyme jaunâtre subéreux. Ceux des *Rubus*, au contraire, vivent aussi longtemps que la tige elle-même, et ils ont, à l'intérieur, un parenchyme rouge-verdâtre, ferme et charnu. L'épiderme qui recouvre les aiguillons des *Rubus* est également vivant; il porte des poils chez les espèces à tiges velues. Pour celui des *Rosa*, il meurt aussi tôt que le reste de l'aiguillon, et se trouve alors dépourvu de poils, même quand les tiges sont velues, parce que la mortification de l'aiguillon entraîne l'effacement de sa vestiture. — L'adhérence des aiguillons à la tige est très forte chez les *Rubus*; elle est assez faible dans les aiguillons des *Rosa*, mais encore faut-il une pression ou un choc appréciable pour les séparer de la tige, même après leur mort. Quand on enlève des aiguillons, ceux de *Rosa* se détachent de la couche herbacée sousjacente, tandis que celle-ci reste adhérente aux aiguillons de *Rubus*.

A la fin de l'automne, lors de l'arrêt de la végétation, le sommet des glandes foliaires et des glandes des fruits des *Rosa* se mortifie et prend une teinte blanchâtre; aussi les individus glanduleux paraissent-ils alors comme parsemés d'une poussière blanche.

Les fruits du *R. arvensis* et surtout du *R. tomentosa* mûrissent et sont blets en octobre. Ceux des *R. canina* et *rubiginosa* ne le deviennent qu'après les gelées de novembre, sauf cependant quand la maturation est accélérée par la piqûre d'un insecte, ou par la faible épaisseur de la pulpe chez les sujets languissants. — La partie charnue des fruits est constituée por la coupe réceptaculaire ou expansion du sommet du pédoncule.

Toutes les espèces ont pour la glandulosité de leurs fruits des variations inverses : ainsi, les fruits, typiquement nus, sont glanduleux chez certains individus (*R. canina* var. *Andegavensis*, *R. pimpinellifolia* var. *spinosissima*), tandis que les fruits glanduleux se montrent nus en certains cas (R. *rubiginosa* var. *sepium*, *R. tomentosa* var. *lævis*). — Les dents et la vestiture des feuilles, l'inflorescence, la direction et la persistance des sépales, la forme du fruit (oblongue, ovoïde ou suborbiculaire) sont variables, non seulement dans la même espèce, mais jusque sur le même rameau, et n'offrent également que des caractères le plus souvent illusoires. Aussi, M. Crépin [1], l'un des monographes les plus autorisés du genre *Rosa*, affirme-t-il que les caractères, employés pour la création des récentes et si nombreuses espèces de *Rosa*, conduisent à la distinction spécifique de l'individu et permettent parfois de rencontrer plus d'une de ces petites espèces sur un seul et même sujet.

8. AGRIMONIA *L.*

1. A. **Eupatoria** L.; Lorey, 298. — ♃. — Juin-sept. — C C. — Haies, bords des chemins et des bois.

Var. β. *odorata* (*A. odorata* Mill.). — Beaucoup plus odorant par le froissement que le type; feuilles à face inférieure munie de glandes jaunes; fruit brièvement sillonné, à épines extérieures réfléchies. — R. — Cîteaux (*Lombard*); St-Sauveur, où il croît abondamment, mêlé au type!, Longvay!, Seurre!, Vellerot!, Semur!, Pouligny!.

Un cylindre central à moelle ou à tissu conjonctif volumineux, rosé et parfois (*Spiræa Ulmaria*, *S. Filipendula*, *Geum urbanum*) aromatique, caractérise ordinairement le rhizome et les pseudorrhizes des *Rosacées*. — Les pseudorrhizes sont peu nombreuses, mais longtemps persistantes, et rivalisent souvent (*Potentilla Anserina*, *P. reptans*, *Agrimonia Eupatoria*) par la direction et le volume avec de véritables racines. — L'*Agrimonia Eupatoria* conserve quelques années une robuste racine pivotante, puis il prend

1. *Matériaux pour servir à l'histoire des Roses*, 1872, p. 107-108.

un rhizome dont chaque article correspond à une forte et unique pseudorrhize. — Comme la plupart des *Potentilla Anserina* et *reptans* résultent de la radication des tiges, c'est dès le début qu'ils sont dépourvus de racine. — Le *Comarum palustre*, en raison de son habitat aquatique et de la rapidité avec laquelle progresse et se détruit son rhizome, fait exception dans la famille par le grand nombre et la faiblesse de ses pseudorrhizes.

Les formes de l'inflorescence sont très variées, mais dérivent ordinairement du type régressif. Les cymes sont groupées en grappes, panicules ou corymbes plus ou moins rameux; elles sont unipares chez le *Comarum palustre*, uni-bipares chez les *Rubus* et *Rosa*, avec cette remarque que dans les cymes bipares, les rameaux de l'inflorescence ou les pédoncules ne sont pas exactement opposés. — La grappe des *Rubus* a son rachis axile; elle épanouit ordinairement d'abord sa fleur terminale, puis l'anthèse, au lieu de se poursuivre sur le rameau voisin, descend au plus inférieur. Cette marche capricieuse est encore fréquente chez plusieurs *Pomacées*. — Quand l'inflorescence des *Rosa* est très appauvrie, elle peut se réduire à un pédoncule terminal; si au contraire les individus sont très vigoureux, les rameaux de la cyme peuvent se subdiviser en cymes secondaires, ce qui constitue les variétés *umbellata* des auteurs. — Les *Potentilla reptans* et *Anserina* ont leurs fleurs solitaires. Les nœuds florifères du *P. reptans*, sauf le premier qui n'a parfois qu'une seule feuille, portent deux feuilles opposées, réduites chacune à 3 lobes foliacés; l'axe se termine par le pédoncule, tandis qu'une rosette radicante naît à l'aisselle de l'une des feuilles, et qu'un rameau sort de l'aisselle de l'autre feuille pour prolonger sympodiquement la tige. — Les rosettes des *Potentilla reptans*, *Anserina*, *verna*, *Fragaria*, *Tormentilla* sont indéfinies et n'ont que des tiges latérales; ces tiges sont définies pour la production des fleurs, et leur axe devient sympodique à l'insertion de chaque pédoncule. Aussi, quand M. Germain de St-Pierre [1] dit que l'axe des stolons du *P. reptans* se continue indéfiniment, aurait-il dû faire une exception pour chaque nœud florifère. — Chez les *Spiræa Ulmaria* et *Filipendula*, les rameaux du corymbe et les pédoncules résultent de partition. Les axes y sont comme aplatis-fasciés; ils sont en outre relevés de cannelures répondant aux rameaux et pédoncules qui s'apprêtent à s'isoler par partition, et qui, sans être contemporains entre eux, sont tous frères, et non pas fils les uns des autres. — Enfin la grappe de l'*Agrimonia Eupatoria* est simple et progressive; l'épanouissement y procède de bas en haut, sauf cependant pour la fleur terminale, qui s'épanouit parfois avant les deux ou trois qui la précèdent immédiatement. Il n'y a plus qu'un faible indice de régression dans les bractées stériles qui sont situées sous chaque fleur, et l'inflorescence est donc progressive de fait, sinon d'intention.

L'insertion des étamines est très variable; hypogyne chez les *Fragaria*, elle est périgyne chez les *Rosa*. Enfin dans les *Pomacées*, qui ne sont pour quelques auteurs qu'un groupe des *Rosacées*, les étamines sont nettement épigynes. D'ailleurs M. Baillon [2] a signalé dans le seul genre *Chailletia* trois espèces, absolument inséparables par tous les autres caractères, dont les étamines sont hypogynes dans l'une, périgynes dans l'autre, et épigynes dans la troisième.

Beaucoup de tératologies des *Rosacées* rappellent celles des *Renonculacées*: ainsi de la multiplication des pétales qui s'élèvent au nombre de 6-8 (*Rubus*, *Potentilla verna*, *Spiræa Ulmaria*), de la pétalisation partielle d'anthères (*Rosa canina*), et de la fasciation du pédoncule, qui est

1. *Bull. de la Soc. Bot. de Fr.*, 1875, vol. 22, p. LIV.
2. *Dict. de Bot.*, p. 180.

surmonté par deux fruits adossés et même soudés entre eux (*Fragaria vesca*).

XXXIV. POMACÉES (Juss.).

1. MESPILUS *L.*

1. **M. Germanica** L. — ♄. — Mai. — RR. — Haies, bords des bois. — Buissons près de la source de la Bouzoise à Beaune !, queue de l'étang de la Grand'Borne à Villy-le-Moutiers !, buissons des roches de Vauchignon !.

Rameaux épineux; fruits petits.

Cette espèce est commune dans deux départements limitrophes, la Nièvre et Saône-et-Loire. — Lorey ne parle (p. 315) que du *M. Germanica* cultivé, inerme, et ayant besoin de la greffe pour se perpétuer avec tous ses caractères, ainsi qu'il arrive à la plupart des plantes fruitières ou ornementales.

2. CRATÆGUS *L.*

1. **C. oxyacantha** L.; Lorey, 312. — ♄. — Avril-mai. — C. — Haies, bois.

Var. α. *oxyacanthoides* (*C. oxyacanthoides*) Thuill.). — Feuilles superficiellement lobées; calice et pédicelles glabres ou glabrescents; styles 2, parfois 1 ou 3; fruits subglobuleux à 2, parfois à 1 ou 3 noyaux.

Var. β. *monogyna* (*C. monogyna* Jacq.). — Feuilles pinnatipartites; calice et pédicelles pubescents-velus ou même parfois (haies de Vauchignon. — [*Gillot* !]) tomenteux; styles ordinairement solitaires; fruits oblongs-ovoïdes, à un seul noyau. — Feuilles et fleurs sont de 8 à 12 jours moins précoces que chez le *C. oxyacanthoides*.

On trouve assez fréquemment sur le même *Cratægus oxyacantha* des caractères propres aux deux variétés. Ainsi tantôt les feuilles sont les unes superficiellement, les autres profondément lobées;

tantôt des feuilles pinnatipartites accompagnent des calices et pédicelles glabres; tantôt enfin le même corymbe peut offrir des styles solitaires simples ou bifurqués, et des styles géminés, ou bien encore l'on rencontre des fruits oblongs-ovoïdes renfermant deux noyaux.

Les fleurs sont parfois rosées. On en voit même de blanches qui passent à cette teinte après quelques jours d'épanouissement, alors que, chez tant d'autres plantes, l'âge amène, au contraire, un affaiblissement dans la coloration des fleurs.

3. COTONEASTER *Medik.*

1. **C. vulgaris** Lindl.; Lorey, 313. — ♄. — Mai. — RR. — Rochers. — Marsannay-la-Côte, Gouville, Antheuil (*Lorey*); Gevrey (*Maillard*); Mont-Afrique (*Blanche*); Val-Suzon (*Wéber*).

4. AMELANCHIER *Mœnch.*

1. **A. vulgaris** Mœnch; Lorey, 314. — ♄. — Avril-mai. — A.R. — Rochers, bois de montagne. — Plombières (*Lorey*); Flavigny (*Lombard*); St-Remy!, Asnières-en-Montagne!, Mâlain!, Gevrey!, Santenay!, Nolay!, etc.

Cinq renflements charnus et contigus correspondent sur le réceptacle à l'insertion des pétales.

5. PYRUS *Tourn.*

1. **P. communis** L.; Lorey, 316. — ♄. — Avril-mai. — C. — Haies, bois.

Var. α. *Achras* Wallr. — Fruit pyriforme.
Var. β. *Pyraster* Wallr. — Fruit arrondi à la base.

Chez une certaine *Poire* des jardins (*Poire sans pépin*), les ovaires s'atrophient après floraison, mais le péricarpe n'en prend pas moins un développement considérable; chez d'autres (*Duchesse d'hiver*), les pépins germent au sein du fruit et avant sa décomposition.

6. MALUS *Tourn.*

1. M. communis Lmk. — *Pyrus Malus* L.; Lorey, 316. — ♄. — Mai. — C. — Haies, bois.

Fruits plus ou moins acerbes et variant du simple au triple pour le volume. Contrairement au *Pyrus communis*, le *M. communis* n'a ni de drageons à ses racines, ni d'épines à ses rameaux.

Dans l'ombelle du *Pommier*, la fleur supérieure s'épanouit la première, puis les inférieures et enfin les intermédiaires. L'inflorescence du *Poirier* est moins contractée; c'est une grappe simple, ombelliforme, souvent progressive, et dont la floraison se poursuit alors de bas en haut, sauf pourtant que parfois la fleur terminale s'épanouit avant quelques-unes des intermédiaires. Les grappes estivales (regains) des *Poiriers* cultivés sont très allongées et ordinairement nettement progressives. — Les anthères des *Pommiers* sont blanc-jaunâtre ; celles des *Poiriers* purpurines. — La *Pomme* a une chair homogène, tandis que l'intérieur de la *Poire* est formé d'un parenchyme beaucoup plus fin (cœur) que dans le surplus du fruit; la chair de la *Poire* est en outre parsemée de granulations pierreuses, abondantes surtout au pourtour du cœur. — Les greffes de *Pommier* sur *Poirier* réussissent très rarement et de plus ne sont que de faible durée. J'ai vu cependant une de ces greffes vivre assez longtemps pour donner des fruits; mais il faut ajouter que deux greffes avaient été posées en même temps, l'une de *Pommier*, l'autre de *Poirier*, et que c'était surtout cette dernière qui devait entretenir la vie du sujet.

7. SORBUS *L.*

1 Feuilles pinnatiséquées. 2
Feuilles dentées-lobées 3
2 Bourgeons visqueux, glabres; fruits pyriformes, assez gros, bruns à la maturité . . . . *S. domestica.*
Bourgeons velus-tomenteux; fruits subglobuleux, petits, rouge-vif à la maturité . . . . *S. Aucuparia.*

3 Racine drageonnante; feuilles vertes aux 2 faces; fruits bruns. . . . . *S. torminalis.*
Racine non drageonnante; feuilles blanches ou au moins grisâtres à la face inférieure; fruits rouges. . . . . *S. Aria.*

1. S. domestica L. — *Pyrus Sorbus* Gærtn.; Lorey, 319. — ♄. — Mai. — C. — Bois.

2. S. Aucuparia L. — *Pyrus Aucuparia* Gærtn.; Lorey, 319. — ♄. — Mai. — RR. — Haies, bois. — Semur, Laroche-en-Brenil, Rouvray (*Lorey*); Melin près Liernais !, Saulieu !.

3. S. Aria Crantz. — *Pyrus Aria* Ehrh.; Lorey, 317. — ♄. — Mai. — CC. — Bois de montagne, rochers.

Feuilles de forme très variable, parfois sur le même individu: arrondies aux deux extrémités ou au contraire atténuées, dentées ou incisées-sublobées. — Des échantillons ont les feuilles plus ou moins tomenteuses, jusque sur la face supérieure.

4. S. torminalis Crantz. — *Pyrus torminalis* Ehrh.; Lorey, 318. — ♄. — Mai. — C. — Bois.

XXXV. ONAGRARIÉES (Juss.).

1. EPILOBIUM *L.*

1 Plante ♃; souche persistante; racine longuement horizontale, munie de bourgeons adventifs. . . . . *E. spicatum.*
Plantes ♃ ou ⨀; souche se renouvelant totalement par des bourgeons de remplacement; pseudorrhizes dépourvues de bourgeons adventifs 2
2 Plantes ♃ ou ⨀; souche se remplaçant par des rosettes foliacées ou écailleuses, sessiles ou parfois pédonculées. 3
Plantes ♃; souche se remplaçant par des drageons robustes ou par des stolons filiformes, allongés 7

3 Rosettes formées d'écailles charnues et imbriquées sur 4 rangs. . . . . E. *montanum*.

— Rosettes formées de feuilles, qui sont rarement un peu épaissies 4

4 Feuilles des rosettes obovales-suborbiculaires, arrondies à la base, offrant des reflets métalliques à la face supérieure, les plus inférieures un peu épaissies . . . . *E. roseum*.

Feuilles des rosettes oblongues, atténuées à la base, jamais épaissies, vertes à la face supérieure. 5

5 Rosettes sessiles; feuilles des rosettes fortement denticulées, d'un vert clair, à pétiole étroit, allongé, non bordé . . . . *E. lanceolatum*.

Rosettes plus ou moins pédonculées; feuilles des rosettes obscurément denticulées ou même entières, d'un vert foncé, à pétiole large, court, bordé. 6

6 Feuilles des rosettes oblongues-lancéolées, fortement nervées, assez brusquement atténuées en pétiole. . . *E. parviflorum*.

Feuilles des rosettes lancéolées, assez faiblement nervées, insensiblement atténuées en pétiole . . . . *E. tetragonum*.

7 Des drageons très robustes et allongés, à écailles constituées par la nervure médiane d'une feuille dont le limbe est presque entièrement avorté. . . . . *E. hirsutum*.

Des stolons filiformes, terminés par un bourgeon ovoïde à écailles charnues. . . . . *E. palustre*.

1 Fleurs irrégulières, en très longues grappes nues; étamines et style réfléchis-arqués pendant floraison. . . . *E. spicatum*.

Fleurs régulières, en assez longues grappes feuillées; étamines et style dressés pendant floraison 2

2 Feuilles caulinaires nettement pétiolées. 3

Feuilles caulinaires sessiles ou subsessiles 5

3 Tiges munies de lignes saillantes . . . . *E. roseum*.

Tiges dépourvues de lignes saillantes 4

4 Feuilles oblongues-lancéolées, longuement pétiolées, atténuées à la base. . . . . *E. lanceolatum*.

Feuilles ovales-lancéolées, assez brièvement pétiolées, arrondies à la base . . . . *E. montanum*.

5 Plantes glabres ou pubérulentes; stigmates connivents. . . . 6

Plantes velues-pubescentes au moins sur une certaine longueur; stigmates non connivents 7

6 Tiges sans lignes saillantes . . . . *E. palustre.*

Tiges avec lignes saillantes . . . . *E. tetragonum.*

7 Feuilles embrassantes; fleurs grandes; stigmates à la fin enroulés-réfractés. . . . . *E. hirsutum.*

Feuilles sessiles, non embrassantes; fleurs assez petites; stigmates étalés . . . . *E. parviflorum.*

1. E. montanum L.; Lorey, 335. — ♃ ou ⊙. — Juin-août. — C. — Bois, haies, lieux ombragés.

La var. *β. ramosum* de Lorey n'est que l'*E. montanum* accidentellement rameux dès la partie inférieure de la tige, et ne correspond pas à l'*E. collinum* Gmel. Ce dernier est ordinairement propre aux montagnes granitiques élevées, où il croît dans les fentes des rochers humides et aux bords des petits ruisseaux ou des fontaines.

La base des tiges adultes de l'*E. montanum* est entourée par les écailles, alors desséchées et plus espacées, de la rosette mère.

2. E. roseum Schreb. — ♃ ou ⊙. — Juin-août. — A. R. — Lieux humides, bords des chemins. — Viévy!, Arnay-le-Duc!, Essey!, Thoisy-la-Berchère!, Montigny-St-Barthélemy!, Saulieu!, Rouvray!, Thostes!, Semur!, Quincy!.

3. E. lanceolatum Sebast. et Maur. — ♃ ou ⊙. — Juin-août. — RR. — Rochers humides, lieux ombragés. — Rochers du pont de Montberthault, rive gauche!, Semur!.

4. E. parviflorum Schreb. — *E. molle* Lmk; Lorey, 334. — ♃ ou ⊙. — Juin-oct. — CC. — Lieux humides ou ombragés, taillis.

Aux stations très ombragées et très herbeuses, les bourgeons de remplacement deviennent allongés-stoloniformes, à l'instar de ceux de l'*E. tetragonum* var. *obscurum*.

5. E. tetragonum L.; Lorey, 334. — ♃ ou ⊙. — Juin-sept. — C. — Lieux aquatiques, taillis argileux.

La variété *puberulum* (*E. Lamyi* Fr. Schutlz) diffère par sa fine pubescence, par ses feuilles très brièvement pétiolées et non sessiles, par ses lignes de décurrence caulinaire correspondant non pas à la base adnée d'un limbe sessile, mais aux bords d'un court pétiole, et par ses stigmates très obscurément connivents. — A.R. — Taillis argileux. — St-Remy!, Champ-d'Oiseau!, Semur!, etc.

Une autre variété (var. *obscurum*. — *E. obscurum* Schreb.) a la tige facilement compressible, les lignes de décurrence obscures, les feuilles caulinaires sinuées-denticulées, oblongues-lancéolées, non dentées ni atténuées de la base au sommet, et les graines obovoïdes, non ovoïdes-oblongues. Souvent enfin, aux lieux couverts et aquatiques, les rosettes sont à l'extrémité d'un assez long pédoncule qui simule un stolon. Mais la culture en un sol découvert et s'asséchant rend les rosettes de remplacement à leur forme ordinaire. — A.R. — Ste-Isabelle!, Saulieu!, Rouvray!, Semur!.

Un hybride a l'inflorescence très rameuse paniculée et les feuilles lancéolées de l'*E. tetragonum*, la pubescence et les stigmates étalés dès l'anthèse de l'*E. parviflorum*. Les feuilles sont pétiolulées, les lignes de décurrence très obscures, et les graines presque toutes atrophiées. — R. — St-Remy!.

6. E. palustre L.; Lorey, 335. — ♃. — Juin-août. — R. — Marécages, queue des étangs. — Auxonne!, Saulieu! (*Lorey*); Fontenay!, Lucenay!, Rouvray!.

Les tiges et les feuilles sont pubescentes dans les échantillons de Rouvray, et les feuilles dentées dans ceux de Lucenay.

7. E. hirsutum L.; Lorey, 333. — ♃. — Juill.-sept. — C. — Bords des ruisseaux.

Plante plus ou moins velue-pubescente, avec cette observation que les rosettes radicales et l'inflorescence sont glabres ou glabrescentes, jusque chez les individus les plus velus. Il en est de même chez l'*E. parviflorum*, qui même est parfois glabrescent en toutes ses parties. L'*E. tetragonum*, au contraire, glabre pour le surplus, est pubérulent en son inflorescence. — La partie inférieure des tiges de l'*E. hirsutum* offre un épaississement notable de l'écorce, quand elle est en contact avec l'eau. Pareil épaississement atteint aussi les pseudorrhizes et la partie submergée du rhizome de l'*Isnardia palustris* (Voir encore *Lythrum Salicaria*, p. 141-142).

8. **E. spicatum** Lmk; Lorey, 332. — ♃. — Juin-août. — R. — Bois, broussailles. — Saulieu (*Boreau*); St-Remy!, Asnières-en-Montagne!, Bourberain!, Auxonne!, Pont d'Ouche!, Meloisey!, St-Romain!.

Après la déhiscence, les valves du fruit sont légèrement hygrométriques, se courbant par la sécheresse, et se redressant à l'humidité.

L'*E. rosmarinifolium* Hœnck n'a pas été retrouvé à Chassagne, Rouvray et Epoisses, où il est signalé par Lorey (p. 333). — Indiqué récemment à Dijon (*Wéber*) dans les talus de la partie du chemin de fer de Langres, voisine du Canal de Bourgogne. — Se distingue de suite de l'*E. spicatum* par la rareté des bourgeons adventifs de ses racines, tandis que ces bourgeons sont très abondants chez l'*E. spicatum*.

2. ŒNOTHERA *L.*

1. **Œ. biennis** L.; Lorey, 336. — ⊙ — Juin-sept. — R. — Bords des chemins. — Talmay! (*Lorey*); Vielverge!, Lamarche!, Seurre!, Courcelles-Frémoy!.

Originaire de l'Amérique septentrionale. — Fleurs éphémères, s'ouvrant le soir d'autant plus tôt et se flétrissant le lendemain matin d'autant plus tardivement que la chaleur et la sécheresse sont moins fortes.

3. ISNARDIA *L.*

1. **I. palustris** L.; Lorey, 337. — ♃. — Juin-juill. — RR. — Mares, fossés. — Auxonne, St-Jean-de-Losne (*Lorey*); St-Léger-de-Fourches, Saulieu! (*Lombard*); Talmay!, Rouvray!.

L'*Epilobium spicatum* a une racine persistante, bien qu'elle subisse de profondes destructions partielles au siège de ses larges rayons parenchymateux. Chez les autres *Epilobium,* la racine de germination est accompagnée de nombreuses pseudorrhizes adjuvantes, et périt dès la première année. La plante vivra dès lors par un rhizome et se remplacera chaque année par fissiparité, c. à. d. par ses rosettes, ses stolons ou ses drageons. Voici un exemple de cette transformation : la base de la tige primaire des germinations d'*E. hirsutum* fournit en automne des stolons dont le sommet, s'enfonçant bientôt en terre, constitue d'abord des drageons, puis un rhizome longuement drageonnant. Ainsi, dans l'espace d'une année, il y a ici transition de stolons à drageons, et de racine de germination à rhizome et pseudorrhizes.

Le bourgeon primaire des germinations de l'*Epilobium montanum* ne monte pas à fleurs, car, dès la première année, il produit une tige foliifère le plus souvent très courte, à la base de laquelle se trouve une rosette de remplacement, destinée à fleurir à la saison prochaine. — Comme les premières écailles des rosettes de l'*E. montanum* sont charnues et suffisent par leur résorption à alimenter la plante pendant quelque temps, les pseudorrhizes de ces rosettes sont moins précoces et moins abondantes que chez les espèces à rosettes foliacées.

Dans les sols qui s'assèchent fortement en été, plusieurs *Epilobium* ne sont que bisannuels (*E. montanum*, *E. parviflorum*, *E. tetragonum*, *E. roseum*, et surtout *E. lanceolatum*). Les bourgeons de remplacement font défaut ou s'atrophient, et la plante, pour se reproduire, ne doit plus compter que sur ses graines. Mais, même en des stations plus favorisées, les rosettes radicales sessiles sont impuissantes à remplacer les sujets plus de quelques années. Le sol est bientôt épuisé par ces plantes immobiles et dont toutes les pseudorrhizes, n'étant qu'annuelles, ont une longueur à peu près uniforme et restent par conséquent limitées à la même couche de terrain. La loi de déplacement veut donc qu'après un certain temps ces *Epilobium* n'aient plus, pour se perpétuer, que leurs graines aigrettées et aillent au loin puiser en un sol nouveau une vigueur nouvelle.

Les premiers rejets de l'*E. palustre* naissent au mois d'août et se terminent en rosette foliacée ; mais ceux, bien plus nombreux, qui apparaîtront postérieurement, seront munis de l'ovoïde bourgeon charnu caractéristique. Ces derniers rejets seuls sont les stolons véritables, puisque les premiers périssent bientôt sans avoir reproduit la plante. Le silence de beaucoup d'auteurs sur la présence de ces bourgeons charnus s'explique par leur apparition tardive, et aussi, parce que ces bourgeons, engagés dans les herbes voisines, se détachent des stolons quand on récolte les échantillons sans une grande précaution. Les bourgeons deviennent libres en octobre par la mort de la souche mère, et par la destruction des mérithalles des stolons; puis, en mars, ils s'allongent en jeunes sujets promptement radicants. — Au sein d'épaisses plantes aquatiques, l'insertion des stolons sur la tige a lieu souvent jusqu'à un décimètre au-dessus du sol, et, sous le poids de leur bourgeon terminal, ces stolons se rabattent le long des tiges. — D'après Michalet [1], les écailles du bourgeon charnu ont leur face interne très concave, et l'épiderme y serait tendu au-dessus de cette cavité, comme l'est une peau sur un tambour. Cette dernière assertion est beaucoup trop large, et ne se vérifie qu'en mars-avril, à l'époque de la résorption des écailles; alors, en effet, entre le parenchyme et l'épiderme de la face supérieure un vide se produit qui parfois, cependant, est plus ou moins dissimulé par la flaccidité et l'affaissement de l'épiderme. Mais les observations, faites d'octobre à février,

1. *Bull. de la Soc. Bot. de Fr.*, 1855, II, p. 728.

m'ont toujours montré un parenchyme dense et intact, sur lequel était nettement appliqué l'épiderme de la face supérieure. — Le bourgeon ne devient apte à surnager que pendant la période de résorption, et il remonterait alors à la surface de l'eau, s'il n'était déjà retenu par ses pseudorrhizes. — Le rôle des écailles charnues est d'entretenir la vie du bourgeon jusqu'à l'émission des pseudorrhizes, qui n'a lieu qu'au printemps, tandis que celles-ci naissent dès l'automne chez les *Epilobium* à rosettes foliacées. — Au printemps, l'axe des bourgeons charnus s'allonge pour monter à tige, et entraîne les écailles, qui s'espacent alors un peu sur 4 rangs opposés; il y a donc, à cette époque, quelque similitude entre ces bourgeons et les rosettes de l'*E. montanum*.

Aux lieux découverts, les tiges et les feuilles de l'*Epilobium roseum* sont souvent teintées de brun-violet, et celles de l'*E. lanceolatum* de rouge. — Les espèces à feuilles caulinaires sessiles ont leurs feuilles raméales subpétiolées (*E. tetragonum*, *E. parviflorum*, etc.); et les feuilles caulinaires opposées deviennent alternes dans la partie supérieure de la tige et sur les rameaux (*E. montanum*, *E. tetragonum*, etc.). Enfin les feuilles caulinaires des *E. parviflorum* et *montanum* sont parfois verticillées par 3.

Il n'y a pas de fixité absolue dans la connivence ni dans l'étalement des stigmates. Ainsi les stigmates des *Epilobium tetragonum* et *roseum*, rapprochés en massue à l'anthèse, peuvent finir par être divergents; et, en automne, les fleurs du sommet des rameaux m'ont souvent offert, chez l'*E. parviflorum*, des stigmates connivents et non pas étalés en croix. Cependant les stigmates de l'*E. hirsutum* sont réfractés-enroulés dès avant l'anthèse. — Le style de l'*E. spicatum* se redresse après floraison et devient droit.

Une progression régulière règne dans l'inflorescence des *Onagrariées*, et se retrouve, chez des familles voisines, dans la grappe des *Circæa* et l'épi des *Myriophyllum*. — Avant l'anthèse, les fleurs sont penchées chez les *Epilobium palustre*, *montanum*, *lanceolatum* et *roseum*, et dressées chez les *E. tetragonum* et *parviflorum*.

XXXVI. CIRCÉACÉES (Lindl.).

1. CIRCÆA *Tourn.*

Drageons assez robustes, faiblement et insensiblement renflés en leur partie supérieure, qui a les mérithalles assez allongés. . . . . *C. Lutetiana.*
Drageons très grêles, brusquement et notablement renflés en leur sommet, qui est oblong avec mérithalles raccourcis, 5-6 fois plus gros que le reste du drageon. . *C. intermedia.*

Plante pubérulente; feuilles assez grandes et assez épaisses, planes, tronquées à la base, lâchement et obscurément dentées; fleurs dépourvues de bractées; fruits fertiles. . . . . *C. Lutetiana.*
Plante glabre; feuilles médiocres, minces, ondulées, plus ou moins cordées à la base, lâchement et assez fortement dentées; fleurs pourvues de bractées sétacées; fruits stériles, promptement caducs . . . . *C. intermedia.*

1. C. Lutetiana L.; Lorey, 338. — ♃. — Juin-août. — A. C. — Bois ombragés. — Messigny (*Lorey*) ; St-Remy !, Pontailler !, Villy-le-Moutiers !, Seurre !, Vauchignon !, Saulieu !, Rouvray !, Thivauches !, Champ-d'Oiseau !, etc.

Les individus de Seurre avaient les pédicelles inférieurs des grappes aisselés par des folioles.

Pédicelles dressés avant floraison, étalés pendant, puis de plus en plus réfractés, à mesure qu'on approche de la maturité complète. Les pédicelles du *C. intermedia* restent étalés après l'anthèse.

2. C. intermedia Ehrh. — ♃. — Juill.-août — RR.

— Bois humides. — Saulieu (*Boreau*; *G. G.*); indiqué avec doute dans le département par Lorey (p. 338). — Cette plante Morvandelle habite encore la Nièvre à Nataloux (*Lombard*) et aux vallées de la Cure et de l'Yonne (*Boreau*), l'Yonne à Châtellux (*Boreau*), et Saône-et-Loire à Armecy (*Boreau*) et aux environs d'Autun (*Gillot!*).

Outre les drageons qui naissent de la souche, les aisselles caulinaires les plus inférieures produisent habituellement des rameaux qui se rabattent sur le sol, et, s'y enfonçant par le sommet, se transforment en drageons. Ce cas est très exceptionnel pour le *C. Lutetiana*.

XXXVII. HALORAGÉES (Nutt.).

1. MYRIOPHYLLUM *Vaill.*

1 Feuilles supérieures alternes; fleurs alternes, au moins les mâles; fruit lisse. . . . . *M. alternifolium*.
Feuilles et fleurs toutes verticillées; fruit ruguleux 2
2 Tiges jaune-verdâtre; bractées pectinées, dépassant plus ou moins longuement les fleurs. . . . . . . *M. verticillatum*.
Tiges rosées; bractées entières ou dentées, égalant au plus les fleurs . . . . *M. spicatum*.

1. M. verticillatum L.; Lorey, 341. — ♃. — Juin-août. — A. C. — Fossés, rivières. — Boudreville!, Pontailler!, St-Jean-de-Losne!, etc.

Offre toutes les transitions entre les bractées presque aussi longues que les feuilles (var. α. *pinnatifidum* Wallr.), ou beaucoup plus courtes (var. β. *intermedium* Koch), ou dépassant à peine les fleurs (var. γ. *pectinatum* DC.).

2. M. spicatum L.; Lorey, 341. — ♃. — Juin-août. — C. — Mares, rivières, fossés.

La grandeur des bractées décroît de la base au sommet de l'épi chez le *M. spicatum* et s'y accroît chez le *M. verticillatum*.

A la fin de l'été, la plante a de nombreux hibernacles, pédicellés, claviformes et longs de 12-15 mill. Ils sont constitués par des bourgeons latéraux qu'enveloppent de petites feuilles pectinées et densément imbriquées; mais les hibernacles provenant de bourgeons terminaux restent rudimentaires. En automne, ces organes deviennent de puissants agents de multiplication ; soit que, se détachant des tiges, ils tombent au fond des eaux ou se disséminent au gré des crues, soit qu'avant de se détacher ils aient été entraînés avec les tiges elles-mêmes, qui sont mises en liberté par la destruction de leurs mérithalles inférieurs. Les hibernacles, allégés au printemps par un commencement de résorption, remonteraient à la surface de l'eau, s'ils n'étaient déjà retenus par les pseudorrhizes qu'ils viennent d'émettre. Les *M. verticillatum* et *alterniflorum* sont également pourvus d'hibernacles. — Le rhizome des *Myriophyllum* est parsemé de petites nodosités qui correspondent à autant de centres vitaux éteints, et les pseudorrhizes sont d'un beau gris violacé. — Avant l'anthèse, la partie supérieure de l'épi est courbée chez les *M. alterniflorum* et *verticillatum*.

3. M. alterniflorum DC. — ♃. — Juin-août. — A.R. — Ruisseaux des sols granitiques. — Saulieu (*Lombard*); Laroche-en-Brenil !, Rouvray !.

2. TRAPA *L.*

1. T. natans L.; Lorey, 339. — ☉. — Juill.-sept. — R. — Etangs, rivières. — Seurre, Arnay-le-Duc, Saulieu (*Lorey*); Thoisy-la-Berchère (*Lombard*); Saône à Pontailler ! et Lamarche !, étangs de Vic-s-Thil !.

Lors de la germination, il sort du fruit un pétiole cotylédonaire, cylindracé, long de 6-8c et dont le volumineux cotylédon reste inclus et remplit presque entièrement le fruit. Le second cotylédon est réduit à une courte lame linéaire, sorte de phyllode opposé au long pétiole cotylédonaire. A leur aisselle se développent 1-3 bourgeons d'inégale vigueur, futures tiges de la plante. — L'axe hypocotylé est nul; aussi s'explique-t-on difficilement cette assertion de M. J. Sachs [1], où il est dit que de bonne heure des racines latérales se développent sur la tige hypocotylée. — Le grand cotylédon et son pétiole persistent longtemps, car, au 18 octobre, j'ai vu des individus fructifères reliés encore par ce pétiole à la graine mère, dont la cavité était occupée par la substance alors grisâtre et lacuneuse du cotylédon. — La radicule est ascendante; elle est munie de radicelles dont les supérieures sont dressées et les inférieures pivotantes. — Dans la partie submergée des tiges, les nœuds caulinaires portent des pseudorrhizes filiformes, longuement rameuses-pectinées et flottant dans l'eau, sauf les plus inférieures qui s'engagent dans la vase. Ces pseudorrhizes ont été prises par la plupart des auteurs pour des feuilles pinnatiséquées à lanières capillaires, alors que les feuilles de cette partie de la plante sont au contraire réduites à des phyllodes entiers, linéaires, et qui élargissent leur extrémité en limbe, à mesure qu'ils sont insérés plus haut sur la tige et par conséquent plus près de la surface de l'eau. — Les particularités de la germination du *T. natans* ont été surtout étudiées par M. Barnéoud [2].

Les fruits sont comestibles et connus sous le nom de *Châtaignes d'eau.* On en vendait (Leclerc), il y a une cinquantaine d'années, sur le marché de Semur. Mais, aujourd'hui, la plante est devenue rare dans l'Auxois, à cause du desséchement de la plupart des étangs. Elle abonde dans la Fausse-Saône à Pontailler, et quelques personnes en mangent encore les fruits.

XXXVIII. OMBELLIFÈRES (Juss.).

1. HYDROCOTYLE *Tourn.*

1. H. vulgaris L.; Lorey, 430. — ♃. — Juin-sept. —

1. *Traité de Bot.*, trad. Van Tieghem, 1873, p. 673.

2. *Mém. sur l'anatomie et l'organogénie du Trapa natans*, in Ann. des Sc. nat., 3e série, IX, 1848, p. 222-244.

A. R. — Prés marécageux, queue des étangs. — Laignes !, Orgeux !, Saulieu !, Laroche-en-Brenil !, St-Andeux !, etc.

Tiges couchées, allongées, rameuses, radicantes aux nœuds, constituant une sorte de rhizome épigé.

2. SANICULA *Tourn.*

1. S. **Europæa** L.; Lorey, 428. — ♃. — Avril-mai. — A. C. — Bois ombragés. — St-Remy !, Châtillon !, Trouhaut !, Lantenay !, parc de Dijon !, Pontailler !, Saulon-la-Rue !, Jallanches !, St-Andeux !, Champ-d'Oiseau !, etc.

Feuilles persistant l'hiver.

3. ERYNGIUM *Tourn.*

1. E. **campestre** L.; Lorey, 429. — ♃. — Juill.-sept. — C. — Friches, bords des chemins.

Racine simple, cylindracée, verticale, pouvant atteindre jusqu'à 5 mètres de longueur, à diamètre occupé pour les 4/5 par une très épaisse écorce. — La souche, qui couronnait une racine, ayant été amputée accidentellement, cette racine, après trois ans et malgré l'absence de tout bourgeon adventif, n'était encore morte que sur une longueur de 35c à partir de la section ; or, d'après la longueur considérable de la racine des *E. campestre*, et en ne supposant pas à la mortification de plus rapides progrès ultérieurs, il aura fallu plus de 12 ans pour la mort de cette racine entière. Les racines de la *Vigne* sont douées, après suppression des souches, d'une non moindre persistance de vitalité.

4. BUPLEVRUM *Tourn.*

1 Plante pérennante, ou même assez souvent n'étant que bisannuelle; involucelle plus court que l'ombellule . *B. falcatum.*
Plantes ⊙ ou ⊙; involucelle plus long que l'ombellule. . . 2
2 Feuilles amples, perfoliées . . . . *B. rotundifolium.*
Feuilles linéaires-lancéolées, non perfoliées. 3

3 Involucelle à folioles linéaires; fruit rugueux. . . . . *B. tenuissimum.*
Involucelle à folioles ovales-elliptiques; fruit lisse. . . . . *B. aristatum.*

1. B. falcatum L.; Lorey, 396. — Pérennant ou bisannuel. — Juill.-oct. — C. — Coteaux incultes, bois arides.

2. B. tenuissimum L. — ⊙. — RRR. — Juill.-août. — Moissons autour de Labergement-lez-Seurre (*Berthiot !*).

3. B. aristatum Bartl. — *B. Odontites* DC.; Lorey, 395. — ⊙. — Juin-août. — R. — Pelouses arides. — Hauteurs de Gouville et de Marsannay-la-Côte (*Lorey*); Dijon (*G.G.*); Gevrey (*Weber*); Nolay (*Viallanes*); Fleurey !.

4. B. rotundifolium L.; Lorey, 395. — ⊙ ou ⊙. — Juin-août. — A.C. — Moissons, cultures.

5. TRINIA *Hoffm.*

1. T. vulgaris DC. — *T. glaberrima* Dub.; Lorey, 411. — ⊗. — Mai-juin. — A.C. — Pelouses sèches, rochers. — Plombières ! et toute la Côte (*Lorey*); Diénay !, Lantenay !, Nuits !, Santenay !.

Il n'est pas rare de rencontrer quelques fruits sur des individus mâles, ce qui se remarque du reste chez tous les végétaux dioïques.

6. SISON *Koch.*

1. S. Amomum L.; Lorey, 412. — ⊙. — Juill.-sept. — RR. — Buissons, bords des chemins. — Meursault et entre Rouvray et Laroche-en-Brenil (*Lorey*); Aloxe (*Duret !*); haies des vignes entre Chassagne et Corpeau !.

Lorey signale le *Cicuta virosa* L. dans les mares de Seurre et d'Auxonne et le *Falcaria Rivini* Host à Varois, Arcelot et Villebichot.

7. PTYCHOTIS *Koch.*

1. **P. heterophylla** Koch.; Lorey, 415. — ⊙. — Juin-août. — A. C. — Coteaux sablonneux. — Dijon (*G.G.*); Mont-Auxois à Ste-Reine (*Lombard*); St-Remy!, Poinçon!, Is-s-Tille!, Selongey!, Mâlain!, Remilly!, St-Romain!, Santenay!.

8. AMMI *L.*

Ombelle fructifère à rayons convergents et partant d'un réceptacle épaissi-dilaté. . . . . *A. Visnaga.*
Ombelle fructifère à rayons non convergents; réceptacle ombellaire non épaissi-dilaté . . . . *A. majus.*

1. **A. majus** L.; Lorey, 412. — ⊙ ou ⊙. — Juin-sept. — R. — Moissons. — Villebichot, Savonges, Seurre (*Lorey*); Labergement-lez-Seurre (*Berthiot!*); moissons entre Dijon et St-Apollinaire, où il est assez commun en certaines années (*Méline!*).

Grandes variations dans la longueur et la dentelure des segments foliaires.

2. **A. Visnaga** Lmk. — ⊙. — Juill.-août. — RRR. — Moissons entre Beaune et Savigny!.

9. ÆGOPODIUM *L.*

1. **Æ. Podagraria** L.; Lorey, 403. — ♃. — Juin-juill. — R. — Haies, bords des bois. — Parc de Dijon (*Lorey*); Flavigny, Saulieu (*Lombard*); Magny-s-Tille (*Morelet*); Quincy!, Voulaines!, Vernois!, Aubigny-la-Ronce!.

Rhizome longuement et abondamment rameux-drageonnant, et par conséquent d'une extirpation très difficile. — Segments des feuilles tantôt libres, tantôt plus ou moins soudés entre eux, comme il arrive aux *Angelica, Rubus,* etc.

10. CARUM *Koch.*

1 Plante ⊙; une racine allongée-pivotante . . . . . *C. Carvi.*
Plantes ♃; une racine très courte ou un rhizome 2
2 Souche-racine globuleuse . . . . *C. bulbocastanum.*
Rhizome avec pseudorrhizes fusiformes . . . *C. verticillatum.*

1 Involucres et involucelles nuls ou presque nuls; ombelles à rayons peu nombreux et très inégaux; fruits ovoïdes très aromatiques . . . . *C. Carvi.*
Involucres et involucelles à plusieurs pièces; ombelles à rayons nombreux et presque égaux; fruits oblongs, peu ou point aromatiques. 2
2 Feuilles 2-3 pinnatiséquées, à segments de premier ordre longuement pétiolulés . . . . *C. bulbocastanum.*
Feuilles pinnatiséquées, à segments sessiles, finement découpés et disposés en faux verticilles . . . . . . *C. verticillatum.*

1. C. Carvi L.; Lorey, 403. — ⊙. — Mai-juin. — A. C. — Prés, coteaux herbeux humides. — Rougemont!, Fain-lez-Montbard!, Grignon!, Les Laumes!, Darcey!, Laignes!, Pothières!, Val-des-Choues!, Val-Suzon!, St-Romain!, Nolay!, etc.

Aromatique par ses fruits, mais non par sa racine.

2. C. bulbocastanum Koch; Lorey, 404. — ♃. — Juin-juill. — A. C. — Moissons. — St-Remy!, Laignes!, Pothières!, Vernois!, Aignay!, Santenay!, Nolay!, Jeux!, etc.

Similitude parfaite de germination avec le *Corydalis solida:* cotylédon unique surmontant un long pétiole; radicule très allongée, et filiforme sur toute sa longueur, sauf en un point, vers son tiers terminal, où elle se renfle en un petit tubercule d'abord lancéolé. Le bourgeon de ce tubercule constitue le bourgeon primaire, car le pétiole cotylédonaire se trouve dépourvu de bourgeon à son aisselle. Mais, dès la seconde année, des différences capitales se manifestent entre les tubercules du *C. bulbocastanum* et ceux du *Corydalis solida.* Le tubercule du *C. solida* est annuel, dû à une hypertrophie cambiale et appartient au système ascendant; le bourgeon y est situé à la partie inférieure-intérieure, et les pseudorrhizes sortent en groupe de sa base. Chez le *C. bulbocastanum*, au contraire, le tubercule est vivace et dû en majeure partie à une fraction de la radicule, c. à. d. au système descendant; sous son écorce, il possède un système ligneux qui représente en miniature une racine rameuse; enfin il porte son bourgeon à son sommet et ses radicelles à son pourtour. — L'axe hypocotylé fait complétement défaut dans les germinations du *C. bulbocastanum*, car on ne saurait prendre pour un axe hypocotylé le long pétiole du cotylédon. Aussi ne doit-on pas suivre M. Clos [1], quand il avance que le renflement de cette *Ombellifère* appartient au collet, nom sous lequel il désigne l'axe hypocotylé. Je n'ai pu, non plus, rencontrer les racines adventives que M. Irmisch [2] signale sur le pétiole du cotylédon, ce qui serait un cas des plus remarquables. Il y a bien des radicelles sur la partie qui s'étend entre le pétiole du cotylédon et le jeune tubercule, mais cette partie appartient à la radicule et le pétiole en diffère par un diamètre un peu moins exigu, par sa teinte blanchâtre et non fauve, par l'absence de poils radicellaires et enfin par une moins grande promptitude à se flétrir à l'air. — Une autre *Ombellifère* à racine tubéreuse, le *Cerfeuil bulbeux*, présente dans sa germination les mêmes phénomènes, sauf qu'il a 2 cotylédons, au lieu d'un seul, et que la gaîne qui porte les 2 cotylédons pourrait, au premier abord, être assimilée à un axe hypocotylé. Mais cet axe hypocotylé est dépourvu de bourgeon, comme en est également dépourvue l'aisselle pétiolaire du cotylédon du *Carum bulbocastanum*, et c'est encore sur la radicule que se dessine le petit renflement qui va fournir la première feuille et devenir le siège de la souche.

La tige du *C. bulbocastanum* est presque aphylle; la grande majorité des feuilles naissent du tubercule et ont un long pétiole, presque totalement hypogé.

3. **C. verticillatum** Koch; Lorey, 404. — ♃. — Juill.-août. — A R. — Prés humides des sols granitiques. — Saulieu! (*Lorey*); Laroche-en-Brenil!, Rouvray!.

1. *Ann. des sc. nat.*, XIII, 1850, 3e sér., p. 3-20.
2. *Bull. de la Soc. Bot. de Fr.*, 1858, V. p. 130.

11. PETROSELINUM *Hoffm.*

Feuilles pinnatiséquées; ombelles à rayons très inégaux; fleurs blanches. *P. segetum.*
Feuilles bi-tripinnatiséquées; ombelles à rayons presque égaux; fleurs vert-jaunâtre. . . . . † *P. sativum.*

1. P. segetum Koch; Lorey, 408. — ⊙. — Juin-août. — RR. — Moissons, haies, bords des chemins. — Meursault, Précy-s-Thil, Rouvray (*Lorey*); Pommard (*Duret*); montagne de Nan-s-Thil (*Lombard*); Beaune (*G. G.*); le long des murs du parc de Dijon, à l'extérieur, côté de Longvic ! (*Méline, Bonnet*).

† **P. sativum** Hoffm. — ⊙. — Juin-août. — Naturalisé à St-Romain dans le coteau pierreux et les rochers à pic bordant le village !.

12. HELOSCIADIUM *Koch.*

1 Feuilles inférieures submergées à segments capillaires; ombelles à 2-3 rayons . . . . *H. inundatum.*
Feuilles toutes à segments ovales-lancéolés; ombelles à 4-8 rayons 2
2 Involucre nul ou à 1-2 folioles; ombelles sessiles ou brièvement pédonculées . . . . *H. nodiflorum.*
Involucre à plusieurs folioles; ombelles longuement pédonculées. . . . . *H. repens.*

1. H. nodiflorum Koch; Lorey, 417. — ♃. — Juill.-sept. — C. — Ruisseaux, fossés.

Ombelles diversement pédonculées jusque sur le même échantillon, tantôt sessiles ou subsessiles, tantôt à pédoncule dépassant (var. *intermedium*) la longueur des rayons.

Reproduction par graines, par stolons-drageons nés de la souche et par radication des tiges soit en leur partie inférieure, soit à leur sommet décombant. En outre, les bourgeons de la partie caulinaire qui est dressée deviennent souvent radicants en automne après la chute des tiges sur le sol. — Les tiges de l'*H. repens* sont toujours entièrement couchées-radicantes.

2. H. repens Koch; Lorey, 417. — ♃. — Juill.-sept. — RR. — Prairies tourbeuses. — Lugny, Essarois (*Lorey*); Censerey, Le Maupas (*Lombard*); Laignes (*Berthiot!*).

3. H. inundatum Koch; Lorey, 416. — ♃. — Juill.-sept. — RR. — Mares, ruisseaux. — Forêt de St-Nicolas, Seurre (*Lorey*); Censerey, Le Maupas (*Lombard*); mares de Vielverge!.

13. SIUM *L.*

Souche stolonifère-drageonnante; pseudorrhizes grêles, agglomérées en feutrage, dépourvues de bourgeons adventifs. . . . . *S. angustifolium.*

Souche munie de rosettes sessiles de remplacement; pseudorrhizes dimorphes, les unes cylindracées, les autres fusiformes-cylindracées, toutes tri-tétragones, creusées d'un sillon sur chaque face, émettant d'abondants bourgeons adventifs soit en pleine terre, soit dans les marécages.. *S. latifolium.*

Tiges sillonnées; segments foliaires lancéolés-oblongs, incisés; involucre à folioles entières ou incisées. . *S. angustifolium.*

Tiges cannelées-anguleuses; segments foliaires lancéolés-dentés, mais découpés en fines lanières dans les feuilles radicales vernales; involucre à folioles toujours entières. . . . . *S. latifolium.*

1. S. angustifolium L.; Lorey, 401. — ♃. — Juill.-sept. — CC. — Ruisseaux.

2. S. latifolium L.; Lorey, 400. — ♃. — Juill.-août. — R. — Mares, fossés, taillis marécageux. — Limpré, Saulon (*Lorey*); Chivres (*Berthiot*); Pontailler!, Vielverge!, St-Jean-de-Losne!.

Feuilles radicales vernales bi-tripinnatiséquées, à lobes d'autant plus linéaires étroits qu'elles sont plus inférieures; feuilles caulinaires pinnatiséquées, à segments lancéolés, dentés. Des individus, transplantés depuis 3 ans d'un marécage en pleine terre, ont leurs premières feuilles radicales aussi découpées que celles des sujets des lieux submergés. — Les feuilles radicales automnales ont leurs segments lancéolés-oblongs et non pas découpés-laciniés.

14. PIMPINELLA *L.*

Tiges anguleuses-sillonnées; feuilles supérieures peu développées, mais non réduites à la gaine pétiolaire. . . *P. magna.*
Tiges cylindriques, finement striées; feuilles supérieures ordinairement réduites à la gaîne pétiolaire . . . *P. saxifraga.*

1. **P. magna** L.; Lorey, 398. — ♃. — Juin-sept. — C. — Lieux ombragés.

Lors de la floraison, les feuilles radicales appartiennent aux rosettes qui fleuriront l'année suivante. Chez le *P. saxifraga*, au contraire, les feuilles radicales du bourgeon florifère persistent, mais les feuilles caulinaires moyennes et supérieures sont beaucoup moins développées que chez le *P. magna.*

2. **P. saxifraga** L.; Lorey, 399. — ♃. — Juin-sept. — C. — Prairies des coteaux, pelouses, bois.

Parfois pubescent. — Grand polymorphisme des feuilles, dont les segments sont dentés-incisés, ou même (*P. pratensis* Thuill.) pinnatiséqués. C'est à cette dernière variété que doit être rapporté le *P. dissecta* de Lorey (p. 399), à cause de ses feuilles supérieures réduites aux gaînes pétiolaires. Le *P. dissecta* Retz est une variété du *P. magna.*

Une piqûre d'insecte produit quelquefois dans le réceptacle ombellaire un boursouflement accompagné de l'avortement des ombellules. Les rayons persistent et sont aigus-subulés; aussi cette inflorescence maladive a-t-elle l'aspect des capitules épineux, non encore épanouis, des *Centaurea Calcitrapa* et *solstitialis.*

15. ÆTHUSA *L.*

1. Æ. **Cynapium** L.; Lorey, 410. — ⊙ ou ⊙. — Juin-oct. — CC. — Moissons, cultures, taillis.

Taille variant de 5c à 2 mètres. Les petits individus proviennent toujours de germinations de l'année.

16. ŒNANTHE *Lmk.*

1 Des stolons . . . . *Œ. fistulosa.*
Point de stolons 2
2 Souche robuste; pseudorrhizes conformes, cylindracées, dépourvues de renflement . . . . *Œ. Phellandrium.*
Souche peu robuste; pseudorrhizes dimorphes, les unes filiformes cylindracées, les autres plus ou moins renflées 3
3 Pseudorrhizes renflées peu nombreuses, 1-3, faisant même défaut chez les souches florifères. . . . . *Œ. fistulosa.*
Pseudorrhizes renflées assez nombreuses, ne faisant jamais défaut. 4
4 Pseudorrhizes la plupart insensiblement épaissies-subclaviformes vers leur extrémité, à prolongement filiforme souvent atrophié. . . . . *Œ. Lachenalii.*
Pseudorrhizes à renflement ovoïde ou oblong, terminées au moins en leur jeunesse par un prolongement filiforme. . . 5
5 Renflement sessile ou subsessile, ordinairement ovoïde-oblong. . . . . *Œ. peucedanifolia.*
Renflement pédicellé, oblong-allongé . . . . . *Œ. silaifolia.*

1 Feuilles bi-tripinnatiséquées . . . . *Œ. Phellandrium.*
Feuilles pinnati ou bipinnatiséquées 2
2 Ombelles fructifères subglobuleuses, à 2-4 rayons à peine plus longs que les ombellules. . . . . *Œ. fistulosa.*
Ombelles fructifères non subglobuleuses, à 6-15 rayons notablement plus longs que les ombellules. 3
3 Rayons épaissis à la maturité; carpelles munis à leur insertion d'un anneau calleux, non contractés sous le sommet. . . . . *Œ. silaifolia.*

Rayons grêles à la maturité; carpelles dépourvus d'un anneau calleux, plus ou moins contractés sous le sommet . . 4

4 Feuilles supérieures courtes; fleurs extérieures des ombellules à pétales inégaux; carpelles fortement contractés sous le sommet. . . . . *Œ. peucedanifolia.*

Feuilles supérieures allongées; fleurs extérieures des ombellules à pétales presque égaux; carpelles à peine contractés sous le sommet . . . . *Œ. Lachenalii.*

1. Œ. peucedanifolia Poll.; Lorey, 420. — ♃. — Mai-juin. — A. R. — Prairies humides. — Saulieu!, Laroche-en-Brenil (*Lorey*); St-Remy!, Quincy!, Champ-d'Oiseau!, Jeux!, etc.

Le renflement des pseudorrhizes a pour siège le cylindre central. Il atteint son apogée lors de la floraison, et il est ordinairement parcouru par 4 faisceaux vasculaires espacés, ce qui lui donne une forme subtétragone. Les pseudorrhizes filiformes naissent en automne et se détruisent après la fructification; les renflées apparaissent au printemps et ne commencent à s'épaissir qu'à l'approche de la floraison, mais elles survivent jusqu'au printemps prochain. En février-mars, quand naissent les premières feuilles radicales, le parenchyme des renflements est encore ferme, quoique déjà partagé en 4 sections longitudinales triangulaires, au centre de chacune desquelles est un faisceau vasculaire jaunâtre. A la fin d'avril, les renflements sont devenus très flasques et l'aire d'une coupe transversale y présente des réticules blanchâtres résultant de la résorption presque complète du parenchyme interposé aux faisceaux vasculaires. — Les renflements constituent un dépôt de matières nutritives destinées à entretenir la vie latente de la plante après la mort des pseudorrhizes filiformes; puis, au printemps, ils fourniront, de concert avec les nouvelles pseudorrhizes filiformes, tous les matériaux dont les bourgeons de remplacement ont besoin pour inaugurer leur évolution. Aussi, chez l'*Œ. fistulosa,* où les bourgeons de remplacement sont reportés au loin sur des stolons, et où par conséquent la souche florifère a coutume de s'éteindre entièrement, voit-on cette souche être dépourvue de pseudorrhizes renflées, puisqu'elle n'aura pas de bourgeons de remplacement à nourrir. Les pseudorrhizes renflées de l'Œ. *fistulosa* sont propres à ceux des nœuds des stolons, qui produisent un bourgeon de multiplication; elles possèdent ordinairement 5-6 faisceaux vasculaires.

2. Œ. Lachenalii Gmel. — *Œ. pimpinelloides* α. DC., *Fl. Fr.*, IV, 297; Lorey, 419; non L. — *Œ. approximata* Mérat; Lorey, 420. — ♃. — Juill.-sept. — R. — Prairies marécageuses, queue des étangs. — Tailly (*Lorey*); prairie du moulin des Etangs (*Lombard*); Laignes!, Villedieu!, Pothières!, Prissey!, Satenay!, Mercueil!.

L'*Œ. pimpinelloides* DC. doit être rapporté à l'*Œ. Lachenalii* pour la forme allongée de ses pseudorrhizes renflées et son habitat dans les prés marécageux. — L'*Œ. approximata* Mérat est un Œ. *Lachenalii* dépourvu d'involucre et à feuilles radicales pinnati non bipinnatiséquées.

Aux stations ombragées, les tiges peuvent être notablement fistuleuses. — L'involucre fait assez souvent défaut dès le principe; et, quand il s'est développé, tantôt il devient de bonne heure caduc, tantôt, mais plus rarement, il persiste et accompagnera les ombelles fructifères.

3. Œ. silaifolia Bieb. — ♃. — Juin-juill. — RRR. — Prairies humides. — Seurre!.

Je n'ai pu récolter qu'un seul échantillon, et encore sans le système souterrain. Mais, d'après le fruit qui n'est pas contracté au sommet, j'ai dû rapporter cette plante à l'*Œ. silaifolia* plutôt qu'à l'*Œ. media* Griseb.

4. Œ. fistulosa L.; Lorey, 419. — ♃. — Juin-août. — C. — Fossés, prairies marécageuses.

Les stolons naissent de la partie inférieure de la tige, sur une hauteur de 10-20c; ils sont très allongés, rameux, et enterrent souvent leur sommet. — Les feuilles des *Œ. fistulosa* et *Phellandrium* sont découpées en lobes d'autant plus fins qu'elles sont plus inférieures.

5. **Œ. Phellandrium** Lmk; Lorey, 419. — ♃. — Juill.-oct. — A. C. — Etangs, ruisseaux, canal de Bourgogne.

La racine des germinations reste très grêle ou même s'atrophie de bonne heure. Les pseudorrhizes sont assez fortes, mais dépourvues de renflement, et elles ont une couche épaisse de parenchyme cortical lacuneux. — La partie inférieure de la tige s'étale sous le poids de la plante, et, devenant de plus en plus radicante et partant volumineuse, finit par former un support obconique, fistuleux, qui souvent a été pris à tort pour une racine fusiforme. Ce support est parfois démesurément accru, surtout pour les individus croissant aux lieux toujours inondés. — Trois modes de reproduction, comme il arrive à tant de plantes aquatiques : par graines, par bourgeons nés de la souche et devenus libres lors de la destruction de celle-ci après la fructification, et enfin par radication soit des tiges couchées, soit de certains nœuds supérieurs des rameaux, quand la tige, en voie de destruction, s'est renversée sur le sol. — Fruits très odorants par le froissement

17. LIBANOTIS *Crantz.*

1. **L. montana** All. — *Seseli Libanotis* Koch; Lorey, 413. — (∞). — Juill.-sept. — C. — Bois, coteaux incultes.

La variété *daucifolia* (*Athamanta Pyrenaica* Jacq.) a les segments de ses feuilles profondément pinnatipartits. — A. C.

Le *L. montana* noté par les auteurs tantôt comme bisannuel, tantôt comme vivace, est en réalité plurannuel, et vit 6-8 ans avant de monter à fleurs et de périr après cette unique floraison. D'ailleurs, cette lente préparation à la floraison est tout d'abord suffisamment attestée par les nombreux filaments qui couronnent la souche, et qui sont dus à la décomposition des gaînes pétiolaires des années précédentes.

18. SESELI *L.*

1. **S. montanum** L.; Lorey, 414. — ♃. — Juill.-oct. — C. — Rochers, pelouses des bois.

Est quelquefois glauque.

Le *S. elatum* indiqué par Lorey (p. 415) entre Chassagne et Chagny n'est pas le *S. elatum* L., mais une forme élancée du *S. montanum* d'après Duret (*Op. manusc.*) lui-même, qui le premier avait signalé cette plante dans le département.

19. FŒNICULUM *Adans.*

1. F. officinale All. — Pérennant plutôt que vivace. — Juill.-sept. — RRR. — Coteaux boisés, rochers, sables. — A Dijon dans les talus du chemin de fer de Langres!, taillis de la combe de Flavignerot!, rochers sous Semur!.

N'est mentionné dans Lorey (p. 418) que comme plante cultivée.

20. SILAUS *Bess.*

Une racine à la fin accompagnée ou même remplacée par de robustes pseudorrhizes; point de drageons . . *S. pratensis.*
Un rhizome avec pseudorrhizes peu robustes; des drageons. . . . . *S. virescens.*

1-2 pièces à l'involucre; rayons intérieurs de l'ombelle un peu plus courts que les extérieurs; fruit oblong.. . . . . *S. pratensis.*
5-7 pièces à l'involucre; rayons intérieurs de l'ombelle 2-3 fois plus courts que les extérieurs; fruit ovoïde-oblong. . . . . *S. virescens.*

1. S. pratensis Bess. — *Ligusticum Silaus* Duby; Lorey, 402. — ♃. — Juin-juill. — C. — Prés.

Les pétales sont blancs, mais comme ils sont très petits et que les stylopodes sont larges et jaunes, la fleur a été décrite comme jaunâtre.

2. S. virescens Boiss. — *Bunium virescens* DC.; Lorey, 405, tab. 3. — ♃. — Juill.-août. — R. — Bois et montagnes de la Côte. — De Dijon à Beaune (*Lorey*); Mont-

Afrique, Gouville, Marsannay-la-Côte, Savigny-s-Beaune (*Duret*); bois près des Chaumes-d'Auvenet (*Boreau*); Val-Suzon (*Maillard*); Mâlain!, Ancey!, Lantenay!, Nuits!.

C'est la plante la plus précieuse de la Côte-d'Or. Elle se trouve encore en France au bois de Brezons dans le département du Cantal (*Lamotte*). Suivant Duret (*Op. manusc.*), elle n'aurait ailleurs d'autres stations qu'au Caucase, en Crimée et dans le bannat de Hongrie.

21. ATHAMANTA *Koch.*

1. A. Cretensis L.; Lorey, 397. — ♃. — Juin-juill. — RR. — Rochers. — Gevrey!, Couchey, Bouilland (*Lorey*); Beaune (*G. G.*); Val-Suzon!.

22. ANTHRISCUS *Hoffm.*

1 Plante ♃; racine robuste; ombelles assez longuement pédonculées, à 8-12 rayons. . . . . *A. sylvestris.*
Plantes ⊙; racine grêle; ombelles sessiles ou brièvement pédonculées, à 3-7 rayons 2
2 Feuilles à gaînes poilues; fruit ovale, muni d'épines arquées . . . . *A. vulgaris.*
Feuilles à gaînes glabres; fruit oblong-linéaire, lisse. . . . . † *A. Cerefolium.*

1. A. sylvestris Hoffm.; Lorey, 424. — ♃. — Mai-juill. — C. — Prés, berges des rivières.

† **A. Cerefolium** Hoffm. — ⊙. — Mai-juin. — RRR. — Naturalisé dans le coteau et les rochers qui bordent le village de St-Romain!.

2. A. vulgaris Pers.; Lorey, 425. — ⊙. — Mai-juin. — R. — Haies, bords des chemins, friches. — Saulieu (*Lombard*); Laroche-en-Brenil! (*Berthiot*); pied de la tour de Montbard!, glacis d'Auxonne!, Bouilland!, Vieux-Château!.

23. CHÆROPHYLLUM *L.*

1. **C. temulum** L.; Lorey, 423. — ⊙. — Juin-juillet. — C. — Taillis, haies.

C'est sans doute par méprise que Lorey (p. 422) dit le *C. nodosum* Lmk commun dans le département, car personne ne l'y a revu, et MM. Grenier et Godron *(Fl. de Fr.)* ne l'indiquent qu'en Corse.

24. SCANDIX *Gærtn.*

1. **S. pecten-Veneris** L.; Lorey, 425. — ⊙ ou ⊙. — Avril-août. — C C. — Moissons, cultures.

25. CONIUM *L.*

1. **C. maculatum** L.; Lorey, 427. — ⊙ ou ⊚. — Juin-août. — C. — Rues, haies, décombres.

26. SELINUM *Hoffm.*

1. **S. carvifolia** L.; Lorey, 393. — ♃. — Juill.-août. — R. — Prairies aquatiques, lieux tourbeux. — Châtillon (*Lorey*); Saulieu (*Lombard*); queue de l'étang Bailly à Larrey-lez-Poinçon!, Is-s-Tille!, Orgeux!, prairies du moulin des Etangs près Saulon-la-Rue!.

Des échantillons de Laignes ont les tiges anguleuses-cannelées, mais non ailées.

27. ANGELICA *L.*

1. **A. sylvestris** L.; Lorey, 392. — ⊚. — Mai-sept. — C C. — Lieux humides et couverts, bords des eaux.

Feuilles d'un vert brillant ou mat, à segments ovales, oblongs ou lancéolés, obtus, aigus ou acuminés, étroitement ou largement dentés. Toutes ces diversités peuvent être observées en la même station.

Une variété β. *præcox*, qui croît en abondance dans les prairies de Lugny près Recey!, diffère par sa floraison (mai) et sa fructification (juillet) de 2-3 mois plus précoces, par son involucre polyphylle et par ses fruits oblongs-ovales. Ces caractères se maintiennent par la culture.

28. PEUCEDANUM *Koch.*

1 Feuilles à segments inférieurs ordinairement décussés; involucelles nuls ou à 1-2 folioles; fleurs jaune-verdâtre . . . . *P. Chabræi.*
Point de segments décussés; involucelles polyphylles; fleurs blanches 2
2 Pétioles coudés à chacune de leurs divisions . *P. Oreoselinum.*
Pétioles non coudés. 3
3 Feuilles glauques en dessous, même à l'ombre de vieux taillis, les inférieures bipinnatiséquées, à segments ovales-lancéolés . . . . *P. Cervaria.*
Feuilles vertes aux 2 faces; les inférieures tri-quadripinnatiséquées, à segments linéaires . . . . *P. palustre.*

1. P. Cervaria Lapeyr.; Lorey, 389. — ♃ — Juill.-oct. — A. C. — Bois montagneux. — Côteaux de toute la Côte (*Lorey*); Asnières-en-Montagne!, Poinçon!. Pothières!, Riel-les-Eaux!, Montigny-s-Aube!, Recey!, Grancey-le-Château!, Tarsul!. Val-Suzon!, Lantenay!, Nuits!, Nolay!, etc.

Segments dentés-lobulés, mucronés, ou pinnatifides et cuspidés-subspinulescents (var. *incisum*).

Les *P. Cervaria* et *Laserpitium latifolium* ont la tige pleine, tandis qu'elle est fistuleuse chez la grande majorité des *Ombellifères.*

2. P. Chabræi Gaud. — *P. carvifolium* Vill.; Lorey, 387. — ♃. — Juin-août. — A.C. — Prés. — Chaumes d'Auvenet, Laroche-en-Brenil (*Lorey*); Saulieu (*Boreau*); St-Remy!, Fain-lez-Montbard!, Nolay!, Voudenay!, Jeux!, etc.

J'ai rencontré des individus dont les segments, même pour les feuilles inférieures, étaient peu nombreux, allongés, pétiolulés, et non décussés.

3. **P. Oreoselinum** Mœnch; Lorey, 389. — ♃. — Juill.-sept. — R. — Friches, bois des coteaux. — Messigny (*Lorey*); Pontailler!, Vielverge!, Arnay-le-Duc!, Liernais!, Melin!, St-Martin de la Mer!.

4. **P. palustre** Mœnch; Lorey, 388. — *P. montanum* Lorey, 390. — ♃. — Juill.-sept. — R. — Fossés, marécages. — Essarois, Val-des-Choues, Arcelot, Saulon (*Lorey*); Villedieu!, Larrey-lez-Poinçon à l'étang Bailly!, Pontailler!, Vielverge!, Flammerans!.

Lorey distingue son *P. montanum* du *P. palustre* par la tige cannelée et les pédoncules hérissés. C'est la plante de Vielverge.

L'*Anethum graveolens* L., indiqué (*Boreau*, *G. G.*) aux environs de Dijon, n'est qu'une plante échappée des jardins.

29. PASTINACA *Tourn.*

1. **P. sativa** L.; Lorey, 386. — ⊙. — Juill.-août. — C. — Moissons, friches.

30. HERACLEUM *L.*

1. **H. Sphondylium** L.; Lorey, 386. — Pérennant plutôt que vivace, mais non pas bisannuel. — Juin-sept. — CC. — Prés, bois humides.

Feuilles à segments amples, ou au contraire lancéolés-allongés et confluents entre eux (*H. longifolium* Jacq.).

Fruits ovales-suborbiculaires, ou ovales-oblongs. — Longueur des bandelettes de la commissure variable parfois jusque dans la même ombelle.

31. TORDYLIUM *Tourn.*

1. **T. maximum** L.; Lorey, 384. — ⊙. — Juin-août.

— R. — Buissons, coteaux incultes, bords des chemins. — Ancey!, Velars!, le long des murs du parc de Dijon côté de Longvic!, Nuits!, St-Romain!, Blagny!, Cussy-la-Colonne!, Le Maupas!, Thoisy-la-Berchère!.

32. LASERPITIUM *L.*

Souche couronnée de filaments pétiolaires d'égale longueur. . . . . *L. Gallicum.*
Souche couronnée de filaments pétiolaires de diverses longueurs. *L. latifolium.*

Pétioles cylindracés; feuilles à segments linéaires-cunéiformes, entiers ou trilobés. . . . . *L. Gallicum.*
Pétioles comprimés latéralement; feuilles à segments ovales, dentés. *L. latifolium.*

1. L. latifolium L. — *L. asperum* Crantz; Lorey, 375. — ♃. — Juill.-sept. — A. R. — Bois montagneux. — Laroche-en-Brenil (*Boreau*); St-Remy!, Buffon!, Arrans!, Poinçon!, Tarsul!, Val-Suzon!, Lantenay!. Gevrey!, Lusigny!, Vauchignon!, etc.

La Côte-d'Or ne possède que la variété *asperum* (*L. asperum* Crantz), à pétioles et feuilles velus-scabres.

2. L. Gallicum L.; Lorey, 376. — ♃. — Juill.-août. — RR. — Rochers des bois. — Vougeot (*Lorey*); Beaune (*G.G.*); Gevrey! (*Maillard*); Chambolle!.

La largeur des segments des feuilles peut varier du simple au quadruple. Beaucoup d'*Ombellifères* présentent du reste une extrême diversité non seulement dans la grandeur, mais jusque dans la forme des segments de leurs feuilles.

Le pétiole des feuilles mortes se rompt, un peu au-dessous du niveau du sol, à sa première articulation inférieure. Le mérithalle basilaire du pétiole continue donc d'adhérer à la souche, et il fournit par sa décomposition des filaments d'égale longueur. Chez le *L. latifolium*, au contraire, ces filaments débordent le sol, et ils sont de longueurs différentes, parce que la rupture du pétiole n'a pas lieu à une articulation, c'est-à-dire suivant un plan horizontal; ils sont d'ailleurs beaucoup moins abondants que chez le *L. Gallicum*. — La plupart des *Ombellifères* vivaces ont leur souche couronnée de filaments pétiolaires; mais l'abondance des filaments tient moins au nombre des pétioles qu'à leur grosseur et à leur force, et par conséquent à leur richesse en faisceaux vasculaires.

33. DAUCUS *Tourn.*

1. **D. Carota** L.; Lorey, 377. — ⊙. — Juin-sept. — C. — Cultures, friches, bords des chemins.

Rarement glabre. — Vignes de Beaune!.

34. ORLAYA *Hoffm.*

1. **O. grandiflora** Hoffm; Lorey, 378. — ⊙. — Juin-août. — A.C. — Moissons. — Semur (*Boreau*); St-Remy!, Diénay!, Beaune!, etc.

35. TURGENIA *Hoffm.*

1. **T. latifolia** Hoffm.; Lorey, 380. — ⊙. — Juin-août. — A.C. — Moissons. — Champs cultivés de la Côte et de la Plaine (*Lorey*); St-Remy!, Lucenay!, Venarey!, Poinçon!, Veuxhaulles!, etc.

36. CAUCALIS *L.*

1. **C. daucoides** L.; Lorey, 379. — ⊙. — Juin-août. — A.C. — Moissons. — Dans les champs fertiles de la Plaine (*Lorey*); St-Remy!, Lucenay!, Gevrolles!, Diénay!, etc. Très abondant à Beaune!.

Le *C. leptophylla* L., que Lorey (p. 379) indique dans les moissons entre Semur et Rouvray, est une espèce du midi de la France, bien douteuse pour la Côte-d'Or. Ce que j'ai eu du département sous ce nom n'était que du *C. daucoides* jeune ou grêle, ou même de l'*Anthriscus vulgaris*.

37. TORILIS *Adans.*

1 Ombelles subsessiles; fruits du centre des ombellules tuberculeux, ceux de la circonférence épineux sur le carpelle externe . . . . *T. nodosa.*
Ombelles longuement pédonculées; fruits épineux sur tous leurs carpelles 2
2 Involucre à plusieurs pièces; fruits à épines arquées . . . . *T. Anthriscus.*
Involucre nul ou à 1-2 pièces; fruits à épines crochues au sommet. . . . . *T. infesta.*

1. **T. Anthriscus** Gmel.; Lorey, 382. — ⊙. — Juill.-sept. — C. — Moissons, taillis.

Les fruits des *T. Anthriscus* et *nodosa* prennent une teinte vert-bleuâtre, quand ils sont desséchés avant maturité.

2. **T. infesta** Duby; Lorey, 382. — ⊙. — Juill.-sept. — C. — Friches, taillis, moissons maigres.

3. **T. nodosa** Gærtn.; Lorey, 381. — ⊙. — Juin-août. — R. — Friches arides. — Buffon!, Dijon!, Santenay!, etc.

Tuberculeux ou épineux, les carpelles sont également fertiles.

Beaucoup d'*Ombellifères (Œnanthe Lachenalii, Seseli montanum, Peucedanum Oreoselinum, P. Chabræi, P. palustre, Selinum carvifolia, Silaus pratensis,* etc.) finissent par perdre leur racine; mais leur souche, courte et verticale, a émis des pseudorrhizes robustes et de longue durée, qui remplacent la racine détruite. Dès que la racine a disparu, ces souches doivent être classées parmi les rhizomes, bien qu'elles n'en aient pas tous les caractères; ainsi, elles n'offrent pas de destructions annuelles en leur partie inférieure, ni de progression à leur sommet. Les *Plantago media*, *P. lanceolata*, *Gentiana lutea*, *G. Pneumonanthe* ont un système souterrain analogue, qui mériterait peut-être une dénomination particulière. — L'odeur des racines fraîches est généralement forte et aromatique ; elle est fétide chez les *Pimpinella saxifraga*, *P. magna*, *Peucedanum palustre* et *Laserpitium latifolium*. — Vers leur partie basilaire, les racines de plusieurs espèces vivaces sont marquées de rides transversales profondes, ou bien encore elles sont relevées de protubérances qui correspondent à l'insertion de radicelles détruites ou atrophiées. — Quand la souche est supprimée par amputation de la partie basilaire de la racine, il se produit sur l'aire de la blessure, et même après enlèvement du cylindre central, des bourgeons adventifs en la région libérienne (*Pimpinella magna*, *P. saxifraga*, *Anthriscus sylvestris*, *Fœniculum officinale*). La même apparition de bourgeons adventifs se constate en pareil cas chez certaines *Crucifères* (*Bunias Orientalis*, *Isatis tinctoria*). — Si l'on retranche la partie terminale d'une racine d'*Ombellifère* (*Laserpitium latifolium*), il se développe sur l'aire de la blessure un prolongement réparateur, qui continue la racine suivant l'axe du cylindre central, et celle-ci présente alors, au niveau de l'amputation, un brusque changement de diamètre. Même observation pour la racine des *Bunias Erucago*, *Taraxacum Dens leonis*, *Phyteuma* et *Tradescantia Virginica*. — Des canaux oléo-résineux sont situés dans le cylindre central et surtout dans l'écorce des racines, pseudorrhizes et tiges des *Ombellifères*. On peut même rencontrer de ces canaux jusqu'au sein de la moelle.

Les caractères tirés du nombre des pièces involucrales ne sont pas toujours constants. Ainsi les *Œnanthe Lachenalii*, *Helosciadium nodiflorum* ont ou n'ont pas d'involucre, quelquefois sur le même échantillon, et la culture augmente le nombre des pièces de l'involucre et de l'involucelle du *Carum Carvi*.

Les tératologies fréquentes dans la famille sont : la fasciation des rayons de l'ombelle sur la totalité ou sur une partie de leur longueur, et la prolification de l'ombelle par émergence, au niveau des rayons, d'un rameau portant une seconde ombelle. Enfin le *Torilis infesta* et surtout le *Daucus Carota* sont atteints de prolification dans leurs fleurs, qui sont alors plus ou moins pédicellées, et donnent naissance chacune à 1-4 petites ombellules superposées à l'ombellule mère. Il s'ensuit une agglomération notable d'ombellules et une modification complète dans le port de l'inflorescence. Ces fleurs prolifères ont ordinairement des pétales et des étamines, du moins chez le *Torilis infesta*.

L'inflorescence de la famille est presque toujours l'ombelle, dont l'épanouissement est progressif, c'est-à-dire s'étend de la circonférence au centre aussi bien pour l'ensemble de l'ombelle que pour chaque ombellule en particulier. Le pédoncule des ombelles est terminal et oppositifolié, ou plus rarement placé entre deux feuilles (*Ægopodium Podagraria*). Chez quelques espèces, où l'axe primaire est dépassé par les axes secondaires, les ombelles sont d'apparence latérale et elles sont réparties le long de la tige qui est sympodique. C'est ce qui s'observe pour les *Œnanthe Phellandrium* et surtout pour les *Torilis nodosa* et *Anthriscus vulgaris*, qui sont, dans la famille, ce que le *Senebiera Coronopus* est chez les *Crucifères*. — Les fleurs du capitule de l'*Eryngium campestre* s'épanouissent progressivement, sauf cependant que la fleur terminale s'ouvre avant ses 2-3 voisines. — Au lieu de se partager en rayons égaux et nés au même niveau, le pédoncule commun de l'*Hydrocotyle vulgaris* a ses fleurs sessiles et rangées en verticilles superposés, tantôt contigus, tantôt un peu espacés. Les pédoncules se succèdent sur les tiges suivant les lois propres à la famille, c. à. d. qu'ils sont opposés à une feuille, bien que cette disposition soit souvent masquée par des apparences contraires. En effet, 1-3 pédoncules surnuméraires semblent ordinairement naître à l'aisselle de cette feuille, mais, en réalité, ils sont portés par un court ramuscule axillaire, sur lequel ils sont opposés soit à une feuille, soit à une écaille. — Chez le *Sanicula Europæa*, les fleurs sont groupées en capitules longuement pédonculés; le pédoncule central est simple, les latéraux sont simples ou le plus souvent bi-trifurqués avec verticille de feuilles au siège de la bi-trifurcation, et cet ensemble de capitules constitue une ombelle ou un corymbe suivant que les rameaux sont simples ou au contraire composés. Le capitule central s'épanouit le premier. L'épanouissement particulier de chaque capitule débute par les trois fleurs hermaphrodites, qui forment une zone passant par le sommet du capitule et accostée des fleurs mâles; c'est la fleur hermaphrodite supérieure qui s'ouvre la première. Il n'y a donc là rien de la véritable ombelle, où les rayons sont toujours de même dégré et contemporains, et où l'épanouissement, loin d'être régressif, débute non seulement par les ombellules extérieures, mais encore dans chaque ombellule par les fleurs extérieures ou inférieures.

XXXIX. HÉDÉRACÉES (Ach. Rich.).

1. HEDERA *Tourn.*

1. H. Helix L.; Lorey, 431. — ♄. — *Fl.* sept.-oct. *Fr.* févr.-avril. — CC. — Haies, bois, vieux murs.

L'assimilation que les auteurs établissent entre les crampons du *Lierre* et des pseudorrhizes n'est pas fondée. Si l'on détache, en effet, de son support une branche de *Lierre* sans rompre les crampons, c. à. d. avec les graviers et les parcelles de terre auxquels ils adhèrent, et que l'on marcotte aussitôt cette branche, elle émettra assez lentement de rares pseudorrhizes. La plupart des crampons périront, et à peine quelques-uns se transformeront-ils par leur sommet en une faible pseudorrhize, tandis que leur base restera revêtue de la couche subéreuse qui décèle leur origine première. D'ailleurs une tige de *Lierre*, rampant sur le sol, a beaucoup moins de pseudorrhizes, qu'elle n'aurait de crampons, dans le cas où elle se serait fixée à quelque support. Or, si les crampons n'étaient que des pseudorrhizes déguisées, le contact du sol devrait causer une rapide et abondante radication. Il faut remarquer que le siège d'insertion n'est pas le même pour les deux organes, car les crampons naissent en la région moyenne des mérithalles, et les pseudorrhizes dans le voisinage immédiat des nœuds. Les crampons sont donc d'une nature et d'une destination particulières, et n'ont pas de relation nécessaire avec le système souterrain. Cet exemple prouve en quelles analogies décevantes on tombe, à vouloir que les organes spéciaux à quelques plantes soient toujours assimilés à ceux qui sont communs à toutes.

En s'appliquant les uns sur les autres, grâce à leur puissante force adhésive, les rameaux se soudent entre eux dès leur jeune âge, à mesure qu'ils s'allongent sur les murailles. Ces greffes naturelles forment ainsi un solide et inextricable lacis de ramifications. — Les feuilles ne tombent qu'à la 3e année. — Les sujets grêles et languissants ont parfois leurs feuilles panachées de blanc, mais cette altération de teinte disparaît, quand la plante est placée en de bonnes conditions de culture. — Les ombelles de *Lierre* s'épanouissent progressivement de la circonférence au centre; parfois cependant quelques fleurs sont en avance ou en retard sur leurs voisines.

2. CORNUS *Tourn.*

Racine rameuse, horizontale, à écorce jaunâtre sous le suber, d'une odeur nauséabonde, bourgeonnant adventivement; chevelu abondant. . . . . *C. sanguinea.*

Racine rameuse-pivotante, à écorce rouge sous le suber, d'une odeur nulle, sans bourgeons adventifs; chevelu rare. *C. mas.*

Fleurs blanches paraissant après les feuilles, en corymbes de partition simulant une inflorescence cymique; fruit noir-bleuâtre, subgloboleux . . . . *C. sanguinea.*
Fleurs jaunes paraissant avant les feuilles, en sertules simples; fruit rouge, oblong. . . . . *C. mas.*

1. C. mas L.; Lorey, 432. — ♄. — Fév.-avril. — C. — Bois de montagne.

Parmi des sujets végétant côte à côte, c. à. d. dans les mêmes conditions de sol et d'exposition, il s'en trouve qui ont une avance de six semaines pour la maturité des fruits.

2. C. sanguinea L.; Lorey, 433. — ♄. — Mai-juin. — CC. — Haies, bois.

L'odeur nauséabonde de la racine se retrouve dans la tige et les rameaux.

XL. LORANTHACÉES (Juss. et Rich.).

1. VISCUM *Tourn.*

1. V. album L.; Lorey, 439. — ♄. — Mars-avril. — C.

J'ai observé le *Gui* dans la Côte-d'Or sur un grand nombre d'arbres dont je ferai 2 listes :

1° Arbres déjà connus pour nourrir le *Gui* : *Acer campestre, Tilia sylvestris, T. platyphylla, Robinia Pseudo-Acacia, Cytisus Laburnum, Malus communis* (CCC.), *Pyrus communis, Cratægus oxyacantha, Rosa canina, Sorbus Aria , Salix Capræa, S. alba, S. triandra, S. rubra, S. purpurea, Populus Tremula, P. alba, P. Virginiana* (CCC.), *Ulmus campestris, U. montana, Carpinus Betula.* Enfin un échantillon de *Gui* sur *Chêne* se trouve à la bibliothèque de Châtillon, un autre en la pharmacie Marlot à Auxonne !, et un troisième au musée de Semur. Le 1er provient des bois d'Essarois, le 2e de ceux de Flammerans, et le dernier du parc de Bierre-lez-Semur.

2° Arbres sur lesquels le *Gui* n'avait, jusqu'alors, jamais été constaté ni dans la Côte-d'Or, ni ailleurs : *Acer platanoides, Prunus spinosa, Cerasus Mahaleb, Mespilus Germanica, Cornus sanguinea, Corylus Avellana, Salix viminalis, S. cinerea, Alnus glutinosa.*

En dehors du département, le *Gui* a été signalé sur *Acer Monspessulanum, A. Pseudo-Platanus, Amygdalus communis, Cratægus Crus-galli, Sorbus Aucuparia, S. torminalis, Loranthus Europæus, Cornus mas, Morus alba, Salix Babylonica, Betula alba, Castanea vesca, Juglans regia, Fagus sylvatica, Quercus rubra, Q. Ilex, Q. Phellos, Pinus sylvestris, P. Picea, P. Laricio, Abies excelsa, A. pectinata, A. Cilicica.*

En outre, j'ai cultivé avec succès le *Gui* sur *Fraxinus Ornus, Syringa vulgaris, Tamarix Gallica, Populus nigra.* Mais mes semis ont toujours échoué sur *Populus fastigiata, Fagus sylvatica, Viburnum Opulus, V. Lantana;* il en a été de même sur le *Quercus Robur*, qui ne tolère le parasite que par une exception extrêmement rare. Sur tous ces derniers arbres, mes germinations n'ont guère persisté au delà de la seconde année, et, après leur mort, on reconnaît que les suçoirs ont pénétré peu profondément l'écorce, et que celle-ci est brune et mortifiée à tous ses points de contact avec eux. — J'ai vu des germinations se maintenir en bon état toute une année sur le limbe de feuilles de *Marronnier d'Inde.* — Jamais je n'ai rencontré le *Gui* parasite sur lui-même; cependant des semis que j'ai faits sur *Gui* m'ont donné au bout d'un an de jeunes plantules d'un fort bel avenir et dont le suçoir était engagé dans l'écorce, déjà légèrement hypertrophiée, du sujet. — Les végétaux sur lesquels peut croître le *Gui* sont donc fort nombreux et il s'attache indifféremment à des arbres à sève aqueuse (*Acer Pseudo-Platanus*) ou au contraire laiteuse (*A. campestre*).

Les Grives (Draines) sont très avides des baies du *Gui,* et en disséminent les graines, qui sont mêlées aux fientes et ne subissent aucune altération. C'est à tort qu'il a été avancé que ces graines étaient rendues par dégurgitation et ne traversaient pas tout l'intestin, ou encore que la digestion leur enlevait leur faculté germinative. D'autres graines du reste, comme celles de la *Vigne* et de l'*Aubépine,* jouissent en pareil cas d'un semblable privilège.

Quand le *Gui* croît à la face inférieure d'une branche, il végète de haut en bas; les pétioles, contrairement à ce qui se passe pour les arbres pleureurs, ne subissent pas de flexion, comme Dutrochet l'avait d'ailleurs remarqué depuis longtemps, et les feuilles regardent le ciel sous les aspects les plus divers.

Les semis ne réussissent que sur des écorces vivantes, saines et intactes; ils échouent sur celles qui ont été raclées, ou qui ont reçu une entaille en laquelle on a déposé la graine. Il sort ordinairement de la graine deux tigelles, rarement une, très rarement trois, car chaque graine a coutume d'avoir un double embryon. — La germination commence dans la baie non encore détachée du rameau. — L'accroissement des jeunes plantes est très lent; à la première année, la tigelle (axe hypocotylé), au lieu de croître verticalement, se courbe suivant diverses directions sur le rameau porteur de la graine. Bientôt cette tigelle adhère fortement à l'écorce par son extrémité inférieure élargie-épatée, d'où naissent les premiers suçoirs qui remplacent la radicule toujours absente. Les 2e et 3e années, la tigelle s'allonge à peine, et ne porte encore, outre les cotylédons, que 2-3 petites feuilles. Mais la présence des suçoirs au sein de l'écorce se trahit déjà par un commencement de renflement du rameau nourricier. Ce renflement, qui deviendra plus tard considérable et pourra finir par décupler le volume du rameau, est dû à une hypertrophie corticale, mais surtout à l'épaississement et à la convexité des couches ligneuses par suite d'un afflux maladif de cambium.

Les suçoirs issus de la souche du parasite se glissent longitudinalement au sein du parenchyme cortical de la branche nourricière et à proximité de la face externe de son liber. Ils se ramifient çà et là par partition, et les ramifications percent le liber pour se mettre en contact avec la zone génératrice, tandis que le surplus du suçoir continue de pousser dans le parenchyme cortical son extrémité blanchâtre, comprimée et mousse. Aussi, quand on écorce la branche nourricière, le bois apparaît-il marqué de larges ponctuations vertes, isolées, et disposées par files; or, il devrait présenter une traînée verte ininterrompue, si le siège du cheminement longitudinal des suçoirs, au lieu d'être dans le parenchyme cortical, se trouvait entre le bois et le liber, c. à. d. dans la zone génératrice elle-même. Chaque année, la nouvelle couche ligneuse de la branche nourricière englobe de plus en plus les ramifications par lesquelles les suçoirs ont percé le liber, et qui forment dans le bois un cône renversé. Il n'y a donc pas, comme le voudraient les auteurs (Schacht, Chalon, etc.), pénétration des suçoirs dans le bois, à la façon d'une racine qui s'enfonce dans le sol, mais seulement englobement de ceux-ci par chaque nouvelle couche ligneuse; et il est facile, en mettant des sujets en expérience, de s'assurer que ces couches correspondent exactement au nombre d'années que le parasite a passées sur son arbre nourricier. S'il y avait pénétration, le nombre de couches devrait être plus grand que celui des années, puisque les couches de pénétration s'ajouteraient aux couches de dépôt. D'ailleurs, la convexité et l'épaississement notable des couches ligneuses, en leur partie qui enveloppe les suçoirs, contredisent au système de pénétration, puisque ces couches seraient atteintes par le parasite, quand elles sont déjà vieilles, et quand, par conséquent, l'extinction de leur zone génératrice les a rendues incapables de s'hypertrophier.

En cheminant longitudinalement dans le parenchyme cortical, les suçoirs développent, à certains points de leur étendue, des bourgeons adventifs qui percent la face externe de l'écorce et constituent de nouveaux individus. L'amputation de la souche du *Gui* ajoute beaucoup à l'abondance de cette sorte de drageonnement.

Le renflement du rameau nourricier a été en grande partie attribué par M. Chalon [1] à l'accumulation de la sève descendante du parasite, et le même auteur invoque, entre le rameau nourricier et le *Gui*, un échange de sève élaborée, et en outre une soudure intime, une sorte de greffe des bois et des écorces. Je n'ai jamais rien pu voir de semblable. Le renflement du rameau nourricier tient uniquement à son hypertrophie corticale et surtout ligneuses et ce rameau n'est qu'une sorte de sol dans lequel vit le parasite, parfaitement libre de toute adhérence qui ressemble à une greffe. Si quelque soudure aussi intime existait, les suçoirs deviendraient inutiles, puisque la sève élaborée du rameau pourrait se transmettre directement au *Gui*, ainsi qu'il arrive dans les greffes. D'ailleurs, au printemps, quand la montée de la sève rend la décorti-

1. *Un mot sur la germination du Gui.*

cation facile, on peut s'assurer qu'il n'existe aucune soudure, et l'écorce du rameau nourricier s'enlève d'une façon si nette en ses points de contact avec le parasite, que la solution de continuité des deux écorces est tout à fait manifeste. Il n'y a pas non plus d'adhérence entre le bois et les suçoirs qui y sont enfermés, car ceux-ci en sortent aisément à la moindre pression, et la branche nourricière se montre alors percée de trous obconiques plus ou moins profonds suivant l'âge des suçoirs. — La décortication annulaire des rameaux de *Gui* produit le même effet que sur les autres arbres, c. à. d. le grossissement de la partie supérieure à la décortication; et, comme sur les autres arbres aussi, les rameaux opérés ne périssent pas, si la tige en possède d'autres qui n'ont pas été décortiqués, et dont la sève élaborée puisse ainsi continuer de descendre à la souche. — J'ai fait toutes ces diverses observations sur des *Guis* habitant *Tilleul*, *Pommier* et *Peuplier de Virginie*.

XLI. GROSSULARIÉES. (DC.).

1. RIBES *L.*

1 Racine d'une odeur faible, à écorce égalant 1/5 de l'aire d'une coupe transversale . . . . *R. Alpinum.*
Racine d'une odeur forte, à écorce égalant les 2/5 de l'aire d'une coupe transversale. 2
2 Parties souterraines à parenchyme cortical d'un rouge plus ou moins foncé . . . . *R. Uva-crispa.*
Parties souterraines peu âgées à parenchyme cortical blanc-jaunâtre . . . . † *R. rubrum.*

1 Arbuste épineux; fleurs en grappes appauvries (1-3 flores); fruits jaunâtres. . . . . *R. Uva-crispa.*
Arbustes non épineux; fleurs en grappes pluriflores; fruits rouges 2
2 Fleurs hermaphrodites; grappes pendantes à la floraison; bractées plus courtes que les fleurs. . . . . † *R. rubrum.*
Plante dioïque; grappes dressées à la floraison; bractées plus longues que les fleurs. . . . . *R. Alpinum.*

1. **R. Uva-crispa** L.; Lorey, 365. — ♄. — Avril-mai. — C C. — Bois, buissons, rochers.

Varie du simple au triple pour la grosseur des fruits. — L'inflorescence du *R. Uva-crispa* est progressive, et en réalité la même que celle du *R. rubrum*, sauf que la grappe du *R. Uva-crispa* est réduite à 1-2 fleurs, au lieu d'en avoir un assez grand nombre. — Les pédicelles du *R. Uva-crispa* sont dépourvus d'articulation, ceux du *R. rubrum* en ont une sous la fleur. Le *R. Alpinum* a les pédicelles mâles articulés au-dessous de leur milieu, tandis que les femelles le sont presque sous la fleur.

2. **R. Alpinum** L.; Lorey, 367. — ♄. — Avril-mai. — A. C. — Bois. — St-Remy!, Fontenay!, Val-des-Choues!, Selongey!, Blaisy-Bas!, Flavignerot!, Gevrey!, Nolay!, Santenay!, etc.

† **R. rubrum** L.; Lorey, 366. — ♄. — Avril-mai. — Naturalisé et assez commun dans les bois et sur les berges des rivières, surtout dans le Val-de-Saône. — Arcelot!, Magny-s-Tille!, Pontailler!, Chevigny St-Sauveur!, Seurre!, etc.

XLII. SAXIFRAGÉES. (Juss.).

1. SAXIFRAGA *L.*

Une racine; point de caïeux; plante ⊙ . . . *S. tridactylites.*
Un rhizome pourvu de caïeux; plante ♃. . . . *S. granulata.*

Fleurs petites; pédicelles alternes, les fructifères 4-5 fois plus longs que le calice. . . . . *S. tridactylites.*
Fleurs assez grandes; pédicelles unilatéraux, les fructifères dépassant à peine le calice . . . . *S. granulata.*

1. **S. tridactylites** L.; Lorey, 369. — ⊙. — Mars-mai. — C C. — Vieux murs, rochers, pelouses.

On trouve aux lieux très arides des individus très grêles et à feuilles entières.

2. S. granulata L.; Lorey, 370. — ♃. — Avril-mai. — Pelouses. — Gouville, Marsannay-la-Côte (*Lorey*); Gevrey (*Lombard*); Grignon !, prairie de Fontaine-Merle à Panges !, Remilly !, Semur !, Genay !, Frémoy !.

Florifère ou foliifère, la souche est munie de caïeux plus ou moins nombreux. Les uns sont boudeurs et finissent par se résorber entièrement, les autres seront foliifères l'an suivant, et plus tard florifères. Beaucoup deviennent libres par destruction soit de leur très court caudicule, soit de la partie postérieure du rhizome, et sont ainsi des agents de propagation. Un caïeu de S. *granulata* n'a que des écailles charnues et aphylles la première année ; ces écailles se résorbent au printemps suivant, et plus intérieurement apparaîtront 1-3 feuilles entourant une nouvelle série d'écailles charnues-aphylles, qui constituent le centre du caïeu adulte, c. à. d. devenu bulbe. Ordinairement le bulbe est florifère à sa 3e année, puis il s'éteint entièrement, non sans avoir produit des caïeux aux aisselles de ses écailles charnues, comme il en produisait du reste déjà dans sa période foliifère. Il y a donc ici, comme chez tant de *Monocotylédonées* bulbeuses (*Allium oleraceum, A. vineale, Tulipa*, etc.), alternance dans la succession des feuilles et des écailles charnues-aphylles. — Les caïeux naissent aux aisselles des écailles, ou encore sont répartis aux nœuds des mérithalles de courts drageons axillaires. Comme le rhizome et les drageons sont très grêles, ils ont été parfois pris pour des pseudorrhizes que l'on a dites alors pourvues de caïeux. — Quand le bulbe a été trop profondément enterré, les drageons deviennent ascendants afin de ramener la plante à un niveau normal. — Les pseudorrhizes sont filiformes, peu nombreuses, mais ramifiées en un abondant chevelu sétacé ; elles sortent de la base des bulbes, et aussi des nœuds des drageons.

D'après une lettre de M. Grenier (Duret, *Opusc. manusc.*), le *Saxifraga Aizoon* Jacq. a été indiqué (G. G. *Fl. de Fr.*, I, p. 654) dans le département par *lapsus calami :* Côte-d'Or ayant été mis pour Mont-Dore.

2. CHRYSOSPLENIUM *L.*

Des drageons radicants au voisinage des nœuds ; point de tiges foliifères stériles, couchées-radicantes. *C. alternifolium.*

Point de drageons; tiges foliifères stériles, couchées, radicantes au voisinage des nœuds et en outre dans la moitié antérieure des mérithalles . . . . *C. oppositifolium.*

Feuilles alternes, fortement crénelées, réniformes-orbiculaires. . . . . *C. alternifolium.*
Feuilles opposées, obscurément crénelées, obovées-semiorbiculaires. . . . . *C. oppositifolium.*

1. C. alternifolium L.; Lorey, 371. — ♃. — Avril-mai. — RR. — Bords des ruisseaux ombragés. — Saulieu (*Lombard*); bois de Fontaine-Merle à Panges!, Rouvray!.

Les drageons sont rossulifères à leur sommet, et la plupart des rosettes montent à fleur l'année suivante. — Comme le *C. alternifolium* n'a pas de tiges couchées-radicantes, il ne présente pas les touffes denses du *C. oppositifolium.*

2. C. oppositifolium L.; Lorey, 371. — ♃. — Avril-mai. — R. — Ruisseaux, rochers humides et ombragés. — Saulieu!, Laroche-en-Brenil (*Lorey*); Semur!, Beauregard!, Liernais!, Frémoy!, Rouvray!.

SUBDIVISION II. MONOPÉTALES.

CLASSE I. MONOPÉTALES HYPOGYNES.

XLIII. ÉRICINÉES (Juss.).

1. CALLUNA *Salisb.*

1. C. vulgaris Salisb. — *C. Erica* DC.; Lorey, 587. — ♄. — Juill.-sept. — Cette espèce abonde dans les friches et bois granitiques et siliceux : bois du Pays-Bas (*Lorey*); Renêve!, St-Léger-lez-Pontailler!, Vielverge!, Collonges!,

Argilly !, Villy-le-Moutiers !, Corberon !, Jallanches !, Tailly !, Nolay !, tout le Morvan !, Semur !, Genay !, Bard !, etc. — Se rencontre encore dans des localités calcaires, mais seulement aux points où existent quelques affleurements de silice. La plante n'occupe alors qu'un espace circonscrit, et généralement n'est pas vigoureuse : Montbard ! (*Bréon*); Laignes ! (*Mailly*); Lignerolles ! (*Magdelaine*); Venarey, Fontaine-Française, Dampierre-s-Vingeanne, St-Maurice (*Collenot*); Velars (*Morelet*); entre Sombernon et Vitteaux (*Viallanes*); friches des bois Derrière à Santenay !.

Pédicelles arqués-subréfractés avant, pendant et après floraison. — Fleurs rarement blanches. — Calice à lobes marcescents et alors connivents-chevauchants. — Désistement floral des tiges très accentué.

Il est fort douteux que l'*Erica cinerea* L. ait été rencontré jusqu'alors dans la Côte-d'Or, quoiqu'il soit commun dans l'Yonne.

2. ARCTOSTAPHYLOS *Adans.*

1. **A. officinalis** Wimm. et Grab. — *Arbutus Uva-ursi* L. ; Lorey, 586. — ♄. — Mai. — RRR. — Bois de la Genévrière (*Lorey*), autrement dit bois de Sèche-Bouteille à Recey !.

N'occupe qu'un espace de quelques mètres carrés au milieu du bois. M. Perrin, juge de paix de Recey, a eu l'obligeance de me conduire à cette station que, sans guide, on court le plus grand risque de ne pas découvrir.

XLIV. PRIMULACÉES (Vent.).

1. PRIMULA *L.*

Parties souterraines aromatiques ; rhizome peu rameux, à écailles (base persistante et vivante des pétioles détruits) blanchâtres, largement triangulaires, peu saillantes. . . . . *P. officinalis.*

Parties souterraines presque inodores; rhizome très rameux, à écailles fauves, triangulaires-subacuminées, très saillantes. . . . . *P. elatior.*

Rosettes de feuilles paraissant dès novembre; fleurs jaune-vif, odorantes; capsule ovoïde, beaucoup plus courte que le calice. . . . . *P. officinalis.*

Rosettes de feuilles ne paraissant qu'en février; fleurs jaune-pâle, inodores; capsule oblongue, égalant au moins le calice. . . . . *P. elatior.*

1. P. officinalis Jacq.; Lorey, 727. — ♃. — Mars-mai. — CC. — Prés, bois.

Depuis Aug. de St-Hilaire [1], le rhizome du *P. officinalis* est, à tort, cité comme indéfini. La hampe est terminale; mais, après floraison, elle se trouve déjetée par les bourgeons de remplacement et présente ainsi de fallacieuses apparences d'une insertion latérale.

Le rhizome possède l'odeur de la fleur, et cette odeur de primevère se retrouve dans le système souterrain de plusieurs autres végétaux (page 55). — La fasciation de la hampe centrale est assez fréquente pour qu'on ne doive pas la regarder comme une tératologie. — Certaines corolles sont concolores et dépourvues à la gorge de tache jaune-foncé. — La corolle prend souvent une teinte verte dans l'herbier; cette teinte l'envahit encore bien plus rapidement quand l'échantillon sec reste exposé à la lumière. La coloration en vert est moins fréquente, en pareils cas, pour les corolles de *P. elatior.* — Les auteurs mentionnent la capricieuse insertion des anthères des *Primula*: tantôt elles sont insérées vers le milieu du tube de la corolle, et le style est long; tantôt elles le sont vers le sommet de ce tube, et le style est court. Koch (*Synops.*) signale une semblable particularité chez une autre *Primulacée*, le *Hottonia palustris.* — Les dents de la capsule sont hygrométriques, s'enroulant en dehors par la sécheresse, et se redressant à l'humidité; l'enroulement est un peu moins prononcé chez le *P. elatior.*

2. P. elatior Jacq.; Lorey, 728. — ♃. — Avril-mai. —

1. *Morph. végét.*, p. 107, 112, 850.

A. C. — Prés et bois argileux. — Flavignerot, Antheuil (*Lorey*); Montbard!, Montfort!, Grignon!, Flavigny!, Recey!, Trouhaut!, Moux!, Nolay!, Rouvray!, Frémois!, Genay,; etc.

Croît parfois dans certains prés de coteau, en compagnie du *P. officinalis*, mais occupe les parties basses et argileuses, tandis que le *P. officinalis* reste cantonné dans les parties plus élevées, où le sol est moins compacte et moins humide.

Les feuilles du *P. elatior* sont ordinairement atténuées insensiblement en pétiole ailé, mais il n'est pas très rare d'en trouver qui soient brusquement atténuées, ou même tronquées-subcordées. Par réciprocité, le *P. officinalis*, qui a le plus souvent les feuilles presque tronquées à la base, peut en offrir d'insensiblement et longuement atténuées. — Ces diversités s'observent sur le même individu, et jusque dans la même feuille, tronquée sur un de ses côtés et atténuée sur l'autre. De là, les grandes divergences des auteurs dans la description des feuilles des deux espèces.

On trouve quelquefois des *P. elatior*, et surtout des *P. officinalis*, dont l'ombelle est très brièvement pédonculée et semble presque radicale, tandis qu'au contraire j'ai vu des *P. grandiflora* Lmk, après trois ans de culture, pédonculer longuement leur ombelle qui était subradicale lors de la plantation.

2. ANDROSACE *Tourn.*

1. A. maxima L.; Lorey, 726. — ⊙. — Avril-mai. — R. — Moissons. — Messigny, Pouilly près Dijon!, Chenôve, Marsannay-la-Côte (*Lorey*).

3. HOTTONIA *L.*

1. H. palustris L.; Lorey, 722. — ♃. — Mai-juill. — R. — Mares, fossés. — Citeaux, Argilly, Broin (*Lorey*); Chivres (*Berthiot*); Longchamp!, Collonges!, Vielverge!, St-François!, St-Jean-de-Losne!.

4. LYSIMACHIA *L.*

1 Des drageons, ou plus rarement des stolons; point de tiges couchées-radicantes. . . . . *L. vulgaris.*
Point de drageons; des tiges couchées-radicantes 2
2 Pseudorrhizes fortement filiformes, 1-3, insérées en ligne transversale au niveau même des nœuds . *L. Nummularia.*
Pseudorrhizes filiformes, 2-4, insérées en ligne longitudinale et un peu en arrière des nœuds . . . . *L. nemorum.*

1 Fleurs en panicule terminale. . . . . *L. vulgaris.*
Fleurs axillaires, solitaires 2
2 Tiges comprimées-quadrangulaires ; feuilles plus ou moins suborbiculaires, à sommet arrondi; calice à divisions ovales-subcordées; fleurs assez grandes. . . . . *L. Nummularia.*
Tiges obscurément quadrangulaires; feuilles ovales, aiguës; calice à divisions linéaires; fleurs petites. . . *L. nemorum.*

1. L. vulgaris L.; Lorey, 723. — ♃. — Juin-août. — C. — Lieux humides, berges des rivières.

Longuement drageonnant et parfois en outre stolonifère aux lieux humides-ombragés. — Drageons radicants seulement en leur quart antérieur, où ils sont épaissis et deviennent ascendants; le bourgeon qui les termine et qui vient affleurer le sol est revêtu d'écailles ovales-triangulaires, élégamment imbriquées sur 4 rangs. — Quand le *L. vulgaris* croît sur les berges des rivières, les drageons sortent assez souvent de terre par l'effet de la déclivité du sol, passent à l'état de stolons, puis, s'avançant dans l'eau, y flottent, se ramifient, et peuvent atteindre jusqu'à 4-5 mètres de longueur.

Feuilles opposées, quelquefois verticillées par 3-4, ou encore alternes. Du reste, la disposition des feuilles est très capricieuse en cette famille : ainsi, les feuilles inférieures des *Centunculus minimus* et *Anagallis tenella* sont opposées et les supérieures ordinairement alternes. L'*Anagallis arvensis* a ses feuilles opposées, ou parfois verticillées ou éparses; enfin des feuilles éparses peuvent remplacer les verticilles de l'*Hottonia palustris*.

2. **L. Nummularia** L.; Lorey, 723, — ♃. — Mai-juill. — C. — Lieux humides et ombragés.

Comme les tiges sont couchées-radicantes, la plupart des feuilles ont besoin, pour se redresser, d'une courbure pétiolaire; il n'y a pas torsion des mérithalles. — Le sommet des axes couchés-radicants ne s'atrophie pas l'hiver, et continue indéfiniment la végétation. — Très exceptionnellement fructifère.

3. **L. nemorum** L.; Lorey, 724. — ♃. — Juin-août. — R. — Bords des eaux, marécages des bois. — Saulieu!, Villars, Laroche-en-Brenil (*Lorey*); Renève (*Weber*); Pontailler!, Eschamps!, St-Léger-de-Fourches!, St-Germain-de-Modéon!.

Pédicelles allongés, filiformes, réfractés-sigmoïdes après floraison; ceux du *L. Nummularia* restent droits et dressés, et sont d'ailleurs moins longs et moins grêles. — Les tiges florifères des *L. nemorum* et *Nummularia* cessent de produire des fleurs en leur partie supérieure.

5. SAMOLUS *Tourn.*

1. **S. Valerandi** L.; Lorey, 731. — Pérennant-vivace. — Juin-août. — R. — Vases desséchées des fossés et des étangs. — Cîteaux, Magny-s-Tille (*Lombard*); Larrey-lez-Poinçon!, Arcelot!.

La racine se détruit de bonne heure et se trouve remplacée par un court rhizome. — Les pédicelles de la grappe résultent de partition; ils portent une bractée au-dessus de leur partie moyenne et ils sont légèrement coudés à l'insertion de cette bractée.

Lorey (p. 1065) dit que le *Cyclamen Europæum* L. a été récolté dans les bois auprès de Mont-St-Jean et aux environs de Châteauneuf; mais il ajoute qu'il n'a pu vérifier ces indications. Cette plante est plus que douteuse pour le département.

6. CENTUNCULUS *L.*

1. **C. minimus** L.; Lorey, 724. — ⊙. — Juin-août. —

R. — Lieux humides, pelouses argileuses. — Nuits, St-Nicolas, Longvay! (*Lorey*); Saulieu!, Laroche-en-Brenil!, Rouvray!, Jeux!.

7. ANAGALLIS *Tourn.*

Plante ⊙; une racine et des pseudorrhizes adjuvantes. . . . . *A. arvensis.*
Plante ♃; un rhizome filiforme formé par la partie inférieure couchée-radicante des tiges. . . . . *A. tenella.*

Feuilles sessiles; corolle rotacée dépassant peu le calice . . . . *A. arvensis.*
Feuilles pétiolées; corolle infundibuliforme, 1-2 fois plus longue que le calice . . . . *A. tenella.*

1. **A. arvensis** L. — *A. phœnicea* Lmk et *A. cærulea* Lmk; Lorey, 725. — ⊙. — Juin-oct. — CCC. — Jardins, cultures.

Var. *α. phœnicea.* — Corolle rouge, rarement carnée, à lobes ordinairement ciliés-glanduleux.

Var. *β. cærulea.* — Corolle bleue, glabre.

L'*A. arvensis* a fréquemment des bourgeons adventifs expectants sur son axe hypocotylé. — Aux nœuds florifères, le nombre des pédicelles égale celui des feuilles, même quand celles-ci sont verticillées par 3-6. Les fleurs d'un même nœud ne sont pas de même âge, mais il y a un intervalle de 3-5 jours entre l'épanouissement de la première fleur et celui de la dernière; ce qui semblerait indiquer que les feuilles elles-mêmes ne sont pas contemporaines et qu'elles ont chacune une spire particulière. — Les corolles sont éphémères par la grande chaleur; mais à l'exposition du nord, ou en arrière-saison, les fleurs épanouies dans l'après-midi se ferment le soir et s'ouvrent le lendemain matin, suivant les règles propres aux fleurs sommeillantes. — Au moment de l'épanouissement, les jeunes corolles débordent à peine le calice, mais elles le dépassent notablement lors de leur mort et de leur chute. — Après enlèvement de la corolle épanouie, les sépales se relèvent aussitôt, non cependant jusqu'à la connivence. — Les pédicelles s'étalent sur la feuille après floraison ; puis, pour la fructification, ils se recourbent en crochet et ramènent la capsule sous la face inférieure du limbe.

La progression marque les formes si diverses de l'inflorescence des *Primulacées* : grappe simple et feuillée des *Anagallis arvensis* et *tenella*, *Lysimachia nemorum* et *Nummularia;* grappe composée du *Samolus Valerandi;* panicule du *Lysimachia vulgaris*, et ombelle des *Primula*.

La corolle de l'*Anagallis arvensis* est fréquemment atteinte de virescence; elle est alors plus courte que le calice, tandis que les 2 verticilles floraux intérieurs, quoique verts aussi, ont à peu près leur forme normale. Parfois encore les fleurs de cette espèce sont prolifères, et un petit axe foliifère s'élève du centre de la fleur à la place de l'ovaire, auquel cas il y a avortement des étamines et des pétales. De semblables anomalies m'ont été présentées encore par la plupart des *Lysimachia vulgaris* de tout un taillis. — Le *Primula officinalis* est affecté aussi de prolification, tératologie qui est donc fréquente dans la famille.

2. A. tenella L.; Lorey, 726. — ♃. — Juill.-août. — R. — Marécages des prairies granitiques. — Laroche-en-Brenil (*Lorey*); Eschamps!, St-Andeux! — Indiqué à Dijon (*G. G.*) par méprise.

XLV. PLANTAGINÉES (Juss.).

1. LITTORELLA *L.*

1. L. lacustris L.; Lorey, 734. — ♃. — Juill.-sept. — Abonde aux rives des étangs granitiques. — Vic-s-Thil, Saulieu! (*Lorey*); Arnay-le-Duc!, St-Didier!, St-Andeux! Laroche-en-Brenil!.

Stolonifère-drageonnant. Après la destruction hivernale de leurs mérithalles postérieurs, les rejets mis ainsi en liberté se forment, avec les années, un court rhizome charnu, cylindracé. Ils émettent à leur tour des rejets aux aisselles des feuilles inférieures de leur rosette. — Submergées, les feuilles sont vert-jaunâtre, cylindracées-lacuneuses; croissant hors de l'eau, elles sont vertes, linéaires, semi-cylindracées, canaliculées à la face supérieure.

2. PLANTAGO *L.*

1 Plante annuelle. . . . . *P. arenaria.*
Plantes vivaces ou pérennantes 2
2 Racine très ligneuse et persistante, ne se remplaçant pas par un rhizome. . . . . *P. Cynops.*
Racine peu ou point ligneuse, se remplaçant par un rhizome. 3
3 Plante pérennante; pseudorrhizes cylindracées-filiformes, nombreuses, blanches, molles, égalant bientôt la racine qui se détruit à la fin de sa première année. . . . . *P. major.*
Plante de très longue durée; une racine, puis après quelques années un rhizome court, à destructions insensibles, muni de 1-4 pseudorrhizes robustes, raides, pivotantes et brun-noirâtre. 4
4 Souche vers l'insertion de la rosette à coupe transversale blanche, puis bientôt jaunâtre; pseudorrhizes non fétides, à système ligneux peu développé, assez souvent munies de bourgeons adventifs, l'une principale et simulant la racine détruite . . . . *P. media.*
Souche à coupe transversale restant blanche; pseudorrhizes fétides, toujours dépourvues de bourgeons adventifs, à système ligneux assez développé, les principales ordinairement au nomble de 2-3.. . . . . *P. lanceolata.*

1 Plantes caulescentes 2
Plantes acaules 3
2 Tige frutescente . . . . *P. Cynops.*
Tige non frutescente . . . . *P. arenaria.*
3 Feuilles lancéolées-linéaires; hampes sillonnées-anguleuses. . . . . *P. lanceolata.*
Feuilles ovales-oblongues; hampes non sillonnées-anguleuses . 4
4 Corolle blanche; capsule 4-6 sperme; graines conformes, presque planes à la face interne . . . . *P. media.*

Corolle roussâtre; capsule 8-12 sperme; graines biformes, convexes à la face interne . . . . *P. major.*

1. P. Cynops L.; Lorey, 736. — ♄. — Juin-août. — R. — Coteaux arides, bords des chemins. — Gamay, Meursault, St-Aubin, Santenay! (*Lorey*); Beaune!, Blagny!, Chassagne!.

2. P. arenaria Waldst. et Kit.; Lorey, 735. — ⊙. — Juill.-août. — RR. — Sables, chemins. — Seurre, La Bruyère (*Lorey*); voie dans les gares de Talmay! et de Beaune!.

3. P. lanceolata L.; Lorey, 736. — ♃. — Avril-oct. — CCC. — Prés, friches, bords des chemins.

Les poils soyeux qui garnissent le centre des rosettes radicales du *P. lanceolata* sont tous blancs, tandis que les extérieurs ou plus âgés sont roussâtres chez les *P. media* et *major*. Rares pour cette dernière espèce, ils sont surtout abondants et allongés chez le *P. lanceolata*, principalement sur les individus (var. *lanuginosa*) rabougris des stations arides. Ces poils appartiennent aux bases pétiolaires, et, comme les feuilles, même rudimentaires, en sont pourvues, la souche reste encore velue après l'enlèvement des feuilles adultes. — Epis cylindriques, ou oblongs, ou subglobuleux. La variété à épis digités de Lorey consiste en une ramification tératologique de l'épi.

4. P. media L.; Lorey, 737. — ♃. — Mai-sept. — C. — Prés, pelouses, bords des chemins.

Les feuilles mettent deux années pour prendre tout leur développement; d'abord intérieures, petites et sessiles, elles deviendront extérieures, grandes et plus ou moins longuement pétiolées. L'allongement du pétiole est surtout manifeste, quand les rosettes sont denses ou vigoureuses, ou quand la station est ombragée; il a pour cause un commencement d'étiolement dû à une imbrication trop prononcée ou aux mauvaises conditions de la station. Ce lent accroissement des feuilles du *P. media* contraste avec le développement si rapide de celles de la grande majorité des plantes.

5. P. major L.; Lorey, 737. — Pérennant. — Mai-oct. — Cultures, prés, bords des routes.

La variété *intermedia* (*P. intermedia* Gilib. — *P. minima* DC.) se distingue par ses dimensions grêles, ses feuilles souvent sinuées-dentées, sa corolle à lobes lancéolés-aigus, et son épi court et pauciflore. Elle croît indifféremment dans les sables et les meilleurs sols. La culture amplifie un peu ses proportions, mais reste impuissante à lui donner celles du *P. major,* auquel du reste le *P. intermedia* se rattache par de nombreuses formes de transition. — La variété γ. (*bracteis foliaceis*) de Lorey n'est qu'une tératologie fréquente surtout chez le *P. lanceolata.* — Parfois on trouve, en la même station, des *P. major,* les uns à feuilles vertes, les autres à feuilles rouge-brun, et cette teinte rougeâtre devient cuivrée à la fin de l'été.

La racine du *P. major* est grêle ; dès la première année, elle est égalée, puis remplacée par les pseudorrhizes de la souche. Cette souche-rhizome est verticale, et elle subit en sa partie inférieure de profondes destructions, tandis que la partie supérieure s'élève assez rapidement au-dessus du sol. Il s'ensuit bientôt comme une sorte d'arrachage spontané ; les jeunes pseudorrhizes ne peuvent plus se développer ou sont frappées d'une mort précoce, puisqu'elles naissent exposées à l'air. Aussi cette espèce est-elle condamnée à une briève existence, et ne survit-elle guère à sa seconde floraison.

La direction des hampes est pour les *P. major* et *media* un caractère le plus souvent illusoire, car elle peut varier jusque chez le même individu. — Un mode doublement progressif est propre à l'inflorescence des *Plantago* et du *Littorella lacustris.* En effet, les pédoncules sont axillaires, naissent d'axes (rosettes ou tiges) indéfinis et les inférieurs évoluent les premiers; puis, l'épanouissement se poursuit régulièrement de bas en haut pour chaque épi. Dans une famille voisine, les *Armériées,* les fleurs des capitules de l'*Armeria plantaginea* s'épanouissent, au contraire, de la façon la plus désordonnée.

XLVI. ILICINÉES (Brongn.).

1. ILEX *L.*

1. **I. aquifolium** L.; Lorey, 197. — ♄. — Mai. — C. — Bois.

Chez les vieux individus, la plupart des feuilles sont entières et ne gardent plus que leur épine terminale. C'est ainsi qu'on voit les lobes diparaître des feuilles des vieux rameaux d'*Hedera Helix.* — Fleurs en grappes corymbiformes, axillaires; ces grappes sont composées de 8-12 fleurs et se décomposent en cymes bi-unipares, les cymes inférieures s'épanouissant les premières, celles du sommet les dernières. Il y a donc pour chaque grappe progression d'ensemble et régression de détails.

XLVII. OLÉINÉES (Hoffms. et Link).

1. LIGUSTRUM *Tourn.*

1. **L. vulgare** L.; Lorey, 590. — ♄. — Juin. — C. — Haies, bois.

Tiges assez souvent décombantes-radicantes.

2. FRAXINUS *Tourn.*

1. **F. excelsior** L.; Lorey, 593. — ♄. — Mai. — C. — Bords des eaux, bois.

Aucun arbre, pas même le *Chêne*, n'est fixé au sol par des racines aussi puissantes. — Feuilles quelquefois verticillées par 3 dans les taillis de 1-2 ans. — Une variété (β. *australis* G. G.) à folioles étroites, nettement acuminées, est commune dans le Val-de-Saône à Perrigny-s-Ognon!, Lamarche!, Auxonne!, Seurre!, etc.

Le *F. oxyphylla* M. B. a été indiqué (Boreau, *Fl. du Centre*) dans les rochers de Cirey près Nolay.

Le *Syringa vulgaris* L. (*Lilas*), par ses abondants drageons, bien plus que par ses graines, se propage facilement dans le voisinage des lieux où il est cultivé.

XLVIII. APOCYNÉES (Juss.).

1. VINCA *L.*

1. V. minor L.; Lorey, 598. — ♃. — Mars-avril. — C. — Bois couverts.

Deux sortes de tiges naissent au printemps : les unes, entièrement foliifères, sont couchées-radicantes dès le début; les autres, munies d'une fleur vers leur base, sont d'abord dressées, puis bientôt décombantes et radicantes. L'extrémité de toutes ces tiges se redresse un peu, s'atrophie et ne pourra servir au printemps suivant à continuer la végétation, qui sera reprise par d'autres tiges nées des nœuds radicants. De tels axes sont donc sympodiques d'une année à l'autre, mais indéfinis pour tous les mérithalles d'une même année. Les nœuds radicants deviennent le siège de centres vitaux ou souches, et les anciens sont munis de chicots formés par les bases persistantes des tiges détruites. Les tiges sont ordinairement uniflores; ce n'est qu'exceptionnellement qu'elles portent 2 ou même 3 fleurs, nombres normaux pour le *V. major*.

Des fleurs axillaires sont attribuées au *V. minor* par tous les auteurs, sauf par M. Guillard [1], qui est d'avis que le pédoncule termine la tige et que celle-ci se continue sympodiquement. Il me semble que le prolongement caulinaire est axile, et que le pédoncule n'est pas axillaire, mais dérive de la partition de l'axe. Ce prolongement caulinaire est en effet axile, car la feuille qui l'accoste est munie à son aisselle d'un petit bourgeon expectant. L'autre feuille du nœud florifère est à la vérité dépourvue d'un pareil bourgeon, ce qui pourrait prêter à dire que le bourgeon a évolué

1. *Bull. de la Soc. bot. de Fr.*, 1857, IV, p. 463-464.

en pédoncule axillaire; mais, quand on examine de très jeunes tiges florifères, on trouve que l'axe et le bouton floral sont de même force et de même âge : or cette contemporanéité ne saurait exister pour des axes dont l'un serait fils de l'autre, et ne peut concorder qu'avec une partition caulinaire à laquelle est dû le pédoncule. Quelquefois une double partition produit, outre le pédoncule, un second prolongement caulinaire, et le pédoncule se trouve placé entre les deux prolongements, ce qui contredit absolument à l'axillarité. Au surplus, d'autres exemples de partition vont se présenter dans une famille voisine, les *Asclépiadées*.

XLIX. ASCLÉPIADÉES (R. Br.).

1. VINCETOXICUM *Mœnch*.

1. V. officinale Mœnch. — *Cynanchum Vincetoxicum* R. Br.; Lorey, 597. — ♃. — Juin-juill. — C. — Bois montagneux.

Rhizome cespiteux, à pseudorrhizes très nombreuses, épaissies-cylindracées. — Le *V. laxum* G. G., signalé dans les rochers de Nolay (Rouy), est identifié au *V. officinale* par M. Grenier (*Fl. Jurassiq.*); cette forme a les feuilles plus étroites et plus acuminées et les lobes de la corolle oblongs, réfléchis sur les bords. — J'ai trouvé dans l'Yonne, près des limites de la Côte-d'Or, des individus à inflorescence compacte subcorymbiforme. Les pédicelles communs étaient remplacés par des rameaux géminés-ternés, qu se subdivisaient eux-mêmes en un grand nombre de ramuscules florifères. Cette particularité, qui n'était pas due à une amputation du sommet des tiges, modifiait complétement le port de l'inflorescence.

L'inflorescence du *V. officinale* consiste en un groupe corymbiforme dont les pédicelles sont de partition; l'épanouissement y procède de la circonférence au centre, et le type est donc progressif. M. Guillard [1] n'y voit au contraire que des cymes centripètes,

1. *Bull. de la Soc. bot. de Fr.* 1857, IV, p. 462.

sans se dissimuler pourtant tout ce qu'a d'irrationnel la marche de pareilles cymes.

L. GENTIANÉES (Juss.).

1. MENYANTHES *Tourn.*

1. **M. trifoliata** L.; Lorey, 600. — ♃. — Juin-juill. — A. C. — Marécages, fossés. — Limpré (*Lorey*); Laignes!, Vix!, Chaumes!, Grancey-le-Château!, Marey-s-Tille!, Orgeux!, Pontailler!, Flammerans!, Menessaire!, Saulieu!, Eschamps!, St-Andeux!, etc.

Rhizome-tige robuste, longuement rameux, sympodique à chaque inflorescence; nœuds mérithalliens munis d'écailles membraneuses. — L'inflorescence est une grappe terminale, dont l'épanouissement est progressif. — Chez le *Limnanthemum Nymphoides*, l'inflorescence forme un sertule dont les fleurs obéissent à la régression et sont disposées en cymes sessiles.

2. LIMNANTHEMUM *Gmel.*

1. **L. Nymphoides** Hoffms. et Link. — *Villarsia Nymphoides* Vent.; Lorey, 601. — ♃. — Juill.-sept. — Assez commun dans les mares, fossés et ruisseaux du Val-de-Saône, nul ailleurs. — Auxonne!, Seurre! (*Lorey*); Pontailler!, St-Jean-de-Losne!.

Rhizome drageonnant. — Aussitôt après floraison, les fleurs s'enfoncent dans l'eau par une courbure du pédicelle.

3. CHLORA *Renealm.*

1. **C. perfoliata** L.; Lorey, 601. — ⊙, rarement ⨀. — Juill.-sept. — R. — Pelouses argileuses. — Notre-Dame d'Etang, bois du Mantouan (*Lorey*); friches de la Belle-

Place dans les bois communaux de Buffon!, Poinçon-lez-Larrey!, Jumeau de la Chassaigne près Massingy!.

Comme les feuilles sont ovales-connées, le calice, avec ses 6-8 divisions linéaires, proteste énergiquement contre la théorie de la Métamorphose, dont les partisans sont réduits à invoquer l'hypothèse de faisceaux fibro-vasculaires devenus libres dans les 2 feuilles. Chez d'autres *Gentianées* encore, le calice a des formes si variées et si différentes de celles des feuilles, qu'il se manifeste nettement comme une expansion réceptaculaire sans aucun rapport nécessaire avec la feuille.

Le *C. perfoliata* est d'une apparition très capricieuse, même en ses meilleures stations. Ainsi, pendant 3 ans, a-t-il fait totalement défaut dans une friche où je l'avais d'abord récolté en très grande abondance. Cette particularité me semble avoir pour cause, soit la sécheresse de l'automne qui empêche la germination, soit surtout celle du printemps qui arrête l'évolution des jeunes rosettes radicales.

4. SWERTIA *L.*

1. S. perennis L.; Lorey, 602. — ♃. — Juill.-août. — RR. — Marécages. — Essarois, Val-des-Choues! (*Lorey*); Recey!.

5. GENTIANA *Tourn.*

1 Plante ⊙ . . . . *G. Germanica.*
 Plantes ♃. 2
2 Rhizome très grêle; pseudorrhizes émettant des bourgeons adventifs . . . . *G. ciliata.*
 Souche plus ou moins robuste; point de bourgeons adventifs aux pseudorrhizes ni à la racine. 3
3 Un rhizome court, subtétragone, à destruction peu appréciable . . . . *G. Pneumonanthe.*
 Une racine 4
4 Souche indéfinie, assez robuste, à partie basilaire dissociée à la fin en 4 lanières longitudinales . . . . . . *G. Cruciata.*

Souche définie; racine volumineuse, ne présentent pas de dissociations . . . . G. lutea.

1 Corolle à gorge ciliée. . . . . G. Germanica.
Corolle à gorge nue 2
2 Corolle à 4 lobes. 3
Corolle à 5 lobes. 4
3 Feuilles linéaires; lobes de la corolle dentés-frangés. . . . . G. ciliata.
Feuilles lancéolées; lobes de la corolle entiers . . G. Cruciata.
4 Feuilles ovales-elliptiques; fleurs jaunes . . . . . . G. lutea.
Feuilles linéaires lancéolées; fleurs bleues. G. Pneumonanthe.

1. G. Germanica Willd.; Lorey, 604. — ⊙. — Août-oct. — A. R. — Pelouses, clairières des bois. — Jouvence (*Lorey*); Flavigny (*Lombard*); Beaune (*Berthiot*); St-Remy!, Arrans!, Courcelles-s-Grignon!, Val-des-Choues!, Diénay!, Remilly!.

Très difficile à cultiver et peut-être demi-parasite.

2. G. lutea L.; Lorey, 603. — ♃. — Juill.-sept. — C. — Bois, coteaux incultes.

Abonde dans plusieurs bois du canton de Montbard, où ses volumineuses racines sont arrachées pour les besoins de la pharmacie. Elles sont jaunes, comme le sont du reste les parties souterraines de la plupart des *Gentianées*. — La tige est largement fistuleuse, et même la moelle est déjà à moitié résorbée aux nœuds bien avant floraison. — A une année de floraison succèdent quelques années où la souche ne produit que des rosettes de feuilles. Quand ces rosettes sont vigoureuses, elles développent, comme chez le *Veratrum album* et tant d'autres *Monocotylédonées*, une fausse tige formée par les gaînes pétiolaires. Au centre, et enveloppé par la gaîne la plus intérieure, se trouve le bourgeon qui s'éteindra en montant à tige florifère, l'une des années suivantes. Les gaînes radicales de la rosette du *G. Cruciata* produisent aussi une fausse tige, mais beaucoup moins allongée.

3. G. Cruciata L.; Lorey, 603. — ♃. — Juin-août. —

A.C. — Bois. — Environs de Dijon (*Lorey*) ; La Guette près Liernais (*Lombard*); St-Remy!, Quincy!, Fain-lez-Montbard!, Asnières-en-Montagne!, Champ-d'Oiseau!, Turcey!, Montigny-s-Aube!, Lignerolles!, Grancey-le-Château!, Vernois!, Selongey!, Nolay!, Aubigny-la-Ronce!.

Les souches des *G. Cruciata* et *Pneumonanthe* sont indéfinies, mais avec les différences suivantes : le rhizome du *G. Pneumonanthe* est sans feuilles radicales, et des tiges dressées et pleines, les unes foliifères, les autres florifères, sont insérées autour d'un gros bourgeon central ovoïde-écailleux; le *G. Cruciata*, dans son jeune âge, a une rosette foliifère enveloppant un bourgeon central et plus tard, il possède, en outre, des tiges latérales fistuleuses, longuement couchées-ascendantes, quoique jamais radicantes; elles ont, avec les racines qui sont, en vieillissant, atteintes de fénestrations et dissociations, prêté à la méprise de la plupart des Flores, où le *G. Cruciata* est décrit comme traçant par sa racine et par sa souche. — Certaines zones des racines ou des pseudorrhizes des *G. Cruciata*, *lutea* et *ciliata* sont sujettes à de capricieuses exfoliations corticales annulaires, qui en réduisent notablement le diamètre.

Les fleurs des *G. Germanica*, *ciliata* et surtout du *G. Cruciata* sont remarquables par leur longue durée, de sorte qu'à la maturité des graines de cette dernière espèce les filets staminaux et les parois de l'ovaire sont encore verdâtres, et la corolle n'est ni décolorée, ni flétrie.

4. G. Pneumonanthe L.; Lorey, 604. — ♃. — Juill.-sept. — A. R. — Prés tourbeux. — Limpré (*Lorey*); Lucenay!, Val-des-Choues!, Avot!, Foncegrive!, Is-s-Tille!.

5. G. ciliata L.; Lorey, 605. — ♃. — Août-oct. — R. — Pelouses, bois. — Châtillon, Val-des-Choues (*Lorey*); Soucey (*Boreau*) ; St-Remy!, Quincy!, Asnières-en-Montagne!, Tarsul!.

Pseudorrhizes horizontales, flexueuses, très grêles, drageonnant par bourgeonnement adventif.

6. CICENDIA *Adans.*

1. C. filiformis Delarbre. — *Exacum filiforme* Willd.; Lorey, 607. — ⊙. — Juill.-oct. — RR. — Bords des étangs. — Thoisy, Saulieu!, Laroche-en-Brenil (*Lorey*); Labergement-lez-Seurre (*Berthiot*); St-Didier!.

7. ERYTHÆA *Renealm.*

Rosette radicale bien développée, souvent même accostée de rosettes latérales; fleurs assez grandes, sessiles en cymes émergeant presque toutes au même niveau et formant une grappe corymbiforme à rachis axile. . . . *E. Centaurium.*

Rosette radicale nulle ou très appauvrie et toujours simple; fleurs petites, pédicellées, en cymes lâches étagées à des niveaux très divers et formant une grappe paniculée à rachis sympodique. . . . . *E. pulchella.*

1. E. Centaurium Pers. — *Chironia Centaurium* Sm.; Lorey, 606. — ⊙ ou ⊙. — Juin-oct. — C. — Taillis, pelouses ombragées.

Fleurs rarement blanches.

2. E. pulchella Fries. — *Chironia Centaurium* Sm. *β*. (*C. pulchella* DC); Lorey, 606. — ⊙. — Juill.-août. — A. C. — Lieux inondés l'hiver, pelouses humides, bords des chemins. — Villenotte, Flavigny, Dijon (*Lombard*); St-Remy!, Quincy!, Larrey-lez-Poinçon!, Fontaine-Française!, St-Sauveur!, Longvay!, Santenay!, Cussy-la-Colonne!, Liernais!, Semur!, etc.

La capsule, qui ordinairement n'est pas plus longue que le calice, le dépasse parfois de moitié, comme le fait normalement celle de l'*E. Centaurium.*

Les *E. pulchella* et *Centaurium* ont des fleurs sommeillantes qui exigent beaucoup de chaleur pour leur épanouissement. Tandis que la plupart des autres corolles sommeillantes se contentent de 20° pour la veille, il faut 24° à l'*E. Centaurium* et 28° à l'*E. pulchella*; l'épanouissement de cette dernière espèce n'est même rapide au four qu'avec 33° — L'*E. pulchella* s'ouvre en plein air ordinairement 2 heures plus tard et se ferme 3-4 heures plus tôt que l'*E. Centaurium*. Mais il ne faut pas dire avec MM. Grenier et Godron [1] que l'*E. pulchella* se ferme vers 11 heures du matin; puisque, suivant les variations atmosphériques, il pourra ne pas s'ouvrir du tout, ou bien ne se fermer que vers 1-2 heures du soir. Je dois, à ce sujet, insister de nouveau sur l'impossibilité de fixer une heure certaine pour les phases du sommeil des plantes.

LI. CONVOLVULACÉES (Juss.)

1. CONVOLVULUS *L.*

Une racine robuste, ligneuse, dépourvue de bourgeons adventifs . . . . *C. Cantabrica*.
Une racine et des pseudorrhizes assez grêles, bourgeonnant adventivement . . . . *C. arvensis*.

Tiges volubiles; feuilles dentées . . . . *C. arvensis*.
Ni tiges volubiles, ni feuilles dentées. . . . . *C. Cantabrica*.

1. C. Cantabrica L.; Lorey, 609. — ♃. — Juin-juill. — RR. — Coteaux incultes. — En la Côte depuis St-Romain! jusqu'à Chassagne (*Lorey*); Beaune (*G. G.*); Santenay (*Gillot*); Meursault!, Nolay!.

L'inflorescence est une grappe composée, à pédoncules longs et terminés par des cymes bipares; il y a progression dans l'ensemble, puisque l'épanouissement passe des pédoncules inférieurs aux supérieurs, mais régression dans les détails, puisque ces pédoncules sont cymifères. Les pédoncules du *C. arvensis* sont axillaires, et le plus souvent uniflores; rarement ils portent une cyme et cette

1. *Fl. de Fr.*, II, p. 483.

cyme est unipare. Enfin, chez le *Calystegia sepium*, les pédoncules sont toujours uniflores et la progression est absolue; les bractées du sommet du pédoncule restent les seuls vestiges de la cyme toujours absente.

2. C. arvensis L.; Lorey, 610. — ♃. — Juin-sept. — CCC. — Cultures, moissons.

Les tiges qui résultent du bourgeonnement adventif des racines sont souvent plus ou moins en spirale dans leur partie hypogée. — Quand les tiges traînent à terre sans rencontrer de support, elles n'en offrent pas moins des signes de torsion, et elles finissent par s'enrouler sur elles-mêmes. — La torsion des tiges des *Convolvulus arvensis* et *Calystegia sepium* se dirige à droite; la corolle a sa préfloraison dans le même sens. — Les feuilles du *Convolvulus arvensis* sont glabres ou velues, ovales ou linéaires, à oreillettes aiguës ou obtuses. — Après floraison, la partie supérieure des pédoncules se réfracte par une courbure qui s'arrête au point d'insertion des 2 bractées pédonculaires.

2. CALYSTEGIA *R. Br.*

1. C. sepium R. Br. — *Convolvulus sepium* L.; Lorey, 609. — ♃. — Juin-sept. — CCC. — Cultures, haies, lieux ombragés.

Le *C. sepium* a 2 sortes de tiges, les unes volubiles et florifères, les autres stériles, stoloniformes, longuement étalées sur le sol, et non volubiles malgré le voisinage et même le contact d'un support. Ces dernières finissent par introduire dans le sol leur sommet, ainsi que celui de leurs rameaux; puis, les parties ainsi enterrées continuent de s'accroître et se présentent bientôt sous la forme d'organes blancs, rameux, cylindracés-épaissis, et pourvus de 1-2 pseudorrhizes à leurs nœuds mérithalliens. Les rameaux qui naissent de la moitié inférieure des tiges florifères se rabattent sur le sol, où ils rampent et se comportent comme les tiges stériles elles-mêmes. Enfin les drageons, émis directement par le rhizome, constituent au *C. sepium* un second et non moins puissant mode de propagation. Les renflements alimentaires de la *Batate* (*Convolvulus*

Batatas) ont une tout autre origine, car ils sont formés par celles des pseudorrhizes qui sont fusiformes-épaissies; puis, ces tubérosités ont la propriété de bourgeonner adventivement, comme la racine et les pseudorrhizes, d'ailleurs grêles, du *Convolvulus arvensis*. Quelques-unes des particularités de la végétation du *Calystegia sepium* avaient été déjà signalées par MM. Lagrèze-Fossat et Germ. de St-Pierre [1].

La propriété d'insinuer en terre les extrémités des axes et de les transformer en une sorte de drageon se remarque jusque chez la tige primaire des germinations du *C. sepium*, et aussi chez les rameaux qui se développent à l'aisselle de ses amples cotylédons foliacés. La végétation aérienne se poursuit au moyen de bourgeons nés aux points de courbure de la tige et des rameaux. Cette première année, la plante est munie d'une racine; mais elle n'aura qu'un rhizome pour les années suivantes.

M. Thilo Irmisch [2] assimile le mode de végétation du *Calystegia sepium* à celui des *Mentha*, *Lycopus*, de plusieurs *Stachys*, et des *Oxalis stricta* et *Physalis Alkekengi*. Un tel rapprochement n'est pas exact sous tous rapports. En effet, chez les *Mentha, Lycopus* et *Stachys*, les pseudorrhizes des drageons sont plus précoces, plus abondantes et la souche mère périra dès la seconde année, c. à. d. après floraison. Les drageons du *Physalis Alkekengi* sont dépourvus d'épaississement terminal; d'ailleurs ils ne deviennent pas libres, mais restent reliés à la souche et constituent ainsi un vaste réseau souterrain continu. Enfin aucune des plantes citées par M. Irmisch, sauf parfois l'*Oxalis stricta*, n'insinue en terre le sommet de la plupart de ses axes pour le transformer en drageon, mais tous leurs drageons naissent directement de la souche. Pour l'*Oxalis stricta*, il diffère principalement du *Calystegia sepium* par sa souche qui périt après floraison, tandis que celle du *C. sepium* persiste plusieurs années; en outre, ses pseudorrhizes ne naissent pas toutes aux nœuds, mais quelques-unes se montrent aux points les plus divers des mérithalles.

Chez certains *Calystegia sepium*, les feuilles peuvent atteindre jusqu'à un décimètre de largeur. — Ephémère pendant la grande

1. *Bull. de la Soc. bot. de Fr.*, 1855, II, p. 145-148.
2. *Ibid.*, 1857, IV, p. 527.

chaleur, la fleur peut durer deux jours par les temps frais et couverts de l'automne et devient alors sommeillante. Il en est de même de la *Belle-de-Jour* (*Convolvulus tricolor*).

LII. CUSCUTACÉES (Presl.).

1. CUSCUTA *Tourn.*

Ecailles florales plus ou moins conniventes; styles plus longs que l'ovaire. . . . . *C. Epithymum.*
Ecailles florales non conniventes, appliquées sur le tube de la corolle; style plus court que l'ovaire . . . . . . *C. major.*

1. C. Epithymum Murray. — *C. minor* DC.; Lorey, 611. — ⊙. — Juill.-sept. — C. — Sur les plantes des pelouses et des prairies artificielles.

Vit sur les plantes les plus diverses! : *Silene, Convolvulus, Cerastium, Geranium, Helianthemum, Genista, Trifolium, Medicago, Anthyllis, Coronilla, Onobrychis, Libanotis, Linaria, Rhinanthus, Euphrasia, Odontites, Teucrium, Galeopsis, Thymus, Cirsium, Achillea, Atriplex, Polygonum, Orchis, Graminées,* etc.

La variété *Trifolii* (*C. Trifolii* Babingt. — *C. major* Lorey, 611; non DC.) a les fleurs plus grandes, moins odorantes, les lobes de la corolle lancéolés-ovales, et les écailles florales incomplétement conniventes. Elle se relie par de nombreux intermédiaires au *C. Epithymum*, et d'ailleurs le même individu peut offrir à la fois les deux sortes de fleurs. Cette variété habite le plus souvent les champs de *Trèfle* (*Trifolium pratense*) et de *Luzerne* (*Medicago sativa*), où, grâce à la végétation dense de ces deux plantes, elle peut s'étendre en cercle, en tuant successivement les tiges qui l'ont nourrie. Sur les pelouses, au contraire, elle trouve des lacunes sur sa route, ce qui l'empêche de progresser concentriquement.

Suivant les sujets, les tiges et glomérules sont rougeâtres ou jaunâtres, comme en la même station on voit des *Tilia platyphyllos* et *Sedum album* avoir, les uns l'écorce rouge, les autres l'écorce jaune.

2. C. major C. Bauh.; DC.; non Lorey, 611. — ⊙. — Juill.-sept. — A. R. — Sur les plantes des broussailles. — Labergement-lez-Seurre!, Arnay-le-Duc!, Seurre!, Millery!, Quincy!.

S'attache, à l'exemple du *C. Epithymum,* aux plantes de différentes familles! : *Rubus, Rosa, Prunus, Campanula, Linaria, Mentha, Galium, Lilium, Iris, Graminées, Equisetum,* etc.

2. GRAMMICA *Loureiro.*

1. G. Bidentis. — *Cuscuta Bidentis* Berthiot. — ⊙. — Août-sept. — RRR. — Etang desséché de Fâ! et cultures à Labergement-lez-Seurre (*Berthiot*). — Croît! surtout sur le *Bidens tripartita*, mais s'observe! aussi sur *Papilionacées, Polygonum*, *Avena*, etc.

Signalé en 1860 pour la première fois par M. Berthiot qui, après l'avoir récolté à l'étang de Fâ, l'a encore rencontré en 1861 et 1863 sur d'autres points du finage de Labergement. En 1873, je l'ai retrouvé à l'étang de Fâ qui portait une moisson d'avoine, et avait été en eau l'année précédente. — M. Ch. Desmoulins [1] place avec raison cette plante dans le genre *Grammica* à cause de ses styles capités et de sa capsule incirconcise, et il incline à n'en faire qu'une variété du *G. obtusiflora* B. K., espèce qui croît en Europe et sur presque tout le globe. Mais la plante de la Côte-d'Or diffère du *G. obtusiflora* par l'absence de squammes florales.

L'embryon des *Cuscuta* est acotylédoné comme celui des *Ficaria ranunculoides*, *Monotropa*, *Utricularia*, *Orobanche*, *Orchidées*, etc. Il est capillaire (*C. major*) et d'abord roulé en spirale au sortir du sol, puis il s'allonge jusqu'à 4-6^{c} et se dresse à la recherche d'une tige nourricière, faute de laquelle il s'allanguit, se rabat sur le sol, et ne tarde pas à périr. Mais quand il en rencontre une, il s'enroule autour, puis il s'atrophie et se dessèche sauf en son

1. *Billotia*, I, p. 15-18.

sommet où se développe un bourgeon. Bientôt ce bourgeon s'attache à la tige, s'allonge rapidement et se ramifie, tandis que par sa base épaissie il devient comme le siège d'une souche sans système souterrain. Des embryons de *Cuscuta major*, que j'avais transportés sur des rameaux d'*Urtica dioica* et d'*Humulus Lupulus*, y formèrent bien vite des sujets vigoureux. Comme on trouve toujours ces deux espèces aux stations du *C. major*, et que je n'ai réussi que très rarement à élever les germinations sur d'autres plantes, il est à croire qu'en son très jeune âge le *C. major* a une prédilection pour l'*Urtica dioica* et l'*Humulus Lupulus*, quoique plus tard on le verra s'attacher aux végétaux les plus divers.

Quand un *Cuscuta* vit sur des plantes faibles et épuisées, et n'y prend par conséquent qu'une alimentation insuffisante, les tiges du parasite deviennent capillaires, et ses glomérules avortent ou n'ont que des fleurs rudimentaires. Sont également très grêles et pauciflores, quoique appartenant à des individus vigoureux, les rameaux qui s'allongent dans le vide au delà de la plante nourricière. Ces rameaux, ne rencontrant pas de supports, se contournent en tout sens, finissent par se replier sur eux-mêmes, par se saisir et s'entrelacer, et, s'attaquant alors par leurs suçoirs, ils deviennent parasites les uns sur les autres.

Les suçoirs naissent au contact des axes nourriciers, et ils y puisent leur nourriture au sein de la zone génératrice. Quand ils s'appliquent sur une feuille, ils n'en percent qu'un des deux épidermes.

LIII. BORRAGINÉES (Juss.).

† BORRAGO *Tourn.*

† **B. officinalis** L.; Lorey, p. 618. — ⨀. — Juill.-oct. — A. C.

— Chenevières, cultures, décombres, rues. — St-Remy!, Vielverge!, St-Jean-de-Losne!, Jeux!, etc.

Les feuilles et tiges froissées sont fétides.

1. ANCHUSA *L.*

1. **A. Italica** Retz; Lorey, 617. — ♃. — Mai-août. — C. — Moissons.

Est à tort noté comme ⊙ dans la plupart des Flores, car il possède une racine robuste et éminemment vivace. Le sommet des vieilles souches se dissocie en plusieurs parties qui restent reliées par la racine commune.

2. LYCOPSIS *L.*

1. **L. arvensis** L.; Lorey, 617. — ⊙ ou ⊙. — Juin-sept. — A. C. — Cultures, moissons, décombres. — Dijon!, Auxonne!, Seurre!, Liernais!, Arnay-le-Duc!, Laroche-en-Brenil!, Montberthault!, Seurre!, etc.

3. SYMPHYTUM *Tourn.*

1. **S. officinale** L.; Lorey, 616. — ♃. — Mai-août. — C. — Lieux ombragés, bords des rivières.

4. MYOSOTIS *L.*

1 Plantes vivaces; calice à poils droits et apprimés 2
  Plantes bisannuelles, parfois pérennantes; calice à poils inférieurs crochus, étalés-réfléchis 3
2 Tiges couchées-ascendantes, radicantes en leur moitié inférieure qui simule un rhizome rameux, allongé et progressif; fleurs assez grandes . . . . *M. palustris.*
  Tiges dressées, à peine radicantes à la base; rhizome très court, d'une progression insensible; fleurs assez petites. . . . . *M. strigulosa.*
3 Corolle grande, à limbe toujours plan . . . . . *M. sylvatica.*

Corolle petite ou de grandeur médiocre, à limbe plus ou moins concave au moins lors de l'épanouissement. 4

4 Pédicelles fructifères inférieurs notablement plus longs que le calice. *M. intermedia.*

Pédicelles fructifères, même les inférieurs, plus courts ou à peine aussi longs que le calice. 5

5 Pédicelles fructifères étalés; calice fructifère ouvert au moins avant la dissémination des graines . . . . . . *M. hispida.*

Pédicelles fructifères dressés, ou dressés-étalés; calice fructifère fermé par la connivence de ses lobes. 6

6 Pédicelles dressés; corolle bleue à tube plus court que le calice. . . . . *M. stricta.*

Pédicelles dressés-étalés; corolle d'abord jaune, puis orangé-bleuâtre, à tube plus long que le calice . . . *M. versicolor.*

1. M. palustris With. — *M. perennis* DC., part.; Lorey, 621. — ♃. — Mai-juill. — C. — Bords des eaux.

Les poils sont apprimés en la partie supérieure des tiges, mais assez souvent étalés en la partie inférieure. — Des sujets foliifères peuvent croître submergés à plus de 80c de profondeur, et sans que jamais leurs tiges atteignent la surface de l'eau. — Fleurs rarement blanches. — La longueur du style relativement au calice est variable et dépend d'ailleurs beaucoup de l'époque où elle est observée, car les calices fructifères sont accrescents.

La variété *lingulata* (*M. lingulata* Lehm.) a les tiges arrondies et moins robustes, et le calice fructifère non 5-denté, mais 5-fide et ample à la base. Bien des transitions le relient au *M. palustris:* ainsi trouve-t-on des individus à calice 5-fide avec tiges anguleuses inférieurement, d'autres à tiges arrondies mais avec calice 5-denté.

2. M. strigulosa Rchb. — *M. perennis* DC., part.; Lorey, 621. — ♃. — Mai-juill. — C. — Prairies aquatiques.

Cultivé le pied dans l'eau, le *M. strigulosa* conserve son port dressé et sa souche très courte. De son côté, le *M. palustris*, planté en pleine terre, n'en développe pas moins des tiges étalées-radicantes, quoique moins vigoureuses, et il finira par périr, sans avoir rien qui rappelle soit le port, soit la végétation souterraine du *M. strigulosa*. Dans la campagne, toute transition fait également défaut entre les deux plantes, que j'ai donc cru devoir séparer spécifiquement, bien que la majorité des auteurs regardent le *M. strigulosa* comme une variété du *M. palustris*.

3. **M. hispida** Schlecht. — *M. annua* DC., part. ; Lorey, 620. — ⊙. — Avril-juin. — A. C. — Pelouses. — St-Remy !, Montbard !, Grignon !, Gevrey !, glacis d'Auxonne !, Seurre !, Nolay !, Montberthault !, Semur !, etc.

4. **M. intermedia** Link. — *M. annua* DC., part. ; Lorey, 620. — ⊙ ou ⊙ rarement pérennant. — C C. — Taillis, chemins, moissons, cultures.

Germe ordinairement en automne ; au printemps suivant le pivot est presque atrophié, mais l'axe hypocotylé, accrescent, a donné naissance à des radicelles, et en outre la base de la rosette a émis des pseudorrhizes.

5. **M. stricta** Link. — ⊙. — Avril-juin. — R. — Pelouses, chemins. — Flavigny (*Lombard*) ; Vielverge !, glacis d'Auxonne !, Villy-le-Moutiers !.

6. **M. versicolor** Rchb. — ⊙. — Juin-juill. — A. C. — Friches et moissons siliceuses et granitiques. — Magny-s-Tille !, Pontailler !, Cîteaux !, Nolay !, St-Andeux !, Monberthault !, Semur !, Genay !.

Limbe de la corolle concave dans les fleurs jaunes, c. à. d. encore jeunes, presque plan dans les fleurs orangé-bleuâtre, c. à. d. déjà vieilles.

7. **M. sylvatica** Hoffm. — *M. perennis* DC., part. ; Lorey, 621. — ⊙ et en outre souvent pérennant dans les sables et les sols légers. — Avril-juin. — A. C. — Bois humides ou ombragés. — Blaisy-Bas (*Laguesse*) ; Montbard !, Fresnes !, Grignon !, Panges !, Pontailler !, Nolay !, Arnay-le-Duc !, Champ-d'Oiseau !, Semur !, Genay !, Montberthault !, etc.

Les diverses stations, que Lorey donne à son *Myosotis perennis*, prouvent qu'il y comprenait le *M. palustris* (« bords des eaux »), le *M. strigulosa* (« prés humides »), et enfin le *M. sylvatica* que vise cette observation : « Ces plantes, lorsqu'elles croissent dans les forêts, sont hérissées de poils. » Quant à la diagnose de son *M. annua*, elle n'indique suffisamment que les *M. intermedia* et *hispida*. Depuis plusieurs années déjà, M. Laguesse a signalé les *M. stricta* et *versicolor* dans le département.

5. LITHOSPERMUM *Tourn.*

1 Plante ⨀ ou ⊙. . . . . *L. arvense.*
Plantes ♃. 2
2 Rhizome court, subligneux ; longues tiges stériles couchées, radicantes à leur sommet . . . . . *L. purpureo-cæruleum.*
Rhizome robuste, non ligneux ; point de tiges couchées-radicantes . . . . *L. officinale.*

1 Nucules tuberculeuses, fauves . . . . *L. arvense.*
Nucules lisses, d'un blanc brillant. 2
2 Feuilles à nervures moyenne et latérale saillantes à la face inférieure ; fleurs blanches . . . . *L. officinale.*
Feuilles à nervure moyenne seule saillante à la face inférieure ; fleurs bleues . . . . *L. purpureo-cæruleum.*

1. L. arvense L.; Lorey, 615. — ⨀ ou ⊙. — Mai-juill. — C. — Moissons.

2. L. officinale L.; Lorey, 615. — ♃. — Juin-août. — C. — Taillis.

3. L. purpureo-cæruleum L.; Lorey, 614. — ♃. — Juin-août. — A. R. — Bois de montagne. — St-Remy !, Flavigny !, Balot !, Larrey-lez-Poinçon !, Villedieu !, Voulaines !, Val-Suzon !, Blaisy-Bas !, Lusigny !, Ivry !, Nuits !, Nolay !, Santenay !.

Le sommet des tiges s'enracine, mais sans s'introduire en terre comme celui des *Rubus*, et en outre, dès l'automne, il se couronne d'une rosette de feuilles.

6. PULMONARIA *Tourn.*

1. P. angustifolia L. — *P. vulgaris* Mérat, part.; Lorey, 615. — ♃. — Avril-juill. — A.C. — Bois. — Quincy!, Blaisy-Bas!, Lantenay!, Val-Suzon!, Tarsul!, Pontailler!, Gevrey!, Nuits!, Seurre!, Santenay!, Saulieu!, Rouvray!, etc.

Var. α. *azurea* (*P. azurea* Bess.). — Feuilles radicales étroitement lancéolées, longuement atténuées en pétiole; calice fructifère à lobes triangulaires-lancéolés.

Var. β. *tuberosa* (*P. tuberosa* Schrank). — Feuilles radicales plus ou moins longuement rétrécies en pétiole, souvent fortement marbrées de blanc, lancéolées-oblongues, ou ovales (*P. saccharata* Mill.); calice fructifère campanulé, plus large à la base qu'au sommet, à lobes triangulaires-ovales.

Rhizome rameux, écailleux par les bases persistantes des pétioles, à pseudorrhizes robustes, cylindracées; système souterrain n'ayant d'ailleurs rien de tubéreux, pas même chez la variété *tuberosa*. — Nucules lisses, mais parsemées de quelques poils.

Les rosettes foliifères ne prennent tout leur accroissement qu'après floraison. Au printemps suivant, elles ont perdu leurs feuilles et donnent chacune une tige florifère terminale et en outre 1-2 latérales. Pendant la floraison, la plante ne possède donc que des feuilles caulinaires et des rosettes foliifères naissantes. Plus tard, par suite du complet développement de ces rosettes de remplacement, les tiges sont déjetées de côté, ainsi qu'il arrive au *Primula officinalis*, et les souches florifères pourraient au premier abord être regardées comme indéfinies.

7. ECHIUM *L.*

1. E. vulgare L.; Lorey, 613. — ⚇ ou parfois ⊙. — Juin-sept. — C C. — Friches, chemins.

Fleurs rarement blanches. — Le même individu peut offrir à la fois des corolles beaucoup plus longues, ou à peine aussi longues (*E. Wierzbickii* Hab.) que le calice.

8. ECHINOSPERMUM *Sw.*

1. **E. Lappula** Lehm. — *Myosotis Lappula* L.; Lorey, 620. — ⊙. — Juill.-août. — R. — Vignes, moissons sablonneuses. — Plombières, Dijon, Longvic (*Lorey*); Premeaux, Comblanchien (*Duret*); Beaune!, Santenay!.

9. CYNOGLOSSUM *L.*

1 Plante bisannuelle et souvent pérennante; feuilles luisantes et glabres à la face supérieure . . . . *C. montanum.*
Plantes plurannuelles ou rarement bisannuelles; feuilles pubescentes-velues à la face supérieure. 2
2 Epines de la face externe des nucules assez espacées et non accompagnées de petits tubercules. . . . . . . *C. officinale.*
Epines de la face externe des nucules rapprochées et entremêlées de petits tubercules coniques. . . . . . *C. Dioscoridis.*

1. **C. montanum** Lmk; Lorey, 622. — ⊙ ou pérennant. — Juin-juill. — R. — Bois couverts, rochers. — Lugny, Trouhaut, Flavignerot, Vauchignon! (*Lorey*); Aignay! (*Lombard*); Darcey!, Turcey!.

2. **C. officinale** L.; Lorey, 622. — ♾ ou rarement ⊙. — Mai-juill. — CC. — Chemins, lieux incultes.

3. **C. Dioscoridis** Vill.; Lorey, 623, tab. IV. — ♾ ou rarement ⊙. — Juill.-août. — RR. — Coteaux incultes, bords des bois. — Gouville, La Serrée, Chambolle, Savigny-s-Beaune (*Lorey*); Vougeot (*Duret*); Tarsul (*Magdelaine!*); Blagny!.

10. ASPERUGO *Tourn.*

1. **A. procumbens** L.; Lorey, 619. — ⊙. — Juin-juill. — RR. — Cultures, décombres. — Dijon (*Lorey*); St-Romain!.

11. HELIOTROPIUM *L.*

1. **H. Europæum** L.; Lorey, 613. — ⊙. — Juill.-sept. — CC. — Friches, décombres, moissons sablonneuses.

Les racines et pseudorrhizes des *Borraginées* vivaces ou plurannuelles ont ordinairement une écorce épaisse, à parenchyme blanc et à surface noirâtre et crevassée. Les espèces plurannuelles, comme *Echium vulgare*, *Cynoglossum officinale*, *C. Dioscoridis*, deviennent souvent bisannuelles ou même annuelles, quand elles sont cultivées dans la terre meuble des jardins; mais alors ces plantes, précocement florifères, sont beaucoup moins robustes que les sujets plurannuels de la campagne.

Le calice est souvent accrescent (*Lithospermum*, *Myosotis*, *Pulmonaria*, etc.), et le tube de la corolle indifféremment exsert ou inclus dans la même espèce (*Echium vulgare*, *Echinospermum Lappula*, etc.). — Les couleurs de la corolle sont changeantes avec l'âge chez les *Echium vulgare*, *Myosotis versicolor*, *Pulmonaria angustifolia*, *Lithospermum purpureo-cæruleum*, etc.

L'axe floral des *Borraginées* se divise en deux branches qui elles-mêmes se dédoublent, grâce à la partition, en une série de pédicelles; aussi ces pédicelles ont-ils les insertions les plus diverses par rapport aux bractées que possèdent certaines grappes. Cette interprétation si simple, si rationnelle, a été émise pour la première fois par M. Clos [1], qui l'a appliquée avec non moins de fondement à plusieurs autres inflorescences. Elle n'a pourtant pas été adoptée par les auteurs qui continuent, après Aug. de St-Hilaire [2], de voir dans la grappe scorpioïde des *Borraginées* des fleurs étagées en cymes unilatérales sur un axe sympodique. M. J. Sachs [3] pa-

1. *Bull. de la Soc. Bot. de Fr.*, 1861, VIII, p. 12-18, 36-41.
2. *Morph. végét.*, p. 321-323.
3. *Traité de Bot.*, trad. Van Tieghem, p. 680-681.

raît n'admettre la partition que pour les grappes nues, mais il la repousse pour celles qui sont munies de feuilles florales.

De fortes raisons militent contre tout sympodisme dans l'inflorescence des *Borraginées*. L'axe florifère, en effet, est d'une seule venue, et ne porte sur toute sa longueur ni les proéminences corticales circulaires, ni les nœuds qui accompagnent et trahissent toujours sur une tige l'adjonction d'axes d'un degré différent. Puis, comme le bourgeon, qui se trouve à l'aisselle des feuilles florales les plus inférieures de quelques espèces (*Lithospermum arvense*, *L. officinale*, etc.), se développe souvent en rameau foliifère, il devient impossible à ce bourgeon d'être en même temps une des pièces de la charpente du rachis floral. Aussi, les partisans du sympodisme se retranchent-ils derrière une hypothèse bien hasardée, l'attribution d'un double bourgeon à chacune de ces feuilles florales. La grappe scorpioïde est donc bien monopodiale; elle appartient au type progressif et sa floraison a lieu de bas en haut sur des pédicelles de partition.

L'enroulement en crosse résulte d'une inégalité de développement dans les 2 faces de l'axe: la plus vigoureuse accuse sa prépondérance par la production de pédicelles de partition; elle force la plus faible à s'infléchir et elle occupe ainsi la convexité de la courbure. Plus tard, l'équilibre se rétablit entre les 2 faces et la grappe devient droite. On a prétendu que l'enroulement était une conséquence du sympodisme des grappes; mais, si le sympodisme existait, l'enroulement, loin de jamais disparaître, devrait au contraire être aussi permanent dans l'inflorescence que le serait le sympodisme dans le charpente du rachis. D'ailleurs, les très jeunes tiges d'*Echium vulgare* sont normalement courbées sur une grande partie de leur longueur, même en des points éloignés de l'inflorescence, et où par conséquent on ne pourrait aucunement invoquer le sympodisme comme cause de la courbure.

LIV. SOLANÉES (Juss.).

1. SOLANUM *Tourn.*

Plante ♃; racine et pseudorrhizes robustes, ligneuses, horizontales, assez fréquemment munies de bourgeons adventifs; tiges radicantes quand elles traînent à terre. *S. Dulcamara.*
Plante ☉; racine grêle, pivotante-rameuse, dépourvue de bourgeons adventifs; point de tiges radicantes . *S. nigrum.*

Plante ligneuse; partition produisant pédoncules communs et pédicelles; grappes corymbiformes, progressives, subscorpioïdes, multiflores, longuement pédonculées. *S. Dulcamara.*
Plante herbacée; partition produisant les pédonculés communs, les pédicelles et en outre des branches dans la partie supérieure des tiges; grappes corymbiformes, progressives, subscorpioïdes, pauciflores, brièvement pédonculées. . . . . *S. nigrum.*

1. **S. Dulcamara** L.; Lorey, 630. — ♄. — Juin-sept. — C. — Bois, haies, berges des rivières.

2. **S. nigrum** L.; Lorey, 629. — ☉. — Juill.-oct. — C. — Rues, décombres, cultures.

La variété *ochroleucum* (*S. ochroleucum* Bast.) est assez rare. — Seurre (*Leclerc*); Jeux!.

A Nice et dans la Provence, le *S. nigrum* devient pérennant.

Le *S. villosum* Lmk (Lorey, p. 628) n'a pas été retrouvé depuis Lorey.
Une espèce congénère, la *Pomme de terre* (*S. tuberosum* L.), évoque par son seul nom les services immenses que ses tubercules rendent à l'alimentation publique. Les tubercules se forment à l'extrémité et parfois en la partie moyenne de ses nombreux drageons. Lors de la plantation, les tubercules entrent en désorganisation pour fournir la première nourriture aux bourgeons de leur surface, et ce n'est pas du tubercule, mais des nœuds mérithalliens inférieurs des bourgeons, que naissent les drageons et les pseudorrhizes. Comme le tubercule est un corps inerte et n'a d'actif que ses bourgeons, toutes les tentatives des horticulteurs pour insérer des greffes dans sa chair ont été nécessairement frappées

d'impuissance. Le tubercule est dû à une hypertrophie cambiale au sein de laquelle on compte 1-2 zones génératrices surnuméraires.

2. PHYSALIS *L.*

1. P. **Alkekengi** L.; Lorey, 632. — ♃. — Juin-sept. — R. — Vignes, broussailles. — Dijon, Plombières (*Lorey*); St-Remy!, Courcelles-s-Grignon!, Beaune!, Santenay!.

Rhizome longuement rameux-drageonnant, à pseudorrhizes filiformes. — Calice pubescent-velu à la floraison, mais plus tard glabrescent. — Pédoncules fructifères épaissis, rougeâtres ainsi que le calice.

3. ATROPA *L.*

1. A. **Belladona** L.; Lorey, 632. — ♃. — Juin-sept. — A.R. — Bois. — Jouvence, Arcelot, Antheuil (*Lorey*); St-Remy!, Buffon!, Asnières-en-Montagne!, Baigneux!, Aisey-s-Seine!, Lugny!, Vernois!, Val-Suzon!, Trouhaut!, Bourberain!, Orgeux!, etc.

Dans les stations de *Belladone,* l'exploitation des vieux taillis et surtout les maniements de terrain provoquent une abondante germination de graines qui étaient inertes depuis de longues années, et j'ai vu alors, à St-Remy, dans certains taillis du bois de Chaumour, récolter la *Belladone* à la voiture pour les pharmacies de Paris.

Contrairement à ce qui a lieu pour la plupart des plantes, les germinations ne forment pas rosette, mais jusqu'aux plus tardives donnent une petite tige foliifère qui se détruit aux premières gelées. La végétation reprend l'année suivante à l'aide des bourgeons latéraux de la jeune souche qui est donc définie, même avant d'avoir été florifère.

4. DATURA *L.*

1. D. **Stramonium** L.; Lorey, 633. — ⊙. — Juill.-sept. — A. C. — Rues des villages, décombres.

En leur jeunesse, calice et corolle sécrètent des gouttelettes d'eau à leur face interne. Cette sécrétion est encore beaucoup plus abondante pour quelques espèces exotiques, comme le *Datura Meteloides*, chez qui l'eau s'échappe de la moindre blessure faite au calice ou à la corolle.

L'absence de feuilles à la base des pédoncules communs des *Solanum* a été diversement interprétée. Tantôt ces pédoncules (*S. Dulcamara*, *S. nigrum*) ont été assimilés à autant d'extrémités caulinaires, et l'ensemble de la tige a été tenu pour un axe sympodique résultant d'une série d'usurpations [1] ; tantôt au contraire les pédoncules ont été regardés comme des rameaux qui prennent naissance à l'aisselle d'une feuille inférieure, mais qui restent soudés à la tige sur une certaine étendue [2]. Ces deux opinions diamétralement opposées ne me semblent fondées ni l'une ni l'autre, et ici, comme pour tant d'autres familles, c'est dans la partition qu'il faut chercher l'explication des apparentes anomalies de l'inflorescence.

Pour la réfutation du système de l'usurpation, je renvoie à ce que j'ai dit soit des tiges de la *Vigne* (p. 58-59), soit des grappes scorpioïdes des *Borraginées* (p. 253). De même que chez ces plantes, la feuille réputée mère des rameaux de *Solanées* aisselle le plus souvent un bourgeon ; par conséquent, elle n'a pu donner en outre naissance à un axe usurpateur, à moins d'admettre arbitrairement l'hypothèse d'un double bourgeon axillaire. De plus, les partisans de l'usurpation invoquent un entraînement de la feuille sur son fils, le rameau usurpateur, car la feuille (*S. Dulcamara*, *S. nigrum*) est située au-dessus du point d'insertion du prétendu prolongement sympodique. Mais quel phénomène invraisemblable ! Une feuille qui passe d'un axe de premier ordre

1. Aug. de St-Hilaire, *Morph. végét.*, p. 248-249. — Cauvet, *Bull. de la Soc. Bot. de Fr.*, 1865, XII, p. 164-171.

2. Adr. de Jussieu, *Cours élément. de Bot.*, 6e édit., p. 220.

sur un de second, et qui, mentant à son origine, de feuille caulinaire devient feuille raméale! Il est vrai que chez les *S. nigrum* et *tuberosum* la feuille, avant d'émerger, s'annonce sur la tige par 2 côtes longitudinales, parfois foliacées, qui correspondent aux bords pétiolaires. Ce n'est pas là pourtant un indice d'entraînement, puisque de tels processus existent même au-dessous de feuilles qui n'appartiennent pas à la région florifère de la tige, mais à une région incontestablement axile. Puis on observe encore de pareils processus chez des plantes, comme les *Verbascum*, à la végétation desquels on n'a pas appliqué l'hypothèse de l'entraînement. Enfin le sillon, qui se remarque sur la tige de plusieurs *Solanées*, loin d'indiquer une soudure, décèle une partition normale près de se déclarer, ainsi qu'on le voit du reste manifestement chez d'autres plantes, où des partitions tératologiques vont succéder à une fasciation.

Au second système, basé sur une soudure entre des pédoncules axillaires et une tige monopodiale, on peut opposer tout d'abord l'impossibilité d'une soudure entre des axes qui n'auraient pas une formation contemporaine, puisqu'ils seraient d'ordres différents. Puis, à quelle feuille rattacher le pédoncule, quand le plus souvent les feuilles caulinaires immédiatement inférieures (*S. nigrum*) ne sont pas sur la ligne qui correspond à l'insertion du pédoncule, mais lui sont latérales; de sorte qu'on serait forcé de descendre fort bas, au-dessous de plusieurs nœuds et mérithalles, pour trouver enfin une aisselle correspondante? Il faudra donc qu'un tel pédoncule soit soudé non plus à un seul mérithalle, mais qu'il se soit incorporé à plusieurs par une série de soudures successives! Enfin je pourrais ajouter que cette feuille correspondante, qu'on est obligé d'aller chercher si loin, possède un bourgeon à son aisselle, ce qui exclut l'évolution d'un rameau axillaire.

Les pédoncules des *Solanum Dulcamara* et *nigrum* sont

nombreux, et disposés le long des tiges; chez le *S. tuberosum* il n'y a qu'un seul pédoncule, et il provient d'un dédoublement de la tige en deux parties presque égales, l'une fournissant l'inflorescence, l'autre continuant la tige qui va bientôt s'atrophier. — Les pédicelles sont dus aussi à la partition et sont munis d'une articulation située tantôt un peu au-dessus de leur base (*S. nigrum*, *S. Dulcamara*), tantôt au contraire dans leur moitié supérieure (*S. tuberosum*). Aussi, après la chute des fleurs ou des fruits, le rachis des grappes présente-t-il de petites protubérances dans le premier cas et comme de petits ramuscules dans le second.

Il reste à parler de la gémination des feuilles de plusieurs *Solanées* (*Atropa Belladona*, *Physalis Alkekengi*, etc.). Si l'on examine une tige vigoureuse de *Belladone*, on remarque qu'il existe aux nœuds de la partie caulinaire moyenne 1-3 pédicelles, plusieurs rameaux florifères et plusieurs feuilles; que ces feuilles sont inégales et inégalement espacées autour de la tige; enfin que les rameaux les plus forts et plus âgés sont de partition et que les plus faibles et plus jeunes sont d'axillarité et aissellés par les plus grandes feuilles. Un tel mélange, au même nœud, de partition et d'axillarité complique singulièrement l'inflorescence de la *Belladone*. A mesure qu'on s'élève sur la tige et sur les branches, c. à. d. en des parties où la végétation commence à s'affaiblir, on voit diminuer peu à peu à chaque nœud le nombre des rameaux et des feuilles, et ce sont les rameaux axillaires qui font défaut les premiers. Bientôt il ne restera plus au nœud qu'un pédicelle de partition, deux feuilles géminées inégales et le prolongement caulinaire. Parfois, avant que l'inflorescence soit ainsi simplifiée, l'aisselle de la grande feuille fournit un rameau réduit à un pédicelle, et alors il y a, pour certains nœuds supérieurs, gémination de feuilles et de pédicelles; mais le pédicelle axillaire est, comme de raison, plus tardif que l'autre, qui doit son origine à la partition et qui se trouve par conséquent de premier ordre. — Un *Physalis Alkekengi* est une *Belladone*, à feuilles toutes géminées, chez qui la ramification axillaire fait défaut et chez qui la partition se borne à dédoubler l'axe en pédicelles; il en résulte que la tige florifère tout entière du *P. Alkekengi* forme une grappe simple et n'est que l'équivalent d'une des sommités de l'inflorescence de la *Belladone*.

La présence assez fréquente d'un bourgeon à l'aisselle de chacune des feuilles géminées (*Physalis Alkekengi*), la différence qui existe souvent dans leur niveau respectif d'insertion, la bordure foliacée du bord interne de chacun des pétioles protestent contre l'hypothèse d'un dédoublement de la feuille. Enfin dans l'extrême jeunesse des feuilles géminées de *Belladone*, la petite n'équivaut qu'à la dixième partie de la grande, tandis que plus tard elle en représentera à peu près la moitié ; or, on comprendrait difficilement une telle différence dans la rapidité d'accroissement de ces deux feuilles, si elles provenaient bien d'une seule et même feuille dédoublée en deux parties.

M. Cauvet (loc. cit.) explique la gémination des feuilles par une usurpation caulinaire, et par l'entraînement de la grande feuille au sommet de l'axe dont elle est la mère. Cette feuille monterait ainsi s'insérer à côté de la petite feuille propre à cet axe, et les deux feuilles, quoique contiguës, appartiendraient en réalité à deux axes différents. Une telle hypothèse doit être écartée pour les raisons alléguées ci-dessus contre les entraînements et les soudures, et aussi parce qu'on trouve souvent un bourgeon à l'aisselle de chacune des feuilles géminées. M. Cauvet appelle au secours de l'usurpation l'étude anatomique des tiges des *Solanées*; mais, chez beaucoup d'espèces, cette étude milite au contraire contre le sympodisme et en faveur de la partition, puisque j'y ai observé que la moelle de la tige se continue directement dans les prétendus axes usurpateurs.

LV. VERBASCÉES (Bartl.).

1. VERBASCUM *Tourn.*

1 Plante ♃; feuilles radicales et les caulinaires inférieures à base tronquée ou cordée. . . . . *V. nigrum.*
Plantes ⊙ ou ⊚; feuilles radicales et les caulinaires inférieures plus ou moins atténuées à la base. 2
2 Plantes ⊙; inflorescence plus ou moins glanduleuse; grappes lâches à fleurs solitaires ou groupées 2-4. 3
Plantes ⊚; inflorescence non glanduleuse; grappes denses, souvent paniculées, à fleurs groupées en grand nombre par fascicules. 4
3 Feuilles caulinaires moyennes brièvement décurrentes; pédicelles 1-4, plus courts ou aussi longs que la capsule, pourvus à leur base, même les solitaires, de bractées latérales. . . . . *V. virgatum.*
Feuilles caulinaires non décurrentes; pédicelles solitaires, 1-2 fois plus longs que la capsule, dépourvus à leur base de bractées latérales . . . . *V. Blattaria.*
4 Feuilles décurrentes; anthères inégales. 5
Feuilles non décurrentes; anthères réniformes, presque égales. 6
5 Corolle petite, concave; anthères 3 fois plus courtes que leurs filets; stigmates capités. . . . . *V. Thapsus.*
Corolle grande, presque plane; anthères 1 fois plus courtes que leurs filets; stigmates en V renversé. . . . *V. thapsiforme.*
6 Plante à tomentum floconneux; tige arrondie; feuilles caulinaires supérieures amplexicaules, acuminées . . . . *V. pulverulentum.*
Plante tomenteuse-velue, non floconneuse; tige sillonnée anguleuse sous l'inflorescence; feuilles caulinaires supérieures ni amplexicaules, ni acuminées. . . . . *V. Lychnitis.*

1. V. nigrum L.; Lorey, 638. — ♃. — Juill.-août. — A. C. — Bords des chemins, friches. — Saulieu (*Lombard*); St-Remy!, Aignay!, Val-Suzon!, Velars!, Pontailler!, Beauregard!, etc.

Cette espèce, notée comme bisannuelle dans la plupart des flores, est éminemment vivace. Les vieilles racines sont marquées de lacunes longitudinales-spiralées.

Les fleurs ont une odeur de violette; elles peuvent varier en grandeur du simple au double, comme on le remarque aussi pour le *V. pulverulentum.*

2. V. Lychnitis L.; Lorey, 639. — ⊚. — Juill.-sept. — C. — Friches, carrières, chemins.

Feuilles entières ou dentées-crénelées. — Fleurs rarement blanches : Menessaire!, Pont-d'Ouche!.

3. V. pulverulentum Vill.; Lorey, 640. — *V. floccosum* Waldst. et Kit.; Lorey, 639. — ⊚. — Juill.-sept. — C. — Friches granitiques. — Assez rare ailleurs.

Le *V. floccosum* est un *V. pulverulentum* moins décidément et moins longuement floconneux, à feuilles aiguës, non acuminées.

Très brusque variation de grandeur entre les feuilles radicales, et les caulinaires inférieures qui sont beaucoup moins amples.

Le × *V. nothum* (*V. floccosum* × *thapsiforme*. — *V. nothum* Koch) a été observé à Rouvray (Bor., *Fl. centr.*, édit. 3, p. 471).

4. V. Thapsus L.; Lorey, 636. — ⊚. — Juill.-sept. — C. — Lieux incultes, friches, taillis, bords des chemins.

Var. *β. montanum* (*V. montanum* Schrad.). — Feuilles au plus semi-décurrentes, au lieu d'être décurrentes au moins d'un côté sur toute la longueur du mérithalle; étamines toutes velues au moins inférieurement, et non les 2 inférieures à filets glabres. — R. — Montbard!, Courcelles-s-Grignon!; Voudenay (*Gillot*). — Le même individu a parfois des caractères propres au *V. Thapsus* et au *V. montanum.*

Si l'on enlève les feuilles radicales d'une rosette de *V. Thapsus*, la souche apparaît teintée de violet foncé.

5. **V. thapsiforme** Schrad.; Lorey, 636. — ♾. — Juill.-sept. — C. — Décombres, carrières, bords des chemins.

Var. β. *phlomoides* (*V. phlomoides* L.; Lorey, 637). — Ailes de décurrence courtes, plus ou moins arrondies à la base, au lieu d'être cunéiformes et décurrentes au moins d'un côté sur toute la longueur du mérithalle. Les ailes de décurrence peuvent être encore cunéiformes et ne parcourir que la moitié du mérithalle (*V. Australe* Schrad.).

Pour la décurrence, les *V. phlomoides* et *Australe* sont au *V. thapsiforme* ce que le *V. montanum* est au *V. Thapsus*.

6. **V. virgatum** With. — *V. blattarioides* Lmk; Lorey, 638. — ⨀. — Juill.-sept. — RR. — Taillis. — Beaune (*Lorey*); Saulieu (*Lombard*); Laroche-en-Brenil !.

7. **V. Blattaria** L.; Lorey, 637. — ⨀. — Juill.-sept. — C. — Bords des chemins, berges des rivières, taillis.

J'ai trouvé dans un taillis joignant les étangs de St-Léger-lez-Pontailler un hybride de *V. Blattaria* ainsi caractérisé : grappe simple, effilée, longue de 80c, velue avec quelques poils glanduleux; fleurs solitaires à pédicelles plus courts ou à peine aussi longs que le calice; filets staminaux munis de poils blancs en leur partie supérieure, et de poils violets en l'inférieure; capsules toutes petites et stériles; feuilles vertes, pubescentes, et semidécurrentes. Une décurrence si prononcée et l'avortement des capsules éloignent cette plante du *V. virgatum* et la rapprochent du × *V. Bastardi* (*V. Blattaria* × *thapsiforme* — *V. Bastardi* R. Sch.), dont elle n'a pourtant pas les fleurs fasciculées. Il est vrai que la base des pédicelles est munie de 2 petites bractées latérales stériles, qui indiquent l'avortement d'un fascicule floral.

Les *Verbascum* plurannuels deviennent facilement bisannuels dans les terres fertiles et cultivées; j'ai même eu des semis florifères dès la première année. Mais si la floraison se trouve ainsi avancée, elle est beaucoup moins abondante, et la tige est loin d'être aussi robuste que chez les sujets plurannuels. — Quand on enlève à plusieurs reprises les feuilles extérieures des rosettes radicales, la souche pourra parfois monter à fleur dès sa première année, ou bien elle produit une courte tige couronnée par une nouvelle rosette de feuilles; mais dans les deux cas, la faiblesse de la plante témoigne suffisamment de la violence qui a été faite à la végétation. — La coupe transversale de la racine âgée seulement d'un an offre chez plusieurs *Verbascum*, et surtout chez le *V. Lychnitis*, les faisceaux vasculaires disposés concentriquement en zones distinctes, comme si la plante avait déjà plusieurs années.

La décurrence des feuilles des *V. Thapsus* et *thapsiforme* n'a lieu sur toute l'étendue du mérithalle que pour une des 2 ailes; quelquefois l'aile longue naît même au-dessous du mérithalle, et occupe ainsi plus d'un entre-nœud. Les feuilles raméales sont ordinairement moins longuement décurrentes que les caulinaires. Dans les espèces à feuilles caulinaires semidécurrentes, comme le *V. montanum*, une des 2 ailes est toujours très courte. Il est superflu d'insister sur l'impropriété du terme *décurrent*, car l'aile ne descend pas de la feuille à la tige, mais au contraire s'élève de la tige à la feuille.

Les bractées sont assez souvent terminées par un long acumen plus ou moins tortile, qui rend l'inflorescence chevelue chez les *Verbascum Thapsus*, *thapsiforme*, *montanum* et surtout *phlomoides*. — La grappe du *V. Blattaria* est simple, nettement progressive; mais dans les grappes composées des *V. nigrum*, *Thapsus*, *Lychnitis*, etc. la progression se montre incomplète. En effet, l'épanouissement, après avoir débuté par la base de l'inflorescence, saute ensuite certains fascicules qui ne s'épanouissent que postérieurement à leurs voisins; en outre, l'épanouissement des fleurs de chaque fascicule est d'une marche très capricieuse, et l'on y peut voir des fleurs en bouton à côté de capsules en pleine maturité. Le *V. virgatum*, avec ses pédicelles groupés 2-4, relie la grappe simple du *V. Blattaria* aux grappes composées des autres espèces.

LVI. SCROFULARINÉES (R. Br.).

1. VERONICA *Tourn.*

1 Grappes terminales. 2
Grappes axillaires. 11
2 Grappes terminales, pourvues de feuilles. 3
Grappes terminales, pourvues de bractées 5
3 Calice à lobes cordés à la base; capsule subglobuleuse, 4-sperme. . . . . *V. hederæfolia.*
Calice à lobes non cordés; capsule bilobée, 8-16-sperme . . . 4
4 Pédicelles beaucoup plus longs que la feuille; capsule comprimée, à lobes divergents . . . . † *V. Persica.*
Pédicelles égalant environ la feuille; capsule ni comprimée ni à lobes divergents. . . . . *V. agrestis.*
5 Plantes ♃; tiges assez longuement radicantes, ou un rhizome subligneux. 6
Plantes ⊙ ou assez rarement ⊙; une racine très grêle, rameuse; tiges très exceptionnellement radicantes. 7
6 Plante grêle; tiges assez longuement radicantes; grappes lâches, d'un bleu très pâle. . . . . *V. serpyllifolia.*
Plante assez robuste; rhizome subligneux; grappes denses, très multiflores, d'un bleu vif. . . . . *V. spicata.*
7 Feuilles caulinaires moyennes pinnati ou palmatilobées . . 8
Feuilles caulinaires moyennes dentées ou crénelées. 9
8 Feuilles caulinaires moyennes pinnatipartites; graines jaunâtres, comprimées. . . . . *V. verna.*
Feuilles caulinaires moyennes palmatiséquées; graines noires, comprimées, concaves-cupuliformes . . . . *V. triphyllos.*

9 Pédicelles tous plus courts que le calice . . . . *V. arvensis.*
Pédicelles égalant ou dépassant le calice 10
10 Bractées égalant au moins les pédicelles; capsule échancrée; graines comprimées, concaves-cupuliformes. . *V. præcox.*
Bractées plus courtes que les pédicelles; capsule bifide; graines comprimées. . . . . *V. acinifolia.*
11 Calice à 5 lobes dont un plus petit. . . . . . *V. Teucrium.*
Calice à 4 lobes presque égaux 12
12 Feuilles assez longuement pétiolées; tiges florifères se transformant à leur sommet en longues tiges foliifères. *V. montana.*
Feuilles sessiles ou brièvement pétiolées; tiges florifères plus ou moins abortives à leur sommet qui se transforme rarement en longue tige foliifère. 13
13 Tiges à 2 lignes de poils opposées sur chaque mérithalle et alternant de nœud en nœud. . . . . *V. Chamædrys.*
Tiges glabres, ou velues pubescentes en tout leur pourtour. 14
14 Feuilles étroites; capsules débordant en tout sens le calice. . . . . *V. scutellata.*
Feuilles assez larges; capsules ne débordant pas latéralement le calice 15
15 Tiges à mérithalles radicants aux points les plus divers; feuilles pubescentes. . . . . *V. officinalis.*
Tiges à mérithalles radicants seulement aux nœuds; feuilles glabres 16
16 Feuilles sessiles, semiamplexicaules . . . . . *V. Anagallis.*
Feuilles pétiolées, non amplexicaules. . . . *V. Beccabunga.*

1. V. hederæfolia L.; Lorey, 668. — ⊙ ou ⊙. — Mars-oct. — C C C. — Cultures, moissons, jardins.

Fleurs quelquefois blanches, comme il arrive aussi dans la famille aux *Veronica agrestis, V. Anagallis, Antirrhinum Orontium, Digitalis purpurea, Pedicularis sylvatica* et *Melampyrum arvense.*

Les *Veronica hederæfolia, agrestis, Persica* et *arvensis* germent tantôt en automne, tantôt au printemps ou même en été; ils sont donc bisannuels ou annuels et peuvent se rencontrer en fleurs presque toute l'année. La germination a lieu en automne et la floraison au printemps pour les *V. triphyllos, præcox, acinifolia* et *verna.*

2. **V. agrestis** L.; Lorey, 668. — ⊙ ou ⊙. — Mars-oct. — CC. — Cultures, moissons, vignes.

Var. *α. agrestis.* — Feuilles vertes, planes; fleurs bleu-pâle; pédicelles fructifères courbés-réfractés; calice à lobes ovales-oblongs; capsule non ventrue; style ne dépassant pas l'échancrure de la capsule.

Var. *β. didyma* (*V. didyma* Ten.). — Feuilles vert foncé, fortement nervées, ondulées; fleurs bleu vif; pédicelles fructifères réfractés-sigmoïdes; calice à lobes ovales; capsule ventrue; style dépassant l'échancrure de la capsule.

† **V. Persica** Poir. — ⊙ ou ⊙. — Mars-oct. — R. — Vignes, prairies artificielles. — Dijon! (*Lombard, Wéber*); Longvic (*Méline!*); Lucenay (*Gillot*).

Devient abondant aux environs de Dijon.

3. **V. triphyllos** L.; Lorey, 670. — ⊙. — Avril-mai. — R. — Moissons. — Dijon! (*Lombard*); Vielverge!, Seurre!.

4. **V. præcox** All.; Lorey, 671. — ⊙. — Avril-mai. — R. — Moissons, prairies artificielles. — Dijon!, St-Apollinaire (*Lorey*); Laignes!.

5. **V. acinifolia** L.; Lorey, 670. — ⊙. — Avril-mai. — A. R. — Moissons. — Cîteaux, Montmain, Bagnot, Seurre! (*Lorey*); Villy-le-Moutiers!, Semur!, Rouvray!.

6. **V. verna** L.; Lorey, 669. — ⊙. — Avril-mai. — R. — Pelouses. — Rouvray (*Berthiot*); Montberthault!, Frémois!, Vieux-Château!.

7. **V. arvensis** L.; Lorey, 669. — ⊙ ou ⊙. — Mars-oct. — CC. — Friches, moissons, cultures.

La profondeur de l'échancrure de la capsule varie du tiers à la moitié de la hauteur de cette capsule. — J'ai trouvé des capsules de *V. arvensis* et *agrestis* à 3-5 lobes en forme d'étoile.

8. V. serpyllifolia L.; Lorey, 672. — ♃. — Avril-sept. — C. — Cultures, prés humides, taillis.

Feuilles parfois suborbiculaires chez les individus vigoureux.

9. V. spicata L.; Lorey, 673. — ♃. — Juill.-sept. — R. — Bois. — Auxonne, Broindon, Athée, Laroche-en-Brenil (*Lorey*); Satenay, Saulon, Gevrey! (*Duret*); Tarsul!, Courtivron!.

10. V. officinalis L.; Lorey, 673. — ♃. — Mai-juill. — C. — Taillis.

Grappes le plus souvent alternes, parfois cependant opposées.

11. V. montana L.; Lorey, 676. — ♃. — Juin-juill. — A. R. — Bois argileux. — Cîteaux!, St-Nicolas, Villebichot, Boncourt, St-Bernard (*Lorey*); Saulieu (*Lombard*); Perrigny-lez-Dijon (*Maillard*); Pontailler!, Vielverge!, Flammerans!, Moux!, Rouvray!.

12. V. scutellata L.; Lorey, 676. — ♃. — Juin-sept. — A. C. — Lieux humides, bords des eaux. — Larrey-lez-Poinçon!, Saulieu!, etc.

Parfois pubescent-glanduleux (*V. parmularia* Poit. et Turp.). — Moux!, Ste-Isabelle près Saulieu!.

Après floraison, les pédicelles se réfractent, mais à la fructification ils deviennent étalés et une courbure ascendante du sommet du pédicelle rend la capsule dressée.

13. V. Anagallis L.; Lorey, 677. — ♃. — Mai-sept. — C. — Fossés, marécages.

Varie (*V. anagalloides* Guss.) à feuilles linéaires-lancéolées, à capsule ovoïde-elliptique et à grappe pubescente-glanduleuse. Cette variété est beaucoup moins vigoureuse que le type.

Les germinations de *V. Anagallis*, qui naissent aux lieux s'asséchant, restent grêles, quoique florifères, et souvent même ne dépassent pas un décimètre de hauteur. Elles ont une tige dressée, une racine rameuse avec quelques pseudorrhizes adjuvantes, manquent de bourgeons de remplacement et ne sont ainsi que des plantes annuelles. Tout différents sont les sujets qui naissent en des stations favorables, c. à. d. aux lieux inondés. Leurs tiges robustes, couchées-ascendantes, émettent de leurs parties radicantes des rejets qui constituent d'actifs agents de multiplication. A l'automne, les extrémités des tiges s'affaissent par suite de la désorganisation des mérithalles inférieurs; les bourgeons de ces sommités restent vivants, s'enracinent et concourent ainsi à une rapide propagation de la plante. Il en est de même pour le *V. Beccabunga.*

Tiges arrondies sur le frais, mais souvent tétragones par la dessiccation. — Feuilles verticillées quelquefois par 3.

14. V. Beccabunga L.; Lorey, 677. — ♃. — Mai-sept. — C. — Fossés, marécages.

15. V. Chamædrys L.; Lorey, 675. — ♃. — Avril-juin. — C. — Prés, bois ombragés.

16. V. Teucrium L.; Lorey, 675. — ♃. — Avril-juill. — C. — Pelouses, bois.

Glabre ou pubescent. — Feuilles ovales-oblongues, ou linéaires (*V. prostrata* L.; Lorey, 674) avec toutes les transitions désirables. — Souche subligneuse, à tiges beaucoup moins couchées et moins radicantes que chez la plupart des autres *Veronica* à grappes axillaires.

2. LIMOSELLA *L.*

1. L. aquatica L.; Lorey, 656. — ⊙. — Juill.-sept. — A. R. — Vases, attérissements, queue des étangs. — Boncourt, Cîteaux (*Lorey*); St-Jean-de-Losne!, Broin, Seurre (*Duret*); Lamarche!, Grosbois!, Cercey!, Thoisy-la-Berchère!, Rouvray!.

Quoique annuel, a souvent des tiges stoloniformes dont certains nœuds radicants et florifères sont eux-mêmes stolonifères à leur tour. Il en résulte un réseau de colonies reliées entre elles, mais toute la plante ne s'en détruira pas moins à la fin même de la saison.

3. SCROFULARIA *Tourn.*

1 Plantes ☉, ⚇ ou très rarement pérennantes. 2
Plantes ♃. 3
2 Plante ☉ ou parfois pérennante; racine courte, brusquement contractée en filament. . . . . † *S. vernalis.*
Plante ⚇ ; racine longuement pivotante, insensiblement atténuée . . . . *S. canina.*
3 Une racine . . . . *S. canina.*
Un rhizome 4
4 Rhizome noueux-tuberculeux par développement de gros bourgeons charnus sessiles . . . . *S. nodosa.*
Rhizome dépourvu de nodosités. 5
5 Rhizome à bourgeons de remplacement enveloppés de longues écailles charnues imbriquées sur 4 rangs . . . . *S. alata.*
Rhizome à bourgeons de remplacement pourvus seulement d'écailles rares et courtes . . . . *S. aquatica.*

1 Tiges obscurément anguleuses; feuilles pinnati ou bipinnatiséquées. . . . . *S. canina.*
Tiges tétragones; feuilles entières, crénelées ou dentées-incisées. 2
2 Fleurs jaune-verdâtre; calice à lobes non bordés-scarieux. . . . . † *S. vernalis.*
Fleurs brunâtres; calice à lobes bordés d'une membrane blanche scarieuse 3
3 Tige à angles aigus; calice étroitement membraneux aux bords. . . . . *S. nodosa.*
Tiges à angles ailés; calice largement membraneux aux bords. 4
4 Tige étroitement ailée; feuilles crénelées ou largement dentées, obtuses, pourvues à la base d'un à deux petits lobes foliacés; staminode orbiculaire-subémarginé . . . . . *S. aquatica.*
Tige largement ailée; feuilles finement dentées, aiguës, sans petits lobes foliacés; staminode bifide . . . . . . *S. alata.*

1. S. canina L.; Lorey, 654. — ♃. — Juin-juill. — R.

— Bois, pelouses. — Val-Suzon!, Santenay!, Dijon!, Gevrey!.

Souche pluricaule à tiges simples, égales entre elles; feuilles à lobes oblongs. — Dans les pierrailles et éboulis des coteaux, le *S. canina* devient plurannuel, la souche porte une tige solitaire, accostée parfois de tiges latérales assez faibles et souvent même rudimentaires ou avortées; les feuilles ont des lobes linéaires. C'est la forme *Hoppii (S. Hoppii* Koch). — R. — Ancey!, Dijon!, Chambolle!, Santenay!. — Des semis de *S. Hoppii*, cultivés en sol frais, m'ont donné des individus identiques au *S. canina* type.

† **S. vernalis** L.; Lorey, 653. — ⊙. — Mai-juill. — RRR. — Bords des chemins, lieux cultivés. — Dans quelques cours et jardins à Nuits (*Lorey*), où il persiste depuis plus de cent ans (*Duret*); le long des murs du parc du château d'Agey! (*Morelet*).

Rarement pérennant et alors rabougri et peu florifère.

2. S. nodosa L.; Lorey, 654. — ♃. — Juin-août. — C. — Lieux humides ou ombragés, taillis.

Les germinations n'ont encore que 4 feuilles, quand déjà la radicule, restée grêle, s'est ramifiée et se courbe sous le poids de la plante, et que les pseudorrhizes nées de la base de la jeune tige sont déjà plus robustes que le pivot. Le premier renflement de la souche se forme dans l'axe hypocotylé. — La plupart des gros bourgeons, qui constituent les nodosités du rhizome, sont ovoïdes-subglobuleux et demeurent boudeurs-expectants; les autres sont oblongs et atténués au sommet qui se relèvera en tige à la saison prochaine.

3. S. aquatica L.; Lorey, 653. — ♃. — Juin-août. — C. — Bords des eaux.

On rencontre assez fréquemment des sujets à feuilles aiguës, largement dentées, non obtuses ni crénelées.

4. S. alata Gilib. — *S. Ehrharti* Stev. — ♃. — Juill.-août. — R. — Bords des ruisseaux. — Brémur!, Darcey!, Aignay!, Essarois!, Moloy!, ruisseau de Fontaine-Merle à

Panges!. — Attribué à la Côte-d'Or par M. Boreau (*Fl. centr.*, 3e édit., p. 481), mais sans indication de localité.

Les écailles des bourgeons de la souche sont formées par la partie inférieure de pétioles aphylles; elles sont lancéolées, concaves-canaliculées à la face interne, convexes avec côte saillante à l'externe, et les supérieures ont le sommet muni d'une bordure foliacée. Toutes deviennent brunes au printemps; on les retrouve en été desséchées et entourant la base des tiges, où elles constituent un léger épaississement.

4. GRATIOLA *L.*

1. **G. officinalis** L.; Lorey, 641. — ♃. — Juill.-sept. — A. C. — Au bord des eaux dans le Val-de-Saône. — Dijon (*Lorey*); Vielverge!, Lamarche!, Auxonne!, Merceuil!.

Rhizome horizontal, rameux-drageonnant, et en outre tiges radicantes à la base. — Tiges florifères creusées d'un petit sillon qui résulte de l'adpression des pédicelles pendant l'extrême jeunesse de la fleur. — Quand on arrache la corolle, le calice se ferme par subite connivence de ses lobes.

5. LINDERNIA *All.*

1. **L. pyxidaria** All.; Lorey, 655. — ☉. — Juill.-sept. — R. — Vases et sables du bord des eaux. — St-Seine-en-Bâche!, Cîteaux, Boncourt (*Lorey*); St-Jean-de-Losne, Seurre (*Duret*); Pouilly-s-Saône (*Berthiot*); étang de la Grand'Borne à Longvay!, Vic-s-Thil!.

6. DIGITALIS *L.*

1 Plante ⚇ ou rarement pérennante; calice à lobes obtus; corolle ventrue-campanulée. . . . . *D. purpurea.*
Plantes ♃ ou pérennantes; calice à lobes aigus; corolle tubuleuse-campanulée. 2
2 Pédoncules pubescents-glanduleux; corolle jaune-rosé; capsu-

les ovoïdes-lancéolées, facilement compressibles, stériles . . . . × *D. purpurascens.*
Pédoncules glabres; corolle jaune; capsules ovoïdes, incompressibles, fertiles. . . . . *D. lutea.*

1. D. purpurea L.; Lorey, 642. — ⊛ ou rarement pérennant et alors rabougri. — Juin-août. — A. C. dans les friches et bois granitiques. — Arnay-le-Duc !, Semur !, Saulieu !, Laroche-en-Brenil !, Rouvray ! (*Lorey*); Montberthault !.

Cultivé en terre meuble et fertile, le *D. purpurea* n'est plus que bisannuel, comme il arrive du reste en pareil cas à la plupart des plantes plurannuelles. — La belle couleur rouge des fleurs s'affaiblit notablement dans les jardins de sol calcaire.

× **D. purpurascens** (*D. lutea* × *purpurea*). — *D. purpurascens* Roth; Lorey, 643. — *D. purpureo-lutea* Mey. — Pérennant. — Juin-août. — R. — Friches, bois. — Bords du bois de Montille près Semur (*Lorey*); coteaux incultes en amont de Semur! (*Collenot, Miot*).

Grappes très allongées en raison de la stérilité des capsules. — La plante de Semur tient plus du *D. lutea* que du *D. purpurea* par l'ensemble de ses caractères.

2. D. lutea L. — *D. parviflora* All.; Lorey, 642. — ♃. — Juin-juill. — Bois, friches. — C. dans le calcaire; R. dans les sols granitiques, comme à Saulieu (*Lombard*); et Semur !.

C'est par méprise que le *D. grandiflora* All. a été indiqué (G. G., *Fl. de Fr.*, II, p. 604) dans la Côte-d'Or.

7. ANTIRRHINUM *Juss.*

Plante bisannuelle-pérennante; racine robuste, rameuse. . . . . † *A. majus.*
Plante annuelle; racine grêle, pivotante. . . . *A. Orontium.*

Calice à lobes ovales, beaucoup plus courts que la corolle. . . . . † *A. majus.*

Calice à lobes étroitement linéaires, beaucoup plus longs que la corolle. . . . . *A. Orontium.*

1. **A. Orontium** L.; Lorey, 645. — ⊙. — Juin-sept. — C. — Moissons, cultures.

† **A. majus** L.; Lorey, 645. — ⊙ ou pérennant. — Juin-sept. — A. C. — Vieux murs à proximité des jardins.

8. ANARRHINUM *Desf.*

1. **A. bellidifolium** Desf.; Lorey, 644. — ⊙ ou pérennant. — R. — Friches et rochers granitiques. — Saulieu, Villargoix! (*Lorey*); Liernais!, Menessaire!, rochers du pont de Montberthault!.

9. LINARIA *Juss.*

1 Plantes ⊙ ou ⊙ . . . . . . *L. spuria, L. Elatine, L. minor.*
Plantes ♃. 2
2 Tiges couchées-radicantes. . . . . † *L. Cymbalaria.*
Tiges non couchées-radicantes. 3
3 Racine et pseudorrhizes pourvues de bourgeons adventifs sur toute leur longueur 4
Racine et pseudorrhizes dépourvues de bourgeons adventifs, ou racine n'en possédant que dans la partie correspondant à l'axe hypocotylé 5
4 Racine assez robuste, difficile à rompre, à cylindre central égalant les 2/3-3/4 de la coupe transversale. . . . *L. vulgaris.*
Racine assez grêle, très facile à rompre, à cylindre central n'égalant que 1/4-1/3 de la coupe transversale. . *L. striata.*
5 Racine robuste, pivotante; souche multicaule. . . *L. supina.*
Racine grêle, horizontale, allongée, à chevelu abondant; souche paucicaule . . . . *L. Alpina.*

1 Feuilles pétiolées, larges 2
Feuilles sessiles, étroites 4
2 Feuilles glabres, palminervées, réniformes, lobées; pédoncu-

les fructifères accrescents, épaissis au sommet. . . . .
. . . . † L. *Cymbalaria*
Feuilles pubescentes-velues, penninervées, ni réniformes, ni lobées; pédoncules fructifères ni accrescents, ni épaissis. . 3
3 Feuilles suborbiculaires; pédicelles velus. . . . . L. *spuria.*
Feuilles ovales, les moyennes hastées; pédicelles glabres. . . . . L. *Elatine.*
4 Grappes feuillées; fleurs longuement pédicellées. . . . . L. *minor.*
Grappes non feuillées; fleurs brièvement pédicellées. 5
5 Plantes glauques; grappes courtes. 6
Plantes vertes; grappes allongées 7
6 Fleurs violet-bleuâtre . . . . L. *Alpina.*
Fleurs jaunâtres. . . . . L. *supina.*
7 Fleurs grandes, jaunes; éperon allongé; graines comprimées, ailées. L. *vulgaris.*
Fleurs petites, blanchâtres, striées de violet; éperon plus ou moins court; graines ovoïdes-trigones . . . . L. *striata.*

1. L. spuria Mill.; Lorey, 647. — ⊙ ou ⊙. — Juin-oct. — C. — Cultures, moissons.

Feuilles entières ou fortement dentées.

2. L. Elatine Desf.; Lorey, 648. — ⊙ ou ⊙. — Juin-oct. — A. C. — Cultures et moissons des sols argileux.

Limbe des feuilles inférieures est parfois pinnatipartit à sa base.

3. L. minor Desf.; Lorey, 646. — ⊙. — Juill.-sept. — C. — Moissons, cultures, friches.

Plante pubérulente-glanduleuse, ou entièrement glabre (*L. prætermissa* Delastre). Des intermédiaires ont la gorge fermée du *L. prætermissa* et la pubescence du *L. minor*, ou au contraire la gorge entr'ouverte du *L. minor* et la glabréité du *L. prætermissa.*

4. L. supina Desf.; Lorey, 649. — ♃. — Juin-août. — R. — Pelouses et rochers de la Côte. — Nuits, Meursault (*Lorey*); Savigny-s-Beaune!, St-Romain!, Nolay!.

C'est par erreur que Lorey indique cette espèce dans les sables de l'Ouche entre le parc de Dijon et Longvic.

5. L. **Alpina** DC. — ♃. — Juill.-août. — RRR. — Éboulis de la Coquille d'Étalante! (*Fleurot*).

La plante de la Côte-d'Or est la variété *petræa* (*L. petræa* Jord.), qui diffère du type par des tiges plus allongées, des feuilles plus étroites et plus espacées, et la corolle à lobes plus longs et plus étroits. Si rare en son unique station d'Étalante, qu'on doit craindre de l'y voir bientôt disparaître. Je l'ai rencontrée encore à 2 kilom. de la Côte-d'Or, dans les éboulis du Larrys-Blanc de Cry (Yonne).

6. L. **striata** DC.; Lorey, 650. — ♃. — Juin-sept. — C. — Cultures, friches, bois, moissons.

Éperon tantôt obtus, tantôt subaigu, variant pour la longueur du simple au quadruple, et réduit parfois à une légère bosse.

Var. β. *ochroleuca* Coss. et Germ. — Plus robuste; fleurs plus grandes, violet-jaunâtre, à éperon une fois plus long que le tube de la corolle. — R. — Blaisy-Haut!; Santenay (*Gillot*). — C'est peut-être la plante que Lorey a voulu désigner dans la note qui suit la description de son *L. striata*.

7. L. **vulgaris** Mœnch; Lorey, 651. — ♃. — Juill.-sept. — C. — Bords des chemins, berges des rivières, haies, taillis.

Le *L. genistifolia* de Lorey (p. 652) n'est qu'un *L. vulgaris* à tiges robustes et à feuilles élargies.

† L. **Cymbalaria** Mill.; Lorey, 647. — ♃. — Mai-oct. — A. C. — Vieux murs à proximité des jardins. — Dijon (*Lorey*); St-Remy!, Pontailler!, Seurre!, Semur!, etc.

Ont été indiqués par Lorey (p. 648-649) le *L. arvensis* Desf. à Baulme-la-Roche et à Seurre, et le *L. Pelliceriana* Mill. à Marsannay-la-Côte, Auxonne et Seurre. M. Lombard attribue encore cette dernière espèce à Saulieu.

10. PEDICULARIS *Tourn.*

Souche notablement épaissie-élargie au niveau d'insertion de la rosette radicale . . . . *P. sylvatica.*
Souche non épaissie-élargie . . . . *P. palustris.*

Tiges nombreuses, les latérales étalées-ascendantes ; feuilles à dents aiguës; calice à 5 lobes; capsule plus courte que le calice. . . . . *P. sylvatica.*
Tige solitaire, dressée; feuilles à crénelures obtuses; calice bilobé; capsule plus longue que le calice. . . . *P. palustris.*

1. P. sylvatica L.; Lorey, 664. — ⊙. — Juin-août. — A. R. — Prés tourbeux, pelouses humides. — Pré de Fontaine-Merle à Panges!, Vielverge!, Longvay!, Saulieu!, Semur!, Frémois!.

A l'automne de la première année, le centre de la rosette de feuilles radicales est occupé par un gros bourgeon écailleux qui, au printemps, donnera naissance à plusieurs tiges florifères. Parfois en outre il est accosté de quelques bourgeons latéraux. Le bourgeon central du *P. palustris* est beaucoup moins robuste, mais aussi ne donne-t-il naissance qu'à une seule tige. Les écailles du bourgeon sont amples et ovales chez le *P. sylvatica,* étroites triangulaires-oblongues chez le *P. palustris.* Les deux plantes n'ont plus à leur floraison que des feuilles caulinaires.

2. P. palustris L.; Lorey, 664. — ⊙. — Juin-août. — — R. — Prés tourbeux. — Saulon (*Lorey*); Grancey-le-Château!, Menessaire!, Rouvray!.

11. RHINANTHUS *L.*

Feuilles florales blanchâtres, décolorées; corolle à tube dépassant assez longuement le calice; appendices de la lèvre supérieure de la corolle plus longs que larges. . . . *R. major.*
Feuilles florales d'un vert pâle; corolle à tube inclus ou dépas-

sant à peine le calice; appendices de la lèvre supérieure de la corolle plus larges que longs . . . . *R. minor.*

1. **R. major** Ehrh. — *R. hirsuta* Lmk; Lorey, 665. — ⊙. — Mai-juin. — C. — Prés. — Abonde aussi dans les moissons à Veuxhaules!, Is-s-Tille!, St-Julien!, Bouilland!.

Calice et bractées ordinairement pubescents, mais parfois glabres (var. *glabra*). Lorey ne mentionne pas cette variété qu'il a sans doute confondue avec son *R. glabra* Lmk.

2. **R. minor** Ehrh. — *R. glabra* Lmk; Lorey, 665. — ⊙. — Mai-juin. — C. — Prés humides.

Le même individu a fréquemment des caractères propres les uns au *R. major*, les autres au *R. minor,* ce qui pourrait justifier la réunion des deux espèces en une seule.

Un étroit rebord blanchâtre court autour du limbe des feuilles des *R. major* et *minor*. Chez l'*Euphrasia officinalis* ce rebord est de la couleur du limbe, et chez les *Pedicularis sylvatica* et *palustris* il se réduit à une callosité blanchâtre plus ou moins développée, qui termine le sommet des dents des feuilles. Ces particularités foliaires paraissent, dans la famille, être seulement propres à la tribu des *Rhinanthacées.*

12. MELAMPYRUM *Tourn.*

1 Bractées recourbées en dehors et imbriquées sur 4 rangs. . . . . *M. cristatum.*
Bractées ni recourbées en dehors, ni imbriquées sur 4 rangs. 2
2 Bractées rouges, très rarement décolorées; grappes denses; calice pubescent, égalant le tube de la corolle. . . . . *M. arvense.*
Bractées vertes; grappes lâches, unilatérales; calice glabre, égalant à peine le tiers du tube de la corolle . *M. pratense.*

1. **M. cristatum** L.; Lorey, 663. — ⊙. — Juin-août. — C. — Bois de montagne.

2. M. arvense L.; Lorey, 662. — ⊙. — Juin-août. — CC. — Moissons. — Assez commun en outre à Laignes! dans les prairies artificielles.

3. M. pratense L.; Lorey, 663. — ⊙. — Juin-août. — CCC. — Bois de montagne.

Feuilles ovales-lancéolées. Dans les sols siliceux (Semur!, Genay!, Saulieu!, etc.), elles sont oblongues-lancéolées, et même des échantillons d'Autun (*Gillot!*) les ont lancéolées-linéaires.

13. EUPHRASIA *L.*

1. E. officinalis L.; Lorey, 666. — ⊙. — Juill.-oct. — CCC. — Pelouses arides.

Var. *α. officinalis.* — Feuilles supérieures et bractées à lobes aigus; inflorescence glanduleuse; capsule oblongue-obovale; graines ovoïdes.

Var. *β. nemorosa* (*E. nemorosa* Pers.). — Feuilles supérieures et bractées à lobes cuspidés; inflorescence pubérulente; capsule linéaire oblongue; graines fusiformes.

Comme transition entre ces 2 variétés, des sujets présentent à la fois des caractères de l'une et de l'autre. Ainsi trouve-t-on l'inflorescence glanduleuse de l'*E. officinalis* avec les bractées acuminées-cuspidées de l'*E. nemorosa* (*E. campestris* Jord.), ou au contraire l'inflorescence pubérulente de l'*E. nemorosa* avec les bractées aiguës de l'*E. officinalis* (*E. rigidula* Jord.). — La variété *Salisburgensis* de Lorey comprend les formes robustes de l'*E. nemorosa.*

J'ai rencontré un *E. officinalis* dont les fleurs étaient très rapprochées et disposées sur 4 rangs, comme dans les grappes de *Melampyrum cristatum.*

14. ODONTITES *Hall.*

Corolle jaune; anthères glabres. . . . . *O. lutea.*
Corolle rouge; anthères velues-glanduleuses. . . . *O. rubra.*

1. O. lutea Rchb. — *Euphrasia lutea* L.; Lorey, 667.

— ⊙. — Juill.-sept. — A. C. — Pelouses arides de la Côte. — Notre-Dame-d'Etang, Mont-Afrique, Nuits!, Savigny-s.-Beaune!, Chaume (*Lorey*); Gevrey!, St-Romain!, Blagny!, Santenay!.

2. O. rubra Pers. — *Euphrasia Odontites* L.; Lorey, 667. — ⊙. — Juill.-oct. — C. — Moissons, prairies artificielles.

La variété *serotina* (*O. serotina* Rchb.) se distingue par ses rameaux nombreux, étalés obliquement, par ses feuilles linéaires superficiellement dentées, les florales ne dépassant pas les fleurs. Comme on la rencontre parfois mêlée au type et fleurissant en même temps, ces différences sont inhérentes à la plante, et ne tiennent ni à la station, ni à l'époque de floraison, bien que pourtant cette variété *serotina* soit ordinairement plus tardive.

Avant l'épanouissement de l'*O. rubra*, le style dépasse plus ou moins la corolle; mais, comme celle-ci est accrescente, le style se montrera suivant l'âge des fleurs soit exsert, soit inclus pendant la floraison. Parfois des fleurs ont le style inclus même avant l'épanouissement, ce qui est un caractère de l'*O. Jaubertiana* Bor., mais d'un autre côté la non connivence des lèvres de la corolle éloigne de cette dernière espèce.

Les *Scrofularinées* dont le système souterrain est le plus intéressant sont les *Rhinanthacées* pour leur demi-parasitisme, et les *Linaria vulgaris* et *striata* pour le drageonnement ou bourgeonnement adventif de leur racine.

Cette disposition au drageonnement de la racine se manifeste dès la germination: car on voit le *Linaria vulgaris*, n'ayant encore qu'une paire de feuilles, émettre des bourgeons adventifs d'abord sur l'axe hypocotylé et bientôt après sur le pivot, comme on peut le constater aussi chez les *Epilobium spicatum* et *Nasturtium sylvestre*; et ces bourgeons remplacent l'axe primaire qui s'atrophie rapidement. — Le grossissement de la racine des *Linaria vulgaris* et *striata* s'observe indifféremment en deçà et au delà de l'insertion des bourgeons adventifs, tandis que chez la grande majorité des plantes à racine drageonnante, il a lieu au delà, c. à. d. en la partie antérieure de la racine mère. — Les bourgeons développent assez souvent à leur base des pseudorrhizes, douées elles-mêmes de la propriété de drageonner, de sorte qu'après un certain temps il devient impossible de décider si le bourgeon est né sur la racine et les radicelles, plutôt que sur une pseudorrhize. Toujours est-il que racine ou pseudorrhize après avoir produit des bourgeons adventifs continue de s'allonger au delà, et qu'on ne doit pas, avec M. Irmisch, décrire la racine drageonnante du *Linaria striata* comme sympodique, et se remplaçant, à l'insertion de chaque bourgeon, par une racine adventive née de la base de ce bourgeon. Cette racine adventive, quand elle existe, est toujours surnuméraire, et ne joue qu'un rôle accessoire.

La racine des *Melampyrum*, *Rhinanthus*, *Pedicularis*, *Euphrasia*, *Odontites*, non contente de puiser des aliments dans le sol, adhère encore par des suçoirs aux radicelles des plantes voisines. Ces suçoirs consistent en un petit mamelon à sommet obtus-tronqué, frangé d'une coronule membraneuse, restes d'une coiffe terminale en partie détruite. La radicelle nourricière se trouve logée dans un sillon qui forme au sommet du suçoir comme une bouche avec 2 rebords en manière de lèvres, et elle émerge un peu chez les *Melampyrum*, car leurs suçoirs ont un sillon moins profond que chez les *Rhinanthus*. — Quand on tire sur du chevelu saisi par un suçoir de *Rhinanthus*, ce chevelu vient dans la main en entraînant le suçoir qui le retenait. — Le *Melampyrum pratense* a des suçoirs plus nombreux et plus gros que ceux des *M. cristatum* et *arvense*. — Les *Rhinanthacées* n'ont pas pour les *Graminées* une prédilection toujours exclusive. Ainsi j'ai rencontré des suçoirs de *Melampyrum arvense* adhérents à des radicelles de *Prunus spinosa* et d'*Hippocrepis comosa*; et des germinations (3 sur 15) de ce *Melampy-*

rum, arrachées dans la campagne, ont fleuri et fructifié, quoique peu vigoureuses, dans un pot où je les cultivais en la seule compagnie d'un *Nasturtium asperum*, *Solanum nigrum* et *Rumex obtusifolius*. Bien plus, j'ai pu amener à fructification quelques *Odontites rubra* que j'avais semés en un pot, d'où étaient rigoureusement exclues toutes autres plantes; ces *Odontites* restèrent d'ailleurs grêles et dépourvus de suçoirs. L'absence de suçoirs en cette circonstance tendrait à prouver qu'ils ne se développent qu'au contact de racines nourricières, et ce qui confirme encore cette opinion, c'est que, chez le même pied de *Rhinanthacée*, telle radicelle est riche, telle autre est pauvre en suçoirs; d'ailleurs, si les suçoirs naissaient au hasard, très peu auraient la bonne fortune d'être contigus à une radicelle nourricière.

L'inflorescence type des *Scrofularinées* est la grappe progressive. — De certaines aisselles florifères de *Linaria spuria*, entre le pédicelle et la feuille mère, sort un rameau qui, chez les sujets vigoureux, répète l'inflorescence racémiforme de la tige; et l'ensemble de toutes ces grappes forme une ample panicule progressive d'une structure plus compliquée en apparence qu'en réalité. De pareils rameaux florifères surnuméraires peuvent se développer aussi à l'aisselle des feuilles qui accompagnent les grappes du *Veronica Anagallis*; mais on les voit surtout fréquents aux aisselles florifères du *Linaria Cymbalaria*, où ils ont le même point d'émergence que chez le *L. spuria*, quoique Aug. de St-Hilaire [1] les ait placés entre le pédicelle et l'axe. — Quand le *Limosella aquatica* croît au sein de grandes herbes, sa rosette radicale indéfinie allonge son axe en une courte tige qui donne une grappe simple feuillée progressive. — Les tiges florifères du *Veronica montana* se prolongent en une tige foliifère, couchée-radicante par suite de désistence florale. Pareil cas s'observe, mais très rarement, chez quelques

1. *Morph. végét.*, p. 280.

Veronica Chamædrys vigoureux, tandis que le sommet de l'axe florifère des *V. officinalis* et *Teucrium* est plus ou moins abortif, ne produisant que 2-3 mérithalles de plus en plus grêles. Aussi, le plus souvent, reste-t-il inerte l'an suivant, ou, quand un bourgeon s'y développe, ce sera toujours un bourgeon latéral et foliifère. Il est donc difficile de s'expliquer cette assertion de M. Guillard [1], que la progression de l'inflorescence du *Veronica officinalis* est pérenne, alors qu'au contraire elle est promptement arrêtée et se borne à l'émission de 2-3 grappes. — Les *Scrofularia* font exception dans la famille en ce que les rameaux de leurs grappes sont pourvus de cymes, ordinairement bipares (*S. aquatica*, *S. alata*, *S. canina*), ou au contraire unipares (*S. nodosa*). Mais s'il y a ainsi régression dans les détails, l'ensemble n'en demeure pas moins progressif, puisque l'épanouissement de la grappe procède de bas en haut. L'inflorescence de ces *Scrofularia* est donc identique à celle que vont présenter, dans une famille voisine, certaines *Labiées* à glomérules pédonculés.

LVII. LENTIBULARIÉES (Rich.).

1. UTRICULARIA *L.*

Feuilles pinnatiséquées; fleurs assez grandes; éperon égalant moitié de la corolle. . . . . *U. vulgaris.*
Feuilles palmatiséquées; fleurs petites; éperon réduit à une bosse . . . . *U. minor.*

1. U. vulgaris L.; Lorey, 720. — ♃. — Juin-août. — A. C. — Fossés, mares. — Arcelot, Premeaux, Saulon,

1. *Bull. de la Soc. bot. de Fr.*, 1857, IV, p. 457.

Saulieu! (*Lorey*); St-Remy!, Larrey-lez-Poinçon!, Vielverge!, Vic-s-Thil!, etc.

Hibernacles subglobuleux, terminant les tiges et les rameaux, les plus gros atteignant le volume d'une noisette. Ils sont formés de très petites feuilles, densément imbriquées, multiséquées, dépourvues de vésicules et à bords ciliés-pubérulents, d'où le pourtour de l'hibernacle est lui-même pubescent. Lors de la destruction des rameaux en automne, les hibernacles tombent au fond de l'eau; puis, après y avoir séjourné tout l'hiver, ils s'allègent par un commencement de résorption et remontent vers le milieu du printemps à la surface, où leur bourgeon s'allonge en nouvelles plantes qui n'ont de pseudorrhizes à aucune époque de leur existence. Même, d'après M. Warming [1], les germinations seraient dépourvues de radicule, et l'embryon manquerait en outre d'albumen et de feuilles cotylédonaires. — L'ablation des vésicules n'empêche pas les feuilles de surnager.

2. U. minor L.; Lorey, 721. — ♃. — Juin-août. — R R. — Fossés, mares. — Laroche-en-Brenil (*Lorey*); étang Larmier près Saulieu (*Boreau*); St-Léger-de-Fourches!.

De même que l'*U. vulgaris*, l'*U. minor* n'a ni racine, ni pseudorrhizes, mais des hibernacles, des vésicules, et ses rameaux roulés en crosse au moment de leur développement.

Dans une lettre à M. Duret, M. Grenier reconnaît avoir indiqué [2] par erreur le *Pinguicula vulgaris* L. dans la Côte-d'Or.

LVIII. OROBANCHÉES (Juss.).

1. PHELIPÆA *Tourn.*

Plante ♃; tige simple; corolle à lobes aigus . . . *P. cærulea*.
Plante ⊙; tige ordinairement rameuse; corolle à lobes obtus . . . . † *P. ramosa*.

1. *Bull. de la Soc. bot. de Fr.*, Rev. bibl., 1874, XXI, p. 174.
2. *Fl. de Fr.*, II, p. 442.

1. P. cærulea C. A. Mey. — *Orobanche cærulea* L.; Lorey, 660. — ♃. — Juin-juill. — RR. — Sur l'*Achillea Millefolium*. — Bèze, Beaune, Meursault (*Lorey*); Villeneuve près Saulieu (*Lombard*).

† **P. ramosa** C. A. Mey. — *Orobanche ramosa* L.; Lorey, 660. — ⨀. — Juill.-sept. — C. — Sur *Cannabis sativa* !.

Après avoir cultivé dans une plate-bande de jardin des *P. ramosa* sur du *Chanvre*, j'ai vu, l'année suivante, croître au même endroit un *Phelipæa* sur un jeune pied d'*Arabis Turrita*. Il différait du *P. ramosa* par ses étamines glabres à la base, et par sa corolle à teinte violette et à lèvre inférieure relevée de plis saillants et velus; il se rapprochait ainsi beaucoup du *P. Muteli* Reut. A Larrey-lez-Poinçon, j'ai rencontré encore cette même forme de *P. ramosa* sur le *Sherardia arvensis*, dans un champ en friche qui n'offrait aucun vestige de culture de *Chanvre*. Enfin le même *Phelipæa* a été trouvé par M. Lacroix [1] sur une *Labiée*, le *Coleus Blumei* Benth.

2. OROBANCHE *L.*

1 Étamines insérées vers la base de la corolle 2
Étamines insérées au plus bas vers le quart inférieur du tube de la corolle. 4

2 Tentacules [2] nuls; étamines glabres inférieurement; stigmate jaune. . . . . *O. Rapum*.
Tentacules nombreux; étamines à filets plus ou moins velus inférieurement; stigmate pourpre 3

3 Corolle très amplement campanulée; étamines à filets très velus. . . . . *O. Galii*.
Corolle campanulée; étamines à filets pourvus seulement de quelques poils. . . . . *O. Epithymum*.

4 Stigmate jaune 5
Stigmate pourpre ou violet 7

5 Corolle petite, jaune clair teinté de violet; étamines glabrescentes . . . . *O. Hederæ*.

1. *Bull. de la Soc. bot. de Fr.*, Sess. extraord., XXIII, 1876, p. LXXXI.
2. Voir p. 287 pour l'explication de ce terme.

Corolle grande, jaune foncé, ou brunâtre ; étamines velues ou pubescentes. 6

6 Bractées dépassant ou égalant les fleurs ; corolle à tube insensiblement arqué ; étamines velues sur presque toute leur longueur . . . . *O. elatior.*

Bractées plus courtes que les fleurs ; corolle à tube fortement arqué en sa moitié supérieure ; étamines pubescentes à la base. . . . . *O. Cervariæ.*

7 Tentacules nombreux ; corolle assez grande, campanulée-tubuleuse, glanduleuse-pubescente ; étamines pubescentes, velues inférieurement . . . . *O. Teucrii.*

Tentacules peu nombreux ; corolle petite, tubuleuse, pubérulente ; étamines plus ou moins pubescentes inférieurement, parfois glabrescentes. 8

8 Corolle à dos insensiblement arqué, à lobes denticulés ; lèvre inférieure de la corolle à lobe médian presque égal aux latéraux . . . . *O. minor.*

Corolle à dos brusquement arqué vers son tiers inférieur, à lobes dentés-incisés ; lèvre inférieure de la corolle à lobe médian une fois plus grand que les latéraux. . *O. amethystea.*

1. O. Rapum Thuill. — *O. major* DC. ; Lorey, 657, exclus. var. β. ; non Duby. — *O. fœtida* Lorey, 658. — ♃. — Mai-juin. — A. C. — Sur *Sarothamnus scoparius* !. — Bords de la Saône, Saulieu ! , Semur !(*Lorey*); Laroche-en-Brenil !, Rouvray !.

2. O. Galii Duby. — *O. Rapum* var. β. *affinis* Lorey, 657; non Thuill., nec Duby. — *O. vulgaris* DC. — ♃. — Juin-juill. — A. C. — Sur les *Galium Mollugo* !, *glaucum* ! et *sylvestre* !.

Lorey a dû se tromper en donnant à sa plante le *Genista sagittalis* pour habitat.

3. O. Epithymum DC. ; Lorey, 659. — ♃ — Juin-juill. — C. — Sur *Thymus Serpyllum !.*

4. O. Teucrii Fr. Schultz. — ♃. — Juin-juill. — A. C. — Sur *Teucrium Chamædrys !.*

Les étamines, velues à la base, que Lorey accorde à son *O. Epithymum* semblent indiquer qu'il avait rencontré aussi l'*O. Teucrii;* mais cette dernière plante n'était pas alors spécifiquement séparée de l'*O. Epithymum*, dont au surplus elle n'est peut-être qu'une variété.

5. **O. elatior** Sutt. — ⊚. — Juin-juill. — R R. — Sur *Centaurea Scabiosa!*. — Montagne St-Marcel à Pothières!, Voulaines!.

6. **O. Cervariæ** Suard. — ⊚. — Juin-juill. — R R. — Sur *Peucedanum Cervaria!*. — Flavigny (*Lombard*); coteaux de Poinçon-lez-Larrey!.

7. **O. Hederæ** Duby. — ♃. — Juin-juill. — R. — Sur *Hedera Helix!*. — Darcey!, le long des rochers de la cascade de Vauchignon!.

La section de la souche a une odeur alliacée.

8. **O. minor** Sutt.; Lorey, 659. — ♃. — Juin-juill. — A. C. — Sur *Picris hieracioides*! à St-Remy!, Quincerot!, Montigny-Montfort!, Moutiers-St-Jean!, Les Laumes! et sur *Trifolium pratense* à Rouvray!.

Je rapporte les sujets vivant sur *Picris hieracioides* à l'*O. minor* var. *flavescens* (*O. Carotæ* Desm.); car si sa teinte jaune-furfuracé non violette et ses étamines assez velues inférieurement la rapprochent de l'*O. Picridis* Fr. Schultz, elle s'en éloigne par la lèvre supérieure de sa corolle échancrée et non pas entière. D'ailleurs, les auteurs assignent à l'*O. minor* l'habitat sur les plantes les plus diverses.

9. **O. amethystea** Thuill. — ♃. — Juin-juill. — R R. — Sur *Eryngium campestre* à Beaune (*Bonnet*) et à Santenay!.

3. LATHRÆA *L.*

1. **L. squamaria** L.; Lorey, 661. — ♃. — Avril-mai. — R. — Sur les racines de différents arbres des bois. — Fla-

vignerot, Chambolle, Savigny-s-Beaune (*Lorey*); Ste-Foix (*Lombard*); Arnay-le-Duc (*Boreau*); Val-Suzon !, Combe de Gevrey !, Sombernon !.

Parasite sur la *Vigne* dans le Jura et le Doubs (*Grenier*).

Le parasitisme des *Orobanchées* était encore mis en doute en 1805 lors de la publication de la *Flore de France* de de Candolle. Cet illustre botaniste y dit[1] en effet : « Je soupçonne que l'*Orobanche* se fixe aux autres végétaux simplement pour s'y cramponner, non pour en tirer de la nourriture. » Aujourd'hui le parasitisme de ces plantes est unanimement admis ; quelques auteurs cependant ne les regardent que comme demi-parasites, par méprise sur le rôle des tentacules qu'ils assimilent à des racines.

La racine, sur laquelle s'insère un *Orobanche* ou un *Phelipæa*, finit ordinairement par s'atrophier et se détruire à son extrémité, parce que le parasite confisque à son profit presque toute la sève descendante. Aussi l'insertion, d'abord latérale, devient-elle terminale le plus souvent ; d'où les assertions contradictoires des auteurs sur ce point, suivant l'âge des *Orobanche* observés. Par suite du considérable afflux de sève descendante que détermine la présence du parasite, la racine nourricière va s'hypertrophiant de sa base à l'insertion de l'*Orobanche*, où elle forme un épaississement volumineux.

Les *Orobanche* et *Phelipæa* ont encore d'autres adhérences, mais beaucoup moins importantes et qu'ils exercent à l'aide de filaments cylindracés nés de leur souche. Ces organes, que j'appellerai tentacules, sont sinueux, contournés, fragiles, souvent ascendants, parfois fasciés, obscurément bi-trifurqués à leur sommet. Ils ne puisent rien dans le sol, mais sont munis de suçoirs latéraux et terminaux. Ces suçoirs

1. *Fl. Fr.*, III, p. 488.

débutent par un petit tubercule obtus et dont le sommet porte une coiffe roussâtre. En tombant, la coiffe met à découvert une surface circulaire ruguleuse, que borde une coronule laissée par la chute de la coiffe. C'est par cette surface, qui est préhensible, que le suçoir adhère aux radicelles voisines, en s'infléchissant légèrement par ses bords. Plus est forte la racine, sur laquelle est fixée la souche de l'*Orobanche*, moins nombreux sont les tentacules (*O. elatior*, *O. Cervariæ*, *O. Hederæ*), ou même ils font entièrement défaut (*O. Rapum*); tandis qu'ils forment une pelote dense chez les espèces assises sur une racine peu robuste (*O. Epithymum*, *O. Teucrii*, *O. Galii*, *Phelipæa ramosa*). Quand les tentacules s'entrelacent, ils adhèrent entre eux à leurs points de contact, et deviennent ainsi parasites les uns sur les autres. — Les tentacules saisissent tout chevelu qui leur est contigu, lors même qu'il appartiendrait à une plante spécifiquement différente de celle qui porte l'*Orobanche*. Ainsi, dans la Côte-d'Or, j'ai trouvé les souches d'*O. Epithymum* insérées sur le *Thymus Serpyllum*, tandis que les suçoirs des tentacules s'attaquent au chevelu des plantes les plus diverses des pelouses. — Une autre fonction des tentacules est d'émettre des bourgeons adventifs et de servir ainsi à la multiplication des *Orobanche* (*O. Epithymum*, *O. Teucrii*, *O. Galii*).

Les *Orobanche* vivaces sont souvent notés comme annuels, parce que, soit à cause de conditions atmosphériques défavorables et d'un allanguissement des plantes nourricières, soit plutôt à cause de la lente évolution des bourgeons de remplacement, la végétation du parasite reste complètement hypogée certaines années; et alors il semble faire défaut, là où il avait fleuri abondamment la saison précédente. Mais on ne saurait douter que la grande majorité des *Orobanche* ne soient vivaces, quand on voit de jeunes tiges accostées d'anciennes tiges desséchées, et tant de souches florifères munies de bourgeons de remplacement. A l'exception des *O. elatior* et *Cervariæ*, qui m'ont paru plurannuels, les autres *Orobanche* de la Côte-d'Or sont vivaces. Quelquefois cependant les *O. Hederæ*, *minor* et *amethystea* ont aussi des souches plurannuelles par défaut de bourgeons de remplacement. Quand les *O. minor* et *amethystea* croissent sur des plantes annuelles ou bisanuelles, leur durée est fatalement limitée à celle de la plante nourricière. — Comme, à la mort du *Chanvre*, le *Phelipæa ramosa* a sa souche pourvue de bourgeons de remplacement, il peut sans doute vivre au delà de l'année, quand il lui arrive de s'attacher à une plante bisannuelle-pérennante, telle que l'*Arabis Turrita* sur lequel j'ai rencontré une fois ce parasite.

Si l'on arrache des *Hedera Helix* et *Thymus Serpyllum* infestés par des *Orobanche*, on trouve les radicelles parsemées de petites souches parasites, dont le volume varie d'un grain de chenevis à une noix. Ces grandes différences de grosseur indiquent suffisamment avec quelle lenteur se fera attendre l'évolution épigée ; d'où la germination des *Orobanche*, et en particulier celle de l'*O. Hederæ*, a paru, mais à tort, exiger un grand nombre d'années. De même que individus de semis, les sujets issus du bourgeonnement adventif des tentacules arriveut très lentement à floraison.

La détermination des *Orobanchées* est difficile, car elles n'ont rien d'absolument fixe pour la vestiture et l'insertion des étamines, pour la grandeur et la forme des bractées et du calice, pour l'espacement des fleurs des épis, ni même souvent pour l'habitat ; puis le renflement de la base de leurs tiges est d'autant plus accentué que la souche aura été un plus grand nombre d'années à devenir adulte. Aussi devrait-on peut-être faire descendre plusieurs espèces au simple rang de variétés. — Il n'est pas rare de rencontrer des individus d'une teinte jaunâtre, et qui constituent les variétés *citrina*, *pallescens* et *flavescens* des auteurs. On a parfois attribué cette teinte à une maladie causée par une larve qui ronge la moelle de la partie inférieure des tiges; mais la plupart des *Orobanche* à teinte brun-furfuracé sont soumis à un tel ravage et n'en sont pas moins vigoureux, car les végétaux restent ordinairement indifférents à la perte de leur parenchyme médullaire.

LIX. LABIÉES. (Juss.)

1. MENTHA *L.*

1 Plante radicante par des tiges foliifères couchées; pseudorrhizes naissant seulement à la face inférieure des nœuds. . . . . *M. Pulegium.*

Plantes radicantes par des rejets; pseudorrhizes naissant sur tout le pourtour des nœuds ou seulement aux faces latérales. 2

2 Rhizome ligneux; pseudorrhizes principales axillaires 3

Rhizome non ligneux; pseudorrhizes principales latérales, les accessoires axillaires, ou encore les pseudorrhizes toutes latérales 4

3 Des stolons feuillés ou écailleux. . . . . *M. rotundifolia.*

Des drageons . . . . *M. sylvestris.*

4 Plantes stolonifères. 5

Plantes drageonnantes 6

5 Stolons feuillés ou du moins à écailles foliacées . *M. aquatica.*

Stolons non feuillés, à écailles peu ou point foliacées *M. sativa.*

6 Drageons notablement épaissis en leur partie moyenne, assez profondément enterrés, à pseudorrhizes nulles ou rares la 1re année et alors latérales, radicants la 2e année en leur partie supérieure qui devient la base hypogée des tiges . . . . *M. arvensis.*

Drageons peu ou point épaissis, rampant près de la surface du sol et souvent même se transformant en stolons; pseudorrhizes assez nombreuses, précoces, les principales latérales, les accessoires axillaires. . . . . *M. sativa.*

1 Tiges obscurément tétragones ; calice à gorge velue . . . . *M. Pulegium.*
Tiges fortement tétragones ; calice à gorge glabre 2
2 Axe floral surmonté d'une petite rosette foliacée 3
Axe floral non surmonté d'une petite rosette foliacée 4
3 Calice campanulé, superficiellement strié, à dents triangulaires aiguës . . . . *M. arvensis.*
Calice tubuleux, fortement strié, à dents lancéolées-subulées. . . . . *M. sativa.*
4 Feuilles nettement pétiolées ; fleurs en têtes subglobuleuses ; corolle à tube velu intérieurement . . . . . *M. aquatica.*
Feuilles sessiles ou subsessiles ; fleurs en épis cylindracés ; corolle à tube glabre ou glabrescent intérieurement. 5
5 Plante à tomentum crépu ; feuilles fortement ridées-rugueuses ; fleurs ordinairement blanches, à bractées peu ou point proéminentes ; épis fructifères verdâtres, non atténués au sommet . . . . *M. rotundifolia.*
Plante à poils étalés ou appliqués ; feuilles peu ou point ridées ; fleurs ordinairements violettes ; épis fructifères grisâtres-tomenteux, atténués au sommet et ordinairement chevelus par la proéminence des bractées. . . . . *M. sylvestris.*

1. M. rotundifolia L. ; Lorey, 704. — ♃. — Juill-sept. — C. — Bords des chemins, haies, lieux couverts et humides.

Feuilles tantôt suborbiculaires, obtuses et crénelées, tantôt ovales ou lancéolées-oblongues, aiguës et dentées ; ces formes se relient par de nombreux intermédiaires. A cause de l'épithète *rugosis* que Linné accorde aux feuilles du *M. rotundifolia* et refuse à celles du *M. sylvestris,* je rattache au *M. rotundifolia* L. les individus dont MM. Grenier et Godron (*Flore de France,* II. p. 649) ont formé leur *M. sylvestris.* — La plupart des auteurs tiennent pour hybrides quantité de *Mentha* qui oscillent entre les *M. rotundifolia* et *sylvestris* pour le système souterrain, pour la vestiture, la forme et la surface des feuilles, ainsi que pour les bractées et les calices.

2. M. sylvestris L. ; Lorey, 703. — ♃. — Juill.-sept.

CCC. — Bords des eaux, lieux marécageux ou humides.

Feuilles variant de la forme oblongue-lancéolée, aiguë-acuminée, à la forme ovale, obtuse, ce qui établit, entre les *M. sylvestris* et *rotundifolia*, un parallélisme en sens inverse.

Le tomentum blanc-argenté appliqué à la face inférieure de feuilles étroites, oblongues-acuminées, constitue la variété *candicans* (*M. candicans* Crantz). Au surplus, rien n'est plus variable que la vestiture des feuilles de *Mentha*, jusque parfois chez le même individu ; puis elle est toujours moindre sur les feuilles raméales que sur les caulinaires et sur les pousses d'automne que sur celles d'été. — J'ai trouvé des *M. candicans* dont les pétioles caulinaires étaient longs de 6-10 millim. En outre, il n'est pas très rare, chez les *Mentha* à feuilles caulinaires sessiles, de rencontrer des feuilles raméales brièvement mais distinctement pétiolées.

Le *M. viridis* L. est indiqué à Arnay-le-Duc par Lorey (p. 705) et à Rouvray par M. Lucand ; je l'ai aussi récolté à Semur. Ce n'est qu'une plante échappée des jardins.

3. **M. aquatica** L. — *M. hirsuta* L. ; Lorey, 705. — ♃. — Juin-juill. — CC. — Bords des eaux.

Glabrescent, plus rarement velu. — Varie à glomérules latéraux pédonculés (var. *pedunculata*), et à glomérules assez nombreux, espacés, surtout les inférieurs, formant jusqu'à 7-8 verticilles en grappe longue de 15c (var. *verticillata*. — *M. sativa* L. *capitata* Ern. M.). Parfois croît submergé, et n'en a pas moins des feuilles normales, quoique les tiges n'aient jamais atteint la surface de l'eau.

4. **M. sativa** L. ; non Lorey, 705. — ♃. — Juill.-sept. — A. C. — Bords des eaux, champs argileux.

Glomérules assez souvent pédonculés ; ils sont presque toujours sessiles chez le *Mentha arvensis*. — Une variété a les feuilles florales bractéiformes (*M. subspicata* Weihe). — Certains *M. sativa* sont difficiles à distinguer du *M. arvensis*.

Le *M. sativa* de Lorey (p. 705) correspond au *M. rubra* Smith, espèce glabre en toutes ses parties, cultivée dans les jardins et n'appartenant pas à la Côte-d'Or.

5. M. arvensis L.; Lorey, 706. — ♃. — Juill.-sept. — C. — Champs argileux ou humides.

Les germinations de l'année n'ont pas encore de rhizome, ni par conséquent de drageons, mais elles donnent naissance à des stolons dont le sommet s'insinue en terre et s'y transforme en drageon. — Parfois des stolons sortent de la base des tiges du *M. arvensis*, mais ils s'enfoncent bientôt dans le sol pour s'y épaissir et s'y convertir en drageons ; tandis qu'au contraire, chez les *M. aquatica* et *sativa*, les rejets, quand ils naissent hypogés, se hâtent ordinairement de sortir de terre et de former des stolons.

Je dois à l'obligeance de M. Lucand une série de *Mentha* qu'il a récoltés autour de Rouvray et fait déterminer par M. Boreau. — 1° Groupe des *M. arvensis* et *sativa* : *M. salebrosa* Bor., *M. Hostii* Bor., *M. Pauliana* Schultz, *M. pulchella* Host, *M. atrovirens* Bor., *M. parietariæfolia* Bor., *M. nummularia* Schrad., *M. arvensi-aquatica* Schultz, *M. sylvatica* Host, *M. peduncularis* Bor., *M. nitida* Host, *M. elata* Host, *M. subspicata* Weihe et *M. plicata* Opiz. — 2° Groupe du *M. aquatica* : *M. purpurea* Host, *M. affinis* Bor. et *M. dubia* Chaix. — 3° Groupe des *M. rotundifolia* et *sylvestris* : *M. rotundifolio-sylvestris* Wirtg., *M. sylvestri-rotundifolia* Wirtg. et *M. latifolia* Wirtg.

6. M. Pulegium L.; Lorey, 706. — ♃. — Juill.-oct. — A. C. — Attérissements, prairies aquatiques, bords des étangs. — St-Remy !, Longvay !, Arnay-le-Duc !, Semur !, Epoisses !, etc.

Des échantillons de Vielverge ! avaient les feuilles velues-pubescentes. — Beaucoup de tiges florifères sont désistantes et se terminent en tige foliifère, décombante-radicante. — Inodore en ses parties qui sont toujours restées submergées.

2. LYCOPUS *L.*

1. L. Europæus L.; Lorey, 678. — ♃. — Juill.-sept. — C. — Bords des eaux, lieux marécageux, terrains humides.

Drageons nombreux, courts, simples, à écailles très élégamment pectinées, à partie postérieure atténuée en caudicule. Aux lieux inondés ou au sein de grandes herbes, les rejets consistent surtout en stolons très allongés et dont les écailles sont beaucoup moins finement pectinées que celles des drageons. — Dans les stations submergées, la base des tiges est atteinte d'une hypertrophie corticale qui en peut quintupler le volume, mais qui est beaucoup moins prononcée chez les rejets et les pseudorrhizes. Cette hypertrophie est formée par un tissu blanc, lacuneux, très léger, situé à l'extérieur du liber.

3. SALVIA *Tourn.*

Plante ♃ ; racine pivotante, allongée, atteinte de fénestrations et dissociations . . . . *S. pratensis.*
Plante ⊙ ou ⊚, pérennante aux lieux arides ; racine plus ou moins rameuse, ne présentant pas de destructions partielles. . . . . *S. Sclarea.*

Plante fétide ; bractées membraneuses, colorées, plus longues que le calice ; lèvre supérieure du calice à dents allongées-spinescentes . . . . *S. Sclarea.*
Plante non fétide ; bractées foliacées, plus courtes que le calice ; lèvre supérieure du calice à dents très courtes. *S. pratensis.*

1. S. pratensis L.; Lorey, 681. — ♃. — Mai-juill. — C. — Prés, pelouses.

Les larges rayons parenchymateux, qui alternent avec les faisceaux ligneux dans le cylindre central de la racine du *Salvia pratensis*, se détruisent avec rapidité ; d'où les fénestrations et dissociations qui caractérisent cette racine. Comme le cylindre central du *S. Sclarea* possède à son pourtour une zone ligneuse presque continue, et à son intérieur un volumineux tissu parenchymateux, il s'ensuit que, si la courte existence de cette espèce laissait aux destructions le temps de se produire, celles-ci auraient surtout pour siège la partie interne du cylindre central.

Feuilles radicales crénelées-dentées ou à base-incisée-pinnatifide. — Les fleurs bleues du *S. pratensis* paraissent roses le soir à la lumière d'une lampe.

2. S. Sclarea L.; Lorey, 682. — ⊙, ⊛ ou pérennant. — Juill. août. — RR. — Coteaux incultes, bords des chemins. — Dijon, Bèze (*Lorey*); Nuits (frère *Joseph*); Beaune dans le coteau joignant la route de Bligny!, Vic-s-Thil!. — Abonde autour des ruines du château de Beauvoir! (*Yonne*) près de Vieux-Château, station qui n'est séparée de la Côte-d'Or que par le Serein.

Sont indiqués le *S. officinalis* L. à Dijon, Echevronne, Gamay et Blagny (*Lorey*, p. 680), le *S. verbenacea* L. à Trouhaut et Laroche-en-Brenil (*Lorey*, p. 680), et le *S. verticillata* L à Dijon sur les berges du Suzon près de l'ancien jardin botanique! (*Lorey*, p. 681, *Lombard*, *Méline*, *Bonnet*).

4. ORIGANUM *Tourn.*

1. O. vulgare L.; Lorey, 713. — ♃. — Juill.-sept. — C. — Bois, bords des chemins, haies.

Fleurs parfois blanches avec bractées verdâtres. On trouve encore des épis allongés (*O. prismaticum* Gaud.) et non pas ovoïdes.

5. THYMUS *L.*

1. T. Serpyllum L.; Lorey, 708. — ♃. — Juin-oct.

Var. *α*. *Serpyllum* (*T. Serpyllum* Fries). — C C. — Pelouses. — Tiges couchées-radicantes, pubescentes en tout leur pourtour; feuilles sessiles. — Parfois les feuilles sont parsemées à leur face supérieure de longs poils plus ou moins abondants (*T. lanuginosus* Lorey, 708). — Santenay (*Gillot*); La Chassagne!, Velars!, Lantenay!.

Var. *β*. *Chamædrys* (*T. Chamædrys* Fries). — A. C. — Prairies, friches humides, bords des routes. — Lucenay!, Pontailler!, Saulieu!, Conforgien!, etc. — Tiges couchées-ascendantes, peu radicantes, munies de 2-4 lignes de poils; feuilles pétiolées. — Les lignes de poils alternent à chaque mérithalle, parce que chacune d'elles correspond à un des côtés de l'insertion pétiolaire. — D'après la description de son *T. Serpyllum*, Lorey ne semble pas avoir distingué le *T. Chamædrys*.

L'odeur des feuilles froissées du *T. Serpyllum* est très variable suivant les individus, tantôt nulle, tantôt piquante et presque fétide, tantôt enfin agréable et rappelant l'odeur du citron.

L'*Hyssopus officinalis* L. est indiqué (*Weber*) dans le coteau qui domine Santenay.

6. CALAMINTHA *Tourn.*

Plante ♃ ; souche rameuse, munie d'une racine assez robuste et de pseudorrhizes . . . . *C. officinalis.*
Plante ⨀, pérennante aux lieux arides ; racine grêle, aidée de quelques pseudorrhizes à la base des tiges ascendantes . . . . *C. Acinos.*

Fleurs en glomérules pédonculés . . . . *C. officinalis.*
Fleurs géminées ou ternées à l'aisselle des feuilles supérieures. . . . . *C. Acinos.*

1. C. Acinos Gaud. — *Thymus Acinos* L.; Lorey, 709. — ⨀ ou pérennant. — Juin-sept. — C. — Moissons sablonneuses, pelouses, rochers.

Feuilles parfois larges d'un centimètre chez les sujets robustes.

2. C. officinalis Mœnch. — *Thymus Calamintha* DC; Lorey, 709. — ♃. — Juill.-oct. — C. — Taillis, broussailles.

Varie (*C. menthæfolia* Host) à feuilles obtuses, crénelées et à tube de la corolle inclus.

Le *C. Nepeta* Link a été observé autour de Dijon (*Weber, Viallanes.*).
Le *Melissa officinalis* L. (Lorey, 710) se rencontre quelquefois dans les haies, à proximité des jardins d'où il s'est échappé. — Corberon !, Broin !, Rouvray !.

7. CLINOPODIUM *L.*

1. **C. vulgare** L.; Lorey, 712. — ♃. — Juill.-oct. — CC. — Bois, buissons, bords des chemins.

8. NEPETA *L.*

1. **N. Cataria** L.; Lorey, 701. — ♃. — Juill.-sept. — A. R. — Haies, bords des chemins. — Flavigny (*Lombard*) ; Lucenay !, Châtillon !, Savigny-s-Beaune !, Saulieu !, Toutry !.

Racine d'une odeur fétide.

9. GLECHOMA *L.*

1. **G. hederacea** L.; Lorey, 697. — ♃. — Avril-juin. — C. — Bois, buissons, lieux ombragés.

Les tiges foliifères sont étalées-radicantes ; les florifères sont ascendantes et périssent après floraison. — Suivant les sujets, les feuilles caulinaires sont suborbiculaires-réniformes, crénelées, ou ovales-cordiformes, largement dentées.

10. MELITTIS *L.*

1. **M. Melissophyllum** L.; Lorey, 711. — ♃. — Mai-juin. — CC. — Bois de montagne.

La variété *grandiflora* (*M. grandiflora* Smith) a les feuilles ovales-oblongues, non ovales-subcordées, et la corolle moins ample, mais à tube 2 fois et non 1 fois plus long que le calice. Elle croît souvent mêlée au type et abonde dans les bois d'Ancey !, de St-Aubin ! et de Nolay !.

Dès la 1re année, la racine est aidée par des pseudorrhizes ; elle s'atrophie et se détruit au bout de 3-4 ans et la plante possède alors un rhizome court, et qui porte des chicots fournis par la base des anciennes tiges.

11. LAMIUM *L.*

1 Plantes ⊙ ou ⊙ ; une racine . . . . *L. purpureum, L. amplexicaule, L. hybridum.*

Plantes ♃ ; un rhizome. 2

2 Des drageons; pseudorrhizes allongées, peu ramifiées, inodores. . . . . *L. album.*

Point de drageons, mais des tiges étalées-ascendantes, radicantes; pseudorrhizes courtes, assez ramifiées, ayant parfois une odeur de primevère . . . . *L. maculatum.*

1 Corolle à tube droit 2

Corolle à tube ascendant 4

2 Tube de la corolle pourvu intérieurement d'un anneau de poils . . . . *L. purpureum.*

Tube de la corolle dépourvu intérieurement d'un anneau de poils 3

Feuilles suborbiculaires, crénelées, les supérieures amplexicaules. . . . . *L. amplexicaule.*

Feuilles ovales-triangulaires, incisées, non amplexicaules . . . . *L. hybridum.*

4 Feuilles triangulaires-cordées, aussi larges que longues, fortement ridées, à limbe non décurrent sur le pétiole; corolle rouge, à tube muni d'un anneau de poils horizontal. . . . . *L. maculatum.*

Feuilles oblongues-cordées, plus longues que larges, faiblement ridées, à limbe décurrent sur le sommet du pétiole; corolle blanche, à tube muni d'un anneau de poils oblique . . . . *L. album.*

1. L. purpureum L.; Lorey, 695. — ⊙ ou ⊙. — Avril-oct. — C. — Cultures, vignes.

2. L. hybridum Vill. — ⊙. — Avril-juin. — RR. — Cultures, bords des chemins. — Rouvray (*Lucand !*) ; Seurre (*Leclerc !*) ; Dijon (*Méline !*).

3. L. amplexicaule L.; Lorey, 696. — ⊙ ou ⊙. — Mars-oct. — C. — Friches, cultures, vignes.

Fleurs dimorphes, les unes presque toujours stériles à corolle grande et ouverte, les autres fertiles à corolle petite, fermée et débordant à peine les dents calicinales. Ces dernières fleurs sont plus abondantes que les grandes, surtout à la fin de la floraison. Le calice des fleurs stériles reste ouvert ; celui des fleurs fertiles est fermé, et, comme il est accrescent, il finit par être plus grand que celui des fleurs stériles, quoiqu'il ait commencé par être plus petit.

Les tiges des *Lamium* et surtout du *L. amplexicaule* sont presque totalement formées par un très long mérithalle qui précède l'inflorescence.

4. L. maculatum L.; Lorey, 695. — ♃. — Avril-oct. — C C. — Haies, bords des chemins, pied des murs.

5. L. album L.; Lorey, 694. — ♃. — Avril-oct. — CC. — Haies, bords des chemins, pied des murs.

Les fleurs se teintent parfois de rose en vieillissant.

12. GALEOBDOLON *Huds.*

1. G. luteum Huds. ; Lorey, 688. — ♃. — Avril-juin. — C. — Bois ombragés, buissons.

Souche non drageonnante, noueuse par les chicots que laisse la base des vieilles tiges. Tiges stériles stoloniformes, étalées, radicantes sur une partie de leur longueur, mais jamais au sommet, car il s'atrophie. Tiges florifères ascendantes, souvent allongées au delà de l'inflorescence en un prolongement foliifère qui s'étale sous son propre poids et devient radicant. — Si l'on compare entre elles les tiges des *Galeobdolon luteum*, *Glechoma hederacea* et *Ajuga reptans*, on remarque que la radication des tiges des *Galeobdolon luteum* se manifeste à quelques-uns seulement des nœuds intermédiaires, qu'elle peut s'étendre à tous les nœuds pour le *Glechoma hederacea*, et qu'enfin, chez l'*Ajuga reptans*, l'extrémité caulinaire a seule la propriété d'être radicante et de former rosette.

Un *Galeobdolon luteum*, atteint de virescence, avait en outre les lobes de la corolle semblables aux lobes calicinaux et figurant comme un second calice invaginé dans le premier. Les étamines et l'ovaire étaient plus ou moins déformés et atrophiés.

13. GALEOPSIS *L.*

1 Tige hérissée de soies piquantes, renflée sur le frais au-dessous des nœuds. . . . . *G. Tetrahit.*
Tige pubescente, non renflée au-dessous des nœuds. 2
2 Feuilles plus ou moins pubescentes ; fleurs petites, ordinairement rougeâtres . . . . G. *Ladanum.*
Feuilles subtomenteuses en dessous ; fleurs assez grandes, ordinairement jaunes, rarement rosées. . . . . . *G. dubia.*

1. G. Tetrahit L.; Lorey, 692. — ⊙. — Juill.-sept. — C. — Cultures, bords des chemins, taillis, décombres.

Une variété des moissons de Vielverge! diffère par ses fleurs petites, une stature beaucoup moindre, ses tiges parsemées seulement de quelques poils, et par ses renflements caulinaires insensiblement non brusquement atténués à leur base.

La variété *sulfurea* (*G. sulfurea* Jord.) a les fleurs jaunâtres et les feuilles arrondies, ou au contraire (*G. versicolor* Curt.) atténuées à la base. — R. — Auxonne (*Lorey*) ; Benoisey !, Perrigny-s-Ognon !. — Du reste on peut trouver sur le même échantillon ces deux formes de feuilles et en outre des limbes à base inéquilatérale. Pareille observation s'applique au *G. Tetrahit* type.

Le renflement au-dessous des nœuds caulinaires du *G. Tetrahit* est dû à un épaississement de l'écorce, mais surtout à l'élargissement du cylindre central. L'intérieur de ce cylindre, au lieu d'être fistuleux comme dans le surplus de la tige, y est rempli d'un volumineux parenchyme charnu. Si proéminents sur le frais, les renflements présentent sur le sec une notable dépression, et le plus souvent même ont alors un moindre diamètre que le reste de la tige, parce que leur système ligneux est peu développé, et suit le parenchyme charnu dans le mouvement de retrait dû à la dessiccation.

2. G. Ladanum L. ; Lorey, 693. — *G. parviflora* Lorey, 694. — ⊙. — Juill.-oct. — CC. — Moissons, friches.

Le *G. parviflora* de Lorey ne diffère du *G. Ladanum* que par des feuilles moins étroites et plus régulièrement dentées.

3. G. dubia Leers. — *G. ochroleuca* Lmk, 692. — ⊙. — Juill.-sept. — Commun dans les moissons et cultures siliceuses et granitiques.

Les longues corolles ont une tache rousse à la commissure des lèvres, et le lobe médian de leur lèvre inférieure est échancré avec dent triangulaire au fond de l'échancrure ; les courtes n'ont pas de tache rousse, et le lobe médian de leur lèvre inférieure n'est qu'érodé-subémarginé.

A la germination, l'axe hypocotylé est jaune chez les *G. dubia* et *sulfurea*, et rougeâtre chez les *G. Ladanum* et *Tetrahit*.

14. STACHYS *L.*

1 Plantes ⊙ ou ⊙, rarement pérennantes 2
Plantes ♃. 3

2 Souche robuste, subligneuse, bisannuelle, parfois pérennante; nombreuses pseudorrhizes adjuvantes à la base des tiges. . . . . *S. Germanica.*
Racine grêle; tiges peu ou point radicantes à la base. . . . . *S. annua, S. arvensis.*

3 Une racine . . . . *S. recta.*
Un rhizome 4

4 Point de drageons; souche robuste, ligneuse, brièvement rameuse; pseudorrhizes naissant aux points les plus divers du rhizome ; système souterrain très fétide. . . . . *S. Alpina.*
Des drageons; souche assez grêle, non ligneuse; pseudorrhizes naissant toutes vers les nœuds mérithalliens; système souterrain fétide ou non 5

5 Drageons blanc-violacé, fétides, non épaissis, difficiles à rompre à cause d'une zone ligneuse assez développée, à écailles oblongues-acuminées ; pseudorrhizes nombreuses dès l'automne; rhizome rameux et dont les articles persistent quelques années. . . . . *S. sylvatica.*
Drageons blanc-jaunâtre en leurs jeunes parties, non fétides, plus ou moins épaissis et faciles à rompre, à écailles ovales ou oblongues; pseudorrhizes nulles jusqu'au printemps; rhizome se détruisant et se remplaçant chaque année . . . 6

6 Drageons obscurément tétragones, très épaissis et très faciles à rompre, à écailles ovales et à nœuds mérithalliens étranglés . . . . *S. palustris.*
Drageons tétragones, peu épaissis, assez faciles à rompre, à écailles oblongues et à nœuds mérithalliens non étranglés . . . . × *S. ambigua.*

1 Feuilles atténuées à la base ; fleurs jaune-pâle 2
Feuilles cordées à la base, au moins les inférieures ; fleurs purpurines ou roses. 3
2 Feuilles glabrescentes ; tube de la corolle muni intérieurement d'un anneau de poils horizontal . . . . *S. annua.*
Feuilles pubescentes-velues ; tube de la corolle muni intérieurement d'un anneau de poils oblique . . . . . . *S. recta.*
3 Bractéoles égalant au moins moitié de la longueur du calice ; gorge du calice munie d'un anneau de poils 4
Bractéoles très petites ; gorge du calice dépourvue d'un anneau de poils. 5
4 Calice longuement soyeux. . . . . *S. Germanica.*
Calice velu-glanduleux. . . . . *S. Alpina.*
5 Plante grêle ; feuilles obtuses, les florales terminées en pointe épineuse. *S. arvensis.*
Plantes robustes ; feuilles aiguës ou acuminées, les florales non terminées en pointe épineuse. 6
6 Feuilles sessiles ou brièvement (10-12 millim.) pétiolées, épaisses, fortement ridées, oblongues ou lancéolées, non fétides . . . . *S. palustris.*
Feuilles plus ou moins longuement (3-8 centim.) pétiolées, assez minces, superficiellement ridées, ovales ou ovales-oblongues, fétides 7
7 Tige non glanduleuse en l'inflorescence ; feuilles oblongues-ovales, à pétiole de 3-6 centim. ; corolle rose, à lobes de la lèvre inférieure élargis, étalés. . . . . × *S. ambigua.*
Tige glanduleuse en l'inflorescence ; feuilles ovales, acuminées, à pétiole de 6-8 centim. ; corolle purpurine à lobes de la lèvre inférieure étroits, réfléchis. . . . . *S. sylvatica.*

1. S. recta L. — *S. Sideritis* Vill. ; Lorey, 698. —

♃. — Juill.-sept. — C. — Coteaux incultes, pelouses.

2. S. annua L.; Lorey, 698. — ⊙. — Juin-août. — C. — Friches, sables.

3. S. arvensis L.; Lorey, 697. — ⊙. — Août-oct. — C. — Cultures.

4. S. Germanica L.; Lorey, 699. — ⊙ et parfois pérennant. — Juill.-août. — Friches, bords des chemins. — Commun dans les sols granitiques et siliceux. — Rare sur le calcaire, où il est beaucoup moins blanc-tomenteux : Talant, Dijon (*Lorey*); Rougemont !, Arrans !, Laignes !, Recey !, Courlon !, Is-s-Tille !, Fleurey !.

5. S. Alpina L.; Lorey, 698. — ♃. — Juill.-août. — C. — Bois couverts, buissons, bords des routes.

Après 3-4 ans, la racine est remplacée par les pseudorrhizes qui n'étaient d'abord qu'adjuvantes, et la plante prend un rhizome court et robuste. — Le parenchyme cortical de la racine et des pseudorrhizes est d'un rouge brun qui devient bien vite noirâtre au contact de l'air.

6. S. sylvatica L.; Lorey, 699. — ♃. — Juin-juill. — C. — Taillis, haies, lieux ombragés.

× **S. ambigua** (*S. palustris* × *sylvatica*). — *S. ambigua* Sm. — ♃. — Juill.-sept. — RRR. — Broussailles du coteau en aval de la source de la Dhuys à Châtillon !.

Les drageons du *S. palustris* sont fortement atténués en leur partie postérieure ou basilaire ; ceux du × *S. ambigua* le sont légèrement, enfin ceux du *S. sylvatica* sont d'un calibre uniforme. Au printemps, l'extrémité de ces divers drageons devient ascendante et radicante, s'apprête à sortir du sol, se garnit d'écailles, bientôt foliacées surtout pour le *S. sylvatica*, et en s'allongeant s'effile chez le *S. palustris* au point d'être 8-10 fois moins grosse que les mérithalles qui la précèdent. Cette partie ascendante, base hypogée de la tige, termine le drageon qui passe alors à l'état de rhizome. — L'absence de pseudorrhizes pendant tout l'hiver, chez les *S. pa-*

lustris et × *S. ambigua*, s'explique par l'abondant parenchyme dont sont gorgés les mérithalles de leurs drageons, parenchyme dont la résorption entretient la vie du sujet jusqu'à la naissance des pseudorrhizes. Le *S. sylvatica* est, pour le développement de ses rosettes vernales et pour la floraison, d'un grand mois en avance sur les *S. palustris* et × *S. ambigua*; d'ailleurs ses drageons sont moins enterrés et rampent près de la surface du sol, d'où souvent même ils s'échappent pour se transformer en stolons. — Les feuilles du × *S. ambigua* peuvent atteindre jusqu'à 6-8 centimètres de largeur, c'est-à-dire qu'elles rivalisent parfois sous ce rapport avec celles du *S. sylvatica*.

Les clefs ont montré que le × *S. ambigua* se rapproche du *S. palustris* pour le système souterrain, ainsi que pour la forme et la couleur de la corolle, mais que par les feuilles il est bien plus près du *S. sylvatica*. S'il en était besoin, l'avortement des akènes justifierait encore les soupçons d'hybridité.

7. S. palustris L.; Lorey, 700. — ♃. — Juill.-sept. — C. — Bords des eaux, lieux humides.

Par leur couleur blanc-jaunâtre les drageons du *S. palustris* se distinguent de suite de ceux du *Mentha arvensis* qui sont d'un beau blanc. — On rencontre assez fréquemment une variété dont les feuilles, surtout les raméales, ont un pétiole long de 8 à 12 millim.

15. BETONICA *Tourn.*

1. B. officinalis L.; Lorey, 691. — ♃. — Juin-août. — C. — Bois.

La plupart des feuilles de la rosette radicale persistent pendant l'hiver, et une tige florifère sortira de l'aisselle de la feuille ou des deux feuilles supérieures.

16. MARRUBIUM *L.*

1. M. vulgare L.; Lorey, 689. — ♃. — Juin-sept. — Friches, rues, bords des chemins. — Très commun dans les sols granitiques et siliceux. — Assez commun sur le calcaire : Buffon !, Asnières-en-Montagne !, Laignes !, Barjon !, Dijon !, Blagny !, Santenay !, etc.

17. BALLOTA *Tourn.*

1. B. nigra L. — *B. fœtida* Lmk ; Lorey, 690. — ♃. — Juin-sept. — C. — Rues, décombres, haies.

La plante de la Côte-d'Or est la variété *fœtida* (*B. fœtida* Lmk), qui diffère du type par des dents calicinales non acuminées, et qui sont mucronées par une pointe plus courte ou à peine aussi longue que la dent.

A les fleurs blanches et n'est pas fétide à Barjon !.

18. LEONURUS *L.*

Feuilles inférieures palmatifides; tube de la corolle pourvu intérieurement d'un anneau de poils . . . . . *L. Cardiaca.*
Feuilles inférieures crénelées ; tube de la corolle dépourvu d'un anneau de poils . . . . *L. Marrubiastrum.*

1. L. Cardiaca L.; Lorey, 689. — ♃. — Juill.-sept. — A. C. — Décombres, rues, haies. — Dijon (*Lorey*); St-Remy !, Barjon !, Liernais !, etc.

2. L. Marrubiastrum L. — ♃. — Juill.-août. — RR. — Décombres, attérissements. — Seurre (*Leclerc !*) ; Labergement-lez-Seurre (*Berthiot !*).

19. BRUNELLA *Tourn.*

Epis ordinairement pourvus à leur base d'une paire de feuilles; lèvre supérieure du calice à dents très courtes, la dent médiane dépassant souvent les latérales ; appendice des longues étamines formant une dent subulée . . . . . *B. vulgaris.*
Epis dépourvus de feuilles à leur base; lèvre supérieure du calice à dents latérales ovales-lancéolées, dépassant la médiane; appendice staminal réduit à un très court tubercule. . . . . *B. grandiflora.*

1. B. vulgaris L.; Lorey, 715. — ♃. — Juill.-sept.

Var. *α. vulgaris.* — C C. — Prés, pelouses, bois, bords des chemins. — Feuilles entières, sinuées ou pinnatifides; fleurs violettes, rarement roses ou (chaumes d'Auvenet!) blanches; appendice staminal droit.

Var. *β. alba* (*B. alba* Pall.). — A. C. — Pelouses sèches. — St-Remy!, Gevrey!, Semur!, etc. — Feuilles ordinairement pinnatifides, parfois entières; lèvre supérieure du calice à dents un peu moins courtes que chez le type, l'inférieure à dents plus étroitement lancéolées-subulées; fleurs blanc-jaunâtre, rarement violettes (Poinçon-lez-Larrez!); appendice staminal arqué.

Le *B. laciniata* de Lorey (p. 716) correspond à tous les individus à feuilles pinnatifides ou pinnatipartites de ces 2 variétés *vulgaris* et *alba*, et son *B. vulgaris* à tous ceux qui ont les feuilles entières.

2. B. grandiflora Jacq.; Lorey, 716. — ♃. — Juill.-sept. — C. — Bois, pelouses, chemins.

A parfois, comme le *B. vulgaris*, les feuilles pinnatifides et les fleurs roses ou blanches. — Lèvre inférieure de la corolle tantôt érodée, tantôt échancrée-subbilobée avec lobes laciniés.

Certains sujets sont d'une détermination douteuse, car ils ont le tubercule staminal du *B. grandiflora* avec le calice du *B. vulgaris*, ou bien le calice du *B. grandiflora* avec l'appendice staminal du *B. vulgaris*.

20. SCUTELLARIA *L.*

1 Une racine, et à la fin un rhizome ligneux, non drageonnant; pseudorrhizes naissant aux points les plus divers du rhizome; fleurs en grappes spiciformes, tétragones, aphylles . . . . *S. Alpina.*

Un rhizome non ligneux, longuement drageonnant; pseudorrhizes naissant toutes des nœuds mérithalliens; fleurs axillaires en longues grappes plus ou moins feuillées, unilatérales par inflexion des pédicelles. 2

2 Feuilles caulinaires moyennes et inférieures hastées; fleurs

en grappes spiciformes munies de petites feuilles florales. . . . . *S. hastifolia.*

Feuilles jamais hastées ; fleurs naissant à l'aisselle des feuilles moyennes et supérieures 3

3 Plante assez robuste ; feuilles crénelées. . . . *S. galericulata.*

Plante grêle; feuilles entières ou munies à leur base d'une ou deux dents de chaque côté. . . . . *S. minor.*

1. S. Alpina L.; Lorey, 717. — ♃. — Juill.-oct. — A. R. — Rochers, coteaux arides, éboulis. — Dijon!, Mont-Afrique!, Gouville, Pommard! (*Lorey*); Meursault, Beaune (*G. G.*) ; Asnières-en-Montagne!, Velars!.

2. S. hastifolia L. — ♃. Juill.-août. — R R R. — Bords des fossés, haies humides. — Labergement-lez-Seurre (*Berthiot!*).

3. S. galericulata L.; Lorey, 717. — ♃. — Juill.-sept. — C. — Bords des eaux.

J'ai rencontré à Seurre, au bord des bois, des individus glanduleux-tomenteux surtout dans l'inflorescence et sur les calices et les corolles.

Drageons épaissis en leur partie supérieure, bientôt fistuleux et jaunâtres.

4. S. minor L.; Lorey, 718. — ♃. — Juill.-sept. — A. R. — Bords des eaux, prairies tourbeuses. — Autour des étangs du Pays-Bas, forêt de St-Nicolas (*Lorey*); Saulieu!, Eschamps!, Laroche-en-Brenil!, St-Andeux!.

21. AJUGA *L.*

1 Plante ⊙ ou ⊙, dépourvue de rejets. . . . *A. Chamæpitys.*

Plantes ♃, pourvues de rejets. 2

2 Souche survivant à la floraison ; racine et pseudorrhizes drageonnantes ; point de stolons . . . . *A. Genevensis.*

Souche se détruisant après floraison, à tiges latérales stoloniformes et radicantes à leur extrémité; point de drageons. . . . . *A. reptans.*

1 Feuilles étroitement tripartites; fleurs jaunes, solitaires à l'aisselle des feuilles . . . . *A. Chamæpitys.*

Feuilles entières ou sinuées-crénelées; fleurs bleuâtres, en glomérules axillaires disposés en épi terminal feuillé. 2

2 Feuilles radicales détruites à la floraison, les caulinaires moyennes plus grandes que les inférieures; tiges velues sur toutes les faces. . . . . *A. Genevensis.*

Feuilles radicales non détruites à la floraison, les caulinaires moyennes moins grandes que les inférieures; tige centrale florifère à faces alternativement velues et glabres à chaque mérithalle. . . . . *A. reptans.*

1. A. Chamæpitys Schreb.; Lorey, 682. — ⊙ ou ⊙. — Mai-août. — C. — Friches, sables, moissons maigres.

Fleurit parfois 2 ans de suite, quand l'hiver a été peu rigoureux.

2. A. reptans L.; Lorey, 683. — ♃. — Avril-juin. — CCC. — Prés, taillis.

La radication des tiges n'a lieu qu'au bourgeon-rosette terminal et parfois en outre au nœud qui le précède. — Après la destruction de la tige florifère et des feuilles radicales, la souche mère devient nue et elle périt ordinairement l'hiver suivant, quand d'ailleurs les rosettes, ses filles, sont déjà pour la plupart devenues libres par la désorganisation de la partie postérieure des stolons. — Dans les sols fertiles et cultivés, certaines tiges latérales de l'*A. reptans* peuvent être florifères, soit qu'elles portent une inflorescence terminale, soit qu'elles aient leurs fleurs en leur partie moyenne et qu'un désistement floral les rende foliifères en leur partie supérieure qui s'étale et devient radicante. — Les tiges latérales sont cylindracées et ordinairement glabres; mais quand, par exception, elles produisent des fleurs, elles sont, à l'exemple de la centrale, tétragones avec mérithalles alternativement velus et glabrescents sur les faces.

Une variété albiflore est de moitié moins robuste en toutes ses parties ; beaucoup de ses tiges latérales sont ascendantes et florifères, et lui donnent un facies tout particulier. — RR. — St-Remy !.

Les *A. reptans* des stations arides n'ont parfois que des stolons très courts, ou en sont même dépourvus (*A. Alpina* Vill.) ; mais les sujets transplantés en une terre meuble et fertile deviendront dès la première année longuement stolonifères.

3. A. Genevensis L. — *A. pyramidalis* Lorey, 683 ; non L. — ♃. — Mai-juin. — A. C. — Coteaux incultes, bords des routes, prairies artificielles. — Flavignerot (*Lombard*) ; Flavigny !, Laignes !, Lugny !, Panges !, Bourberain !, Pont-d'Ouche !, St-Romain !, Rouvray !, Montberthault !, etc.

L'*A. pyramidalis* L. est l'*A. Genevensis* des pelouses des hautes montagnes. L'aridité du sol s'oppose au drageonnement des racines ; j'ai cependant rencontré quelques individus munis chacun d'un maigre drageon. Cette forme est étrangère à la Côte-d'Or. De même que l'*A. Alpina* Vill., l'*A. pyramidalis*, ne possédant pas de rejets qui permettent à la souche de se déplacer, est obligé de vivre sur un rhizome oblique dont chaque article est très court et la progression par conséquent fort lente. Les feuilles radicales de l'*A. pyramidalis* persistent à la floraison et suppléent à l'absence ou à la rareté des feuilles caulinaires, car la tige, non compris l'épi, ne dépasse guère 3-5 centim.

22. TEUCRIUM *L.*

Plante ⊙ ou ⊙ . . . . *T. Botrys.*

Plantes ♃ 2

2 Une racine avec pseudorrhizes adjuvantes à la base des tiges ; ni stolons, ni drageons . . . . *T. montanum*

Un rhizome avec stolons ou drageons 3

3 Rhizome stolonifère ; stolons libres dans l'année par la double destruction de leur partie postérieure et de la souche mère, à écailles foliacées, oblongues et apprimées-imbriquées vers le sommet du stolon ; pseudorrhizes naissant toutes aux nœuds mérithalliens. . . . . *T. Scordium.*

Rhizome drageonnant, ligneux ; drageons restant reliés à la souche mère, à écailles membraneuses, petites et espacées ; pseudorrhizes naissant aux points les plus divers du rhizome. 4

4 Rhizome et pseudorrhizes assez robustes ; rhizome tétragone à faces canaliculées ; drageons à écailles oblongues . . . . *T. Scorodonia.*
Rhizome et pseudorrizes grêles ; rhizome cylindracé ; drageons à écailles ovales-suborbiculaires . . . . . *T. Chamædrys.*

1 Feuilles ridées ; fleurs accompagnées de bractées membraneuses ; calice à dent supérieure ovale très développée, les autres petites triangulaires-subulées. . . . . *T. Scorodonia.*
Feuilles non ridées ; fleurs accompagnées de feuilles ou de bractées foliacées ; calice à dents presque égales. 2
2 Feuilles pinnatipartites. . . . . *T. Botrys.*
Feuilles entières ou dentées-crénelées. 3
3 Feuilles entières, blanches-satinées à la face inférieure ; fleurs jaunâtres, groupées en tête . . . . *T. montanum.*
Feuilles dentées ou crénelées, vertes à la face inférieure ; fleurs roses ou purpurines, plus ou moins espacées. 4
4 Feuilles dentées ; fleurs réparties sur presque toute la longueur de la tige et des rameaux . . . . *T. Scordium.*
Feuilles crénelées ; fleurs formant une grappe terminale. . . . . *T. Chamædrys.*

1. T. Botrys L.; Lorey, 685. — ⊙ ou ⊙. — Juin-sept. — C. — Friches, moissons maigres.

Survit quelquefois à une première floraison, quand l'hiver est peu rigoureux.

2. T. montanum L.; Lorey, 687. — ♄. — Juin-août. — C. — Pelouses, bois de montagne.

3. T. Chamædrys L.; Lorey, 686. — ♄. — Juill.-sept. — C. — Pierrailles, coteaux incultes, bois de montagne.

4. T. Scordium L.; Lorey, 686. — ♃. Juill.-sept. — C. — Bords des eaux, prairies marécageuses.

5. T. Scorodonia L.; Lorey, 685. — ♃. Juill.-sept. — C. — Carrières, pierrailles, buissons, bois de montagne.

Une racine subligneuse et des tiges ascendantes, radicantes à la base, improprement appelées stolons, sont propres à beaucoup de *Labiées* (*Origanum vulgare*, *Calamintha officinalis*, *Brunella grandiflora*, *Clinopodium vulgare*, *Marrubium vulgare*, *Nepeta Cataria*, *Ballota nigra*, etc.), et ce type souterrain rappelle celui des *Hypericum* et d'un grand nombre de *Papilionacées*. Après fructification, les tiges se détruisent jusqu'au niveau du sol, et un bourgeonnement rétrogressif sur les parties radicantes empêche un trop grand allongement des ramifications de la souche. Le *Thymus Serpyllum* est un *Origanum vulgare* à radication beaucoup plus étendue, à cause d'un plus long étalement des tiges. — La disposition à la radication de la base des tiges se retrouve même chez des espèces annuelles ou bisannuelles, telles que *Lamium purpureum*, *Stachys annua*, *S. arvensis*, *Calamintha Acinos*, etc. — La radication des tiges ou des rejets de certaines *Labiées* affecte tantôt les nœuds seuls ou en outre le voisinage immédiat des nœuds (*Mentha*, *Stachys palustris*, *Ajuga reptans*, *Scutellaria galericulata*, etc.), tantôt les nœuds et parfois les angles des mérithalles (*Lamium purpureum*, *L. album*, *L. maculatum*, etc.), tantôt enfin, outre les nœuds, les points les plus divers des mérithalles (*Teucrium Chamædrys*, *T. montanum*, *Origanum vulgare*, *Thymus*, etc.). Quand les tiges foliifères sont couchées-radicantes (*Galeobdolon luteum*, *Glechoma hederacea*), les paires de feuilles ne se croisent plus, mais sont sur 2 plans parallèles, par torsion de ceux des pétioles qui sont appliqués sur la terre. — Si l'on plante la base radicante d'une tige d'*Origanum vulgare*, une ou deux des pseudorrhizes prendront un très grand accroissement, comme pour remplacer la racine, et il se formera une souche autour de laquelle la base des tiges sera radicante et reproduira ainsi la végétation propre à cette *Labiée*. — Par exception dans la famille, la souche du *Betonica officinalis* est indéfinie.

L'insertion des pseudorrhizes m'a fourni l'un des meilleurs caractères du système souterrain des *Mentha.* Les *M. rotundifolia* et *sylvestris* ont une pseudorrhize principale à l'aisselle des écailles de leurs rejets, outre qu'une autre plus jeune et mns roiobuste naît sur chacune des faces interposées aux écailles. Assez souvent cependant les pseudorrhizes sont géminées au lieu d'être solitaires à chaque face ou à chaque aisselle. Tout au contraire, les pseudorrhizes principales sont les latérales chez les *M. aquatica, sativa* et *arvensis.* Les pseudorrhizes du *M. Pulegium* ne naissent qu'à la face inférieure des nœuds et sont par conséquent tantôt axillaires, tantôt latérales, quoique toujours de même force.

Les tiges de la grande majorité des *Labiées* sont nettement tétragones. Cette forme provient de la précocité et du plus grand développement de 4 faisceaux vasculaires opposés 2 à 2. Il en est de même des *Scrofularinées* à tiges tétragones. Chez certaines *Labiées* et surtout dans la partie supérieure des tiges, le cylindre central est interrompu, car les faces n'offrent que des faisceaux espacés et appauvris interposés aux 4 gros faisceaux vasculaires angulaires (*Stachys palustris*). — L'*Hypericum tetrapterum*, les *Rubia*, les *Galium*, etc., ont leur cylindre central arrondi et doivent la forme tétragone de leurs tiges à la présence d'ailes corticales.

La longueur du tube de la corolle est très variable, et ce tube peut être inclus ou plus ou moins longuement exsert dans la même espèce et parfois jusque chez le même sujet (*Salvia pratensis*, *Calamintha officinalis*, *Glechoma hederacea*, *Galeopsis*, *Melittis Melissophyllum*, *Brunella vulgaris*, etc.). — Comme chez tant d'autres plantes, les corolles des *Labiées*, au lieu d'être bleu-violet, sont parfois roses (*Scutellaria*, *Brunella*, *Ajuga*, *Glechoma*, *Salvia*, etc.), ou encore sont blanches au lieu d'être rouges (*Melit-*

tis, Thymus, Galeopsis Tetrahit, Calamintha officinalis, etc.).

L'inflorescence offre un mélange de progression et de régression : en effet l'épanouissement de l'ensemble des grappes marche de bas en haut sur un axe commun, tandis qu'il y a régression cymique dans les détails, c. à. d. dans le développement des glomérules axillaires. Pédonculés chez quelques espèces (*Calamintha officinalis, Nepeta Cataria, Ballota nigra,* etc.), ces glomérules sont le plus souvent sessiles par défaut d'émergence du rameau. Les cymes de ces glomérules sont plus ou moins nombreuses et sont bi-unipares. Parfois même le glomérule se réduit à une fleur unique, comme cela se voit aux aisselles inférieures et supérieures du *Melittis Melissophyllum* et du *Teucrium Chamædrys* ; mais les aisselles moyennes qui restent bi-triflores, ou bien (*Scutellaria galericulata*) les bractées latérales des pédicelles solitaires, témoignent suffisamment de l'existence d'une cyme, au moins intentionnelle. Enfin, chez le *Teucrium Scorodonia*, outre que les fleurs sont toutes solitaires, les pédicelles ne portent même pas de bractées, et cette absence de toute trace de régression autorise à dire que la grappe de cette espèce est absolument progressive.

LX. VERBÉNACÉES (Juss.).

1. VERBENA *Tourn.*

1. **V. officinalis** L.; Lorey, 719. — ♃. — Juill.-sept. — C. — Rues, décombres, friches.

LXI. GLOBULARIÉES (DC.).

1. GLOBULARIA *L.*

1. **G. vulgaris** L.; Lorey, 732. — ♃. — Mai-juin. — C. — Pelouses, bois.

En hiver, les feuilles sont d'un brun noirâtre par altération de la chlorophylle ; elles redeviennent vertes en mars. — Fleurs parfois blanches.

CLASSE II. MONOPÉTALES PÉRIGYNES.

LXII. VACCINIÉES (DC.).

1. VACCINIUM *L.*

1. **V. Myrtillus** L.; Lorey, 583. — ♄. — Avril-mai. — RRR. — Bois. — Aux Carons près Saulieu ! (*Lorey*) ; bois de Renève (*Weber*).

2. OXYCOCCOS *Tourn.*

1. **O. palustris** Pers. — *Vaccinium Oxycoccos* L.; Lorey, 584. — ♄. — Mai-juin. — RR. — Prairies et bois tourbeux. — Bois des Verneaux près l'étang Morin à St-Léger de Fourches (*Lorey*) ; queue de l'étang Larmier à Saulieu (*Lombard*); prairies en amont de l'étang Morin !.

Aromatique par la dessiccation.

LXIII. CAMPANULACÉES (Juss.).

1. CAMPANULA *Tourn.*

1 Plantes ⨀ 2
Plantes ♃ 4
2 Racine sublignеuse, assez grêle . . . . *C. patula.*
Racine épaissie, à système ligneux très peu développé. . . . 3
3 Cylindre central de la racine fibro-vasculaire en son pourtour, parenchymateux pour le surplus qui est résorbé dès le début de la floraison . . . . *C. Cervicaria.*
Cylindre central de la racine muni en son pourtour de faisceaux fibro-vasculaires très espacés, parenchymateux pour le surplus qui est résorbé à la fin de la floraison. *C. Rapunculus.*
4 Rhizome court, assez robuste, à pseudorrhizes toutes volumineuses; point de drageons . . . . *C. Trachelium.*
Rhizome plus ou moins allongé, grêle, à pseudorrhizes tantôt toutes grêles, tantôt les unes grêles, les autres plus ou moins épaissies ; des drageons. 5
5 Pseudorrhizes brunes, toutes grêles. . . . . *C. persicæfolia.*
Pseudorrhizes blanches ou jaunâtres, les unes grêles, les autres épaissies 6
6 Pseudorrhizes épaissies robustes, napiformes. *C. rapunculoides.*
Pseudorrhizes épaissies peu robustes, non napiformes 7
7 Rhizome très allongé; drageons au rhizome et aux pseudorrhizes; les pseudorrhizes épaissies filiformes-cylindracées. . . . . *C. rotundifolia.*
Rhizome court ; rhizome seul drageonnant ; les pseudorrhizes épaissies fortement cylindracées. . . . . . . *C. glomerata.*

1 Fleurs sessiles. 2
Fleurs pédonculées. 3
2 Feuilles radicales cordées ou tronquées à la base ; sépales linéaires, aigus . . . . *C. glomerata.*
Feuilles radicales atténuées à la base; sépales ovales, obtus . . . . *C. Cervicaria.*

3 Corolle à lobes velus-ciliés; pédicelles fructifères réfléchis . . 4
Corolle à lobes non velus-ciliés; pédicelles fructifères réfléchis ou dressés. 5
4 Grappe unilatérale par ses pédicelles déjetés; sépales réfléchis après floraison . . . . *C. rapunculoides.*
Grappe non unilatérale; sépales dressés après floraison . . . . *C. Trachelium.*
5 Feuilles radicales réniformes, suborbiculaires ou ovales, cordées à la base; pédicelles fructifères réfléchis. . . . . *C. rotundifolia.*
Feuilles radicales obovales ou lancéolées, non cordées à la base; pédicelles fructifères dressés 6
6 Feuilles radicales longuement pétiolées; fleurs grandes . . . . *C. persicæfolia.*
Feuilles radicales longuement atténuées en pétiole; fleurs petites ou médiocres 7
7 Tige cylindracée, glabre ou velue-pubescente sur tout son pourtour; panicule racémiforme à rameaux dressés; sépales linéaires-subulés; corolle petite . . . . . . *C. Rapunculus.*
Tige subtétragone, tantôt glabre avec angles velus, tantôt velue-pubescente surtout aux angles; panicule ample à rameaux étalés; sépales lancéolés; corolle grande. *C. patula.*

1. C. Rapunculus L.; Lorey, 579. — ⊙. — Juin-août. — Assez commun dans les haies, taillis et friches des sols argilo-siliceux ou granitiques. — Bois du Pays-Bas, Saulon, Boncourt, Nuits (*Lorey*); Lamarche!, Vielverge!, Auxonne!, Seurre!, Merceuil!, Voudenay!, Semur!, Genay!, Frémois!.

Pédicelles dressés-apprimés avant floraison, courbés vers leur sommet à l'anthèse et épanouissant leurs fleurs horizontalement, se redressant à la fin de l'anthèse de manière à porter leurs fleurs obliquement dressées.

2. C. patula L.; Lorey, 580. — ⊙. — Juill.-août. — A. R. — Friches et taillis des sols granitiques. — Arnay-le-Duc, Saulieu! (*Lorey*); Voudenay (*Gillot*); Melin près Liernais!, Laroche-en-Brenil!.

3. C. Cervicaria L. — ⊙. — Juin-août. — RRR. — Bois. — Talus de la route forestière des bois de Citeaux ! (frère *Joseph*) ; taillis près la ferme au-dessous de la gare de Gevrey !.

4. C. glomerata L.; Lorey, 578. — ♃. — Juin-sept. — C. — Bois, pelouses, bords des chemins.

Tantôt l'inflorescence est presque réduite à un glomérule terminal; tantôt, surtout chez les sujets vigoureux, des glomérules latéraux occupent la moitié supérieure ou même la presque totalité de la tige ; parfois encore des fleurs solitaires remplacent ces glomérules latéraux. Enfin la tige, ordinairement simple, peut être rameuse, ce qui transforme l'inflorescence en panicule.

5. C. Trachelium L.; Lorey, 578. — ♃. — Juin-août. — C. — Taillis, haies.

Feuilles caulinaires triangulaires-ovales aiguës, ou lancéolées-ovales longuement acuminées, à base cordée, tronquée ou atténuée.

6. C. rapunculoides L.; Lorey, 579. — ♃. — Juin-août. — C. — Cultures, prairies artificielles, vignes.

7. C. rotundifolia L.; Lorey, 581. — ♃. — Juin-sept. — CCC. — Bois, friches, rochers.

Fleurs très rarement blanches.

Feuilles radicales réniformes, ou ovales, ou ovales triangulaires, superficiellement crénelées ou dentées-incisées, les caulinaires toutes linéaires, ou les inférieures lancéolées-linéaires ; et même des échantillons de Bremur !, Velars !, Savigny-s-Beaune ! ont les feuilles caulinaires inférieures ovales suborbiculaires et semblables aux radicales, tandis que les moyennes caulinaires sont ovales-lancéolées et les supérieures linéaires-lancéolées. Parfois les feuilles radicales et les caulinaires inférieures manquent complètement : c'est quand les parties moyenne et supérieure de la tige sont pourvues de feuilles assez grandes et rapprochées-subimbriquées. — Les dents des feuilles sont terminées par une petite callosité blanchâtre, surtout manifeste dans les feuilles radicales. — Tantôt les corolles sont campanulées, avec coupe longitudinale en U, tantôt elles sont triangulaires-obconiques et la coupe longitudinale est en V. Il n'y a nulle relation entre la grandeur des fleurs et celle des feuilles : ainsi, des individus à feuilles caulinaires étroitement linéaires peuvent posséder des corolles largement campanulées.

8. C. persicæfolia L.; Lorey, 580. — ♃. — Juin-août. — A. C. — Bois. — Grancey-le-Château !, Diénay !, Blaisy-Bas !, Val-Suzon !, Flavignerot !, Nuits !, Bouilland !, Liernais !, Saulieu !.

Des échantillons de Nuits ! avaient le calice pubescent.

2. SPECULARIA *Heist.*

Feuilles ordinairement planes et pubescentes; sépales linéaires; corolle égalant le calice; ni feuilles ni rameaux insérés sur l'ovaire. *S. Speculum.*

Feuilles ordinairement ondulées et velues-hérissées; sépales oblongs-lancéolés; corolle longuement dépassée par le calice; des feuilles et parfois des rameaux insérés sur la moitié inférieure de l'ovaire . . . . *S. hybrida.*

1. S. Speculum Alph. DC. — *Legouzia arvensis* Durande ; Lorey, 576. — ⊙. — Mai-août. — C. — Moissons, cultures.

Fleurs assez souvent atteintes de virescence et de prolification.

2. S. hybrida Alph. DC. — *Legouzia hybrida* Lorey, 577. — ⊙. — Juin-août. — A. R. — Moissons, friches. — Flavigny, La Guette près Liernais (*Lombard*) ; St-Remy !, Montbard !, Epoisses !, etc.

3. PHYTEUMA *L.*

Racine et pseudorrhizes napiformes, fortement fétides, très charnues, avec cylindre central à faisceaux vasculaires filiformes séparés par de larges rayons parenchymateux. *P. spicatum.*

Racine et pseudorrhizes cylindracées-fusiformes, peu fétides, médiocrement charnues, avec cylindre central à système vasculaire assez développé . . . . *P. orbiculare.*

Bractées linéaires ; fleurs ordinairement blanc-jaunâtre; épis cylindracés-oblongs après floraison . . . . . *P. spicatum.*
Bractées ovales; fleurs ordinairement bleues; épis ovoïdes après floraison . . . . *P. orbiculare.*

1. P. spicatum L.; Lorey, 575. — ♃. — Mai-juin. — C. — Bois, lieux ombragés.

Rare à fleurs bleues : Rouvray! (*Lucand*); bois de Cléry!, de Pontailler! et de Flammerans!, où il abonde à l'exclusion du type. Cette variété est peut-être propre aux terrains siliceux ou granitiques ; M. Gillot [1] la dit commune en Saône-et-Loire et la regarde comme le *Phyteuma nigrum* de la plupart des auteurs français, sinon même comme le véritable *P. nigrum* Schm.

2. P. orbiculare L.; Lorey, 575. — ♃. — Juin-août. — A. C. — Bois, prés. — Montbard!, Arrans!, Laignes!, Montigny-s.-Aube!, Recey!, Moloy!, Vernois!, Panges!, Lantenay!, Blagny!, Vauchignon!, Santenay!, etc.

Très rare à fleurs blanches. — Nuits (*Duret*); Flavignerot (*Lombard*).

Feuilles parfois ondulées; les radicales ovales-lancéolées, ou linéaires-lancéolées.

4. JASIONE *L.*

Plante ⊙; une racine et point de drageons-stolons . . . . *J. montana.*
Plante ♃; un rhizome et des drageons-stolons . . *J. perennis.*

Feuilles ordinairement velues-hérissées et ondulées; folioles involucrales entières ou obscurément crénelées. *J. montana.*
Feuilles ordinairement glabrescentes et planes; folioles involucrales dentées . . . . *J. perennis.*

1. *Note sur la Flore d'Antully*, 1878, p. 13.

1. J. montana L.; Lorey, 573. — ⊙. — Juin-août. — C. — Friches et moissons siliceuses et granitiques. — Broindon, St-Nicolas, Seurre, Semur !, Saulieu !, Laroche-en-Brenil ! (*Lorey*); Labruyère (*Leclerc*); Vielverge !, Pontailler !, Nolay !, Arnay-le-Duc !, Le Maupas !, Liernais !, Montigny-St-Barthélemy !, Genay !, Courcelles-Frémoy !.

2. J. perennis Lmk. — ♃. — Juin-août. — R. — Friches et rochers granitiques. — Arnay-le-Duc !, Le Maupas !, Laroche-en-Brenil !, Semur !, Montberthault !.

Le *J. Carioni* Bor., indiqué à Saulieu (Bor., *Fl. centr.*, 3e édit., p. 425), est une forme touffue du *J. perennis*.

5. WAHLENBERGIA *Schrad.*

1. W. hederacea Rchb. — *Campanula hederacea* L.; Lorey, 582. — ♃. — Juill.-août. — R. — Prairies marécageuses granitiques. — St-Léger-de-Fourches, Saulieu !, Laroche-en-Brenil ! (*Lorey*); Eschamps !, St-Andeux !.

Feuilles entières ou crénelées-incisées.

Les *Phyteuma* et les *Campanula Rapunculus*, *Cervicaria* et *Trachelium* ont leur racine ou leurs pseudorrhizes notablement épaissies par hypertrophie du cylindre central. Le renflement de la racine a son siège dans l'axe hypocotylé et accessoirement dans une partie du pivot. — Chaque année, la souche du *Campanula Trachelium* produit une robuste pseudorrhize, puis, après quelques années, la racine se détruit et la plante prend un court rhizome. Pareille destruction de la racine, avec passage au rhizome, s'observe aussi chez les *Phyteuma spicatum* et *orbiculare*. — Le rhizome des *Campanulacées* drageonnantes est grêle (*Campanula rapunculoides*, *C. glomerata*, *Jasione perennis*) ou même très grêle (*Campanula persicæfolia*, *Wahlenbergia hederacea*). Quoique ne devenant libres qu'après plusieurs années, les drageons sont pourvus, bien auparavant, de pseudorrhizes abondantes et de rosettes florifères, et constituent ainsi de nouveaux centres de végétation. — Une odeur plus ou moins fétide caractérise les organes souterrains des divers *Campanula, Jasione*, *Phyteuma* et *Specularia*. — Les échantillons desséchés des *Campanulacées*, *Chicoracées*, *Euphorliacées* brûlent fort mal, à cause sans doute du latex qu'ils renferment. La combustion est au contraire très rapide pour les *Labiées*.

La grandeur des fleurs peut varier du simple au double pour le *Campanula rapunculoides* et du simple au quadruple pour les *C. glomerata* et *rotundifolia*.

L'inflorescence des *Campanula* se distingue par ses irrégularités. Dans les grappes des *C. Trachelium*, *persicæfolia*, *rotundifolia*, *patula*, la fleur terminale est la première épanouie, puis l'anthèse descend aux fleurs ou rameaux latéraux, mais en ne suivant pas une marche régulière, car le plus souvent elle saute 1-2 aisselles dont les fleurs, encore en bouton, se trouvent ainsi entre 2 étages de fleurs épanouies. Une régression capricieuse gouverne aussi les fleurs en tête des *C. glomerata* et *Cervicaria* : l'épanouissement débute ordinairement par la fleur terminale centrale, beaucoup moins fréquemment par une fleur intermédiaire, et l'on voit des groupes de fleurs en bouton entremêlés à des fleurs épanouies. Il est vrai que l'évolution de cymes sessiles agglomérées peut expliquer une partie de ces faits, mais il en reste toujours un certain nombre qui ne reconnaissent pas de lois, et dépendent absolument de la nature capricieuse de ces inflorescences.

Chez le *Campanula rapunculoides*, la floraison débute par le bas de la grappe, puis, après s'être avancée jusque vers le tiers supérieur, elle saute brusquement à la fleur terminale, et, revenant ensuite au point qu'elle avait quitté, elle se met à continuer régulièrement sa progression. J'ai même cultivé un *C. rapunculoides* dont la progression était irréprochable, car la fleur terminale s'épanouissait la dernière. Il faut noter cependant que les 2 bractéoles latérales des pédicelles du *C. rapunculoides* accusent des cymes sous-entendues et qui ne se développent que très accidentellement et seulement sur les pédoncules les plus inférieurs. — Si la grappe est composée, comme chez le *C. Rapunculus*, la progression existe pour l'ensemble, mais les détails obéissent à la régression : en effet les aisselles ont presque toutes, sauf les supérieures, des cymes pédonculées ou sessiles. — Rien ne rappelle plus la régression dans les épis des *Phyteuma* et les capitules des *Jasione*, qu'on doit donc tenir pour absolument progressifs.

Des rameaux répétiteurs naissent souvent au bas de la grappe des *Campanula Rapunculus* et *rapunculoides*, ainsi qu'on le voit pour l'*Aconitum Napellus* et le *Veronica spicata*. Comme ces inflorescences accessoires sont contiguës à la principale et se confondent pour ainsi dire avec elle, il en résulte non plus une grappe, mais une panicule parfois très ample, dont la charpente est assez complexe et consiste en une réunion d'inflorescences.

Les *Campanula glomerata*, *Rapunculus*, *rapunculoides*, *Cervicaria* sommeillent imparfaitement, et les lobes de la corolle ne se rapprochent guère jusqu'à la connivence que dans les jeunes fleurs. Pour les *C. rotundifolia* et *Trachelium*, ils ne sont pas sommeillants. — Les Flores indiquent que la corolle du *Specularia hybrida* est ordinairement fermée ; voici la cause de cette fréquente occlusion : le *S. hybrida* a des fleurs sommeillantes, mais qui demandent pour la veille une forte somme de chaleur, et sont par conséquent très sensibles aux variations atmosphériques. Il s'ensuit que cette plante refuse d'ouvrir ses corolles d'aussi bonne heure que le *S. Speculum*, et que souvent même elle ne les ouvre pas du tout, certains jours où la température n'est suffisante que pour l'épanouissement du *S. Speculum*. En outre, le *S. hybrida* est très accessible aux pertes de turgescence, ce qui l'oblige encore à se fermer beaucoup plus tôt que sa congénère. Sous le rapport du sommeil, le *S. hybrida* est donc au *S. Speculum* ce que l'*Erythræa pulchella* est à l'*E. Centaurium*. L'influence de la lumière doit être bien minime, car, le matin, l'épanouissement du *S. hybrida* est très rapide et très complet dans un four tiède.

LXIV. CUCURBITACÉES (Juss.).

1. BRYONIA *L.*

1. B. dioica Jacq., Lorey, 328. — ♃. — Juin-août. — C. — Haies, taillis.

Racine charnue, très volumineuse, informe, pivotante, simple ou peu rameuse. Les ramifications sont très grosses aussi, et peuvent acquérir en une seule année jusqu'à 6 centimètres de diamètre; elles sont comme étranglées à leur point d'insertion. — L'amputation de la base (organique) de la racine provoque sur l'aire de la coupe une facile émission de bourgeons adventifs. Et même, en raison des nombreux matériaux nutritifs accumulés dans sa racine, on peut transplanter avec succès le *Bryonia dioica* ainsi mutilé, tandis que pour la plupart des autres plantes (*Chicoracées, Crucifères*) une pareille mutilation ne laisse vivre et bourgeonner les racines, que si elle n'est pas aggravée de déplantation. — Le cylindre central de la racine du *Bryonia dioica* et d'autres *Cucurbitacées* à racine volumineuse, comme l'*Ecbalium elaterium*, offre des zones génératrices surnuméraires. — L'axe hypocotylé et le pivot concourent également à la formation de la racine charnue du *Bryonia dioica*, tandis que chez l'*Ecbalium elaterium* l'axe est le siège principal du renflement. — La présence d'une racine charnue-volumineuse caractérise beaucoup de *Cucurbitacées* tant exotiques qu'indigènes (*Cucumis perennis*, *Ecbalium elaterium*, *Bryonia dioica*, etc.). D'autres espèces ont une racine grêle, mais parsemée de renflements persistants-accrescents, oblongs-claviformes (*Eopopon vitifolius*) ou subglobuleux (*Thladiantha dubia*), et pourvus de bourgeons adventifs.

L'inflorescence du *Bryonia dioica* est d'une étude intéressante, car, suivant ses degrés d'affaiblissement, elle sert à expliquer l'inflorescence de plusieurs autres *Cucurbitacées*. Aux nœuds florifères inférieurs du *B. dioica* existent 5 organes : une feuille, une vrille, un pédoncule racémifère, un rameau et un prolongement de la tige. Une double partition y produit la vrille et le pédoncule ; seul, le rameau est axillaire, c. à. d. de second ordre, et cette concurrence de la ramification et de la partition au même nœud n'est pas une des moindres causes de la complication de cette inflorescence. Ainsi qu'il sied à son origine de second ordre, le rameau est beaucoup plus jeune que le pédoncule racémifère et souvent même ne commence son évolution qu'à l'époque de la maturation des fruits de celui-ci. Le pédoncule porte une grappe nue et progressive, dont les pédicelles indiquent nettement par leur inordination qu'eux aussi sont dus à la partition. Aux nœuds des mérithalles caulinaires supérieurs, le pédoncule de la grappe cesse d'émerger, et les fleurs forment un groupe axillaire qui, bien loin d'être régressif, n'épanouit sa fleur centrale que la dernière et reproduit la progression de la grappe dont il tient la place. Cette partie de la tige du *B. dioica* donne ainsi l'inflorescence d'un *Melon* et d'un *Concombre*. Plus affaiblie encore et vers son extrémité, la tige n'a plus à chaque nœud qu'une seule fleur et l'on a alors l'inflorescence du *Cucurbita Pepo*, dont toutes les fleurs sont solitaires. Chez le *Melon*, le *Concombre* et le *Cucurbita Pepo*, le rameau axillaire émet de suite des fleurs et répète ce qui se passe sur la tige elle-même, mais avec une végétation beaucoup moins vigoureuse. Ces rameaux n'ont rien de commun avec les fleurs qui émergent sur la tige à leur niveau; ils n'en sont pas une dépendance cymique, mais constituent des inflorescences distinctes. M. Guillard[1] voit, au contraire, dans cet ensemble une cyme donnant naissance à une grappe.

Peu d'organes ont, autant que la vrille des *Cucurbitacées*, exercé

1. *Bull. de la Soc. bot. de Fr.*, 1857, IV, p. 933-934.

la sagacité des botanistes. En effet, elle a été assimilée à une stipule (Aug. de St-Hilaire, de Candolle, Payer), à un rameau (Link, J. Sachs), à une feuille (Seringe, Clos, Van Tieghem), à un bourgeon axillaire déplacé et se dégageant de l'axe 2 feuilles plus haut que celle où il est né (Lemaout), à l'extrémité dégénérée de divers axes superposés, comme chez la *Vigne* (Fabre), à un rameau par sa base et à une feuille par ses divisions (Naudin) et enfin à une bractée (Guillard). Pour la réfutation des 2 principales de ces hypothèses, l'usurpation et la coalescence, je ferai remarquer que le système de l'usurpation est ruiné par la présence assez fréquente de 2 et même de 3 vrilles au même nœud, et que la coalescence d'un rameau avec plusieurs mérithalles caulinaires ne peut guère se soutenir devant l'impossibilité de soudure entre des axes de différents âges. On a parfois encore assimilé la vrille à une racine, mais, en recouvrant de terre des tiges encore très jeunes, j'ai toujours vu les vrilles naissantes périr et se refuser absolument à se transformer en racines.

Une telle diversité d'interprétations prouve assez que les auteurs se sont égarés à la poursuite d'analogies hypothétiques, en voulant qu'un organe, spécial à quelques plantes seulement, tire son origine de ceux qui sont communs à toutes. La vrille des *Cucurbitacées*, de même que celle de la *Vigne*, résulte d'une partition caulinaire ; ses fonctions sont d'accrocher les tiges aux objets voisins, et comme elle a une destination toute particulière, aussi a-t-elle une nature propre et une origine exceptionnelle.

Les vrilles du *Bryonia dioica* se partagent en 3 régions : la terminale, l'intermédiaire et l'inférieure. L'enroulement de la région terminale va de bas en haut et s'exécute indifféremment à droite ou à gauche, le plus souvent autour des divers objets qu'elle a rencontrés. La région intermédiaire s'enroule dans le vide et en tire-bouchon : l'enroulement s'y avance de haut en bas de la vrille et débute dans un sens inverse de celui de la région terminale ; en outre il change 2-4 fois de sens, c. à. d. qu'il offre des rebroussements avec spires à droite et spires à gauche. Pour la région inférieure de la vrille, elle n'est soumise à aucun enroulement. — M. J. Sachs [1] dit que l'enroulement des parties libres, aussi bien

1. *Traité de Bot.*, traduct. Van Tieghem, 1873, p. 1020.

que celui des parties fixées autour d'un support, est le résultat d'une excitation causée par le support, excitation qui se propage le long de la vrille jusque dans la région intermédiaire; il ajoute que l'existence de points de rebroussement ou changement de sens de spire est une nécessité mécanique, car la vrille, se trouvant assujettie à ses 2 bouts, est obligée de souffrir des rebroussements pendant l'enroulement de la partie intermédiaire, afin que les torsions puissent se neutraliser. Ces diverses assertions ne me paraissent pas fondées : en effet, en privant les vrilles de tout support, on voit qu'elles finissent par produire spontanément dans leurs régions terminale et intermédiaire les mêmes enroulement et spires, que si la région terminale s'était d'abord fixée autour de quelque objet.

Les très jeunes vrilles sont roulées en crosse, quand elles émergent du bourgeon, puis elles se déroulent pour prendre tout leur allongement. Les 4-5 premiers nœuds caulinaires inférieurs sont dépourvus de vrille. En formant les tours de spire de la région intermédiaire, la vrille se contracte et se raccourcit, et par cet artifice les tiges de la plante sont d'abord attirées, puis maintenues, dans le voisinage immédiat du support. — Quand on tire sur les spires de la région intermédiaire, la vrille se déroule en exsudant par sa face extérieure des gouttelettes aqueuses, ce qui prouve que cette face est le siège d'un afflux séveux et d'une turgescence spéciale, qui cause en ce point un plus grand allongement et par suite l'enroulement de la vrille.

LXV. CAPRIFOLIACÉES (A. Rich.).

1. ADOXA *L.*

1. A. Moschatellina L.; Lorey, 372. — ♃. — Avril-mai. — A. C. — Haies, bois couverts. — Dijon (*Lorey*); Chevigny-St-Sauveur (*Lombard*); St-Remy!, Bâlot!, Panges!, Val-Suzon!, Pontailler!, Seurre!, Nolay!, Semur!, Genay!, etc.

En hiver, la souche est formée d'un petit corps renflé-obconique, à écailles distiques charnues. Au printemps, sortent de terre 1-2 feuilles, et en outre une hampe chez les individus florifères. Un drageon naît à l'aisselle des feuilles stériles et de certaines des écailles supérieures. Ces drageons, au nombre de 2-4, sont allongés et d'abord filiformes ; puis ils se renfleront à leur extrémité. Ils deviennent promptement libres, et la destruction de leur partie postérieure en fait autant de souches obconiques-caudiculées. — Une seule pseudorrhize, mais abondamment ramifiée, nourrit la plante ; elle est insérée vers la commissure de 2 écailles et à la face inférieure de la souche. La souche et les écailles, jusqu'alors d'un beau blanc, prennent, au printemps, une teinte d'un blanc terne, grisâtre, qui témoigne d'un commencement de désorganisation ; car, chaque année, toute souche, qu'elle soit florifère ou foliifère, se détruit, mais non sans avoir pourvu amplement à son remplacement par l'émission de ses drageons. — Les feuilles radicales ont un large pétiole trigone ; les caulinaires sont au nombre de deux et n'équivalent chacune qu'à un des 3 segments d'une feuille radicale.

2. SAMBUCUS *L.*

1 Un rhizome robuste, subligneux, rampant à une grande profondeur, longuement drageonnant. . . . . . . *S. Ebulus.*
Une racine ligneuse 2
2 Parenchyme cortical de la racine d'un blanc de neige, égalant au moins moitié du diamètre d'une coupe transversale. . . . . *S. nigra.*
Parenchyme cortical de la racine d'un blanc sale, n'égalant pas moitié du diamètre d'une coupe transversale . . . . *S. racemosa.*

1 Tiges herbacées ; stipules foliacées, assez grandes. *S. Ebulus.*
Tiges ligneuses ; stipules nulles ou très petites 2
2 Bois à odeur forte, mais non fétide ; moelle toujours blanche ; fleurs fétides en corymbe ; fruits noirs à la maturité. . . . . *S. nigra.*
Bois fétide ; moelle âgée de plus d'un an roux-fauve (des

Étangs); fleurs en panicule; fruits rouges à la maturité. . . . . *S. racemosa.*

1. **S. nigra** L.; Lorey, 433. — ♄. — Juin-juill. — C. — Bois, haies.

2. **S. racemosa** L.; Lorey, 434. — ♄. — Mai. — R. — Bois de montagne. — Notre-Dame d'Etang, Flavignerot, Antheuil (*Lorey*); Val-Suzon! (*Maillard*); Blaisy-Bas!, Sombernon!, Menessaire!, St-Léger-de-Fourches!, St-Didier!, St-Andeux!, Frémoy!.

3. **S. Ebulus** L.; Lorey, 434. — ♃. — Juin-sept. — CC. — Cultures, moissons, friches, haies.

3. VIBURNUM *L.*

Racine à écorce épaisse et lisse; chevelu peu abondant, jaunâtre. . . . . *V. Lantana.*
Racine à écorce mince et écailleuse; chevelu abondant, d'un brun noir. *V. Opulus.*

Bourgeons nus; stipules nulles; pétioles scabres-pubérulents, dépourvus de glandes; rameaux ductiles. . . *V. Lantana.*
Bourgeons écailleux; stipules linéaires-incisées; pétioles lisses, glabres, pourvus d'un double rang de glandes cupuliformes sessiles ou pédicellées; rameaux non ductiles . *V. Opulus.*

1. **V. Lantana** L.; Lorey, 436. — ♄. — Mai. — CC. — Bois de montagne, broussailles.

Pendant l'hiver, les bourgeons du *V. Lantana* ne sont pas enveloppés d'écailles, mais ils sont protégés par un enduit pulvérulent-jaunâtre qui recouvre aussi l'inflorescence et la partie supérieure des rameaux. Les premières feuilles des bourgeons sont donc en évidence dès l'automne; elles ont alors un centim. de longueur et laissent déjà très bien distinguer leurs nervures. — Les bourgeons du *V. Opulus* sont enfermés dans une tunique membraneuse, qui s'ouvre au printemps en se fendant sur ses faces antérieure et postérieure.

2. **V. Opulus** L.; Lorey, 436. — ♄. — Mai. — C. — Bois.

4. LONICERA *L.*

Tiges souvent étalées-radicantes ; racine et pseudorrhizes d'une odeur balsamique, à écorce blanche sous les exfoliations . . . . *L. Periclymenum.*
Tiges jamais étalées-radicantes ; racine et pseudorrhizes fétides, gris-roux sous les exfoliations. . . . . *L. Xylosteum.*

Tiges volubiles, à canal médullaire de bonne heure fistuleux ; fleurs groupées en tête ; corolle à tube plus long que le limbe. . . . . *L. Periclymenum.*
Tiges non volubiles, à canal médullaire plein, ou à la fin imparfaitement fistuleux ; fleurs géminées ; corolle à tube plus court que le limbe . . . . *L. Xylosteum.*

1. **L. Xylosteum** L.; Lorey, 438. — ♄. — Juin. — C C. — Taillis de montagne, haies.

L'écorce des tiges et racines des *L. Xylosteum* et *Periclymenum* subit chaque année une exfoliation filamenteuse.

2. **L. Periclymenum** L.; Lorey, 438. — ♄. — Juin. — C. — Bois argileux.

Certains individus ont plusieurs de leurs feuilles pinnatilobées (var. *quercifolia*); tantôt les feuilles entières et pinnatilobées sont associées sur le même rameau, tantôt au contraire, mais plus rarement, quelques rameaux n'ont que des feuilles pinnatilobées.

Les jeunes corolles sont blanc-rosé, mais elles jaunissent en vieillissant, d'où une diversité de nuances dans la même tête de fleurs.

LXVI. RUBIACÉES (Juss.).

1. SHERARDIA *L.*

1. S. arvensis L.; Lorey, 451. — ⊙ ou ⊙. — Mai-oct. — C. — Moissons.

Le calice a parfois 7 lobes au lieu de 6.

2. ASPERULA *L.*

1 Un rhizome et des drageons . . . . *A. odorata.*
Une racine et point de drageons. 2
2 Racine annuelle ou bisannuelle, grêle . . . . . *A. arvensis.*
Racine vivace, sublignеuse, assez robuste . . *A. cynanchica.*

1 Glomérules entourés et dépassés par un involucre de bractées foliacées et ciliées; fleurs bleues. . . . . *A. arvensis.*
Point d'involucre à l'inflorescence; fleurs blanches ou rosées. 2
2 Feuilles caulinaires moyennes, linéaires; fruit glabre . . . . *A. cynanchica.*
Feuilles caulinaires moyennes lancéolées; fruit chargé de poils crochus . . . . *A. odorata.*

1. A. arvensis L.; Lorey, 452. — ⊙ ou ⊙. — Mai-juill. — C. — Moissons.

2. A. cynanchica L.; Lorey, 453. — ♃. — Juin-sept. C. — Pelouses, rochers.

3. A. odorata L.; Lorey, 452. — ♃. — Mai-juill. — A. C. — Bois couverts. — Marsannay-la-Côte, Gevrey (*Lorey*); Montbard!, Asnières-en-Montagne!, Baigneux!, Lignerolles!, Blaisy-Bas!, Flammerans!, Cîteaux!, Menessaire!, Champ-d'Oiseau!, etc.

Les feuilles persistent 2 ans, et deviennent coriaces la seconde année, surtout si elles sont exposées au soleil. Elle sont très odorantes par la dessiccation. — Les fleurs ont sur le frais une agréable odeur.

3. GALIUM *L.*

1 Plantes ☉ ou ⊙; tiges à angles scabres ; fleurs blanches . . 2
Plantes ♃ ; tiges à angles scabres ou lisses; fleurs blanches ou jaunes 4
2 Pédicelles fructifères recourbés en crochet. . . . *G. tricorne.*
Pédicelles fructifères non recourbés en crochet 3
3 Plante grêle ; feuilles à denticules marginaux dirigés de bas en haut ; fleurs en panicule corymbiforme . . . *G. Anglicum.*
Plante assez robuste ; feuilles à denticules marginaux dirigés de haut en bas ; fleurs en cymes axillaires . . *G. Aparine.*
4 Fleurs jaunes 5
Fleurs blanches 6
5 Tiges fortement tétragones, à faces concaves-canaliculées, à nœuds rougeâtres ; partie inférieure caulinaire 8-10 fois moins grosse que la moyenne ; feuilles ovales-oblongues, trinervées, verticillées par 4 ; cymes axillaires, pédonculées . . . . *G. Cruciata.*
Tiges arrondies, obscurément anguleuses, à nœuds verts ; partie inférieure caulinaire 1 fois moins grosse que la moyenne ; feuilles linéaires, uninervées, verticillées par 6-10 ; cymes en panicule terminale . . . . *G. verum.*
6 Feuilles trinervées . . . . *G. boreale.*
Feuilles uninervées 7
7 Feuilles obtuses, non mucronées. . . . . *G. palustre.*
Feuilles aiguës ou obtuses, mucronées. 8
8 Corolle tubuleuse. . . . . *G. glaucum.*
Corolle rotacée 9
9 Tiges scabres . . . . *G. uliginosum.*
Tiges lisses. 10
10 Tiges arrondies ; feuilles glaucescentes ; bractées lancéolées, même les supérieures. . . . . *G. sylvaticum.*
Tiges tétragones ; feuilles vertes ; bractées supérieures linéaires 11

11 Corolle à lobes cuspidés. . . . . *G. Mollugo.*
Corolle à lobes aigus, non cuspidés 12
12 Feuilles fétides par le froissement, la plupart obovales-oblongues; fruits tuberculeux. . . . . *G. saxatile.*
Feuilles non fétides par le froissement, la plupart linéaires-oblongues ; fruits finement chagrinés . . . . *G. sylvestre.*

1. G. tricorne With.; Lorey, 448. — ⊙ ou ⊙. — Juin-août. — C. — Moissons, cultures.

Des échantillons récoltés sur les coteaux de Nan-s-Thil! ont leurs fruits lisses et munis de quelques poils apprimés, au lieu de les avoir fortement tuberculeux et glabres.

Le *G. saccharatum* All., indiqué par Lorey (p. 449) à Auxonne et à St-Jean-de-Losne, est une plante de Provence qui n'a pas été revue dans la Côte-d'Or.

2. G. Aparine L.; Lorey, 449. — ⊙ ou ⊙. — Mai-août. — CC. — Haies, taillis, friches, moissons.

Une variété (*G. spurium* L.; Lorey, 448) assez commune diffère du type par ses nœuds caulinaires ni velus, ni renflés, et par ses fruits glabres. Enfin j'ai trouvé dans les moissons de Dijon des sujets à nœuds caulinaires glabres, mais à fruits hérissés (*G. Vaillantii* DC.).

3. G. Anglicum Huds. — *G. divaricatum* Lmk ; Lorey, 443. — ⊙ ou ⊙. — Juin-sept. — A. C. — Moissons, friches.

La variété *divaricatum* a les tiges lisses ou presque lisses, non scabres. — RR. — Meursault, Laroche-en-Brenil (*Lorey*).

4. G. verum L.; Lorey, 442. — ♃. — Juin-sept. — C. — Prés, chemins, pelouses.

5. G. Cruciata Scop.; Lorey, 442. — ♃. — Avril-juin. — C. — Prés, taillis, haies.

6. G. glaucum L.; Lorey, 445. — ♃. — Juin-juill. —

A. C. — Pelouses des bois de la Côte. — Plombières (*Lorey*); Mâlain!, Lantenay!, avenue du parc de Dijon!, Gevrey!, Nuits!, St-Romain!, Santenay!, etc.

7. G. boreale L.; Lorey, 450. — ♃. — Juin-sept. — A. C. — Prairies tourbeuses. — Jouvence, Limpré, St-Broin (*Lorey*); Lucenay!, Laignes!, Aignay!, Val-des-Choues!, Vernois!, Is-s-Thil!, Barjon!, Brognon!, etc.

8. G. sylvaticum L.; Lorey, 445. — ♃. — Juin-juill. — R R R. — Bords des bois. — Flavignerot, Gevrey, Savigny-s-Beaune (*Lorey*); Laroche-en-Brenil (*Lombard*).

9. G. Mollugo L. — ♃. — Mai-août. — C. — Bois, prés, friches, rochers, haies.

Var. α. *elatum* (*G. elatum* Thuill. — *G. Mollugo* Lorey, 446). — Feuilles oblongues-obovales; pédicelles fructifères étalés-divariqués. — Se rencontre encore avec des feuilles linéaires-oblongues et une panicule moins ample (*G. dumetorum* Jord.).

Var. β. *erectum* (*G. erectum* Huds.; Lorey, 446). — Feuilles oblongues ou linéaires, d'un vert clair, et parfois même luisantes (*G. lucidum* Auct.; non All.); pédicelles fructifères non divariqués.

Le *G. Mollugo* a ordinairement les tiges pubescentes-velues inférieurement, et glabres en leur partie supérieure. Elles sont rarement velues sur toute leur longueur.

10. G. sylvestre Poll. — ♃. — Juin-juill. — Friches, pierrailles, bois arides.

Var. α. *Bocconi* (*G. Bocconi* All.; Lorey, 444). — C. — Plante pubescente-rude surtout en sa moitié inférieure. J'ai cependant des échantillons glabres, au contraire, inférieurement et abondamment couverts en leur moitié supérieure de poils étalés et blanchâtres.

Var. β. *læve* (*G. læve* Thuill.; Lorey, 443.). — C. — Plante glabre. — Croît parfois mêlé à la variété précédente.

Var. γ. *Fleuroti* (*G. Fleuroti* Jord. — *G. supinum* Lorey, 444; non Lmk, nec Bor.). — R. — Eboulis de la Coquille à Etalante! (*Fleurot*); Saulieu (*Lombard*); Rougemont!. — Plante grêle, à tiges nombreuses, réunies en touffe ; feuilles linéaires, courtes, ordinairement pubescentes-scabriuscules ; inflorescence compacte-corymbiforme.

11. G. saxatile L. — *G. Hercynicum* Weig.; Lorey, 447. — ♃. — Juill.-août. — A. C. — Prairies et pelouses granitiques humides. — Saulieu ! (*Lorey*) ; Arnay-le-Duc !, Menessaire !, Eschamps !, Rouvray !.

12. G. palustre L.; Lorey, 447. — ♃. — Mai-août. — C. — Lieux marécageux, bords des eaux.

Les tiges et les feuilles sont parfois lisses ou presque lisses. — Les feuilles des germinations sont ordinairement suborbiculaires.

La variété *elongatum* (*G. elongatum* Presl.) est plus robuste en toutes ses parties, et a les rameaux de sa panicule peu ou point divariqués. Elle se rencontre parfois mêlée au type.

13. G. uliginosum L.; an Lorey, 447 ? — ♃. — Juill.-sept. — R. — Marécages. — Saulon (*Lorey*) ; Villedieu !, Orgeux !, Saulieu !.

Les feuilles lancéolées-obtuses et à bords peu rudes de la plante de Lorey conviennent plutôt au *G. palustre* var. *elongatum*.

4. RUBIA *Tourn.*

1. R. peregrina L.; Lorey, 441. — ♃. — Juin-juill. — A. C. — Coteaux arides, rochers, bois de montagne. — St-Remy !, Montbard !, bois de la Côte !, etc.

Feuilles coriaces, obovales-oblongues, ou étroitement linéaires-lancéolées dans la même station. — Les feuilles persistent vertes tout l'hiver et une partie de la seconde année, puis elles deviennent marcescentes et tombent au second hiver.

Le *R. tinctorum* L. est indiqué par M. Gillot dans les rochers à Cirey près Nolay et à Santenay.

Les *Galium* vivaces, qui sont issus de graine, ont une

racine aidée par de fortes pseudorrhizes nées de la souche; les tiges sont étalées-ascendantes et plus ou moins radicantes par leur base. Il y a encore, suivant les espèces, émission de drageons plus ou moins longs et abondants. La racine peut finir par se détruire, quand elle est très âgée; mais c'est sans grand dommage pour la plante, car quelques-unes des pseudorrhizes de la souche égalaient depuis longtemps déjà la racine pour la direction et les dimensions. Les *G. boreale*, *palustre* et *uliginosum* perdent même de bonne heure leur racine et prennent un rhizome abondamment et longuement drageonnant. — Le parenchyme cortical de la racine et des pseudorrhizes est rougeâtre, sauf chez le *G. Cruciata* où il est jaune. Cette nuance rouge teint en outre le bois du rhizome et des pseudorrhizes des *G. uliginosum* et *boreale*.

La partie inférieure des tiges est souvent persistante-ligneuse (*Asperula cynanchica, A. odorata*, *Rubia peregrina*, *Galium Cruciata*, *G. glaucum*, *G. verum*, etc. — Le cylindre central est arrondi chez les *Rubiacées*, et non pas tétragone comme chez les *Labiées*: aussi, l'exfoliation corticale, dont sont atteintes, à leur seconde année, celles des tiges de *Galium*, qui sont tétragones et persistantes, fait-elle disparaître les angles mérithalliens; et il en est de même pour les drageous du *G. Mollugo*. Les tiges de *Rubia peregrina* restent tétragones, parce qu'elles échappent à l'exfoliation; pour les drageons de cette espèce, ils naissent cylindracés. — Chez les germinations du *Galium Aparine*, l'axe hypocotylé est cylindracé, mais la tige est tétragone dès son premier mérithalle.

Les verticilles foliaires des *Rubiacées* sont formés de 2 feuilles et de grandes stipules qui simulent des feuilles et sont souvent plus ou moins dédoublées. Les véritables feuilles ont ordinairement un bourgeon à leur aisselle (*Rubia peregrina*). Les stipules sont un peu moins grandes que les feuilles et de fréquents cas de dédoublements incomplets montrent la stipule tantôt séparée en deux dans sa moitié supérieure par suite de la partition de la nervure médiane, tantôt formant 2 limbes distincts qui n'ont plus de commun qu'un très court pétiole (*Rubia peregrina*). Les 4 côtes des tiges correspondent aux insertions pétiolaires des 2 feuilles et de 2 stipules; et, quand l'une de ces stipules se dédouble en 2 pièces, la côte correspondante aboutit entre les points d'insertion de ces 2 pièces.

LXVII. VALÉRIANÉES (DC.).

1. CENTRANTHUS *DC.*

1. C. angustifolius DC.; Lorey, 456. — ♃. — Juin-août. — A. R. — Carrières, pierrailles, sables, friches. — Gamay, Santenay! (*Boreau*); Selongey!, Bourberain!, Baulme-la-Roche!, Remilly!, Gevrey!, Beaune!, Blagny!, Larochepot!, Nolay!.

Racine pivotante, robuste, sillonnée de profondes destructions qui frappent les rayons parenchymateux interposés aux faisceaux ligneux. — Fleurs parfois blanches.

2. VALERIANA *L.*

1 Pseudorrhize unique, simple ou bifurquée, charnue, oblongue-claviforme; des drageons courts . . . . *V. tuberosa.*
Pseudorrhizes nombreuses, cylindracées ou filiformes; des drageons et des stolons allongés 2
2 Rhizome court, tronqué; rejets devenant bientôt libres; pseudorrhizes cylindracés-filiformes . . . . *V. officinalis.*
Rhizome allongé, rameux; rejets restant reliés au rhizome; pseudorrhizes filiformes . . . . *V. dioica.*

1 Feuilles toutes pinnatiséquées ; fleurs hermaphrodites . . . . *V. officinalis.*
Feuilles radicales la plupart entières ; fleurs polygames ou dioïques. 2
2 Feuilles caulinaires à segments linéaires ; fruit entièrement glabre. . . . . *V. dioica.*
Feuilles caulinaires à segments étroitement linéaires ; fruit hérissé sur les faces . . . . *V. tuberosa.*

1. V. officinalis L.; Lorey, 457. — ♃. — Juin-août. — C. — Taillis, haies, lieux couverts, berges des cours d'eau.

La variété *sambucifolia* (*V. sambucifolia* Mik.), qui est aussi commune que le type, se distingue par des feuilles à segments moins nombreux (3-5 paires) et lancéolés-ovales, non linéaires-lancéolés, par sa floraison d'un mois plus tardive, par son inflorescence plus dense, et par son fruit ovoïde, non lancéolé-oblong ; mais elle se relie au type par de nombreux intermédiaires. Les feuilles verticillées par 3, qui sont assez fréquentes chez le *V. officinalis*, manquent chez le *V. sambucifolia.* — Par la culture en terre ombragée et copieusement arrosée, le *V. sambucifolia* m'a donné des feuilles à segments mesurant jusqu'à 10 centim. de largeur ; ces segments sont au contraire assez petits, quand la plante est cultivée en un sol aride, mais, sous ces variations de grandeur, on voit toujours persister la forme lancéolée-ovale caractéristique.

Une souche courte, drageonnante ou stolonifère, mourant après floraison, est propre aux *Valeriana officinalis* et *sambucifolia*, et c'est en vain que l'on s'efforcerait de séparer spécifiquement les deux variétés d'après leurs différences souterraines. Le *V. officinalis* est à la vérité plutôt drageonnant, et le *V. sambucifolia*, en raison de ses stations plus humides et plus ombragées, se montre plutôt stolonifère ; mais très fréquemment on trouve tout à la fois des stolons et des drageons aux deux plantes, ou encore des rejets tenant du drageon par leur moitié inférieure qui est hypogée, et du stolon par leur moitié antérieure qui est épigée. Ces faits ne sont pas rares chez d'autres végétaux à rejets (*Mentha*, *Lycopus*, etc.), dont la souche est très rapprochée de la surface du sol. — En automne, les rejets du *V. officinalis* forment rosette à leur sommet, et deviennent libres par la destruction de leurs mérithalles postérieurs. Les plus vigoureux fleurissent dès la première année, tandis que les autres ont une période foliifère pendant laquelle ils se contentent d'émettre des drageons ou des stolons.

Dans sa jeunesse, l'aigrette des *Valeriana* est enroulée sur sa face interne et a la forme d'un bourrelet qui surmonte le fruit. Cette aigrette n'est pas hygrométrique, non plus que celle du *Centranthus angustifolius.*

2. V. dioica L.; Lorey, 458. — ♃. — Avril-juin. — C. — Bois et prairies aquatiques.

3. V. tuberosa L.; Lorey, 458. — ♃. — Mai-juin. — RR. — Pelouses argileuses. — Plateau de Château-Renard à Gevrey !, Chaumes-d'Auvenet, Vergy (*Lorey*) ; Curlay près Chambœuf (*Duret*).

La pseudorrhize sur laquelle est assise la souche est charnue par hypertrophie cambiale ; elle est munie vers son extrémité de 3-6 filaments, qui eux-mêmes sont parfois épaissis, mais toujours pourtant beaucoup moins que le corps principal de la pseudorrhize. Suivant le sol et les conditions atmosphériques, la floraison n'a lieu qu'après 3-6 ans, pendant lesquels la pseudorrhize s'accroît de plus en plus. Ce tubercule pseudorrhize ne se détruit que l'année de la floraison, tandis que chez les *Ophrydées* et l'*Aconitum Napellus* il périt et se remplace, même quand le sujet n'est que foliifère. — Pendant sa période foliifère, la souche du *V. dioica* produit 1-3 drageons très brièvement pédicellés ; leur bourgeon terminal s'épanouit en une petite rosette de feuilles et donne naissance à une pseudorrhize d'abord filiforme, mais qui dès la fin de l'année sera claviforme-cylindracée. Ces drageons deviendront libres lors de la mort et de la destruction de la souche florifère dont ils vont reproduire la végétation. — Des bourgeons adventifs naissent sur la coupe transversale de la pseudorrhize charnue.

Le système souterrain des *Valeriana tuberosa, dioica* et *officinalis*, exhale une même odeur nauséabonde.

3. VALERIANELLA *Tourn.*

1 Calice à limbe presque nul 2

Calice tronqué obliquement, offrant une dent saillante. . . . 3

2 Fruit comprimé-lenticulaire, muni d'un épaississement spongieux en la paroi de la loge fertile . . . . . . *V. olitoria.*

Fruit oblong subtétragone, creusé d'un sillon profond sur l'une de ses faces et dépourvu d'épaississement spongieux. . . . . *V. carinata.*

3 Loges stériles plus grandes que la fertile. . . . *V. Auricula.*

Loges stériles oblitérées, filiformes . . . . . . *V. Morisonii.*

1. V. olitoria Poll.; Lorey, 454. — ⊙. — Avril-juin. — C C. — Cultures, vignes, prairies artificielles.

Fruits parfois pubescents, ce qui s'observe aussi chez les trois espèces suivantes.

2. V. carinata Lois. — ⊙. — Avril-juin. — C. — Moissons.

3. V. Auricula DC. — *V. dentata* Dufr.; Lorey, 454. — ⊙ ou ⊙. — Mai-août. — C. — Moissons.

Fréquence de fleurs virescentes avec amplification du calice.

4. V. Morisonii DC. — ⊙ ou ⊙. — Mai-août. — A. R. — Moissons. — St-Remy!, Vernois!, Marey!, Is-s-Tille!, etc.

Le *V. coronata* DC. est indiqué à Saulieu par Lorey (p. 455).

LXVIII. DIPSACÉES (DC.).

1. SCABIOSA *L.*

Une racine sublignéuse et parfois en outre des pseudorrhizes à la souche. . . . . *S. Columbaria.*

Un rhizome très court, disciforme, indéfini. . . . *S. succisa.*

Feuilles caulinaires pinnatiséquées ; fleurs inégales, les exté-

rieures rayonnantes . . . . *S. Columbaria.*
Feuilles caulinaires entières, ou parfois incisées-dentées à la base ; fleurs toutes égales. . . . . *S. succisa.*

1. **S. Columbaria** L.; Lorey, 461. — ♃. — Juin-sept. — C. — Bois, pelouses, rochers, prés.

Feuilles radicales tantôt entières, tantôt finement pinnatiséquées, vertes ou tomenteuses-blanchâtres. — Tige rameuse et très allongée, ou parfois simple, naine et presque réduite à une hampe florale.

Le S. *suaveolens* Lorey, 461 ; non Desf. n'est qu'une des nombreuses formes du *S. Columbaria.*

2. **S. succisa** L. ; Lorey, 462. — ♃. — Août-oct. — C. — Bois, prés, lieux couverts ou humides.

Feuilles glabres, ou velues-pubescentes. — Rare à fleurs blanches ou rosées.

2. KNAUTIA *Coult.*

1. **K. arvensis** Coult.; Lorey, 462. — ♃. — Mai-juill. — CC. — Prés, bois.

Les vieilles racines subissent de profondes destructions longitudinales qui partagent la souche en plusieurs ramifications. — Les fleurs extérieures de certains individus ne sont pas rayonnantes. — Réceptacle petit, hémisphérique chez le *K. arvensis;* cylindracé chez le *Scabiosa succisa;* oblong-fusiforme, lacuneux-fistuleux à la maturité chez le *S. Columbaria.*

Par une prolification, assez fréquente aussi chez les *Composées,* l'aisselle des folioles involucrales des *Knautia arvensis* et *Scabiosa Columbaria* donne naissance à de petits capitules surnuméraires plus ou moins longuement pédonculés ; puis, chez ces deux espèces, les regains ont assez souvent les fleurs solitaires par appauvrissement de l'inflorescence.

Le *Knautia sylvatica* Duby a été indiqué par erreur à Val-Suzon.

3. DIPSACUS *L.*

1 Coupe transversale de la racine restant blanche ; feuilles à trois segments dont les latéraux très petits ; capitules globuleux. . . . . *D. pilosus.*

Coupe transversale de la racine devenant rapidement jaunâtre ; feuilles dentées ou incisées-pinnatipartites ; capitules oblongs. 2

2 Feuilles velues-ciliées sur les bords et en dessus, toutes connées ; folioles involucrales égalant le capitule ; fleurs blanches ou blanc-rosé . . . . *D. laciniatus.*

Feuilles aiguillonnées sur les bords et en dessus, les supérieures non connées ; folioles involucrales beaucoup plus longues que le capitule ; fleurs roses. . . . . *D. sylvestris.*

1. D. pilosus L. ; Lorey, 464. — ⊙. — Juin-août. — A. C. — Berges des cours d'eau, chemins et taillis des sols argileux. — Talant, Dijon (*Lorey*) ; Quincy !, Nogent !, Blaisy-Bas !, Sombernon !, Fleurey !, Soissons !, Toutry !, Bard !, Semur !, etc.

2. D. sylvestris Mill. ; Lorey, 463. — ⊙. — Juill.-sept. — CC. — Bords des chemins, champs incultes argileux, taillis.

Se rencontre à feuilles caulinaires moyennes incisées-subpinnatifides et à feuilles caulinaires inférieures à peine connées. — Une déformation assez fréquente rend le capitule vert et longuement chevelu par l'accrescence des bractées et l'avortement des fleurs.

3. D. laciniatus L. ; Lorey, 464. — Juill.-août. — A. C. — Bords des chemins, friches et broussailles des sols argileux. — Varois, Plombières (*Lorey*) ; St-Remy !, Quincy !, Fain-lez-Montbard !, Flammerans !, Cîteaux !, Tailly !, Meursault !, Santenay !, etc. — Aussi commun dans le Val-de-Saône ! que le *D. sylvestris.*

Tige beaucoup moins armée que celle du *D. sylvestris* et parfois même presque inerme. — A la face supérieure des feuilles, la nervure médiane est déprimée chez le *D. laciniatus,* tandis qu'elle affleure le limbe chez le *D. sylvestris.*

La floraison du *Scabiosa Columbaria* débute par le bas du capitule, puis elle saute à la région supérieure, et revient finir en la partie moyenne. Le capitule du *S. succisa* se partage en 4 zones pour sa floraison : le début a lieu dans la zone basilaire et dans la moyenne supérieure, puis l'épanouissement se déclare dans la zone terminale et s'achève dans la zone moyenne inférieure. Chez le *Knautia arvensis*, la floraison va de la zone basilaire à la moyenne et de celle-ci à la supérieure. Mais chez ces 3 plantes, il y a parfois des interversions dans l'ordre des zones ; puis ordinairement la floraison n'est pas terminée dans une zone quand elle saute à une autre, et l'épanouissement n'est pas simultané pour toutes les fleurs situées au même niveau. Comme en outre la régression gouverne le plus souvent l'épanouissement particulier de chaque zone, il s'ensuit que, même chez le *Knautia arvensis* dont l'épanouissement est progressif pour l'ensemble du capitule, le pourtour de l'inflorescence présente pendant la floraison 2-3 zones non encore fleuries et très inégales. On voit assez par là que de telles inflorescences échappent à toute règle et à toute explication.

La floraison du *Dipsacus sylvestris* commence dans la région intermédiaire du capitule, puis de là s'avance simultanément vers le sommet et vers la base. Il en résulte qu'après la chute des premières fleurs épanouies la floraison se trouve partagée en 2 zones qui s'étendent en sens contraires. Assez souvent quelques-unes des fleurs les plus inférieures de la zone basilaire s'ouvrent avant leur tour. L'épanouissement des *D. laciniatus* et *pilosus* commence près du sommet et se poursuit à la fois vers le sommet et vers la partie moyenne du capitule ; puis, après quelque temps, une seconde zone d'épanouissement, nettement accusée surtout chez le *D. pilosus*, se déclare à la base même du capitule et s'avance à la rencontre de la première zone.

M. Clos a tenté d'expliquer [1] la marche de l'épanouissement chez le *Dipsacus sylvestris* par la soudure d'un épi principal et de plusieurs épis secondaires en un seul capitule. Mais, outre qu'il n'y a jamais la moindre trace de soudure, une pareille hypothèse se heurte à l'impossibilité d'une fusion entre épis de différents degrés et par conséquent d'âges différents ; puis, comme les zones d'épanouissement sont circulaires, il faudrait encore admettre que les épis secondaires se sont superposés horizontalement et ont invaginé l'axe de l'épi principal. D'ailleurs l'ordre, qui préside à l'épanouissement des fleurs du *D. sylvestris*, se retrouve dans les épis de beaucoup de *Salix* et de *Carex*, et dira-t-on ici que ces épis si grêles sont formés, chacun, de la réunion de plusieurs inflorescences ?

1. In *Mém. de l'Acad. des Sc. de Toulouse*, 1864, 6e série, t. III, p. 303-305.

FIN DU TOME PREMIER.

TABLE

DES FAMILLES DU TOME PREMIER

Acérinées.............. 56
Ampélidées............ 58
Amygdalées............ 153
Apocynées............ 233
Asclépiadées.......... 234
Balsaminées.......... 44
Berbéridées........... 21
Borraginées............ 245
Campanulacées........ 315
Caprifoliacées......... 326
Caryophyllées......... 21
Célastrinées.......... 58
Circéacées............ 186
Cistinées.............. 102
Convolvulacées........ 240
Crassulacées.......... 146
Crucifères............ 78
Cucurbitacées......... 323
Cuscutacées 243
Dipsacées.............. 339
Droséracées.......... 65
Élatinées.... 40
Éricinées 221
Fumariacées........ 73
Gentianées 235
Géraniacées 45
Globulariées........... 314
Grossulariées.......... 218
Haloragées 187
Hédéracées............ 212
Hypéricinées........... 60
Ilicinées.............. 232
Labiées............... 290
Lentibulariées......... 282
Linées................ 41
Loranthacées.......... 214
Lythrariées........... 141
Malvacées............. 50
Monotropées.......... 59
Nymphéacées......... 67
Oléinées.............. 232
Ombellifères.......... 189
Onagrariées.......... 178
Orobanchées.......... 283
Oxalidées............ 42
Papavéracées.......... 71

Papilionacées 111
Paronychiées 144
Plantaginées 228
Polygalées 54
Pomacées 175
Portulacées 142
Primulacées 222
Pyrolacées 66
Renonculacées 1
Résédacées 67
Rhamnées 110
Rosacées 155
Rubiacées 330
Rutacées 44
Saxifragées 219
Scrofularinées 264
Solanées 254
Tiliacées 53
Vacciniées 314
Valérianées 336
Verbascées 260
Verbénacées 313
Violariées 104

FIN DE LA TABLE DU TOME PREMIER.

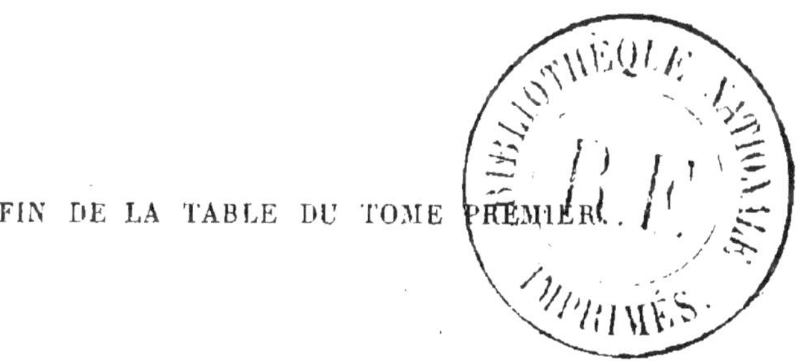

IMPRIMERIE GÉNÉRALE DE CHATILLON-SUR-SEINE, JEANNE ROBERT

www.ingramcontent.com/pod-product-compliance
Ingram Content Group UK Ltd.
Pitfield, Milton Keynes, MK11 3LW, UK
UKHW020423200726
13857UKWH00002B/268